René Oth

AUF DEN SPUREN DER INDIANER

Geschichte und Kultur der Ureinwohner Amerikas

ENSSLIN & LAIBLIN VERLAG REUTLINGEN

BILDNACHWEIS

Die Fotos auf dem Umschlag zeigen (von oben links nach unten rechts): Indiofrau mit Kind in Cuzco (Fremdenverkehrsamt Peru) — Nordamerikanischer Indianer auf seinem Mustang, bei einem Festival in New Mexico (dpa) — Tempel in San Agustin (Generalkonsulat von Kolumbien) — Häuptling der Zuni-Indianer mit Stab und Türkis-Halsschmuck, beides Zeichen seiner Würde (dpa) — Goldschmuck, der in Tairona gefunden wurde (Generalkonsulat von Kolumbien) — Apachenfrauen mit ihren Kindern (dpa) — Junger Krähen-Indianer in Montana, für den Kriegstanz geschmückt (dpa).

Bildquellen: dpa: 33, 39, 41, 51, 65, 69, 71, 79, 99, 103, 111, 115, 119, 125, 127, 149, 155, 163, 165, 179, 183, 191, 195, 217, 227, 239, 243, 249, 265, 291, 309 — Dr. Meyers, Universität Bonn: 207 — Staatliches Mexikanisches Verkehrsamt: 173, 177, 221, 223 — Tourplan Sybil Ehmann: 15, 29, 131, 137, 153, 169 — Verlagsarchiv: 21, 57, 75, 85.

Meinen Kindern Jocelyn und Adrien

1. — 8. Tausend

© Ensslin & Laiblin Verlag GmbH & Co. KG Reutlingen 1988. Sämtliche Rechte, auch die der Verfilmung, des Vortrags, der Rundfunk- und Fernsehübertragung, der Verbreitung durch Kassetten und Schallplatten sowie der fotomechanischen Wiedergabe, auch auszugsweise, vorbehalten. Satz: ensslin-typodienst. Reproduktion: Grafische Kunstanstalt Willy Berger, Stgt.-Feuerbach. Gesamtherstellung: May & Co., Darmstadt. Printed in Germany. ISBN 3-7709-0677-2

INHALTSVERZEICHNIS

Teil I: Die Indianer Nordamerikas

EIN VERLORENES PARADIES

Heftiger Streit um das Verdienst des Kolumbus	9
Herkunft und Frühgeschichte der Indianer	14–18
Wie gut doch der rote Mann ohne den Weißen auskam!	14
»Warum sollen wir nicht hier geboren sein?«	18
Die Waldlandindianer des Nordostens	19–30
Der Traum von einer politischen »Verteidigungskonföderation«	20
Tecumseh, der Revolutionär	23
Die Irokesen und der Sechs-Nationen-Bund	26
Die Wüstenbewohner des heißen Südwestens	31–42
Die Pueblos, die indianischen »Städtebauer«	31
Die Apachen, die »Adler des Südwestens«	35
Die Navahos, die »Apachen des bepflanzten Landes«	38
Die Ackerbauern des Südostens	43
Die Natchez und ihre absolute Theokratie	43
Die Creeks und ihre »plebiszitäre Demokratie«	45
Die Cherokees und der »Weg der Tränen«	48
Sequoyah, der Erfinder des Cherokee-Alphabets	51
Die Choctaws, Chikasaws und ihr ökonomischer Kommunismus	52
Die Seminolen, die perfekten Guerilla-Dschungelsumpfkrieger	54
Die Pferdekrieger der Prärien	59–80
Die Comanchen, die besten Reiter der Prärie	59
Die Kiowas, die gefährlichsten Indianer der südwestlichen Plains	62
Die Sioux, die Herren der nördlichen Bisonweiden	66
Die Cheyennes, die »Ritter des Grasmeeres«	73
Die Arapahos, die »Blaue-Wolken-Leute«	76
Die Crows, die gerissensten Pferdediebe	77
Die Pawnees, die Kundschafter der US-Kavallerie	78

Die Sammler des fernen Westens .... 81—90
Die Nez Percés, die »durchbohrten Nasen« 81
Die Shoshonen, die Freunde des weißen Mannes 85
Die Utes, die »Negergesichter« 87
Die Modocs, primitive Jäger, Sammler und Korbflechter 88

Die Seefahrer der Nordwestküste .... 91—93
Die Tlingit, Totembildhauer und Potlatchverschwender 91

Die Jäger im hohen Norden .... 94—100
Die Crees, die Kanuindianer 94
Die Chippewas, die »runzligen Mokassins« 96
Eskimos, die »Rohfleischesser« 97

DIE KULTUR DER NORDAMERIKANISCHEN INDIANER

Die Häuptlingswürde 101

Krieg und Frieden .... 105—116
Die Waffen der Indianer: Der Tomahawk 105
Pfeil und Bogen 106
»Counting Coups« oder die ritterliche Kriegführung der Indianer ... 108
Das Skalpieren, vom religiösen Ritual zur Tapferkeitstrophäe 110
Der Marterpfahl, vom kultischen Menschenopfer zur Mutprobe ... 112
Die heilige Friedenspfeife, Einheit zwischen Mensch und Weltall 114

Das Familienleben im Indianerlager .... 117—128
Die Squaw — Eheweib, Mutter, Schwerstarbeiterin und Künstlerin ... 117
Ehe und Scheidung, keine Erfindung der Bleichgesichter 120
Kindererziehung und Namensgebung 122

Die Wohnstätten der Indianer .... 129—132
Das Wigwam, die Rundhütte der halbseßhaften Waldlandvölker ... 129
Das Tipi, das Büffelhautzelt der nomadischen Reiterstämme 130

Die Tiere der Indianer .... 133—138
Das Pferd und der Hund 133
Der Bison 136

Sprachen und Schriften der Indianer .... 139—142
Wie sie sich untereinander verständigten 139

Gott ist rot — Die religiösen Vorstellungen .... 143—158
Die »Lilie der Mohawks« und das Christentum 143
Manitu, das »Große Geheimnis« 144

Visionen oder An der Quelle der göttlichen »Urkraft« 146
Die »Ewigen Jagdgründe«, ein Paradies für jedermann? 147
Der Medizinmann — Priester, Psychologe und Prophet 150
Der Sonnentanz, Neugestaltung der gesamten Umwelt 154
Der Geistertanz oder Der Glaube an die indianische Erlösung 156

Reservate gestern und heute . . . . 159—160
Zwangsjacke oder Heimatland? 159

Red Power — das neue indianische Bewußtsein . . . . 161—165

Der rote Mann hat nicht umsonst gelebt . . . . 166—170
Die Errungenschaften der Indianer 166

Teil II: Die Völker der Sonne

DIE VERSUNKENEN KÖNIGREICHE

Mexiko — Wiege der altamerikanischen Kulturen? . . . . 171—191
Die Olmeken, die »Sumerer« Altamerikas 171
Die Teotihuacán-Kultur und die Stadt der tausend Wunder 176
Die Tolteken und ihre legendäre Metropole Tollan 182
Die Chichimeken, Nachfolger der Tolteken 189

Die Welt der fünften Sonne . . . . 192—208
Mexico City — Leben in verpesteter Luft 192
Wie fünfhundert Spanier 1,5 Millionen Azteken besiegen konnten 193
Die lange Wanderschaft 196
Huitzilopochtlis auserwähltes Volk 198
Menschenblut als »Nahrung der Götter« 202
Die Nacht der Trübsal 205

Die Zeitgenossen der Azteken . . . . 209—224
Die unbeugsamen Tarasken, die besten Krieger Altmexikos 209
Die Huaxteken, die Anbeter des »Geschundenen Gottes« Xipe Totec 211
Die Totonaken, Cortés' erste Verbündete auf mexikanischem Boden 214
Die Mixteken, Meister der Goldschmiedekunst 218
Die Zapoteken und die heilige Totenstadt Monte Albán 220

Vergangener Prunk im Regenwald . . . . 225—244
Die Mayas, die »Griechen« Mesoamerikas 225
Die Maya-Kultur ging zweimal unter 231
Die Nachfahren der Mayas 235
Aufstieg zu wirklicher Größe durch Selbstbehauptung 240

DIE »GOLDKULTUREN« IM NORDWESTEN SÜDAMERIKAS

Die Chibcha und die Legende von »El Dorado«   245–252

DIE HOCHKULTUREN DER ANDEN

Amerika erwacht   253–268
Die Valdivia-Kultur, die Wiege amerikanischer Zivilisation   253
Chavin-Menschen, die Kinder des Jaguars   255
Die Tiahuanaco-Menschen und ihre »Ewige Stadt«   257
Paracas-Leute, die »Chirurgen« Altamerikas   264
Die Nazca-Kultur und ihre altindianischen Heißluftballons   266

Vorinkaische Reiche   269–280
Die Mochica und ihre »keramischen Bilderbücher«   269
Die Chimu, die Verehrer des bleichen Mondes   275

Cuzco — der Nabel der Welt   281–294
Der Inka geht in Pizarros Falle   281
Die göttlichen Kinder der Sonne   283
Pachacuti, der »Veränderer der Welt«   287
Machu Picchu, die »verlorene Stadt der Inkas«   290

Die Zeitgenossen der Inkas   295–304
Die Colla und ihre Grabtürme   295
Die Quechua, Erben der Inkas   297
Die Araukaner, die »Comanchen« Südamerikas   299

Steinzeitliche Indianer im Amazonas-Regenwald   305–312
Die Auka, der »wildeste Stamm der Welt«   307

Lebensziel Gemeinschaft   313–314
Sind die Indianer die »besseren« Menschen?   313

Literaturhinweise   315

Register   318

Ein verlorenes Paradies

HEFTIGER STREIT UM DAS VERDIENST DES KOLUMBUS

Am 12. Oktober 1992 wird sich die Entdeckung Amerikas durch Christoph Kolumbus zum fünfhundertsten Male jähren. Bereits zehn Jahre vor diesem wichtigen Datum, im November 1982, stritten Exzellenzen aus aller Herren Länder vor der UNO-Vollversammlung über die Frage, wie denn der 12. Oktober 1992 zu begehen sei. Sechsunddreißig Staaten, die USA und Kuba Seite an Seite, hatten gemeinsam den Antrag eingebracht, die Vereinten Nationen zur Vorbereitung einer »würdigen Gedenkfeier« zu bitten.

Hatten die Initiatoren geglaubt, hierbei handle es sich um eine glatte Sache — die Entdeckung Amerikas durch den Genueser in spanischen Diensten schien schließlich allen außer Zweifel —, so mußten sie sich eines Besseren belehren lassen: Das Vorhaben stieß bei den Delegationen Irlands und Islands auf heftigen Widerstand. Die »Nordlichter« zogen in ironischen Redebeiträgen gegen die »Überheblichkeit« zu Felde, die sie in einem Antrag sahen, der so selbstverständlich die Entdeckung der Neuen Welt für Kolumbus reklamierte.

Der irische UNO-Botschafter Noell Dorr fragte, woher denn die Ureinwohner gekommen seien, die Kolumbus vorfand, und ob vielleicht nicht etwas Wahres an irischen Chroniken sein könne, in denen von einer Atlantiküberquerung im sechsten Jahrhundert durch irische Mönche die Rede sei. Möglicherweise habe damals — mehr als neunhundert Jahre vor Kolumbus — der heilige Brendan bereits seinen Fuß in die Neue Welt gesetzt.

Unterstützung erhielt der Ire vom isländischen UNO-Vertreter, Hodur Helgason. Dieser wies auf den Wikinger Leif Eriksson hin, der um das Jahr 1000 »Vinland« (wahrscheinlich Neufundland) entdeckte. »Unserer Ansicht nach wird die historische Tatsache der Entdeckung Leif Erikssons im Wortlaut des Resolutionsentwurfs völlig übergangen, so daß wir ihr unmöglich zustimmen können«, sagte Helgason.

Für die arktischen Entdecker Amerikas, jene asiatischen Wanderer, die vor einigen zehntausend Jahren über die damals noch bestehende Landbrücke nach Alaska gelangten, fand sich jedoch kein Fürsprecher, obwohl sie zweifelsohne als die ersten und ältesten Amerikaner anzusehen sind. Verärgert belehrte der spanische UNO-Botschafter die Vertreter Irlands und Islands, erst Kolumbus' Entdeckungsfahrt 1492 habe zur Besiedlung Amerikas geführt und zu einer Verschmelzung der Rassen und Kulturen.

In seinem Kommentar zu dem heftigen Streit um das Verdienst des Kolumbus schrieb Horst Stein am 1. Dezember 1982 in der Tageszeitung »Die Welt«: »Doch Irlands Grimm und Islands Stolz in Ehren; soviel steht fest: Der zivilisatorische Ausgriff des Abendlandes auf die Westfeste, die Neue Welt, wurde erst mit Kolumbus möglich. Als die Kunde von seiner Entdeckung kam, wußten die Zeitgenossen: damit hat eine neue Epoche, damit hat das Zeitalter der Wissenschaft begonnen. Es waren nicht die Asiaten, die in grauer Vorzeit über die Beringstraße zogen, es war nicht der Kelte und nicht der Wikinger, es war Kolumbus, dem der erste Schritt zu der Einen Welt geglückt ist.«

Ob Amerika von asiatischen Jägern entdeckt wurde, die in vorgeschichtlichen Zeiten nach Alaska vordrangen, von phönizischen Kapitänen, die auf Entdeckungsreisen bis in die Neue Welt gelangten, von einem chinesischen Kolumbus, der im fünften Jahrhundert v. Chr. bis nach Mexiko segelte, von Seefahrern des antiken Roms, die um 200 v. Chr. an der brasilianischen Küste Schiffbruch erlitten, vom heiligen Brendan aus Irland, der den Atlantik im sechsten Jahrhundert n. Chr. in einem Lederboot überquert haben soll, vom Wikinger Leif Eriksson während seiner »Vinland«-Fahrt um die Jahrtausendwende, von afrikanischen Negern, die sich von den Meeresströmungen bis zur amerikanischen Küste treiben ließen, oder von Christoph Kolumbus am 12. Oktober 1492, ist in diesem Kontext eigentlich unerheblich. Wichtig ist, daß erst durch Kolumbus und die nach ihm einsetzende Conquista das Abendland auf den neuen Kontinent aufmerksam wurde, den vor allem die Spanier, Engländer und Franzosen für sich beanspruchten.

Nach Ankunft der Weißen wurde einer Jahrtausende währenden eigenständigen Kulturentwicklung ein jähes Ende bereitet. Die Spanier, die sich als Botschafter des Christentums verstanden, zogen im Goldrausch plündernd durch Mittel- und Südamerika; je weiter die Engländer und Franzosen im nördlichen Teil des Kontinents nach Westen vorrückten, desto mehr schrumpfte das von Indianern besiedelte Land zusammen. In ihren Raufereien um die Vorherrschaft in der Neuen Welt scherten sich die Europäer keinen Deut um die Belange der amerikanischen Ureinwohner. Mit körperlichem Totschlag (Genozid) und kulturellem Mord (Ethnozid) vergingen sich die fremden Eroberer an den Indianern, die einen teuren Preis für ihre »Zivilisierung« durch die Weißen bezahlen mußten.

Die alten indianischen Hochkulturen, die bei der Ankunft der Spanier teils seit langem erloschen waren, teils noch in voller Blüte standen, waren den europäischen Eindringlingen in vielem voraus, auch wenn sie aus abendländischer Sicht barbarischen Gewohnheiten anhingen, wie z. B. die Azteken, bei denen der blutige Brauch des Menschenopfers das gesamte Denken beherrschte und der rituelle Mord zu einem Zwang geworden war, dem sie sich nicht mehr zu entziehen können glaubten. Im großen Ringen um die Vorherrschaft unterlag der rote Mann, stark dezimiert, umgesiedelt in Reservate, demoralisiert.

Die Geschichte wiederholt sich: Was sich vor hundert Jahren in Nordamerika abspielte, vollzieht sich heute erneut in Lateinamerika. In Brasilien sind die Indianer auf dem Kriegspfad. Mit Pfeil und Rohr wehren sie sich gegen weiße Landräuber. Ihr letzter Kampf geht ums nackte Überleben. In Nordamerika werden zur Zeit Wiedergutmachungsleistungen angestrebt — so erhalten die Sioux 122,5 Millionen Dollar für die ihnen 1877 geraubten Black Hills —, wogegen Genozid und Ethnozid in Lateinamerika an der Tagesordnung sind.

Auch lassen sich einige Kulturen Lateinamerikas mit indianischen Völkern Nordamerikas vergleichen. So brachten z. B. zwei Reitervölker den Spaniern und Angloamerikanern das Grausen bei. Die Araukaner, die Ureinwohner des mittleren Chile, erwiesen sich als die hartnäckigsten Gegner der spanischen Besatzer. Wegen ihres erbitterten Widerstandes machten die Araukaner Geschichte. Dank der Geschicklichkeit ihres Militärstrategen Lautaro, auch araukanischer Hannibal genannt, gelang es ihnen, Pedro de Valdivia, einen Veteranen der Conquista, am 1. Februar 1554 zu besiegen. Gegen 1600 konnten sie sich durch den Aufbau einer eigenen Kavallerie gegen die Spanier durchsetzen. Die araukanischen Reiter sollten nunmehr dieselbe Rolle spielen wie die mit dem Pferd verwachsenen Comanchen in Nordamerika. Obwohl die Araukaner sich lange gegen die spanischen Eindringlinge behaupten konnten, war ihnen am Ende dasselbe Schicksal wie ihren Brüdern im Norden beschieden.

Die Geschichte der nord- und lateinamerikanischen Indianer ist die Historie einer Auseinandersetzung, die noch immer nicht zu Ende ist, denn »als ein Teil der Menschheit, der vor mutmaßlich dreißigtausend Jahren über eine heute abgesunkene Landbrücke aus Asien in den menschenleeren Kontinent einwanderte und sich isoliert von allen anderen Völkern und Rassen entwickelte, wollen die Indianer auch heute nicht auf ihre Eigenständigkeit verzichten. Ein halbes Jahrtausend Kontakt mit den Bleichgesichtern und ihrem kategorischen Imperativ, ihrer Leistungsgesellschaft und ihrem Fortschrittsglauben haben dreißig Jahrtausende einer in unseren Augen rätselhaften Kreatürlichkeit nicht stark ankratzen können.« (Carl Marquardt, »P.M.«, Dezember 1982)

Als der kämpferische Widerstand der Indianer gebrochen war, hatten die Weißen sie noch nicht für die abendländische Zivilisation gewonnen. Mit aller Macht sträubten sich die Indianer gegen die Integration, wollten unbedingt ihre Eigenheit bewahren. Dieser Konflikt wird wohl so lange weitergehen, bis es uns vielleicht eines Tages gelingen wird, die Kluft zwischen Weiß und Rot zu schließen. Bücher wie das vorliegende tragen hoffentlich dazu bei, daß nach und nach die von den Weißen gegenüber den Indianern gehegten Vorurteile abgebaut werden und daß der amerikanische Ureinwohner, der dem modernen Leistungsdruckmenschen so viel literarische Kurzweil verschafft, sich vom bleichgesichtigen Nachbarn mehr Verständnis erhoffen kann.

Nicht nur der Name »Indianer«, den die Eingeborenen einem Irrtum des Kolumbus verdanken, sondern auch die Bezeichnung »Rothaut« ist unzutreffend. Der Grundton der indianischen Hautfarbe ist ein mittleres Braun oder ein Gelbbraun. Erst die Bemalung machte die Haut rot. Auf Raubzügen, bei Festlichkeiten und bei Trauer trugen die Indianer verschiedene Farben auf Gesicht und Körper auf. Rot war bei den meisten Völkern die Farbe des Krieges. Laut Wilfried Nölle war das Wort »Rothaut« zunächst »ein Spitzname, ähnlich dem Ausdruck ‚Bleichgesicht', der von den Weißen eingeführt worden ist, und zwar erst als scherzhaft gemeinte Selbstbezeichnung im Gegensatz zu ‚Rothaut'«.

Der »rote Bruder« ist auch nicht nur der typische Prärieeiternomade, jener Jäger zu Pferd, dem seit Winnetou hierzulande und seit den Hollywood-Filmkonserven überall in der Welt die romantische Schwärmerei des modernen Menschen zuteil wird. Die Pueblo-Völker, die Küsten- und Flußfischerstämme, die reis- und maisanbauenden Ackerbaukulturen, die binnenseefahrenden Nationen, die zivilisierten Stadtstaat- und Städtebundkulturen, die Berg-, Wald- und Wüstenregionbewohner sind ebenfalls als rote Brüder anzusehen, auch wenn sie nicht jenem Bild vom stolzen, wilden Sohn Manitus entsprechen, dessen Untergang sich heute so schön engagiert betrauern läßt.

ZEITTAFEL

Vor rund 40 000 Jahren	Einwanderung sibirischer Jäger und Sammler über die während der Eiszeit zugefrorene Beringstraße.
Um das Jahr 1000 n. Chr.	Landung der Wikinger an der nordamerikanischen Küste (Leif Eriksson).
12.10.1492	»Entdeckung« Amerikas durch Christoph Kolumbus.
1559–1570	Gründung der irokesischen Fünf-Nationen-Konföderation (Senecas, Onondagas, Cayugas, Mohawks und Oneidas) durch den Mohawk-Sachem Hiawatha.
1607	Gründung der britischen Stadt Jamestown, der ersten ständigen englischen Siedlung, auf dem Gebiet der Powhatan-Konföderation, die über 20 Algonkin-Stämme Virginias umfaßt.
1620	Landung der Pilgerväter auf Cape Cod im heutigen Bundesstaat Massachusetts, dem Land des eng verbündeten Algonkin-Doppelstamms der Wampanoags und der Pokanokets.
1622	Indianerkrieg des Opechancanough, der erste in Nordamerika.
1675–1676	Krieg des Freiheitskämpfers Metacomet, der viele Algonkin-Stämme Neu-Englands in sein Indianerbündnis einbezieht.
1680–1682	Revolte der Pueblo-Indianer unter Popé gegen die Spanier in Arizona und New Mexico.
1722	Erweiterung der irokesischen Fünf-Nationen-Konföderation durch den Beitritt der Tuscaroras zum Sechs-Nationen-Bund.
1754–1763	Pontiacs »Revolution des roten Mannes«.
1775–1783	Trennung des Irokesen-Bundes durch den amerikanischen Unabhängigkeitskrieg, in dem ein Teil der Irokesen für England, der andere an der Seite der Kolonien kämpft.
1791	Sieg des Miami-Häuptlings Little Turtle über den US-General Arthur St. Clair im Ohio-Tal.
1830	Politik der Umsiedlung durch den »Indian Removal Act«.
1835-1842	Guerilla-Dschungelkrieg der Seminolen-Häuptlinge Osceola und Coacoochee in den Sümpfen Floridas.
1838	Umsiedlung der Cherokees ins ferne Oklahoma.
1846–1864	Krieg der Navahos im heutigen Nordost-Arizona und nordwestlichen New Mexico um ihre Unabhängigkeit.
1861–1886	Apachen-Kriege im amerikanisch-mexikanischen Grenzgebiet.
1862	Ausbruch der ersten großen allgemeinen Sioux-Revolte bei Neu-Ulm in Minnesota unter Little Crow.
1874	Sieg der US-Kavallerie im Palo Duro Canon über die Comanchen und ihren ersten Oberhäuptling Quanah Parker.
1876	Vernichtung des 7. US-Kavallerie-Regiments unter Lieutenant Colonel Custer am Little Big Horn durch eine gewaltige Indianerstreitmacht unter Sitting Bull und Crazy Horse.
1877	Elfwöchiger Gewaltmarsch von 4 000 Kilometern der Nez Percés unter Chief Joseph, der kurz vor der rettenden kanadischen Grenze vor der Übermacht der Blauröcke kapitulieren muß.
1890	Verbreitung des Geistertanzglaubens durch den Paiute-Seher Wovoka in den Sioux-Reservaten und Abschlachtung einer Sioux-Gruppe unter Big Foot am Wounded Knee Creek, ein Blutbad, das als die letzte Schlacht der Indianerkriege gilt.

HERKUNFT UND FRÜHGESCHICHTE DER INDIANER

Wie gut doch der rote Mann ohne den Weißen auskam!

Die Fellkapuzen tief ins Gesicht gezogen, stapften sie in ihren grobgeschneiderten Pelzhosen und -jacken durch Schnee und Eis. Vor ihnen erstreckte sich eine weite, wellige, baumlose Ebene, die am Horizont durch einzelne Hügelketten abgegrenzt wurde. Mit geübten Augen musterten sie die noch frischen Spuren der gigantischen Mammute und Mastodonten, die kurz zuvor dieselbe Strecke entlanggezogen waren. Indem sie der Fährte der großen Säugetiere folgten, auf die sie Jagd machten, marschierten sie ahnungslos über eine auf der ganzen Erde einzigartige kontinentale Landbrücke und sickerten langsam in eine neue Welt ein. Ihre Gruppe zählte vielleicht dreißig bis fünfzig Männer, Frauen und Kinder, deren Vorfahren sich schon seit Generationen über die verschneite Tundra verbreitet und den rauhen klimatischen Verhältnissen angepaßt hatten.

Sie wußten nicht, daß sie die ersten und ältesten Amerikaner waren, daß sie trockenen Fußes von einem Erdteil zum anderen übersetzten und sich einen menschenleeren Kontinent eröffneten, reich an jagdbarem Groß- und Raubwild: riesige Elche, die an sumpfartigen Seeufern grasten, Riesenfaultiere mit seltsam kleinen Köpfen und übergroßen Körpern, Superbisons mit wie Elefantenstoßzähne geformten Hörnern; ganze Herden von Moschusochsen, Karibus, Kamelen, Pekaris, Eselhasen, Pferden und Wollnashörnern; Säbelzahntiger, die ihre Opfer mit den zwanzig Zentimeter langen oberen Eckzähnen zerfleischten; mächtige Panther, die zu den schrecklichsten Landraubtieren aller Zeiten gehörten; kräftige Wölfe mit knochenzermalmenden Kinnbacken ...

Die Jäger hatten richtig gefolgert, daß sie den Tieren in wärmere Gebiete hinterherwandern müßten, um mehr Nahrung zu finden. Und sie waren vom Glück begünstigt: Um nicht vom ewigen Eis blockiert zu werden, mußten sie – wie die vor ihnen ziehenden Herden – eine Passage durch die gewaltigen Gletschermassen finden. Diesen eisfreien Korridor, an manchen Stellen nicht breiter als vierzig Kilometer, gab es wirklich. So stand der Besitzergreifung der Neuen Welt nichts mehr im Weg – der Mensch machte die ersten Schritte ins Morgengrauen der amerikanischen Geschichte.

Daß Amerika von den Mitgliedern einer namenlosen Horde sibirischer Jäger und Sammler zum erstenmal betreten wurde, als diese die Beringstraße von Asien nach Alaska während der Eiszeit überquerten, wird heute nicht mehr bestritten. Es waren Menschen wie wir, die neugierig und eroberungsfreudig mit Feuer, Waffen und Werkzeugen in ein unerschlossenes Land eindrangen. Innerhalb der letzten 40 000 Jahre waren die Bedingungen nur

zweimal günstig, um den amerikanischen Kontinent zu Fuß zu erreichen: vor 36 000 bis 32 000 Jahren und vor 28 000 bis 13 000 Jahren. Durch das vordringende Eis wurden von den Gletschern ungeheure Wassermengen gebunden. Dadurch senkte sich der Meeresspiegel der flachen Beringsee um mehr als hundert Meter. Infolge des Absackens der Wasseroberfläche wurde der ebene Boden des Beringmeeres zu einer begehbaren Landbrücke zwischen zwei Erdteilen. Allerdings brachte die Öffnung dieses Wanderweges eine Verwandlung des Meerwassers in riesige Kontinentalgletscher mit sich, die große Teile Nordamerikas mit einem unpassierbaren Eispanzer einhüllten und die Route nach Süden abriegelten.

Zur Besiedlung Amerikas genügte es also nicht, daß die Landbrücke zwischen Asien und Alaska offen war. Wollte man nicht hoch oben im unwirtlichen Polargebiet für immer eingeschlossen bleiben, galt es, entlang der Westküste oder im Flußtal des Mackenzie Wege durch das Eis zu erkunden. Der sechzehnhundert Meter hohe, ununterbrochene Eiswall, der vom Pazifik bis zum Atlantik reichte, hatte aber nur vor 36 000 bis 32 000 Jahren und vor 28 000 bis 20 000 Jahren ein eisfreies Nadelöhr in südlicher Richtung, so daß der Mensch aller Wahrscheinlichkeit nach spätestens vor 20 000 Jahren in Amerika aufgetaucht sein muß. Frühestens kann er vor 36 000 Jahren die Landbrücke von Asien nach Amerika überschritten und die von Eis und Wasser noch nicht blockierte Südpassage durch Kanada gefunden haben. Daß er schon vorher in der Neuen Welt erschien, ist nicht glaubwürdig, weil der Mensch sich vor dieser Zeit noch nicht an arktische Bedingungen anzupassen vermochte und demnach die Wanderung über die eisige Tundra nicht überlebt hätte.

Die ersten menschlichen Besucher Amerikas folgten einfach ihrer tierischen Beute in frische Weidegründe, stolperten sozusagen in einen ihnen unbekannten Erdteil und entdeckten dort zu ihrem großen Erstaunen einen Naturzoo mit den außerordentlichsten Tieren, die jemals einen Kontinent bevölkert haben. Die Eindringlinge waren erfahrene Großwildjäger, die mit Steinwaffen dem Mammut und dem Bison nachstellten.

Das urzeitliche Nordamerika hatte ein ganz anderes Klima und eine andere Vegetation als heute. »Was die ersten Amerikaner bei ihrer Ankunft vorfanden, würde unsereinem die Sprache verschlagen. Eisschollen im Norden, Gletscherkappen auf Gebirgen weiter im Süden. Kühler war es. Und nässer. Doch seltsamerweise waren die Winter wohl wärmer als heute. Der Wald sah anders aus, anders verteilt waren die Baumarten, alles je nach den Umweltbedingungen. Üppig bewachsen die großen Ebenen. Selbst Tundren nahe der Eisgrenze waren, im Gegensatz zu heutigen Tundren hoher Breiten, reich an Vegetation.« (Dean Snow)

Auf der Suche nach noch ertragreicheren Tierbeständen zogen die nomadischen steinzeitlichen Jägertrupps weiter südwärts, der aufgehenden Sonne entgegen, bis in die ausgedehnten Steppengegenden des zentralen Nordamerika, wo sie ihre Speisekarte mit pflanzlicher Kost bereichern konnten. Eßbare Wurzeln, Nüsse, Früchte und wilde Beeren waren eine willkommene Abwechslung. Die Jahre verflossen, und nachrückende Einwanderer drängten die ersten Horden immer weiter ins Landesinnere. Im Überfluß der fruchtbaren Prärien kannten die alten Amerikaner keine Probleme, die Bevölkerung zu ernähren. Sie entwickelten im Laufe der Zeit Massentötungsmethoden wie die »Umzingelungs«-Taktik oder die Treibjagd, denen die großen Säugetiere hilflos ausgeliefert waren, und rotteten so manche Art aus, u. a. das Mammut, das Mastodon, das Kamel und das Pferd.

Zwischen 9000 und 4000 v. Chr. verwandelte sich der Großwildjäger in einen Wildbeuter, der sich nicht nur von Fleisch, sondern in zunehmendem Maße auch von Pflanzen ernährte. Durch eine Verknappung der jagdbaren Tiergattungen wurde der Mensch förmlich dazu gezwungen, sich eine andere Ernährungsweise zuzulegen. Der Wildbeuter entwarf neue Werkzeuge und Techniken, wie verfeinerte Speerspitzen und Lanzen sowie Angelhaken, Harpunen, Netze und Fallen für Kleinwild, Vögel und Fische. Äxte und Hohlmeißel gehörten zu seinen Geräten, mit denen er Holz und Stein schliff oder zerschlug. Mit Mörsern und Stößeln zerkleinerte er eßbare Pflanzen. Auch machte er einige bedeutsame Erfindungen, wie die Herstellung von Kanus aus Birkenrinde, das Flechten von Körben und die Metallverarbeitung. Schließlich nahm er eine halbseßhafte Lebensweise an, hob im Boden runde Gruben aus, die er mit Zweigen, Fellen oder Rinde überdachte, und verbrachte zumindest den Winter in diesen primitiven Erdhütten, die ihn vor der größten Kälte schützten. In seiner Behausung häufte er Vorräte von lufgetrocknetem Fleisch, Wurzeln, Samen und Nüssen an, um die frostige Jahreszeit besser zu überbrücken. Seit mindestens sechstausend Jahren hielt er sich Hunde als Jagdgefährten und Lagerbewacher, als Abfallvertilger, Lasttiere und lebende Nahrung. Er verbreitete sich nicht nur in den weiten Prärien, an der Atlantikküste oder im Waldland des Ostens, sondern auch an den Nordwestgestaden des Pazifiks.

Zwischen 4000 v. Chr. und 1000 n. Chr. entstanden erste Ansätze von Ackerbau im Südwesten Nordamerikas, vornehmlich im heutigen Arizona und New Mexico. In dieser trostlosen Gegend, wo die Jagd und das Sammeln von Nüssen nicht einträglich genug waren, lernten die Wüstenwildbeuter nach und nach ein halbes Dutzend Feldfrüchte anpflanzen. Gegen 300 v. Chr. wohnten bereits einige Ackerbauern aus den Tälern der Mogollon-Bergkette in New Mexico in Dörfern aus Erdgrubenhäusern. Um 100 v. Chr. klügelte das von den Archäologen benannte Volk der Hohokam (Die, die verschwanden) eine Technik der Überschwemmungsbewässerung aus, um dem Ödland fruchtbare Äcker abzugewinnen. Nördlich der Mogollon und der Hohokam waren die Anasazi (Die Alten) ansässig, die nicht nur mit Erfolg Ackerbau und Korbflechterei betrieben, sondern auch als einfallsreiche Baumeister terrassenförmige Wohnbauten errichteten, bis sie zwischen 1300 und 1700 n. Chr. ihre Pueblos genannten mehrstöckigen Siedlungen unter dem unablässigen Druck der Navahos und Apachen aufgeben mußten.

Eine der hochstehendsten Kulturen Nordamerikas war die der »Mound Builders«, die zwischen dem Golf von Mexiko und den Großen Seen Zehntausende von merkwürdigen Erdgebilden hinterließen. Bei diesen kegelförmigen Hügeln handelte es sich um Grabstätten und Friedhöfe, um regelrechte Berge aus menschlichen Gebeinen. Auf der plattformartigen Kuppe erhob sich gewöhnlich ein Bestattungstempel. In Körben wurde die Erde mühselig herbeigeschleppt und zu immer größeren Erhöhungen aufgeschichtet. Die »Grabhügelbauer« waren Nahrungsmittelsammler, Landwirte, professionelle Händler und begabte Künstler. Sie stellten geschnitzte Pfeifen, statuenähnliche Gefäße und kleine Keramikfiguren her.

Als um 500 n. Chr. ihr Wohlstand abnahm und ihre Kultur in der Versenkung verschwand, reifte eine neue Zivilisation im gesamten Stromgebiet des Mississippi heran. Die dort siedelnden Menschen erstellten noch monumentalere »Mounds«, die auch von Tempeln gekrönt wurden. In ihrer größten Siedlung Cahokia befand sich ein Riesenmound, der mit einer Höhe von dreißig Metern und einer Grundfläche von fast sechzigtausend Quadratmetern die ägyptische Cheops-Pyramide in den Schatten stellte. Die fortschrittlichen Mississippi-Anrainer pflegten intensiv den Anbau von Mais, Bohnen und Kürbis und widmeten sich der Bildhauerei, der Herstellung von Keramik und Metallwaren.

Gegen 1100 n. Chr. erreichte diese Hochkultur den Höhepunkt ihrer Macht, den die weißen Kolonisten nicht mehr miterleben konnten, weil sie zu spät eintrafen. Die Untergangsphase der Mississippi-Gesellschaft lernten sie jedoch bei den Natchez kennen, deren seltsame soziale Rangordnung in ganz Nordamerika einmalig sein dürfte (s. S. 43). Ein von Überbevölkerung verursachter gesellschaftlicher Zerfall und Kriege beschleunigten den Untergang der Natchez, denen europäische Krankheiten, wie Pocken, Grippe und Masern, sowie die überlegenen Waffen der Weißen den endgültigen Todesstoß versetzten.

Das Schicksal der Natchez deckt sich mehr oder weniger mit dem fast aller Ureinwohner Nordamerikas. Gruppenweise und in Etappen waren sie durch Alaska in Richtung Süden vorgedrungen. Über dreißigtausend Jahre lang hatten sie sich über den ganzen Kontinent verbreitet, in den unterschiedlichsten Lebensräumen niedergelassen, sich als umherschweifende Großwildjäger, niedere Pflanzensammler, routinierte Fischer und seßhafte Ackerbauern in der Kunst des Lebens und Überlebens geübt und im Laufe der Jahrtausende Hochkulturen entwickelt. Mit den ersten Ankömmlingen aus der Alten Welt hörte dieser Fortschritt jäh auf. Fremdländische Mikroben wurden eingeschleppt. Europäische Feuerwaffen kamen zum Einsatz. Es dauerte keine vier Jahrhunderte, und die Nachkommen der beherzten asiatischen Einwanderer wurden zu einer aussterbenden Rasse.

»Warum sollen wir nicht hier geboren sein?«

Daß die Indianer aus Nordostasien herstammen, wird heutzutage nicht mehr bezweifelt. Weshalb hat sich der Gedanke der selbständigen Entstehung des roten Mannes nicht durchsetzen können?

Als im Winter 1797/98 der Häuptling der Miamis, Little Turtle – Kleine Schildkröte –, zu Verhandlungen in Philadelphia weilte, der damaligen Bundeshauptstadt der Vereinigten Staaten, lernte er den adeligen Franzosen Graf Volney kennen, der vor der französischen Revolution nach Amerika geflohen war. Eines Abends kam durch die Anwesenheit von fünf Tataren, deren Äußeres dem der Indianer ähnelte, die Rede auf die Einwanderung der Indianer aus Asien. Graf Volney schob Little Turtle eine Karte des östlichen Asien und des westlichen Amerika hin und erläuterte ihm, indem er auf die

Beringstraße zeigte, die europäischen Vorstellungen von der Herkunft der Urvölker Amerikas.

Der Indianerhäuptling erfaßte, scharfsinnig wie er war, rasch die Schwachstelle in der Überlegung des Grafen. »Warum können diese Tataren, die uns so ähnlich sind, nicht aus Amerika gekommen sein? Hat man Beweise vom Gegenteil? Warum sollen wir nicht hier geboren sein?« Mit dem Begriff »Geborene des Bodens«, den der Häuptling hier benutzte, wollte er zum Ausdruck bringen, daß die Indianer ja auch von Anfang an in ihren historischen Landschaften gelebt haben könnten.

Sein Grundgedanke, die indianische Autochthonie oder die selbständige Entstehung des Indianers, scheint jedoch unhaltbar. Der Indianer konnte sich nämlich nicht aus früheren Menschenformen und Menschenaffenarten zum denk-, handels- und anpassungsfähigen Homo sapiens entwickeln. In ganz Amerika hat man noch keine Funde gemacht, die auf das Vorhandensein altweltlicher Menschentypen schließen lassen. Wie der Weiße kam der Indianer als Homo sapiens in den amerikanischen Erdteil. Während mehr als dreißigtausend Jahren, in zahllosen Generationen und langen Jahrhunderten, bevölkerten die asiatischen Ahnen der Rothäute und ihre Nachkommen ein menschenleeres Land, streiften durch ganz Nord- und Südamerika und schufen sich eine eigene Geschichte und blühende Kulturen.

Diesen dreißigtausendjährigen Entwicklungsprozeß unterbanden die Weißen gewalttätig aus schierer Eroberungslust in vierhundert Jahren. Die meisten Geschichtsbücher über Nordamerikas Vergangenheit beginnen mit der Ankunft der ersten Europäer und schweigen sich über die in Jahrtausenden eigenständig herangereifte Kultur der Ureinwohner aus. Diese wichtige Seite kommt selten voll zum Tragen: die Indianer als ein Volk, das auch lange Zeit ohne Weiße gelebt hat und sehr gut leben konnte. Als Kolumbus am 12. Oktober 1492 erstmals die Neue Welt betrat, leitete er einen folgenschweren Vorgang ein: die Verwandlung des indianischen Heimatlandes in ein »verlorenes Paradies«. Mit Kolumbus begann der lange Leidensweg der roten Rasse, auf die leider Georg Christoph Lichtenbergs ironische Bemerkung zutrifft: »Der Amerikaner, der den Kolumbus zuerst entdeckte, machte eine böse Entdeckung.«

DIE WALDLANDINDIANER DES NORDOSTENS

Die indianischen Völker, die in den regnerischen Waldgebieten des Nordostens — von der Atlantikküste bis zum Mississippi — heimisch waren, machten alle dieselbe geschichtliche Erfahrung mit den Weißen. Durch deren große amerikanische Landnahme wurden die Wälder von Indianern leergekämmt. Die Algonkinstämme bevölkerten vornehmlich die Küstenregionen und den Bereich um die Großen Seen, während die Irokesen die Waldgebiete beherrschten.

Der Traum von einer politischen »Verteidigungskonföderation«

Zur indianischen Sprachfamilie der Algonkins, die eine größere Verbreitung kannte als jede andere Sprachgruppe, gehörten sowohl westliche Prärienationen, wie die Arapahos und Cheyennes, als auch nordöstliche Waldlandstämme, wie die Abenakis, Chippewas, Crees, Delawaren, Kickapoos, Miamis, Micmacs, Narragansetts, Ottawas, Pequotes, Potawatomis, Powhatans, Sauks und Foxes, Shawnees, Wampanoags. Unter der Bezeichnung Algonkins verstand man aber besonders die zahlreichen Bauern- und Waldjägervölker des Nordostens, deren Lebensraum sich vom Sankt-Lorenz-Strom im Norden bis zum Cumberland River im Süden und vom Mississippi im Westen bis zur Atlantikküste im Osten erstreckte.

In den Jahren 1550 bis 1700 lernten die Küsten-Algonkins weiße Händler kennen, die Eisenwaren, Messingkessel, Perlen und Alkohol gegen Biberpelz tauschten. Auch machten die Rothäute erstmals mit Infektionskrankheiten Bekanntschaft, die die weißhäutigen Kaufleute einschleppten und denen die Indianer zu Tausenden zum Opfer fielen. Weil einzelne Stämme den gesamten Handel an sich reißen wollten, entstanden kriegerische Reibereien, was zur Folge hatte, daß sich einige kleinere Gruppen zu größeren Gemeinschaften zusammenschlossen, um nicht unterzugehen.

Nach 1620 strömten scharenweise europäische Siedler in die Küstengebiete und drängten den roten Mann immer tiefer ins Binnenland. Als die Algonkins endlich begriffen, daß die Bleichgesichter nur darauf aus waren, ihr Land zu rauben, wehrten sie sich gegen die weiße Habgier. Die politischen Zweckbündnisse ganzer Stammesgemeinschaften, die der Häuptling Powhatan — aus dem gleichnamigen Volk —, der Wampanoag Metacomet (King Philip), der Ottawa Pontiac, der Shawnee Tecumseh und Black Hawk vom Stamm der Sauks und Foxes gründeten, verfolgten nur ein Ziel: die Rettung des indianischen Landes vor dem Zugriff der andersfarbigen Eroberer und deren endgültige Vertreibung. Daß der Widerstand der Algonkins letztlich immer wieder zusammenbrach, war vor allem ihrem Mangel an Organisationstalent und der demokratischen Struktur ihrer Gesellschaft anzulasten. Die nordöstlichen Waldlandvölker waren wohl furchtlos und tapfer, blieben aber trotz vieler Einheitsbemühungen untereinander uneins, so daß die Bleichgesichter in ihrem Expansionswahn nie allzu lange von aufsässigen Algonkins aufgehalten wurden. Um die traditionelle Kultur der Kü-

stenstämme war es endgültig geschehen, als diese unter dem starken Druck protestantischer Sekten christliche Denkweisen und Moralvorstellungen annahmen und auf ihren uralten Glauben an die Wiedergeburt, die »Wiederfleischwerdung« nach dem Tod, verzichteten.

Die nordöstlichen Algonkins bearbeiteten den Boden in den riesigen Laub- und Mischwäldern und erzielten trotz primitiver Anbaumethoden eine reichhaltige Ernte. »Man rodetete ein Stück Wald, brannte das Unterholz ab und jätete den Boden oberflächlich mit einer Hacke, die in voreuropäischer Zeit aus einem gekrümmten Aststück mit einer Klinge aus einem Hirsch- oder Bisonschulterblatt oder einem Stück Schildkrötenschale bestand. Zur Aussaat stachen die Frauen, die die Hauptlast der Feldarbeit trugen, mit dem Pflanzstock Löcher für die Saatkörner aus, denn der Mais muß in den Boden eingelegt werden. Oft wuchsen aus den gleichen Beeten Kürbisse, Bohnen und Melonen. Zur Ölgewinnung wurden Sonnenblumen, als Genußmittel wurde Tabak, für Gefäße wurde Flaschenkürbis und zur Herstellung von Taschen und Gewändern Hanf angepflanzt.« (Wolfgang Lindig)

Dank ihres intensiv betriebenen Ackerbaus und erwirtschafteten Überschusses an Nahrungsmitteln waren die Algonkins des Ostens nicht allein auf den Ertrag der Jagd angewiesen. Mit Pfeil und Bogen, mit Schlingen und Fallen stellten sie dem Hirsch, dem Elch, dem Bären, vielen kleineren Säugetieren, Vögeln, Fröschen und Schildkröten nach. Mit Angelhaken, Speer und Netz fingen sie Lachse, Aale, Barsche, Hechte und Forellen. Die erlegten Jagdtiere lieferten ihnen Häute und Pelze, die zu Kleidungsstücken verarbeitet wurden. Der Durchziehschurz und der kurze Überwurf des Mannes, der bis zum Knie fallende Rock und das langärmelige Überhemd der Frau waren aus weichem Hirschleder, auf das gefärbte Stachelschweinborsten oder Elchhaare zur Ausschmückung genäht wurden. Die Haartracht der Algonkins war bei den Männern recht ungewöhnlich. Sie schoren sich den Kopf kahl bis auf einen Kamm, einen Scheitelbusch, eine Stirnfranse oder eine Skalplocke. Das Haarbüschel schmückten sie dann mit Federn oder Knochen. Die Frauen flochten ihr Haar zu einem langen Zopf.

Als wichtigsten Werkstoff gebrauchten die Indianer der Waldgebiete Holz, das das Grundmaterial abgab für den Hausbau und die meisten Geräte des täglichen Lebens, wie Kriegskeulen und Streithämmer, wasserdichte Gefäße und Vorratsbehälter. Ihre kegelförmigen Wigwams waren aus Holz gebaut und mit Rinden oder Matten abgedeckt. Ihre Kanus bestanden aus zusammengenähten Rindenstücken, die mit Kiefernpech abgedichtet wurden.

Die Waldlandvölker des Nordostens, die eine Art Symbolschrift in Rinden ritzten, besaßen auch schon eine primitive Form von Geld. Dieses Zahlungsmittel wurde aus zu Schnüren aufgereihten Wampumperlen gemacht, die nicht nur als flüssiges Kapital gebraucht, sondern auch bei Friedensverträgen und Handelsabschlüssen überreicht wurden.

Tecumseh, der Revolutionär (1768—5. 10. 1813)

Seit über drei Stunden wütete bereits die Schlacht. Auf dem blutigen Kampfplatz lagen neunhundert blauuniformierte Leichen. US-General Arthur St. Clair, der kurz nach der Unabhängigkeit der Vereinigten Staaten mit vierzehnhundert Soldaten ins Ohio-Tal vorgedrungen war, unterlag hoffnungslos der Kriegskunst des Miami-Häuptlings Little Turtle (Michikinikwa — Kleine Schildkröte). An dem denkwürdigen Kampf an den Quellen des Wabash beteiligte sich auch ein junger Indianer namens Tecumseh (Tikamthi, Tecumtha — Der sich zum Sprung duckende Berglöwe), der sich von der Wirksamkeit der »gebündelten Kraft« vereinigter Stämme mit eigenen Augen überzeugen konnte. Ein solcher Bund aus Algonkin-Völkern — Miamis, Shawnees, Potawatomis und Chippewas — versetzte an diesem ereignisvollen Tag der amerikanischen Armee einen entsetzlichen Schlag, von dem sie sich erst nach zwei Jahren erholte. Der Shawnee Tecumseh wollte es aber nicht bei einem einzigen Sieg belassen. Er träumte fortan von einer mächtigen Union aller Indianerstämme zwischen Ohio und Mississippi.

Noch feindlicher als die englische Kolonialverwaltung gaben sich die frisch gegründeten Vereinigten Staaten von Amerika gegenüber den Indianern, als sie zur Eroberung des Gebiets westlich der Grenze der dreizehn ehemaligen britischen Kolonien schritten. In ihrem Drang, den Rothäuten Grund und Boden abzunehmen, wurden sie erheblich durch die Bemühungen Tecumsehs gestört. Nachdem der 1768 im Dorf Old Piqua am Mad River geborene Shawnee zum Häuptling seines Stammes aufgestiegen war, konnte er endlich an die Verwirklichung einer politischen »Verteidigungskonföderation« der Indianer von den Großen Seen bis hinunter nach Alabama und Florida denken.

Durch seine Schwester lernte er das europäische Mädchen Rebekka Galloway kennen und lieben, das ihn mit dem Gedankengut der Weißen vertraut machte. Obwohl die Galloways nichts gegen eine Heirat ihrer Tochter mit Tecumseh einzuwenden hatten, verzichtete er doch auf seine Liebe, weil er die Bedingung, mit seiner Frau nach Art der Bleichgesichter zu leben, nicht eingehen wollte und konnte. Sein Rassenzugehörigkeitsgefühl war stärker als seine Zuneigung für die »weiße Blume«. Trotzdem hat ihn dieses Erlebnis tief gezeichnet: Dank Rebekka hatte er sein Englisch verbessert, war mit dem Alten und Neuen Testament bekannt geworden und hatte wertvolle Kenntnisse über die Mentalität der Eroberer und die Möglichkeiten ihrer Bekämpfung erworben.

Während sieben Jahren saß Tecumseh an allen Lagerfeuern zwischen der kanadischen Grenze und dem Golf von Mexiko. Im Rindenkanu setzte er über Flüsse und Seen, hoch zu Roß durchquerte er Savannen und Wälder, im Toboggan (Indianerschlitten) fuhr er durch den eisigen Winter. Überall warb er eindringlich und beschwörend für die Einheit der Indianerstämme. Redegewandt und eindrucksvoll suchte er die Häuptlinge für die Gründung eines freien roten Staates zu gewinnen. »Seht hier in meiner Hand dieses Bündel Pfeile. So wie keiner von euch es vermag, dieses Bündel zu zerbrechen, so wenig werden die weißen Soldaten euch zerbrechen, wenn ihr einig seid. Aber wehe euch, wenn ein jeder seinen eigenen Weg geht. Ein Kind zerbricht die dünnen Schäfte dieser einzelnen Pfeile. So werdet auch ihr zerbrochen werden, wenn ihr nicht eins seid!«

Nach und nach wuchs Tecumsehs Liga, liefen ihm immer mehr junge Krieger zu, wurden die dünnen Pfeile zu einem unzerbrechlichen Bündel. Im Frühjahr 1811 wagte er sich sogar in den tiefen Süden, wo er die dreißigtausend Krieger der Creeks, Choctaws, Chickasaws, Cherokees und Seminolen für sein Vorhaben zu gewinnen hoffte.

Mit außergewöhnlicher Überzeugungskraft redete er auf die Südostnationen ein: »Schlaft nicht länger ... in falscher Sicherheit und trügerischer Hoffnung. Unsere großen Landgebiete entgleiten immer mehr unserem Griff. Jedes Jahr werden die weißen Eindringlinge habsüchtiger, erpresserischer, erdrückender und anmaßender. Noch treten und schlagen sie uns nicht wie ihre Schwarzgesichter. Aber wie lange noch wird es dauern, bis sie uns an Pfähle binden und uns auspeitschen und uns zwingen, für sie auf ihren Feldern zu arbeiten? – Haben wir ihre Absichten nicht klar vor Augen in den Beispielen ihres Verhaltens in der Vergangenheit? Sollen wir die Gebeine unserer teuren Verstorbenen preisgeben, sollen wir warten, bis sie so zahlreich geworden sind, daß es einen Widerstand gar nicht mehr geben kann? Sollen wir uns eines Tages zerstören lassen, ohne Kampf? Niemals, sage ich! Niemals! Also müssen wir uns zusammenschließen, eine große indianische Einheit bilden und die Bleichgesichter an der ganzen Front zurücktreiben. Krieg oder Ausrottung ist die einzige Alternative, die wir haben ... .«

Trotz seiner rhetorischen Meisterleistung scheiterte Tecumseh am Einspruch Pushmatahas, des führenden Kopfes der Choctaws und Chickasaws, der mit seiner persönlichen Abneigung gegen gewalttätiges Vorgehen die sogenannten »Fünf Zivilisierten Nationen« des Südostens aus der geplanten Indianerkoalition heraushielt. »Ich achte die Gründe des großen Shawnee-Orators hoch. Sie sind ehrenvoll und würdevoll, und das Recht ist sicherlich auf seiner Seite. Aber seine Gründe sind nicht unsere Gründe. Und wenn das nicht der Fall ist, so kann sein Kampf nicht unser Kampf sein, sein Krieg nicht unser Krieg.«

Als Tecumseh sich nach dieser Abfuhr der mächtigen Südostvölker, deren Hilfe er unbedingt gegen die amerikanische Invasion gebraucht hätte, zum langen Heimweg aufmachte, brauten sich finstere Gewitterwolken über seinen hochfliegenden Plänen zusammen.

Während seiner Abwesenheit war eine amerikanische Armee unter dem Kommando von General Josiah Harrison bis ins Herz seiner Heimat vorgestoßen. Als Stellvertreter hatte er seinen Zwillingsbruder Tenskwatawa (Offene Tür) zurückgelassen, auch Laulewasikau oder Elkswatawa genannt, der Tecumsehs Idee einer allumfassenden Indianerliga tatkräftig unterstützte. Tenskwatawa war ein weit und breit gepriesener Prophet, der einmal auf Tag und Stunde genau den »Tod der Sonne«, eine totale Sonnenfinsternis, vorausgesagt und sich damit einen ausgezeichneten Namen als begabter Seher gemacht hatte. Im Shawnee-Zentrum Tippecanoe, der »Stadt der großen Reinigung«, errichtete er am Wabash River einen tempelartigen heiligen Schrein, zu dem Indianer von nah und fern pilgerten.

Tenskwatawa war jedoch von der anmaßenden Überzeugung durchdrungen, nur durch seine prophetische Macht käme die »rote Union« zustande. Tecumsehs Bemühungen, eine politische und militärische Allianz der Indianer auf die Beine zu bringen, nahm er nicht ernst. So verwundert es nicht, daß er beim Anmarsch der achthundert Soldaten Harrisons trotz Tecumsehs Anweisungen, auf keinen Fall den Feind anzugreifen, im blinden Vertrauen auf seinen angeblichen »Zauber« am 7. November 1811 die Kämpfer des indianischen Bündnisses aus der »heiligen Stadt« herausführte und im Mündungsfeuer der amerikanischen Gewehre verbluten ließ. Anstatt auf Tecumseh, einen der besten roten Heerführer aller Zeiten, zu warten, preschte der Prophet ungestüm vor und wurde durch seine Eifersucht und Kurzsichtigkeit zum Verräter seines Bruders.

General Harrison zerstörte alle Waffen- und Vorratslager der Rothäute und auch Tecumsehs Hauptstadt Tippecanoe, die in Schutt und Asche versank. Somit war der große Aufstand der Indianer schon vor dem Ausbruch durch die Unbedachtsamkeit des Shawnee-Propheten zum Scheitern verurteilt. Er war regelrecht im Keim erstickt worden.

Durch dieses Mißgeschick, für das Tecumseh gar nicht verantwortlich zeichnete, verlor er dennoch die Unterstützung vieler Stämme. Innerhalb eines Tages war das mühselige Werk von sieben Jahren an Tenskwatawas Ruhmsucht oder Ungeduld zerbrochen. Tecumsehs Traum von den Vereinigten Staaten der Indianer Nordamerikas war zerschmettert.

Auf der Suche nach dem indianischen Nationalbewußtsein war er weiter gegangen als Pontiac, der eigentlich nur an ein zeitgebundenes kriegerisches Bündnis gedacht hatte. Tecumseh wollte darüber hinaus einen eigenen Indianerstaat errichten, der auch in Friedenszeiten fortbestehen und über einheitliche Gesetze, eine indianische Regierung und Armee verfügen sollte.

Trotz der von seinem Bruder verschuldeten Niederlage, die in ein wahres Gemetzel ausgeartet war, gab Tecumseh jedoch nicht auf. Er floh mit seinen Getreuen nach Kanada, wo er auf Seiten der Briten im amerikanisch-englischen Krieg von 1812 mit einer eigens von ihm aufgestellten und gedrillten

Indianerbrigade kämpfte und es zum Rang eines britischen Brigadegenerals brachte. Durch sein taktisches Können entschied er diesen Krieg beinahe zugunsten des »Union Jack«, doch wurden seine Erfolge durch die Unfähigkeit englischer Oberbefehlshaber zunichte gemacht. So soll er seinen Vorgesetzten, General Proctor, in der Schlacht an der kanadischen Themse einen »feigen Hund, der seinen Schwanz einkneift«, gescholten haben, ehe er in diesem seinem letzten Kampf am 5. Oktober 1813 seine Indianerehre rettete und auf dem Schlachtfeld als tapferer Truppenführer fiel. Mit seinem frühzeitigen Tod waren die von ihm vereinigten Shawnees, Delawaren, Miamis, Potawatomis, Chippewas usw. um eine große Hoffnung ärmer. Mit ihm erlosch endgültig der Gedanke einer Union aller nordamerikanischen Stämme.

Tecumsehs Widersacher, General Harrison, hatte die Bemühungen des Shawnee-Politikers zu würdigen gewußt. »Wenn er nicht in unmittelbarer Nähe der Vereinigten Staaten lebte, würde er ein indianisches Reich schaffen, das sich mit Mexiko, dem Reich der Azteken, oder mit Peru, dem Reich der Inkas, messen könnte. Keine Schwierigkeiten können ihm Einhalt gebieten. Während der letzten vier Jahre ist er unaufhörlich in Bewegung gewesen. Heute kann man ihn am Wabash sehen und kurze Zeit später an den Ufern des Erie- oder Michigansees oder am Mississippi. Und wohin er auch kommt, überall gewinnt er Sympathien für seine Vorschläge...«

Tecumsehs Versuch, die Indianer zu einigen, hätte die Amerikaner Kopf und Kragen gekostet, wenn der Shawnee-Häuptling auf die ihm verweigerte Hilfe der machtvollen »Fünf Zivilisierten Nationen« des Südostens hätte zurückgreifen können und zudem nicht durch die Niederlage Tenskwatawas vor Tippecanoe vorzeitig geschwächt worden wäre. Der Traum der verbündeteten Indianer, die Weißen ins Meer zu treiben, wäre dann vielleicht Wirklichkeit geworden. Aber mit Tecumsehs Ableben war die letzte Chance eines indianischen Nordamerikas für immer vertan.

Die Irokesen und der Sechs-Nationen-Bund

»Sie haben ihre Köpfe vollständig rasiert bis auf eine Locke in der Mitte, die sie lang wachsen lassen wie einen Pferdeschweif. Sie binden sie an ihre Köpfe mit dünnen Lederriemen«, beschrieb der französische Entdecker Jacques Cartier 1534 die typische Haartracht der Irokesen-Krieger. Im heutigen Staat New York lebten bei der Ankunft der ersten Weißen Irokesen-Dialekte sprechende Indianer, die in vorkolumbischen Zeiten aus Süden und Westen zugezogen waren. Im Waldland zwischen den Großen Seen und der Atlantikküste bauten sie ihre mit Palisaden umgebenen Dörfer an Fluß- und Seeufern. Ihre Langhaussiedlungen entstanden vornehmlich in Gebieten mit fruchtbarem Boden, wo sie den Wald roden und Äcker anlegen konnten. Als seßhafte Farmer, die manchmal bis zu vierzig Jahre an derselben Stelle blieben, erwirtschafteten sie auf ihren ordentlich bestellten Feldern Mais, Bohnen, Kürbis, Tabak und Artischocken. Sie wohnten in fünfzig bis sechzig Meter langen, rechteckigen Holzhäusern mit eindrucksvollen Giebeldächern. Durch den Reichtum ihrer Feldarbeit wurden sie vom Ertrag der Jagd unabhängig und konnten sich so ausgedehnte Raubzüge erlauben, was ihnen den Ruf von Plünderern einbrachte.

Als die Irokesen-Stämme sich der weißen Gefahr bewußt wurden und die Notwendigkeit einer gemeinsamen Verteidigung einsahen, gründete der legendäre Mohawk-Sachem Hiawatha zwischen 1559 und 1570 die Fünf-Nationen-Konföderation, die sich aus den Senecas, Onondagas, Cayugas, Mohawks und Oneidas zusammensetzte und sich selbst Hodénosaunee (Das Volk des langen Hauses) nannte. Nachdem sich 1722 die Tuscaroras in die Vereinigung eingereiht hatten, sprach man fortan nur noch vom Sechs-Nationen-Bund, der eine beachtliche Machtkonzentration darstellte. Obwohl die Huronen auch zur irokesischen Sprachgemeinschaft gehörten, wurden sie von der Irokesen-Liga bekämpft und nach langjährigem Ringen 1649 als Stamm ausgelöscht.

Die sechs sprachverwandten Völker bildeten eine politische Geschlossenheit, in der jede Nation ihre Selbständigkeit behielt und ein Senat von fünfzig Sachems sowie eine Art Repräsentantenhaus von rangniedrigeren Häuptlingen Beschlüsse über auswärtige Angelegenheiten, wie Krieg und Frieden, faßte. Der Irokesen-Zusammenschluß, den die weißen Siedler wegen seines demokratischen Aufbaus bewunderten, diente wahrscheinlich als mustergültige Vorlage für die Verfassung der Vereinigten Staaten.

Übten die Männer scheinbar die Macht nach außen aus, indem sie die Hauptentscheidungen des Sechs-Nationen-Bundes trafen, so war doch den Frauen die wirkliche »innere« Führung der Irokesen-Koalition vorbehalten. Sie kontrollierten die Wahl des Sachems und konnten ihn absetzen, falls er seinen Pflichten nicht genügte. Den Frauen gehörten die Langhäuser, die Felder und die Werkzeuge. Trennten sie sich von ihren Gatten, blieben die Kinder bei ihnen. Somit war die irokesische Gesellschaftsform, in der die Frauen den Ton angaben, ein richtiges Matriarchat. Innerhalb jeder Nation des Bundes gab es ein Dutzend Clans, denen jeweils eine »Clanmutter« oder »Matrone« vorstand. Der Einfluß der »Clanmütter« überwog bei weitem das Prestige der von ihnen gewählten Sachems, denen sie lediglich ihre politischen Befugnisse zeitweilig übertrugen. Bei keinem anderen Indianervolk Nordamerikas war die Autorität der Frauen so unbestritten anerkannt wie bei den Irokesen.

Der Fünf-Nationen-Bund entstand zur Zeit, als französische Schiffe den Sankt-Lorenz-Golf hinaufsegelten, wurde aber erst um 1640 von den Weißen wahrgenommen und war gegen 1850 in der Versenkung verschwunden.

Unterlagen die Irokesen in den ersten Auseinandersetzungen mit den im Nordosten angesiedelten Algonkin-Stämmen, die die Jagdgebiete an der atlantischen Küste beherrschten, so gelang es ihnen trotzdem nach langen Kämpfen, eine breite Schneise ins Gebiet der Algonkins zu schlagen und sich dort zu behaupten. Bereits gegen 1720 mußte das Algonkin-Volk der Delawaren vor ihnen zurückweichen und nicht viel später ein tributpflichtiges »Untermieterdasein« auf irokesischem Grund und Boden fristen.

Im französisch-englischen Indianerkrieg von 1754 bis 1763 schlugen sich die finsteren Irokesen auf die Seite der Engländer, deren Sieg sie tatkräftig beschleunigten. Im Unabhängigkeitskrieg (1775–1783) machten sie wiederum gemeinsame Sache mit den Briten und verübten schreckliche Grausamkeiten an ihren nunmehr amerikanischen Feinden, wobei sich der Mohawk-Sachem Thayendanegea, auch unter dem Namen Captain Joseph Brant bekannt, und der Seneca-Häuptling Young King (Junger König) hervortaten. Als aber im August 1779 eine bedeutende US-Armee ins Irokesen-Land einfiel, vierzig Indianerdörfer dem Erdboden gleichmachte, fünfzehnhundert Pfirsichbäume absägte und alle angesammelten Vorräte in Brand steckte, war es um die mächtige Irokesen-Nation geschehen, die diesen furchtbaren Schlag nie mehr überwinden sollte. Nach dem Unabhängigkeitskrieg, in dem sie für die Verliererpartei gefochten hatten, mußten die Irokesen den größten Teil ihrer Jagdgebiete aufgeben und in ein Reservat ziehen, das ihnen vom neuen US-Staat zugewiesen wurde. Viele Mitglieder der Nation machten von der englischen Einladung Gebrauch, sich in Kanada einzugewöhnen.

Zutiefst beeindruckt von der Intelligenz und Würde der Irokesen-Sachems Sagoyewatha (He keeps them awake – Er hält sie wach, auch Red Jacket – Rotjacke genannt) und Cornplanter (Maispflanzer), beide vom Stamm der Seneca, Thayendanegea, einem Mohawk, und James Logan, einem Cayuga (bekannt als Mingo), schloß Präsident George Washington einen mehr oder weniger gerechten Frieden mit den Irokesen, der sich schon 1812 für die Vereinigten Staaten auszahlte, als ein neuer Krieg mit England ausbrach, aus dem sich diesmal der Sechs-Nationen-Bund heraushielt. Dessen Niedergang war trotzdem besiegelt und konnte nicht mehr aufgehalten werden. Die große Zeit der Irokesen gehörte endgültig der Vergangenheit an.

Über ihre rückläufige Entwicklung schrieb Lewis Henry Morgan um die Mitte des letzten Jahrhunderts: »Die Feuer des Rates der Ältesten sind seit langem erloschen . . . Ihre Herrschaft ist zu Ende gegangen. Heute senken sich die Schatten des Untergangs über die letzten Reste eines schwachen und doch einst so mächtigen Bundes . . . Bald werden die Irokesen als Volk in der undurchdringlichen Nacht verschwunden sein, die schon so viele Indianervölker für immer aufgenommen hat. Andere haben sich ihr Land angeeignet, die Wälder gerodet, die Fährten verwischt. Die Reste dieser stolzen und begabten Rasse, die sich noch um ihre einstigen Sitze scharen, sind dem

Jederzeit mußten die Siedler aus der Alten Welt mit Überfällen von Indianern rechnen, die ihr Land gegen die Eindringlinge verteidigten.

Untergang geweiht. Die Irokesen werden als Volk verschwinden. Wir werden ihrer nur noch als Verlorener gedenken, deren Existenz erloschen ist. Zugleich werden wir sie als Volk ehren, dessen weise Männer keine Städte hatten, dessen Religion sich nicht in Tempeln verbarg, dessen Regierung keine Akten kannte.«

Unbezähmbare Wildheit und mitleidlose Entschlossenheit kennzeichneten die unbändigen Irokesen, die sich im Krieg barbarisch grausam und im Frieden maßlos herrisch gaben. In ihrer Glanzzeit reichte ihr Einflußgebiet vom Hudson River bis zu den Großen Seen.

»Sie schleichen wie Füchse, sie kämpfen wie Löwen, und sie verschwinden wie Vögel«, schilderten weiße Siedler die Kampftechnik der Irokesen, die mit Pfeil und Bogen, Tomahawk und Holzschild sowie einer Art Rüstung kämpften, an deren mit Hirschleder verknüpften Stäben die Hiebe des Gegners abprallten. Ihre Kriegführung war psychologischer Natur. Sie zermürbten ihre Feinde mit einem regelrechten Nervenkrieg, »in dem Tortur, Hinterhalt, Massaker und nächtliches Kriegsgeschrei die siegreichen Waffen waren«. (Peter Farb)

Trotz ihrer grausamen Folterungen, für die sie weit und breit bekannt waren, hatten die Irokesen eine sehr hohe Kulturstufe erreicht. Obwohl sie sich oft als blutige Schlächter zeigten, waren sie in Wirklichkeit feinfühlige Psychologen, die schon zweihundert Jahre vor Freud eine auf Träumen basierende Psychotherapie anwandten. Sie wußten von der Existenz des Unterbewußtseins, kannten die Kraft unbewußter Triebe, verfügten über eine moderne Traumdeutung und über hellseherische Fähigkeiten.

Geister, Totenseelen und Götter beherrschen ihre religiösen Vorstellungen, in denen der »Große Geist« und dessen teuflischer Widersacher eine bedeutende Rolle spielten. Aus lebenden, d. h. ungefällten Bäumen schnitzten sie ihre berühmt-berüchtigten Holzmasken, die sogenannten Falschgesichter, denen sie eine große Zauberkraft bei der Vertreibung der bösen Geister zuschrieben. Auch glaubten die Irokesen an ein Leben nach dem Tod, das sich nicht notwendigerweise in den Ewigen Jagdgründen zutragen müßte. In ihrem Jenseitsglauben waren sie von der Überzeugung durchdrungen, daß der Verstorbene es nicht mehr nötig habe, sich in seiner nachtodlichen Existenz durch Speise und Trank zu ernähren, daß aber sein Geist weiterhin Interesse für den Stamm bekunde und als unsichtbarer Begleiter an allen Raubzügen der Nation teilnehme, ohne jedoch ins Kampfgeschehen eingreifen zu können. Weil die Irokesen an ein höchstes übernatürliches Wesen glaubten, das sie als Urgrund und Schöpfer der Welt verehrten, fiel es ihnen nicht allzu schwer, sich zum Christentum bekehren zu lassen.

Trotz des frühen Zusammenfalls ihres Sechserbundes haben die Irokesen den Sprung ins 20. Jahrhundert geschafft. In Kanada leben heute weit über zwanzigtausend Angehörige der Sechs Nationen, vornehmlich in der Provinz Ontario. Im US-Staat New York wohnen zur Zeit über zehntausend Irokesen. In den beiden Weltkriegen kämpften ihre jungen Männer zugunsten Kanadas und der Vereinigten Staaten und bezeugten damit eine Pflichttreue, die ihnen noch heute zur Ehre gereicht, die ihnen aber die Weißen beider Länder bis auf den jetzigen Tag schuldig geblieben sind.

DIE WÜSTENBEWOHNER DES HEISSEN SÜDWESTENS

In keinem anderen Teil der Vereinigten Staaten haben sich indianische, spanische und angloamerikanische Kulturelemente so sichtbar gegenseitig durchdrungen wie im heißen Südwesten des Landes, wo die Indianer seit 1598 dem ständigen Einfluß der Spanier, Mexikaner und Amerikaner ausgesetzt waren.

Obwohl das Gebiet des Südwestens, das sich vom Südrand Utahs und Colorados über Arizona und New Mexico bis tief nach Mexiko hinein erstreckt, als sehr unfruchtbar gilt, hat sich hier paradoxerweise die einzige Zivilisation Nordamerikas entwickelt, die ausschließlich vom Pflanzenanbau lebte.

Seit drei- oder viertausend Jahren hielten sich die Menschen des Südwestens an die »Wüstentradition«. Als Nahrung dienten ihnen Samen, Wurzeln und Kaktusfrüchte sowie in Schlingen gefangenes Kleinwild. Sie wohnten in Höhlen oder Reisighütten und beherrschten das Handwerk der Korbwarenherstellung. Um 2000 v. Chr. pflanzten sie Mais einer einfachen Sorte an. Tausend Jahre später gesellten sich Bohnen und Kürbisse dazu, wodurch sich der Hang zum Bodenanbau verstärkte. Aus Mexiko kam um 200 v. Chr. die Tongefäßherstellung.

Die Pueblos, die indianischen »Städtebauer«

Der entsetzte Warnruf »Apachu!« gellte über die mehrstöckige Wohnsiedlung. Hastig zogen kräftige Hände die Leitern hoch. Durch die Luken in den Dächern der terrassenförmigen Etagenhäuser verschwanden Frauen und Kinder hinter dicken Mauern. Auf den flachen Dächern erwarteten die Männer den Angriff des heranrückenden Feindes, dem sie mit Pfeil und Bogen, Wurfkeulen und kochendem Wasser begegneten. Schlangengleich robbten die Feinde durch das Mesquitegebüsch, um die stufenartig ineinander verschachtelten Siedlungsbauten durch einen Überraschungssturm zu erobern. Waren im ersten Schreck nicht alle Leitern eingezogen worden, hatten die Verteidiger alle erdenkliche Mühe, die ungebetenen Eindringlinge abzuwehren. Blieben die würfelförmigen Gebäude aus luftgetrockneten Ziegeln aber eine uneinnehmbare Festung, verlegte sich der abgewiesene »Apachu« aufs Verwüsten der Maisfelder und Verunreinigen der Wasserlöcher und Quellen, bevor er so schnell und lautlos verschwand, wie er angerückt war.

Den Attacken der sich im Südwesten ausbreitenden Nomadenstämme waren die Pueblo-Indianer auf die Dauer nicht gewachsen. Mit dem Ausdruck Pueblos bezeichneten die Spanier sowohl die mit inneren und äußeren Leitern verbundenen Terrassenbauten der indianischen »Städtebauer« als auch die Bewohner dieser Mehrfamilienhäuser, die in Arizona und New Mexico vom Maisanbau lebten. Apachen und Navahos machten es sich zur Gewohnheit, regelmäßig die einzelnen Pueblos auszuplündern. Daß der Name »Apachen« sich vom Wort »Apachu« ableitete, das beim Zuni-Pueblo-Volk soviel wie »Feind« bedeutete, ist wirklich bezeichnend für die Angst und den Schrecken, die die kriegerischen Apachen den friedfertigen Maisbauern einjagten.

Ihre Wohngemeinschaften waren die »ältesten ständig bewohnten Städte« Nordamerikas, was sich im Spruch widerspiegelt, die Pueblos seien »so alt wie die Hügel«. Als die spanische »Conquistadoren«-Armee von Francisco de Coronado auf der Suche nach den legendären sieben »goldgefüllten« Städten von »Cibola« 1540 erstmals mit den Indianern der uto-aztekischen Sprachfamilie in Berührung kam, war die Pueblo-Kultur, auch Anasazi-Kultur (Zivilisation der Uralten) genannt, bereits im Absinken. Ihr »goldenes Zeitalter« hatte sie wahrscheinlich zwischen 950 und 1200 n. Chr. gekannt. Die spanischen Kolonisatoren vom Schlage eines Cortéz waren für die Pueblos weitaus gefährlicher als der Druck der Apachen und Navahos, die sich mit gelegentlichen Überfällen begnügten, die seßhaften Rothäute aber nicht zu einem Leibeigenendasein herabwürdigten.

Obwohl nach der mexikanischen Revolution von 1821 die ackerbauenden Pueblos vom unabhängigen Mexiko als Gleichgestellte angesehen wurden, blieb alles beim alten. Als US-General Stephen Watts Kearny 1846 mit seiner Westarmee kampflos von New Mexico Besitz ergriff und die Pueblo-Indianer 1848 durch den Vertrag von Guadalupe Hidalgo unter amerikanische Oberhoheit kamen, fing ihr Leidensweg erst richtig an. Der erste amerikanische Gouverneur von New Mexico, der ehemalige Trapper Charles Bent, erkannte die Landgarantien, die die Pueblos von den Spaniern und Mexikanern erhalten hatten, nicht an und veräußerte ihre ausgedehntesten und ertragreichsten Maisfelder an US-Siedler. Ungeachtet der indianischen Proteste fuhr Bent mit seiner Enteignungspolitik fort und reizte damit die Rothäute bis aufs Blut. Als jetzt noch mexikanische Padres die Unzufriedenheit schürten, waren die Revolte der Pueblos und die Vertreibung der »Gringos« — so nannten die Mexikaner verächtlich alle Amerikaner — beschlossene Sache. Die Häuptlinge Pablo Montoya und Tomasito riefen im Dezember 1846 zum Aufstand auf, der am 19. Januar 1847 ausbrach und alle Amerikaner, die in Reichweite der empörten Indianer waren, das Leben kostete.

Bevor der gefangengenommene Gouverneur im Beisein seiner Frau getötet und skalpiert wurde, begründete einer der Anführer das Vorgehen seiner rebellierenden Stammesangehörigen: »Ihr habt beschlossen, unsere Felder zu rauben, die schon unsere Vorväter mühsam bewässerten. Ihr wolltet uns selbst die Ernte nicht mehr lassen, die wir gesät und gepflegt haben. Jetzt, da ihr in unserer Gewalt seid, sagt ihr, daß man über alles sprechen kann. Das

In Mesa Verde, Amerikas größter erhaltener Pueblo-Siedlung, wohnten bereits um 500 v. Chr. Indianer. Unser Bild zeigt den Cliff Palace, in dem Archäologen seit 1920 über zweihundert ineinander verwobene Räume freilegten.

hättet ihr vorher tun sollen. Wir glauben euch kein Wort. Ihr wollt uns umbringen, denn ohne unsere Felder müssen wir sterben. Wir wissen, daß ihr uns sofort mit eurer Armee angreifen werdet, ob wir euch das Leben schenken oder es euch nehmen. Es werden noch viele Siedler sterben, die euren Worten glauben. Auch von uns werden viele sterben. Aber es wäre ungerecht, euch, die ihr die wahrhaft Erstschuldigen seid, am Leben zu lassen.«

Kaum hatten die Pueblos die US-Bürger ermordet, die sie ihres Landes berauben wollten, als der Aufstand innerhalb weniger Tage von in Eilmärschen herbeibeorderten Soldaten blutig niedergeschlagen wurde. Die Blauröcke stürmten das Doppelpueblo von Taos, in das sich sechshundertfünfzig Aufrührer zurückgezogen hatten. Bei ihrem Angriff kamen hundertfünfzig Aufständige um, zweihundertfünfzig erlitten schwere Verwundungen, und die restlichen zweihundertfünfzig gaben dann auf. Ihre Anführer wurden zum Tod durch den Strang verurteilt und kurzerhand gehängt. Aus der Sicht eines spanischen Franziskanerpaters gingen die »Gringos« in ihrer Repression der Indianerrevolte viel zu weit. »Die äußerste Gefühlskälte und nüchterne Brutalität der Amerikaner ist etwas so Unmenschliches, daß einem das Herz eiskalt wird. Es ist, als ob man es mit Maschinen zu tun hätte.«

Nach dieser ersten und letzten Konfrontation mit der amerikanischen Regierung, an die sie ihre angestrebte Unabhängigkeit endgültig verloren, mußten die Pueblos noch lange Zeit um ihren angestammten Grund und Boden kämpfen, ehe 1912, als New Mexico als Bundesstaat in die Union aufgenommen wurde, Washington endlich die Rechte der Rothäute gelten ließ.

Die Pueblos, die sich in östliche und in westliche Pueblo-Völker mit den Hopis und Zunis aufgliedern, brachten es zu einem unübertroffenen Können im Weben, Flechten und Töpfern. Den möglichen Übergang von der Korbflechterei auf die Töpferei schildert H.-J. Stammel: »Im Zuni-Pueblo war es üblich, Maiskörner in großen Körben über offenem Feuer zu rösten. Immer wieder muß es hierbei passiert sein, daß die kostbaren Körbe versenkt wurden oder sogar Feuer fingen und immer wieder repariert werden mußten, bis ein solcher, in vielen Arbeitsstunden hergestellter Korb schließlich völlig unbrauchbar wurde. Irgendwann hat man feuchten Ton von außen auf das Geflecht gestrichen, um es feuerfester zu machen. Es ergab sich, daß der Ton in der Hitze hart und immer härter wurde, bis schließlich ein harter, gebrannter Topf entstanden war.«

Auf diese Art und Weise erkannten die Pueblos wahrscheinlich, daß sich aus im Feuer getrocknetem und gebranntem Ton ein steinhartes Material bildet, dem man noch während der Entstehung Sand und Lehm beimischen kann, wodurch man für den Hausbau verwendbare Ziegel erhält. Nach dieser Erkenntnis stand der Errichtung der etagenförmigen Terrassenwohnhäuser nichts mehr im Weg. Dadurch, daß die oberen Stockwerke hinter die unteren zurückgesetzt wurden, entstanden die stufenförmigen Wohnblocks, die ohne Tür und nur durch Außenleitern zugänglich waren und sich deswegen wie eine richtige Festung verteidigen ließen.

Vor der Ankunft der Spanier beschränkten sich die Pueblos auf den Anbau von Mais, Baumwolle, Melonen, Zwiebeln, Bohnen und Chili und auf das Halten von Truthähnen. Von den Spaniern übernahmen sie Weizen, Wein, Pfirsiche und Äpfel und lernten auch, Pferde, Rinder, Schafe und Ziegen zu züchten.

Noch heute hat sich die jahrhundertealte Unterteilung der Pueblos in Clans unverändert gehalten. Obwohl sich die katholische Kirche seit dem Eintreffen der ersten Spanier darum bemühte, die alten Götter in Vergessenheit geraten zu lassen, konnten sich die traditionellen Religionen bemerkenswert gut behaupten. Im Gegensatz zu den nomadischen Indianern ist die Pueblo-Kultur eine hochstehende Zivilisation, die einen großen Reichtum an mythologischen Zeremonien und Tänzen aufweist. Der seit altersher überlieferte Kachina-Kult gehört noch heute zur Wirklichkeit und wird von uralten Tänzen getragen, die von einer geheimnisvollen Atmosphäre umrankt sind. Sehr beeindruckend sind die sogenannten Kachina-Puppen, die die heiligen Tänzer in verschiedenen Größen und farbenprächtigen Kostümen darstellen. Diese aus Holz geschnitzten kleinen Kunstwerke symbolisieren darüber hinaus die Geister oder Götter, die den Menschen das Pflanzen, Jagen, Tanzen sowie die handwerklichen Künste beibrachten.

Die Apachen, die »Adler des Südwestens«

Vor undenklicher Zeit, lange bevor die Spanier die »Neue Welt« erkundeten, verließ eine mächtige Abteilung aus der noch heute in Alaska ansässigen Sprachfamilie der Athapasken den hohen Norden, driftete durch Kanada und über die Prärien des nordamerikanischen Kontinents nach Süden und beschloß ihre Völkerwanderung in den unwegsamen Schluchten und tödlichen Wüsten der sonnendurchglühten Gebiete, die sich heute in die US-Staaten Arizona und New Mexico und in die mexikanischen Provinzen Sonora und Chihuahua aufgliedern. Die von der nordwestlichen Pazifikküste zugewanderten Athapasken-Banden hatten sich aber nicht freiwillig in dieser unermeßlich weiten Einöde niedergelassen. Die äußerst kriegerischen Räuber und Jäger waren nämlich von den Stämmen, deren Land sie bei ihrem Durchzug verwüstet hatten, immer weiter nach Süden abgedrängt worden, bis sie auf den trockenen Hochebenen der unwirtlichen amerikanisch-mexikanischen Grenzgefilde eine neue Heimat gefunden hatten.

Dort fielen sie über die friedfertige Pueblo-Kultur her, von der sie den Anbau von Mais, Kürbis und Bohnen lernten. Da sie aber bis zur Ernte nicht mehr weiterziehen konnten, teilten sie ihre Kräfte zwischen Jagd und Ackerbau und gewöhnten sich an eine seßhaftere Lebensweise, die ihnen zum Verhängnis werden sollte. Als Halbnomaden verpaßten sie den richtigen Anschluß an das von den Spaniern übernommene Pferd, das sie zwar schon sehr früh kannten, aber nie selbst züchteten. Hoch zu Roß griffen sie die Siedlungen der Pueblo-Indianer an, machten sich jedoch nicht mehr zur Büffeljagd auf. Aus den Jägernomaden wurden also halbagrarische Siedler, die lieber vom Ertrag ihrer Felder als von der Jagdausbeute lebten.

So waren die großen, kleinen und kleinsten Gruppen der Athapasken dem Ansturm des wilden Reitervolks der Comanchen besonders wehrlos ausgeliefert, das ihnen gnadenlos zusetzte. Es blieb ihnen nichts anderes übrig, als ihr Nomadenleben wiederaufzunehmen und sich vor dem neuen unerbittlichen Feind in die Wüste zurückzuziehen, wo sie sich ein Stammesgebiet aneigneten, das sich von Ost nach West und von Nord nach Süd je achthundert Kilometer weit ausdehnte.

Das Pueblo-Volk der Zuni bezeichnete die athapaskischen Eroberer als Apachu oder Feinde, woraus die Spanier Apachen machten. Sich selbst nannten die Apachen T'Inde (Volk) oder auch Naizhan (Unsere Rasse). Sie zerfielen in verschiedene Stämme, wie die Aravapais, Chiricahuas, Cocoteros, Gilenos, Jicarillas, Kiowa-Apachen, Lipans, Mescaleros, Mimbrenjos, Mogollons, Pinalenos und Tontos. Die bedeutendsten waren die Chiricahuas, deren Name sich von der Chiricahua-Bergkette im südöstlichen Arizona herleitete, die Jicarillas (Klein-Korb-Leute), die nach den von ihnen hergestellten Trinkgefäßen benannt wurden, die Mescaleros, die so hießen, weil sie das Fruchtfleisch der Mescalagave verzehrten und daraus das berauschende Getränk Mescal brauten, und die Mimbrenjos oder Mimbres, deren Benennung vom spanischen »Mimbre« = »Weide« herstammte.

Gegen 1850 verbreiteten ungefähr tausend Apachen Angst und Schrecken im amerikanisch-mexikanischen Grenzgebiet. Ihren tiefen Haß gegen die Comanchen und Spanier hatten sie mittlerweile auf die Mexikaner und Amerikaner übertragen.

Von allen Völkern der Welt erreichten ohne Zweifel die Apachen die beste Anpassung an die rauhen Daseinsbedingungen in der Wüste. Im Laufe der Jahre mauserten sie sich zu wahren Wüstenratten, die sogar da noch zu überleben vermochten, wo Wölfe und Klapperschlangen vor Hunger und Durst eingingen.

Von Mannestugenden und Ehrbegriffen, wie sie die Reitervölker der nördlichen Prärie kannten, hielten die Apachen nicht viel. Wegen ihrer geringen Zahl konnten sie sich das Risiko einer offenen Schlacht kaum leisten. Von klein auf wurden die Apachen-Krieger darauf gedrillt, im Kampf gegen ihre Feinde und gegen die unbarmherzige Natur ihrer Heimat durchzuhalten. »Überfall und Hinterhalt, ungesehen zuschlagen, töten und wieder blitzschnell verschwinden, das war ihr Lebensunterhalt, ihr Sport, ihre Passion. Die Apachen waren die ausdauerndsten Läufer und Marschierer, die die Menschheit jemals hervorbrachte. Über Marathonläufe hätten sie verächtlich gelacht . . . Schon in frühester Jugend lernten die Apachen-Knaben, mit einem Mundvoll Wasser und ohne dabei einen Tropfen zu verschlucken, zwanzig bis dreißig Kilometer im Dauerlauf zurückzulegen. Sie lernten es, sich in den Boden einzugraben und durch ein Rohr zu atmen, sich vollkommen lautlos zu bewegen und jedem Tier und jedem Menschen auf Keulenschlagweite zu nähern.« (H.-J. Stammel)

Dreihundert Jahre lang behaupteten die Apachen ihre »Wüstenfestung« gegen Spanier, Mexikaner, Texaner und Amerikaner und zeigten sich als die Erbfeinde jedes Eindringlings in ihr angestammtes Land. Ihr ununterbrochen geführter Guerillakrieg verschlang auf die Dauer mehr Geld und kostete mehr Menschenleben als alle sonstigen Indianerkämpfe. Ihre beständigen Überfälle, die von Frechheit und Wagemut zeugten, lösten sogar bei General William Tecumseh Sherman, dem Oberbefehlshaber der damaligen US-Streitkräfte, Besorgnis aus. Im Jahre 1870 schrieb er verbittert: »Wir haben Krieg gegen Mexiko geführt, um Arizona zu bekommen, und wir sollten einen weiteren Krieg führen, um dieses Land wieder loszuwerden.«

Nachdem die USA 1848 im Kurzkrieg gegen Mexiko die Oberhand behalten hatten, wurden New Mexico und Arizona der Union angeschlossen, womit die Amerikaner auch die in diesen beiden Staaten ansässigen Apachen und deren Übergriffe erbten. Mit Pfeilen, die auf eine Entfernung von hundert Metern noch tödlich wirkten, mit Kriegskeulen und Lanzen, die im Nahkampf eingesetzt wurden, mit Steinschleudern und Feuerwaffen setzten sich die Apachen-Häuptlinge gegen die amerikanische Reservationspolitik zur Wehr. Solange die Armee die alte Grenzererfahrung außer acht ließ, wonach »Apachen nur von Apachen aufzuspüren« sind, spielten Mangas Coloradas, Cochise, Geronimo, Victorio und Nana Katz und Maus mit den Blauröcken, die sie meilenweit in die Wüste lockten, bis sie vor Erschöpfung, Hunger und Durst zusammenbrachen. Als aber die US-Kavallerie Apachen-Scouts als Späher anwarb und mit Hilfe deren Geländekenntnisse Jagd auf die aufsässigen Häuptlinge machte, zerschlugen die abtrünnigen Indianer den Widerstand ihres eigenen Volkes. Denn den Weißen allein wäre es nie gelungen, die Rebellen in ihren unzugänglichen Gebirgsschlupfwinkeln aufzuspüren. Dort konnten die Apachen ihre baufälligen Hütten aus Stangen und Zweigen, Gras oder Häuten, die sie »Wickiups« nannten, schnell abbrechen und mit ihrer ganzen Habe im Nu verschwinden. Auch die strapazierfähige Kleidung der Krieger, die jeden Feder- und Perlenschmuck aussparte und sich auf hochschäftige Mokassins, lederne Lendentücher, Hemden aus billigem Kattun, Conchogürtel und turbanartige Kopftücher beschränkte, war bestens auf die nomadische Lebensart zugeschnitten.

Trotz der unschätzbaren Hilfe der Apachen-Scouts im Dienst der Armee bedurfte es des längsten und fruchtlosesten Feldzugs in der Geschichte der US-Kavallerie, um die feindlichen Apachen zur Strecke zu bringen. Erst am 4. September 1886 kapitulierte Geronimo, der letzte Häuptling der Apachen, mit sechsunddreißig Stammesangehörigen, nachdem ihn jahrelang mehr als fünftausend Soldaten verfolgt hatten. Die meisten Stämme des Westens siechten bereits in Reservaten dahin, als die Apachen noch nach Art ihrer Vorfahren Raubzüge unternahmen und einer überwältigenden Übermacht trotzten.

In den ersten Jahren ihres Reservatsdaseins ging es den Apachen sehr schlecht. Sie trauerten ihrer Freiheit nach und wurden von den Weißen nach Strich und Faden betrogen. Heute leben etwa tausend Mescaleros und tausend Jicarillas in zwei Reservaten in New Mexico, wo sie entweder Rinderzucht und Sägemühlen betreiben oder touristische Erfolge mit ihrem Land verbuchen. Mehr als zehntausend Stammesmitglieder nutzen das gute Rinderland, die ausgedehnten Waldungen, das brauchbare Farmland und die Bodenschätze, die es in den beiden Arizona-Reservaten, Fort Apache und San Carlos, gibt. Geronimos Nachfahren können neben den besten weißen Ranchern bestehen und sind nicht um Ideen verlegen. »Zur Versorgung ihrer Alten und Arbeitsunfähigen unterhalten die Stämme eine besondere Herde, während eine weitere den Züchtern zur Verfügung steht — ein System, von dem Kommunisten lernen könnten.« (Peter Baumann)

Die Navahos, die »Apachen des bepflanzten Landes«

Schon tausend Jahre bevor Kolumbus 1492 an der Küste von San Salvador an Land ging, sollen die Navahos oder Navajos, ein Zweig der südlichen athapaskischen Sprachfamilie, aus der Mitte Kanadas bis ins heutige Nordostarizona und nordwestliche New Mexico gewandert sein. Mit den indianischen Völkern, die sie während ihres langen Zugs nach Süden antrafen, verfuhren sie genauso kriegerisch wie ihre Vettern, die von Raub und Jagd lebenden Apachen. Vornehmlich fielen die Navahos über die friedlichen Pueblo-Stämme her, unter deren Einfluß sie sich zu Pflanzern und Hirten entwickelten und eine halbseßhafte Lebensweise annahmen. Bald bauten sie Mais und Gemüse an. Im Kontakt mit den Spaniern lernten sie Pferde, Schafe und Ziegen kennen, deren Zucht sie vorantrieben. Auch eigneten sie sich große Fertigkeit im Weben von Teppichen und Decken an, die sich durch einen unnachahmlichen, seidenweichen Schimmer auszeichneten.

Im Gegensatz zu ihren Apachen-Verwandten, die sich nie allzu lange an einem Ort häuslich einrichteten, lebten die Navahos in festen, aus Steinen, Lehm und Strohgeflecht erbauten, kuppeldachähnlichen Rundhütten, den sogenannten Hogans, die sie bis heute beibehalten haben. »Die Hütte wirkt wie ein überdimensionaler Bienenkorb. Aus Stämmen und Erde als Rundbau gefügt, fensterlos, mit einem großen Ausgang nach Osten, beherbergt der eine einzige Innenraum Familien bis zu zehn oder mehr Köpfen, oft mehrere Generationen. In Waldnähe werden die Wände mehr aus Holz errichtet, in den übrigen Gebieten mehr aus Erde. Im Zentrum des Bodens aus festgetretener Erde ist die Feuerstelle. Der Rauch schlägt sich durch eine Öffnung im Dach direkt darüber. Heute benutzen die Familien zumeist einen gekauften oder selbstgebauten Ofen und Abzüge aus Ölkannen oder ähnlichem Behelf. — Benachbart zum Hogan steht im Hochsommer oft noch eine Art Winddach aus Buschwerk, Brettern und anderem Material, unter dem sich an heißen Tagen und Nächten das Familienleben abspielt. Scherzhaft heißt dieses

Rechts: Navaho-Indianer haben heute ein neues Selbstbewußtsein entwickelt. Sie identifizieren sich wieder mit der indianischen Tradition.

Ausweichquartier ‚Squaw-cooler'. — In den Hogans bestehen die Betten aus Schaffellen und Decken zu ebener Erde. Licht spendet das Feuer, und gelegentlich findet sich eine Petroleumlampe.« (Peter Baumann)

Sich selbst bedachten die Navahos mit der Bezeichnung Volk. In der Apachen-Sprache lautete dieses Wort Dine, Inde oder T'Inde. Leitete sich der Begriff Apachen aus dem Wortschatz der Zuni-Pueblo-Indianer ab, wo Apachu Feind hieß, so waren es die Spanier, die dem Brudervolk der Apachen den Namen Apaches de Navajo gaben, die Apachen des bepflanzten Landes, was sie später zu Navajos oder Navahos vereinfachten.

1846 machten die Navahos erstmals die Bekanntschaft amerikanischer Soldaten, die unter Colonel Alexander W. Doniphan bis in ihr angestammtes Gebiet vorstießen. Ihr erster Vertrag mit der Regierung der Vereinigten Staaten kam im Winter 1848 bei Bear Springs zustande, wo eine Reihe Navaho-Häuptlinge die Verpflichtung einging, die weißen Siedler in Frieden zu lassen. Als aber Kriegsbanden, deren Anführer dieses Abkommen nicht unterzeichnet hatten, amerikanische Pioniere überfielen, wurde der friedliche Herdenbesitzer Manuelito von US-Kavalleristen für die Übergriffe zur Rechenschaft gezogen, obwohl er trotz seines Einflusses im Stamm nichts damit zu tun hatte.

Die Navahos setzten sich gegen die stückweise vorangetriebene Besitznahme ihres Landes energisch zur Wehr. Trotzdem mußten sie schon Anfang 1864 ihren Kampf einstellen. Der ehemalige Waldläufer Colonel Christopher (Kit) Carson zerstörte mit achthundert Soldaten und zweihundert Ute-Spähern die Maisfelder, Pfirsichplantagen und Lebensmittelvorräte der Navahos und fing deren Schaf- und Pferdeherden ein, um die zu Tausenden in der Wüste versteckten Rothäute auszuhungern und gefügig zu machen. Im Canyon de Chelly, wohin sich die Hauptstreitmacht der Navahos zurückgezogen hatte, bezwang er die wackere Nation durch seine Kanonen. Der sich bedingungslos ergebende Stamm wurde daraufhin im Ödlandreservat Bosque Redondo am Pecos-Fluß zusammengepfercht, wo nach ein paar Jahren ein Viertel der Indianerbevölkerung an Pest, Blattern, Cholera, Lungenentzündung und Unterernährung gestorben war.

Nachdem sich der gerechte Verwalter A. B. Norton in Washington über die unmöglichen Verhältnisse in dieser höllischen Wüstenei bitter beklagt hatte — » . . . Wie kann ein vernünftiger Mensch einen Platz als Reservat für achttausend Indianer auswählen, wo die Erde unfruchtbar und trocken ist, wo siebzehn Kilometer entfernte Mesquitewurzeln das einzige Holz sind, das den Indianern zur Verfügung steht?« —, lenkte General Sherman,

Rechts: Der siebzigjährige Navaho-Häuptling Saorevo, Das springende Einhorn genannt, hat eine Truppe jüngerer Stammesmitglieder um sich geschart, die vor Publikum traditionelle Indianerkünste zeigen und damit Geld verdienen.

der Oberbefehlshaber der US-Armee, ein und erklärte: »Meine Kinder, ich werde Euch in Eure Heimat zurückschicken.«

Im Jahre 1868 durften die Navahos sich wieder in ihrem eigenen Land niederlassen, wo sie sich auf sechzigtausend Quadratkilometern felsiger Halbwüste derart an ihre rauhe Heimstätte angepaßt haben, daß sie es im letzten Vierteljahrhundert durch ein sensationelles Anschwellen ihrer Bevölkerung von sechzig- auf hunderttausend Stammesmitglieder zum zahlenmäßig größten Indianervolk der Vereinigten Staaten gebracht haben.

Im Zweiten Weltkrieg dienten dreitausend junge Navahos unter dem Sternenbanner und erwiesen den Vereinigten Staaten im Kampf gegen Japan unschätzbare Dienste als Funker. An der komplizierten Navaho-Sprache, in der wichtige militärische Mitteilungen ausgestrahlt wurden, scheiterten sogar die besten japanischen Code-Knacker. Heute noch erinnern sich die Sowjets an den einfallsreichen Einsatz der Navaho-Soldaten und haben sogar auf ihren Militärakademien einen Sprachkurs in Navaho eingeführt, um im Falle einer zukünftigen Konfrontation mit den USA gegen Navaho-Funksprüche gewappnet zu sein.

Als nach dem Zweiten Weltkrieg Öl, Uran, Erdgas und Kohle im Boden des Navaho-Territoriums gefunden wurden, brauchte sich der Stamm keine finanziellen Sorgen mehr zu machen. Mit einem Teil seiner beachtlichen Einkünfte konnte der Stammesrat auch den größten Problemen beikommen, die das Volk in seinem Fortschritt hemmten: dem Analphabetentum und dem weitverbreiteten Alkoholismus. Landwirtschaft und Viehzucht ergaben eine weitere Einnahmequelle für die Navaho-Selbstverwaltung. Die von Wind und Wetter gegerbten Felsmassive und Tafelberge, die steil absinkenden Canyons und dichtbewaldeten Höhen auf dem Navaho-Land sind außerdem zu einer touristischen Attraktion ersten Ranges geworden.

Obwohl der Stamm versucht, mit der Zivilisation Schritt zu halten, verzichtet er dafür nicht auf seine überlieferten Sitten und Gebräuche, die heute noch tief verwurzelt sind. Wie in der Vergangenheit bilden die unversehrten Sippen den »Mörtel« der Navaho-Gesellschaft, ist die Frau im Familienleben tonangebend, kümmern sich beide Elternteile um die Erziehung der Kinder, behandeln speziell ausgebildete Medizinmänner die Kranken und Geistesgestörten. Die Stammesverbundenheit offenbart sich in der Tatsache, daß Indianer, die sich Wohlstand erwirtschaftet haben, einen Teil ihres Reichtums Minderbemittelten zukommen lassen — gemäß dem Navaho-Sprichwort: »Ein Mann, der mehr besitzt, als er braucht, gleicht dem Besitzer eines Wasserlochs in der Wüste, der niemanden trinken lassen will.«

DIE ACKERBAUERN DES SÜDOSTENS

Im Südosten, in den Wäldern des Appalachengebirges, an der atlantischen Küste und in den Flußniederungen am Golf von Mexiko, lebten die kulturell hochstehendsten Indianer ganz Nordamerikas, die Creeks, die Cherokees, die Choctaws und die Chickasaws sowie die Seminolen, bei den Weißen als die »Fünf Zivilisierten Stämme« bekannt.

Ihre gemeinsame Ernährungsquelle waren das Jagen und Fischen sowie die Landwirtschaft, der im milden Klima mit langen Wachstumsperioden eine große Bedeutung zukam. Als Wohnung dienten feste Behausungen aus Pfosten, Stroh oder Rinde, deren Dächer mit Schilf gedeckt waren. Im Waldland erwiesen sich die Flüsse als natürliche, praktische Verkehrswege, auf denen die Indianer mit Kanus aus ausgehöhlten Baumstämmen, sogenannten Einbäumen, weite Strecken zurücklegten.

Die Natchez mit ihrem starren sozialen Kastensystem gehören mit den Creeks, den Choctaws und den Chickasaws sowie den Seminolen zu der Muskhogee-Sprachfamilie, während die Cherokees zu den irokesisch sprechenden Völkern zählen. Die Natchez waren schon längst ausgerottet, als der Leidensweg der anderen Stämme des Südostens begann.

Die Natchez und ihre absolute Theokratie

Sie hießen Stinkende oder Stinker und waren die unterste von vier Klassen des Natchez-Volkes, das von 1400 n. Chr. bis in die französische Kolonialzeit Louisianas am Mississippi lebte und pyramidenartige Tempelmounds baute. Sie waren vogelfrei, rechtlos und jeglicher Willkür ausgesetzt. Aber trotz der abgrundtiefen Verachtung, die die oberen Klassen ihnen bezeugten, waren sie doch durch eine unter allen Indianervölkern Nord-, Mittel- und Südamerikas einmalige soziale Struktur an die herrschende Aristokratie gebunden.

Der Herrscher der Natchez, ein absoluter Monarch, betitelte sich Große Sonne und genoß göttliche Ehren. Seine Heiligkeit und Erhabenheit war so groß, daß die gewöhnliche Erde seine Füße nicht verunreinigen durfte und er deswegen ständig in einer Sänfte herumgetragen wurde. Starb der oberste Kriegsherr des Volkes, so mußten seine Frauen und Gefolgsleute ihn ins Land der Götter begleiten. In einem rituellen Massenmord folgten sie ihrem Gebieter ins Leben nach dem Tod.

Die Aristokraten, die sich so edel dünkten, daß sie niemals ein Werkzeug anrührten und Arbeit verrichteten, gliederten sich in drei Klassen auf. Angehörige der obersten hießen Sonne und waren die Vertrauten des Herrschers oder der Herrscherin – Große Sonne konnte auch eine Frau sein. Da es keine königliche Erbfolge gab, wurde Große Sonne nach ermüdenden Riten unter den Sonnen ausgewählt und mit verschwenderischem Pomp in eine Sänfte gesetzt. Die zweite Klasse der Aristokratie setzte sich aus den Edelleuten, die dritte aus den Ehrenmännern zusammen. Dann erst kamen die Stinker als unterste Gattung.

Das Merkwürdige und wohl Einzigartige an der Gesellschaftsordnung der Natchez bestand darin, daß Mitglieder der hochgestellten Klassen Angehörige der grausam unterdrückten Unterschicht heiraten mußten. Zwischen den ansonsten streng getrennten Sozialgruppen kam es dadurch zu einer systematischen Blutmischung. Große Sonnen mußten sich immer mit einer Stinkenden vermählen. Kinder aus dieser Bindung gehörten nicht zu den Sonnen, sondern sanken in die Klasse der Edelleute ab. Diese mußten nun ihrerseits mit Stinkern die Ehe eingehen, und ihre Kinder waren dann nur noch Ehrenmänner.

Aber nicht immer rutschten Kinder in die niedrigere Klasse ab. Entscheidend war die Herkunft der Mutter. Heiratete eine Frau der Sonnenkaste einen Stinker, wozu sie gezwungen war, dann wurden die Kinder einer solchen Ehe als Sonne anerkannt. Ihr Vater jedoch blieb sein ganzes Leben lang ein Stinkender, der wohl das Nachtlager seiner Frau teilen und mit ihr Nachkommen zeugen, nicht aber gemeinsam mit seinem Weib tafeln durfte. In der Gegenwart seiner Angetrauten mußte er stehen. Erhob sie sich, hatte er auf die Knie zu sinken. Gefiel er ihr nicht mehr, konnte sie ihn töten lassen, um sich einen neuen Stinker als Gefährten ihres Bettes auszusuchen.

Unter den Natchez lebende Franzosen, die mit der sozialen und kulturellen Ordnung dieser Indianer bestens vertraut waren, haben immer wieder ihr Erstaunen bekundet, daß das seltsame System tatsächlich reibungslos funktionierte.

Weil die ungewöhnliche Gesellschaftsordnung der Natchez vielleicht zu leistungsfähig war, kam es zu einer Überbevölkerung, die ihren sozialen Zerfall verursachte. Als die Natchez 1729 auch noch gegen die sie ausbeutenden Franzosen rebellierten, war es für die europäischen Kolonialherren um so leichter, mit den überlegenen Waffen der Weißen die Revolte brutal niederzuschlagen, da aus Europa eingeschleppte Krankheiten, wie Pocken, Grippe, Masern, Cholera, Blattern, Pest, Hepatitis und Tuberkulose, bereits den Niedergang des einst so stolzen Volkes beschleunigt hatten. Mit dem Massaker durch die Franzosen war es um die Kultur der Natchez geschehen. Erstmals hatten Europäer auf amerikanischem Boden ein indianisches Volk gänzlich ausgerottet.

Die Creeks und ihre »plebiszitäre Demokratie«

Als der spanische Konquistador Hernando de Soto 1540 an der Küste des Golfs von Mexiko an Land ging und im heutigen Alabama auf die Creeks stieß, hatte dieses seßbare Indianervolk bereits eine hohe Stufe eigener Zivilisation erreicht. Sechzig Ackerbau treibende Stadtstaaten mit insgesamt sechzehntausend Einwohnern hatten sich zu einer losen Konföderation vereint. Die soliden Häuser der Creeks übertrafen im Komfort und in der Sauberkeit jede europäische Dorfgemeinschaft des Mittelalters.

Jede Stadt stand unter der Verwaltung eines öffentlich gewählten Rats, der von einem Häuptling, Mico genannt, präsidiert wurde. Der Mico, der eher die Funktionen eines Bürgermeisters als die eines Fürsten ausübte, verfügte über nur wenig Macht. Als Ratspräsident konnte er keine eigenmächtigen Befehle erteilen, sondern nur Empfehlungen geben. Der Rat, der jeden Tag nach einem peinlich genauen Zeremoniell zusammentrat, bestand aus drei Klassen Ratsmitgliedern: den Micnggee, die für öffentliche Gebäude, Stadtplanung, Hausbau und Feldarbeit verantwortlich zeichneten; den Enchau ulgea, die für die Beziehungen mit den anderen Städten zuständig waren; und den Istechaque, die sich aus angesehenen Alten — auch geliebte Männer genannt — zusammensetzten, dem Mico als Berater dienten, zudem die Archive der Stadt bewahrten und sich um Geschichtsschreibung und Bildung kümmerten.

Vor jeder Entscheidung über irgendwelche äußeren Angelegenheiten, wie Handel, Krieg oder Frieden, mußten die einzelnen »Volksvertreter« die von ihnen vertretenen Bürger um ihre Meinung bitten und konnten erst einen Beschluß fassen, wenn durch ihre Volksbefragung ein Volksentscheid zustande gekommen war. Diese »plebiszitäre Demokratie« trug dazu bei, Entscheidungen gegen das Interesse der Bürger und persönliches Machtstreben zu verhindern.

Durch frühe Entdecker, Siedler und Soldaten erhielten die Europäer, besonders die Engländer und Franzosen, schnell Kunde vom Regierungssystem der Creeks. In England und Frankreich nahmen die Philosophen die Idee vom »Volk, das durch das Volk regiert wird«, mit Begeisterung auf. John Locke (1632—1704), den englische Missionare mit der Kommunal- und Staatsphilosophie der Creeks bekannt gemacht hatten, griff in seiner erkenntnistheoretischen Philosophie darauf zurück. Auch Jean-Jacques Rousseau (1712—1778) wurde von den politischen Gedankengängen der Creeks beeinflußt, was sich in seinem Werk widerspiegelt. Zudem stehen die Creek-Prinzipien im Mittelpunkt der amerikanischen Unabhängigkeitserklärung, was unter Beweis stellt, daß diese Indianer einen Humanismus lehrten, der ohne weiteres im praktischen alltäglichen Leben Verwendung finden konnte, womit sie ihren weißen Zeitgenossen gedanklich weit voraus waren.

Die Creeks waren den Weißen auch durch ihre hochentwickelte pflanzliche Naturkunde weit überlegen. Schon seit Jahrhunderten waren sie sich der Bedeutung körperlicher Hygiene voll bewußt. Ihre medizinischen Kenntnisse waren beachtlich zu einer Zeit, als man in Europa noch der Gesundbeterei anhing und primitive chirurgische Eingriffe vornahm, die den Creeks barbarisch vorkommen mußten.

Bei den Creeks wurde der Gemeinschaftssinn in jeder Beziehung gefördert. Jede Familie war im Besitz eines eigenen Feldes, auf dem Mais, Bohnen und Kürbisse angebaut wurden. Alle mußten aber beim Bestellen des »Dorffeldes« Hand anlegen und zu einem gemeinsamen Vorrat beitragen, der für Besucher, Krieger und Notleidende bestimmt war.

Das vier Tage währende Busk, das »Fest des grünen Maises«, das im Juli oder August gefeiert wurde, war der Höhepunkt des Creek-Jahres. Die alten Feuer wurden ausgelöscht und neue entfacht. Ausgediente Kleidungsstücke und Haushaltsgeräte wurden verbrannt und durch neue ersetzt. Allen Straftätern, Mördern ausgenommen, wurde Amnestie gewährt. Festliche Mahlzeiten aus dem frisch geernteten Mais und aus Hirschfleisch wurden zubereitet. Dabei wurden die übernatürlichen Mächte angerufen. Zu den Festvergnügungen gehörten auch Ballspiele und gemeinsames Tanzen. Die Männer reinigten sich rituell mit dem »Schwarzen Trunk«, einer Mischung aus Ilex vomitoria und anderen Pflanzen, deren Einnahme zu einer Entschlackung des Körpers führte.

Den Engländern, den Feinden der verhaßten, brutalen Spanier, hatten die Creeks einen freundlichen und warmherzigen Empfang bereitet. Die Briten, angetan »von den ‚feinen Manieren' der Indianer, ihrer rhetorischen Begabung, Ehrlichkeit und Bescheidenheit« (H.-J. Stammel), sahen in der vollendeten gesellschaftlichen Harmonie der Creeks ein Ideal, dem sie große Begeisterung entgegenbrachten. So kam es schon sehr früh zu einer ausgedehnten Rassenvermischung. Viele Kolonisten ehelichten Indianerinnen, viele Indianer weiße Frauen. In der Creek-Gesellschaft fanden die Weißen erstmals das menschliche Streben nach individueller Freiheit und Unabhängigkeit in die Wirklichkeit des Alltagslebens umgesetzt.

Als sich nach einigen Generationen die ersten Auseinandersetzungen zwischen Creeks und englischen Kolonisten ergaben, standen den Weißen sehr oft Indianerpersönlichkeiten gegenüber, die viel weißes Blut in ihren Adern hatten, sich aber trotzdem ganz als Indianer fühlten und dementsprechend auftraten. Der hohe weiße Blutanteil unter den Creeks brachte auch mit sich, daß die Rothäute den europäischen Siedlern gegenüber viel toleranter waren und Reibereien zwischen beiden Gemeinschaften, von außen herangetragen, erst viel später zum Zündstoff wurden. Als Musterbeispiel hierfür zitierte H.-J. Stammel den Brigadegeneral Alexander, der während der Präsidentschaft von Andrew Jackson in der US-Armee diente und 1793 als

Oberhäuptling der Creeks das Zeitliche segnete. Seine Halbschwester schenkte ihrem Gatten, dem schottischen Tauschhändler Charles Weatherford, zwei Söhne, John und William. Im Alter von sechzehn Jahren beschloß John, sich als Weißer in der Welt der Bleichgesichter niederzulassen, während sein Bruder William sich für das Universum der Creeks entschied und unter dem Häuptlingsnamen Red Eagle (Roter Adler) Einlaß in ihre Ratsversammlung fand. William Weatherford, alias Red Eagle, teilte Tecumseh, als dieser die Creeks aufsuchte und seine ganze Überredungskunst aufbot, um sie für seine Indianerkonföderation zu gewinnen, den abschlägigen Bescheid seines Volkes mit.

Während des amerikanischen Unabhängigkeitskriegs verhielten sich die Creeks zunächst neutral, ergriffen dann aber Partei für die Engländer. Nach der US-Staatsgründung rächten sich die »frischgebackenen« Amerikaner an den Indianern für deren gutes Einvernehmen mit den britischen Kolonialherren. Als die nun »amerikanischen« Siedler immer mehr Creek-Land beanspruchten und Verhandlungen sich als aussichtslos erwiesen, überfiel der Creek-Häuptling William Weatherford 1813 Fort Mims und tötete die gesamte Garnison bis auf sechsunddreißig Männer, Frauen und Kinder, die entkommen konnten. Nach diesem aufsehenerregenden Handstreich, der den sogenannten »Creek-Bürgerkrieg« eröffnete, setzte die Hatz auf die »rebellischen« Creeks ein. Sie erlitten derart schwere Verluste, daß ihr Anführer William Weatherford sich schließlich im April 1814 ergeben mußte. Weatherfords Worte an seinen Bezwinger, US-General Andrew Jackson, wühlen den Lesern noch heute auf:

»Ich bin in eurer Hand: Macht mit mir, was ihr wollt. Ich bin ein Soldat. Ich habe den Weißen so viel Schaden zugefügt, wie ich konnte. Ich habe sie bekämpft, und wenn ich noch eine Armee hätte, so würde ich noch weiter kämpfen, bis zum letzten. Aber ich bin fertig — meine Leute sind alle weg —, ich kann nichts mehr tun als weinen über das Unglück meines Volkes. Einst konnte ich meine Krieger zur Schlacht ermuntern, aber ich kann keine Toten mehr ermuntern. Meine Krieger können nicht länger meine Stimme vernehmen, ihre Gebeine ruhen bei Talladega, Tallaschatchee, Emuckfaw und Tohopeka. Ich habe nicht gedankenlos kapituliert. Während es noch Erfolgschancen gab, habe ich niemals meinen Posten verlassen noch demütig um Frieden gebeten. Aber meine Leute sind nicht mehr, und jetzt bitte ich für mein Volk und für mich selbst.

Ich blicke mit tiefster Sorge auf das Elend und Unglück, das über mein Land gekommen ist, zurück, und wünsche, noch größeres Unheil zu vermeiden.

Wenn ich mich nur gegen die Miliz von Georgia zu behaupten gehabt hätte, so hätte ich an einem Ufer des Flusses meinen Mais angebaut und gegen sie auf dem anderen Ufer gekämpft. Aber die USA haben meine Nation zerstört. Ihr seid tapfere Männer. Ich zähle auf eure Großmütigkeit. Ihr werdet einem eroberten Volk keine Bedingungen auferlegen, die es nicht erfüllen kann. Welche es auch immer sein mögen, es wäre Wahnsinn und Narrheit, sich ihnen zu verweigern. Wenn man sie verweigern sollte, so werdet ihr mich unter den strengsten Verfechtern ihrer Erfüllung finden.«

Trotz des Häuptlings Wunsches nach Gerechtigkeit wurden den Creeks in einem »Friedensvertrag« schwer zu verkraftende Bedingungen gestellt. So mußten sie an amerikanische Siedler den Hauptteil ihres Gebiets abgeben. Infolge Weatherfords Kapitulation traten die Creeks, zwangsweise und entschädigungslos, drei Fünftel von Alabama und ein Fünftel von Georgia an den US-Staat ab, wodurch sie in ihrem eigenen Haus zu einem Untermieterdasein erniedrigt wurden. 1840 kam es dann durch das schreckliche Indianervertreibungsgesetz (»Indian Removal Bill«), das dem roten Mann in den USA das Recht auf Bodenbesitz einfach absprach, zu ihrer grundsätzlichen Enteignung und zu ihrer Verbannung in die Einöde von Oklahoma.

Die Cherokees und der »Weg der Tränen«

Mit den Chickasaws, Choctaws, Creeks und Seminolen gehörten die Cherokees zu den sogenannten Fünf Zivilisierten Nationen, die im Appalachengebirge der Atlantikküste beheimatet waren und auf einer höheren Kulturstufe standen als die weißen Siedler.

Dort, wo Georgia, Tennessee und Nord-Carolina sich berühren, lebte das vornehme Volk der Cherokees, dessen Name auf das Choctaw-Wort »Chiluk-ki« (Höhlenvolk) zurückzuführen ist. Die große, sprachlich der Familie der Irokesen nahestehende Appalachen-Nation verfügte über das beste Regierungs- und Verwaltungssystem aller nordamerikanischen Indianer. Die Cherokee-Republik war eine richtige Präsidialdemokratie mit zwei Abgeordnetenkammern, eigenen Zivil- und Strafgesetzen und einem obersten Appellationsgericht. In diesem vollkommenen Wohlfahrts- und Sozialstaat gab es weder Arbeitslosigkeit, Hunger, Elendsviertel, Armut noch Kerker, Irrenanstalten, Obdachlosenunterkünfte, Waisenhäuser. Durch eine außerordentliche Krankenpflege, eine bemerkenswerte Hygiene und eine weit fortgeschrittene Pflanzen- und Naturheilkunde kannten die Cherokees eine hohe Lebenserwartung. Ihr Volk zählte Bauern und Handwerker, Lehrer und Pfarrer, Ärzte und Rechtsanwälte, Büchsenmacher und Architekten, Richter und Polizisten, Staatsanwälte und Abgeordnete, Politiker und Diplomaten. In ihrem wirtschaftlich gesunden Staatswesen entwickelten sich Kirchen und Schulen, Gymnasien und Akademien, Hospitäler und Bibliotheken, Baumwollplantagen und Bergwerke, Farmen und Obstanlagen, Spinnereien und Textilfabriken, Ziegeleien und Porzellanwerke. 1821 erstellte der an der Princeton University ausgebildete Rechtsanwalt Sequoyah ein eigenes

Cherokee-Alphabet. Innerhalb weniger Jahre konnte das ganze Volk seine neue Schriftsprache lesen und schreiben. Schon 1828 gaben sich die Cherokees eine geschriebene Verfassung und eine nationale Druckerei. Im selben Jahr erschien die erste Indianerzeitung, der »Cherokee Phoenix«.

Als »orangenhäutiges Kriegervolk, das an die Mazedonier Alexanders des Großen erinnert, etwa siebzehntausend Seelen zählt und in neunundsechzig festungsähnlichen Städten wohnt«, beschrieb der spanische Konquistador Hernando de Soto die Cherokees, deren Verteidigungsbereitschaft er bewunderte.

Mit den englischen Siedlern kamen sie erst zu Beginn des 18. Jahrhunderts in Berührung. Recht bald stellte sich ein inniges Verhältnis mit den Briten ein, die der außergewöhnlichen Kultur der Cherokees Achtung zollten. 1730 reiste eine siebenköpfige Cherokee-Diplomatendelegation, angeführt von Botschafter Attakullaculla, nach London, wo sie von König George II. empfangen wurde und mit der englischen Krone einen Beistandspakt und einen Handelsvertrag abschloß. Während des amerikanischen Unabhängigkeitskrieges fochten mehr als fünftausend Cherokees auf der Seite der Engländer und brachten den rebellischen Kolonisten schwere Verluste bei.

Nach der britischen Niederlage von 1776 standen dem wackeren Indianervolk schwere Zeiten bevor. Durch seine Kriegsteilnahme hatte es sich den Haß der amerikanischen Siedler Georgias zugezogen. Die zum Christentum übergetretenen Cherokees, die zahlreiche Mischehen mit Engländern eingegangen waren, wurden vom Bundesstaat Georgia als Wilde angesehen und auch dementsprechend behandelt. Als Präsident Andrew Jackson 1830 mit seinem Indianervertreibungsgesetz eine menschenunwürdige Politik der Umsiedlung aller Rothäute in Gebiete westlich des Mississippi betrieb, hatte auch die Stunde der Cherokees geschlagen. Acht Jahre lang wehrten sich ihre Rechtsanwälte und Politiker verzweifelt gegen die Einverleibung ihres Landes ins Staatsgebiet Georgias. Als sie 1838 alle ihnen zur Verfügung stehenden rechtlichen Mittel zur Verhinderung ihrer Enteignung ausgeschöpft hatten, gab Präsident Martin van Buren den Befehl zu ihrer zwangsweisen Umsiedlung in die wasserarme Steinwüste Oklahoma.

Am 6. Juni 1838 drang General Winfield Scott mit US-Truppen in die Cherokee-Republik ein und begann mit der gewalttätigen Evakuierung. »Soldatenabteilungen zogen zu den abgelegenen Farmen und trieben die Familien mit gezückten Bajonetten zu Plätzen, die man heute Konzentrationslager nennen würde. Mit der Gründlichkeit und Schnelligkeit, die die Nazis unter ähnlichen Umständen an den Tag legten, wurden die Familien aus ihren Heimstätten gerissen. Man ließ ihnen keine Zeit, sich auf die mühevolle Reise vorzubereiten, sie durften weder ihr Land verkaufen noch ihren Besitz veräußern. Plündernd und sengend fielen die Weißen über ihre Farmen her und eigneten sich an, was sie wollten.« (Peter Farb)

Der »Marsch der tausend Meilen« ins ferne Oklahoma wurde für die Cherokee-Nation zu einem »Weg der Tränen«. Ein Viertel der zwangsevakuierten achtzehntausend Indianer starb auf dem langen Zug an Hunger und Durst, Kälte und Hitze, Auszehrung und Erschöpfung, Cholera und Typhus, Sepsis und Masern. Im Indianerterritorium Oklahoma verwandelten die fleißigen und intelligenten Cherokees die wüste Einöde bald in ein blühendes Staatswesen, das zum Schmelztiegel der aus ihren Jagdgründen vertriebenen Stämme wurde. Als 1861 der »Bruderkrieg« zwischen Nord- und Südstaaten ausbrach, standen die vom Pech verfolgten Cherokees erneut auf der Verliererseite. Mit vielen Regimentern hatten sie Partei für die Graurökke ergriffen. Der Cherokee Stand Watie war zum Beispiel als letzter Brigadegeneral der Konföderierten erst am 23. Juni 1865 aus dem Bürgerkrieg ausgeschieden. Weil sie gemeinsame Sache mit den Südstaaten gemacht hatten, was die siegreichen Nordstaatler als moralischen Verrat empfanden, war es schlecht um die Zukunft der Cherokees bestellt.

Auf ihrem Gebiet siedelten sich nach und nach dreihunderttausend weiße »Gastsiedler« an, denen die siebzigtausend im Indianerterritorium lebenden Cherokees freundliche Aufnahme gewährten. Dadurch brachten sie aber ihr ehrgeizigstes Projekt zu Fall. Sie wollten aus Oklahoma einen eigenständigen Indianerstaat machen, den sie nach dem »Erfinder« ihres Alphabets »Sequoyah« nannten. Als sie dem amerikanischen Kongreß ein Gesuch unterbreiteten, das auf die Anerkennung eines roten Bundesstaates abzielte, ließ die US-Regierung den Cherokee-Antrag jahrzehntelang in einer Schublade verschwinden. Die vielen weißen »Gastsiedler« dachten nämlich nicht im Traum daran, mit der Verwaltung durch eine indianische Minderheit vorliebzunehmen. Immer mehr bleichgesichtige Banditen und Glücksritter entzogen sich dem Zugriff der US-Behörden, indem sie massenweise ins Indianerterritorium strömten, wo die rote Polizei die grassierende Kriminalität nicht mehr einzudämmen vermochte. Als sich 1907 die weiße Bevölkerung Oklahomas ihrerseits darum bewarb, in die Union aufgenommen zu werden, unterzeichnete Präsident Roosevelt die ihm vorgelegte Bittschrift auf der Stelle und erklärte das ehemalige Indianerterritorium zum weißen 46. Bundesstaat der Vereinigten Staaten. Damit war die Enteignung der Cherokees und der endgültige Untergang der Fünf Zivilisierten Nationen von oben abgesegnet. Noch heute muß der Großteil des Stammes von der Hand in den Mund leben und ein trauriges Dasein fristen. Die Weißen haben ihnen alles abgenommen — bis auf ihre Erinnerung an eine glorreiche Vergangenheit.

Maggie Wachacha, die älteste Cherokee-Indianerin im Reservat bei Knoxville, weiß ihr Alter nicht genau. Aber an den »Pfad der Tränen« kann sie sich noch erinnern und lehrt ihre Nachfahren die Geschichte der Cherokee-Indianer.

Sequoyah, der Erfinder des Cherokee-Alphabets (1760—1843)

Das Halbblut Sequoyah (See-quah-Yah), das mit seinem englischen Namen George Guess, Guist, Gist oder Guest hieß, spielte in der geistigen Geschichte der Cherokees eine überragende Rolle. Dieser ehemalige Silber- und Kunstschmied brachte es nach und nach zum Schulmeister, Professor, Journalisten und Rechtsanwalt. Von 1809 bis 1821 ersann er ein fünfundachtzig Buchstaben umfassendes Alphabet, mit dem er seinem Volk eine eigene Schrift und Grammatik gab. Die Zeichen des Cherokee-Alphabets stehen nicht für einzelne Laute, sondern für ganze Silben. Seine spezielle Methode der Silbenaufzeichnung war schon nach ein paar Jahren der ganzen Cherokee-Nation vertraut, die mit großem Eifer lesen und schreiben lernte, wie Oliver La Farge zu berichten weiß. »Das ganze Volk wollte lesen und schreiben lernen: Greise, junge Krieger, Hausfrauen, Großmütter am Spinnrocken, Knaben und Mädchen. Bauern prägten sich die Zeichen ein, wenn sie beim Pflügen eine Pause einschalteten. Und schon nach wenigen Monaten war jeder Cherokee, der nicht zu jung oder zu alt war, imstande, das neue Alphabet zu lesen und zu schreiben. Jünglinge begaben sich auf Reisen, nur um ihrer Liebsten einen Brief schreiben zu können.«

Bereits 1828 brachte Sequoyah die überregionale Wochenzeitung »Cherokee Phoenix« heraus, die zweisprachig in Cherokee und Englisch erschien. Eine richtige Lesewut befiel sein Volk, das zahlreiche Bücher in die neue Schrift übertrug, u. a. die Bibel, und eine große Nationalbibliothek zusammenstellte.

Sequoyahs Name ist in zahlreichen Städtebezeichnungen der Vereinigten Staaten und im wissenschaftlichen Ausdruck für die riesigen kalifornischen Regenbäume (Sequoia sempervivens und Sequoia gigantea) verewigt. Der indianische Bundesstaat, den die Cherokees aus dem Indianerterritorium Oklahoma machen wollten und den der amerikanische Kongreß nicht anerkannte, sollte ebenfalls den Namen tragen.

Die Choctaws, Chikasaws und ihr ökonomischer Kommunismus

Die Choctaws, die am unteren Mississippi heimisch waren, und die Chikasaws, die sich am oberen Mississippi niedergelassen hatten, begründeten blühende republikanische Staatswesen. Bereits 1540, als Hernando de Soto mit ihnen Kontakt aufnahm, fiel dem Spanier ihre Vorliebe für ökonomische Gemeinwesen auf. Er war geradezu begeistert von ihrem »außergewöhnlichen Interesse an allen Spielarten menschlicher Zivilisation«. So nimmt es einen nicht wunder, daß diese Indianer sich schon sehr früh zu den Lehren des abendländischen Christentums bekannten, entsprachen doch dessen Auffassung von Nächstenliebe und dessen Glaubenssätze über das ewige Leben ihrer geistigen Einstellung.

Sie waren auch von den Formen britischer Administration und von der Schrift so beeindruckt, daß sie sich diese rasch aneigneten. Die Adoption europäischer Gesellschaftsformen führte bei den Choctaws und den Chikasaws zu einer richtigen Republikgründung mit geschriebener Verfassung und Gewaltenteilung in Legislative und Exekutive sowie zum Aufbau eines komplizierten Schulsystems. Dadurch, daß die Indianer von ihren weißen Vorbildern nur das übernahmen, was sie als notwendige Ergänzung ihrer eigenen Zivilisation ansahen, waren sie in der Lage, sich eine auf ihr Empfinden maßgeschneiderte Gesellschaftsstruktur zuzulegen, in der sich die besten Elemente der administrativen Demokratie, des ökonomischen Kommunismus und des individuellen Freiheitsstrebens zusammenfanden.

Die Choctaws und Chikasaws waren frei vom Ehrgeiz, Reichtum zu erwerben, Land zu besitzen oder nach persönlicher Macht zu trachten. Klassenunterschiede gab es fast keine. Die beiden Nationen zeichneten sich durch ein strenges Gefühl für Stammessolidarität aus. Da die Administration über kein Eigentum verfügte, konnte sie nicht zur anonymen Macht und zur Bürde für den Bürger werden. Durch das Plebiszitsystem blieb dem Volk die volle Souveränität erhalten. Dank dieser Idealvoraussetzungen bildete sich allmählich eine Atmosphäre der Harmonie, in der Auseinandersetzungen die große Ausnahme waren. Mord und Totschlag galten als krankhafte Abweichung vom Normalen; kriminellen Gewaltakten versuchte man durch psychologische Behandlung beizukommen. Toleranz, Gastfreundschaft und Gerechtigkeitssinn nahmen einen wichtigen Platz in dieser Gesellschaftsform ein, die Freiheitsdrang und Ordnung ideal miteinander vertäute.

Auf die Dauer mußten die noblen Indianer gegenüber den meist raffgierigen und verlogenen Weißen den kürzeren ziehen. Ihre Verbundenheit mit dem weißen Mann ging so weit, daß sie sich an den Feldzügen der US-Armee gegen ihre Brüder, die Creeks und die Seminolen, beteiligten, was aber die US-Regierung nicht davon abhielt, das Indianervertreibungsgesetz auch auf die Choctaws und die Chikasaws anzuwenden, als diese sich als Hindernis für ihre Besiedlungspläne erwiesen, und sie ebenso schmählich zu behandeln wie die vormals gemeinsamen indianischen Feinde. Die Choctaws und Chikasaws waren so entsetzt über das brutale Vorgehen ihrer angeblichen weißen Freunde, daß sie in ihrem seelischen Schockzustand ohne Aufmucken Verträge unterschrieben, in denen sie sich zur Auswanderung in die westliche Prärie verpflichteten. Mit der verführerischen Lüge, daß alle Choctaws, die ihr Land freiwillig aufgeben würden, automatisch in den Genuß der amerikanischen Staatsbürgerschaft kämen, hatte man den Rothäuten die Unterzeichnung des letzten Vertrags von 1830 abgerungen. So hatte man dem Choctaw-Anführer Moshulatubbee versichert, er könne sich als »Indianer-Senator« des Staates Mississippi in den Senat wählen lassen. Das waren aber nur leere Versprechungen, an die sich weder die Verwaltung des Staates Mississippi noch die US-Regierung hielten. Nach der Übergabe ihrer letzten Landparzellen mußten sich die bestürzten Choctaws sagen lassen, daß Bürgerrechte und Wählbarkeit von Indianern in der Verfassung der Vereinigten Staaten nicht gesetzlich verankert seien.

Zwischen 1831 und 1833 erfolgte die Ausweisung der Choctaws aus ihrem angestammten Land. Fünfhundertsechzig Kilometer weit zogen sie durch trügerische Sümpfe, dichte Wälder und reißende Flüsse, unbarmherzig vorangetrieben von einer Eskorte der US-Kavallerie, ein regelrechter »Opfergang«, auf dem achtzehn Prozent aller Choctaws und Chikasaws durch die auf sich genommenen Zwangsentbehrungen, durch Schneestürme und Cholera, durch Erschöpfung und Schlangenbisse ihr Leben verloren.

Für die grausame Deportation dieser Indianer gaben die heuchlerischen Amerikaner als Motivation an, »es habe sich als unmöglich erwiesen, primitive, heidnische Wilde in den Prozeß christlicher Zivilisation erfolgreich für sie selbst und ungefährlich für die Bürger der USA zu integrieren«. Deshalb sei es »zu aller Nutzen« besser, »Indianer fernab der amerikanischen Zivilisation die Chance zu geben, sich ihr Leben nach eigenen Vorstellungen einzurichten«.

»Was dort im Süden geschieht, ist finstere Barbarei, mehr noch, einfach verbrecherisch«, vermerkte empört ein New Yorker Bischof im Jahr 1833. »In der unfruchtbaren Präriewüstenei des späteren Oklahoma standen die Indianer buchstäblich nur mit dem, was sie auf dem Leibe trugen und in den Händen halten konnten, dem Ergebnis ihrer 300jährigen Bekanntschaft mit den Weißen und ihrer vollkommenen Anpassung an sie gegenüber – und sie hofften, daß man sie hier in Ruhe lassen würde.« (H.-J. Stammel)

Die Seminolen, die perfekten Guerilla-Dschungelsumpfkrieger

Die Ureinwohner Amerikas hatten sich im Laufe der Zeit bestens an alle klimatischen Unterschiede angepaßt. Sie durchstreiften die grünen, welligen Grasmeere der westlichen Plains, wanderten durch die glutheiße, farbige Wüste des Südwestens und überquerten sogar die wilden, eisgepanzerten Rocky Mountains. Mußten sie sich unter dem unablässigen Druck des weißen Mannes in immer unwirtlichere Gegenden zurückziehen, machten sie aus der feindlichen Natur eine Verbündete im Kampf gegen den bleichgesichtigen Vormarsch. Die Indianer der Halbinsel Florida waren ein Paradebeispiel für diese Anpassungsfähigkeit. Die von Fieberdünsten geschwängerten Mangrovensümpfe boten ihnen Schutz und Unterkunft, den bleichgesichtigen Fremden jedoch brachten sie Tod und Vernichtung.

Der grundlose, tückische Boden, der unter den Stiefeln einsackte, als wäre er gefedert; die vielen Schlangen und Alligatoren, deren zähnebewehrte Rachen schon so manche ahnungslose Beute verschlungen hatten; das backofenheiße, feuchte Klima, das sich als natürliches Hindernis erwies; der verfilzte Urwald mit mannshohem, rasiermesserscharfem Schilfgras, das jeden Schritt zur Qual werden ließ, die Kleider zerfetzte und die Kanus durchlöcherte; Wolken von Stechmücken, die ihren giftigen Stachel in jeden Zentimeter ungeschützte Haut einschlugen – das alles waren die besten Bundesgenossen der Rothäute in ihrem perfekten Guerilla-Dschungelsumpfkrieg gegen weiße Sklavenjäger, Buschklepper und Soldaten.

Die Seminolen, die mit den harten Lebensbedingungen in der urwüchsigen Natur Floridas verschmolzen, waren keine eigenständige Nation, sondern ein Mischvolk aus – wie der Name Simanoli aus der Muskhogee-Sprache besagt — Weggelaufenen oder Vertriebenen verschiedenster Herkunft und Sprachfamilien. Aus den heutigen Staaten Nord- und Süd-Carolina, Georgia und Alabama wanderten kleine Stammesreste zu, die vor den übermächtigen Creeks flüchteten. Auch entlaufene Negersklaven, die auf den großen Baumwoll- und Tabakpflanzungen des Südens Frondienste leisten mußten, sickerten auf geheimen Pfaden in dieses Land ewigen Sonnenscheins ein und nahmen die Gastfreundschaft der Seminolen in Anspruch. Nach dem amerikanischen Unabhängigkeitskrieg retteten sich große Gruppen der an Leib und Leben bedrohten Creeks, die sich auf die Seite der Engländer gestellt hatten, vor der Rache der US-Siedler auf die große Halbinsel, wo sie mit den bereits vorher zugezogenen Indianern und Negern gemeinsam Front machten gegen spanische, englische und amerikanische Unterjocher.

Auf Geheiß amerikanischer Baumwollpflanzer und Sklavenhändler fiel General Andrew Jackson, der spätere US-Präsident, ein grimmiger Indianerhasser und Befürworter der Sklavenwirtschaft, 1818 brandschatzend und mordend in Florida ein, zerstörte unzählige Seminolendörfer, erschlug alle Indianer und Neger, derer er habhaft werden konnte, und drängte die Spanier aus dem Land. Als die US-Regierung am 10. Juli 1821 im Vertrag von St. Augustine der spanischen Krone die Halbinsel für eine lumpige Summe Dollars abnahm, war es mit der friedlichen Geruhsamkeit der seminolischen Siedlungen endgültig vorbei. In diese Zeit fiel auch der Bau des berühmt-berüchtigten Konzentrationslagers Dry Tortugas, wo alle aufsässigen Indianer der Vereinigten Staaten eingesperrt wurden und qualvoll dahinsiechten. Die Seminolen, die sich hartnäckig an die von ihnen bestellten Indigo-, Baumwoll-, Mais- und Zuckerrohrfelder klammerten, wurden ihres besten Landes beraubt und erhielten den arroganten Befehl, innerhalb von drei Jahren ihre Heimat aufzugeben und nach Oklahoma überzusiedeln.

Daraufhin machten sich die Weißen wie ein gefräßiger Heuschreckenschwarm über das Eigentum der Seminolen her, äscherten ihre Chikees (Pfahlbauhütten) ein, knallten hemmungslos alle Andersfarbigen ab und zwangen die Indianer durch ihr rücksichtsloses Vorpreschen, sich in die tiefste Urwaldwildnis, in die unzugänglichsten Sumpfgebiete zurückzuziehen, wo ihnen eine Gnadenfrist vor dem endgültigen Untergang beschieden war.

In diesen Jahren des Leids, des Elends und der beständigen Flucht erwuchs dem tapferen Volk in der Person des kühnen und klugen Kämpfers Osceola ein Retter in der Not. Nachdem 1832 in Payne's Landing einige Seminolen-Häuptlinge, die man vorher stockbetrunken gemacht hatte, einen selbstmörderischen Friedensvertrag unterzeichnet hatten, riß Osceola im April 1835 die Initiative an sich, als Regierungsvertreter von der Seminolen-Ratsversammlung die offizielle Bejahung dieses Dokuments forderten. Kurzerhand rammte er sein Messer in das »sprechende Papier«, wobei er US-General Wiley Thompson ins Gesicht schleuderte: »Ihr habt Gewehre, wir auch. Ihr habt Pulver und Blei, wir haben es auch. Eure Männer werden kämpfen und unsere Männer auch, bis der letzte Tropfen Seminolen-Blut den Staub dieser Jagdgründe getränkt hat.«

Mit seiner auf Sumpfgelände zugeschnittenen Guerilla-Kampftechnik brachte Osceola die US-Armee zur Verzweiflung. Im sieben Jahre währenden Seminolen-Krieg (1835–1842) standen rund zwanzigtausend modern bewaffnete und mit Artillerie ausgerüstete Soldaten, die von sieben verschiedenen Generälen befehligt wurden, knapp fünfzehnhundert Rothäuten gegenüber, die zu einem großen Teil nur auf Pfeil und Bogen, auf Blasrohr und Lanze zurückgreifen konnten. Sämtliche Oberbefehlshaber, die die besten Truppen der Vereinigten Staaten in Florida anführten, rannten sich die Köpfe blutig und wurden vom vor Wut tobenden Präsidenten Andrew Jackson nach kurzer Zeit ihres Kommandos enthoben. Der unbeugsame, unbezähmbare Widerstandswille der Indianer kostete die Armee fünfzehnhundert gefallene Soldaten und den Staat mehr als zwanzig Millionen Dollar.

Durch einen gemeinen Wortbruch gelang es schließlich General Thomas Sidney Jesup, sich Osceolas zu bemächtigen, als dieser unter dem Schutz der weißen Parlamentarflagge am 21. Oktober 1837 zu Friedensverhandlungen vor Fort Peyton erschien. In Ketten wurde der unerschrockene Bandenführer wie ein gemeiner Schwerverbrecher nach Fort Moultrie in Süd-Carolina gebracht, wo er am 30. Januar 1838 an Schwermut starb.

Nach Osceolas heimtückischer Gefangennahme ging der Krieg unvermindert weiter unter der Führung des neuen Kriegshäuptlings Coacoochee, der mit dem Schlachtruf »Rache für Osceola!« den Kampf bis zum Äußersten vorantrieb. 1837 fand beim Okechobee-See das letzte große Treffen zwischen Seminolen und US-Soldaten statt, das mit dem Rückzug der Weißen endete. Um verlustreiche Gefechte zu vermeiden, verlegte sich die »Wildkatze« Coacoochee auf einen mit rachedürstender Rücksichtslosigkeit geführten Kleinkrieg, bei dem er bleichgesichtige Einheiten in die Irre führte und im Sumpf abschlachtete.

Erst als General William J. Worth, ein »hartnäckiger Quäker«, im März 1841 das Oberkommando in Florida übernahm, änderte sich das Kriegsglück. Das kam aber nicht von ungefähr: Worth »begann systematisch rund um die Sümpfe herum, alle natürlichen Verpflegungsmöglichkeiten, Unterschlupfdickichte, Holzvorräte, aus denen man Waffen fertigen konnte, zu zerstören, Wasserquellen zu vergiften und im Sumpf alle Tiere, die seinen Soldaten vor die Gewehre kamen, abzuschießen und Begegnungen mit den Seminolen tunlichst zu vermeiden. Ein halbes Jahr später trug dieser geisterhafte Krieg ohne Kampf erste Früchte. Immer mehr halbverhungerte, halbverdur-

Rechts: Der Seminole Osceola war zu seiner Zeit der am meisten geachtete Mann seines Stammes.

stete und kranke Seminolen (hauptsächlich Frauen, Alte und Kinder) kamen aus den Sümpfen hervor.« (H.-J. Stammel)

Am 19. Mai 1842 wurde der letzte Kampf zwischen Weißen und Seminolen auf Floridas Boden ausgetragen. Erst 1858 war das letzte Widerstandsnest aufgestöbert, wonach auf der Halbinsel Ruhe einkehrte. Bis zum heutigen Tag hat das Volk der Seminolen keinen Friedensvertrag mit den Vereinigten Staaten abgeschlossen, was eine ziemlich einmalige Lage darstellt. Die meisten Stammesangehörigen wurden nach Oklahoma transportiert, wo sie im Reservat eine neue Bleibe fanden. Diejenigen, die bis zuletzt in Florida gekämpft hatten, konnten sich in ihrer Heimat ansiedeln, wo sie in den Big Cypress-, Brighton- und Dania-Reservaten untergebracht wurden.

Bis in die fünfziger Jahre dieses Jahrhunderts sonderten sich die Seminolen auf der Halbinsel von der weißen Zivilisation ab. Sie weigerten sich, Englisch zu lernen, lebten in der althergebrachten Chikee-Hütte und untersagten ihren Frauen, sich mit Fremden zu unterhalten. Erst in den letzten Jahrzehnten haben sie ihre selbstgewählte Isolation aufgegeben und mit Erfolg den Versuch unternommen, sich an ihre Umwelt anzupassen. Seitdem sie 1964 bei der US-Regierung eine Schadenersatzklage für alles ihnen willkürlich geraubte Land vorgebracht haben, ist ihr Selbstbewußtsein deutlich gestiegen. Auf die Dauer haben sie sich nicht vom weißen Mann kleinkriegen lassen.

DIE PFERDEKRIEGER DER PRÄRIEN

Die trockenen Hochprärien, die sich über eine Entfernung von dreitausend Kilometern von Alberta bis Texas erstrecken, im Westen durch die Rocky Mountains und im Osten durch die Woodlands begrenzt, waren der Lebensraum der indianischen Büffeljäger, die seit Jahrhunderten unter höchster Anstrengung dem Bison zu Fuß nachstellten. Ihre ganz auf Mobilität eingerichtete Materialkultur erhielt durch das Pferd eine einmalige Entwicklungschance. Im windgepeitschten Grasmeer der großen Ebenen Nordamerikas konnten sich die Indianer nunmehr dank des Mustangs mühelos über weite Strecken fortbewegen. Sie mauserten sich durch die neue Errungenschaft zu einer büffeljagenden Überflußgesellschaft, der das Pferd ein Gefühl ungebundener und überlegener Freiheit vermittelte.

Die Comanchen, die besten Reiter der Prärie

Im 16. Jahrhundert, als die Europäer gerade mit der Erschließung des amerikanischen Kontinents begannen, lebten oberhalb der Quellen des Arkansas, in den östlichen Rocky Mountains im heutigen Wyoming, steinzeitliche Jäger und Sammler, »die nie einen Baum gefällt, nie ein Haus gebaut, nie Ackerbau betrieben hatten« (T. R. Fehrenbach). Diese primitiven Indianer der uto-aztekischen Shoshonen-Sprachfamilie nannten sich selbst Nemene, was soviel wie Volk bedeutet. Bei den Cheyennes hießen sie Shishinohto-kit-ahn-ay-oh (Schlangenvolk), bei den Sioux Pah-doo-kah oder Padouca und bei den Utes Koh-mahts (Feinde; Jene, die immer gegen uns sind), was die Spanier zu Comanchen umprägten.

Mit ihrer kleinen, dunklen und gedrungenen Gestalt hatten sie sich bis in den Körperbau hinein den schwierigen Umweltbedingungen der Wyominger Bergwelt angepaßt. Die Männer und Frauen, deren Durchschnittsgröße bei 1,60 Meter und 1,50 Meter lag, ernährten sich recht und schlecht von Kaninchen, Kriechtieren und kleinen Nagern und wußten auch im riesigen Pflanzenangebot Genießbares vom Schädlichen zu sondern. Allen erdenklichen Krankheiten schutzlos preisgegeben, hielten sie sich mit knapper Not am Leben und erreichten selten das Höchstalter von vierzig Jahren.

Ein großer Wandel setzte in ihrem Leben ein, als sie auf den zähen, wendigen und an die Wüste gewöhnten Mustang der Spanier stießen. Durch die Entdeckung des Pferdes nahmen die Nemene an Zahl und Gefährlichkeit zu, wuchsen Macht und Mut des kleinen Volkes, das sich in zwei eigenständige Kulturgruppen aufsplitterte: die Shoshonen, die im Norden blieben, und die Comanchen, die nach Südwesten vordrangen.

Bereits vor 1700 war es ihnen gelungen, sich Pferde zuzulegen, mit denen sie südöstlich auf den Hochebenen von Colorado und Kansas ritten. Zunächst setzten sie in kleinen Trupps den Bisons nach und schlossen sich erst nach und nach zu größeren Verbänden zusammen. Die Pferde erleichterten ihnen die Büffeljagd und vergrößerten ihre Beweglichkeit im Krieg. Im Laufe der Jahre mauserten sie sich zu den besten Reitern der gesamten Prärie, lernten die tollkühnsten Kunststücke und eigneten sich sagenhafte Pferdebestände an. Ein einfacher Krieger nannte oft bis zu zweihundertfünfzig Pferde sein eigen, während ein Häuptling es zu über tausend bringen konnte.

Laut T. R. Fehrenbach übernahmen die Comanchen »die Pferdekultur fast unverändert von den Spaniern: Zügel, Sättel, Lanzen, das Aufsitzen von rechts, wie die Spanier es von den Mauren gelernt hatten. Für das Kriegszaumzeug fertigten sie Zügel aus Pferdeleder oder -haar, die halb über das Maul gezogen wurden. Der Sattel bestand aus einem Polster mit kurzen Steigbügelriemen und wog etwa drei Pfund ... Infolge des leichten Geschirrs und des geringen Gewichts von Reiter und Pferd rannten die Mustangs den europäischen Kavalleriepferden davon, insbesondere auf kurzen Strecken. Die einzige Neuerung, die die Comanchen einführten, war die Schlinge um den Hals des Pferdes, die es dem Reiter ermöglichte, sich zum Schutz vor Pfeilen und Kugeln seitwärts neben das Tier zu hängen.«

Wie über die Pawnees und Utes im Osten und Westen, fielen die kriegerischen Comanchen auch über die Apachen her und raubten deren Pferde, sobald sie südlich des Arkansas mit diesem Stamm in Berührung kamen. Um 1725 hatten sie den Apachen, die gegenüber den wespenartigen Überfällen der Comanchen wehrlos waren, derart zugesetzt, daß sie das halbbäuerliche Volk in unwirtliche Gebiete abdrängen und von dessen Land Besitz ergreifen konnten.

Die »Apachería«, wie die Spanier die Hochebenen im Osten der südlichen Rocky Mountains getauft hatten, wandelte sich zur »Comanchería«, zu den Jagdgründen der Comanchen. Diese erstreckten sich von der spanischen Grenze bis zum Arkansas und maßen von Nord nach Süd etwa eintausend und von Ost nach West über sechshundert Kilometer.

Ein überschwengliches Gefühl von Macht, Stolz und Überlegenheit packte die kleinen, krummbeinigen und ein wenig fülligen Krieger im Sattel ihrer zu äußerster Zuverlässigkeit erzogenen Reittiere, die auf den leichtesten Schenkeldruck reagierten und ihre Herren im Krieg und bei der Jagd nie im Stich ließen. Als Kriegsputz verwandten sie nicht den bei den anderen Präriestämmen üblichen Federschmuck, sondern setzten sich Schlachthauben aus Bisonskalpen auf, aus denen die gefährlichen Hörner des Büffelbullen grausig und eindrucksvoll hervorragten. Ihre aus festester Bisonhaut selbst hergestellten Schilde boten wirksamen Schutz gegen Lanzen, Pfeile und sogar gegen in Entfernungen von über fünfzig Metern abgefeuerte Kugeln.

Schwarze Streifen, die über Gesicht und Stirn verliefen, machten ihre Kriegsbemalung aus und verliehen ihnen ein furchterregendes Aussehen.

Tapferkeit wurde bei ihnen großgeschrieben; trotzdem vermieden sie den offenen Kampf, weil sie sich keine unnötigen Kriegstoten leisten konnten. In ihrem praktischen Kriegsdenken waren sie zur Einsicht gekommen, es sei besser, gefahrlos zu töten, als unnütz das eigene Leben zu riskieren. Sie kämpften nicht zu Fuß, sondern nur vom Pferderücken aus, wobei sie beachtliche Reitertaktiken entwickelten. Beim Angriff sprengten sie als lockere, im Zickzack galoppierende Gruppe heran und umkreisten ihre Gegner, die den treffsicheren und gefährlichen Bogenschützen zum Opfer fielen. Wurden sie selbst angegriffen, splitterten sie sich blitzschnell auf und stellten sich dem Feind als Einzelkämpfer. Dabei verpufften die Attacken der engen Kavallerieformationen spanischer Lanzenreiter oder amerikanischer Dragoner in der weiten Prärie.

Die Comanchen waren richtig kriegsbesessen, nicht etwa weil sie Hunger litten und bei roten wie weißen Nachbarn lebensnotwendige Güter stehlen mußten. Sie führten ununterbrochen Krieg, weil kühne Raubzüge ihrem Männerideal entsprachen. Dank des Büffelreichtums der südlichen Bisongründe, die sie vollkommen unter Kontrolle hatten, schwelgten sie in vorher nie erlebtem Wohlstand. In ihren Tipis, die sie eigentlich nur im Winter aufstellten, gab es immer Fleisch im Überfluß.

Seit dem 18. Jahrhundert verunsicherten fünf Hauptbanden der Comanchen ein riesiges Gebiet von etwa 620 000 Quadratkilometern. Sie operierten meistens in Texas, aber auch in den angrenzenden Regionen, den späteren Staaten Kansas, Colorado, New Mexico und Oklahoma. Ohne Pause vermochten ihre Krieger hundert Meilen weit zu reiten. Die bedeutendsten Gruppen hießen Penateka (Honigesser), Nokoni (Jene, die zurückschlagen), Kotsoteka (Büffelesser), Yamparika (Kümmelwurzelesser) und Kwahari (Antilopen) oder Kwahadi (Sonnenschatten auf dem Rücken – weil sie aus Bisonhäuten Sonnenschirme machten). Jede dieser blutrünstigen Banden konnte mindestens fünfhundert Krieger stellen, deren Stoßtrupps mordend und plündernd bis tief nach Mexiko eindrangen, wie Hornissen ausschwärmten und sogar für die nachfolgenden Horden Landkarten in den Sand zeichneten.

Brutal zerschmetterten die Comanchen die Herrschaftsansprüche der Spanier über Nordamerika. Auch dem Vordringen der Franzosen in südwestlicher Richtung standen sie im Wege. Um fast sechs Jahrzehnte verzögerten sie die Erschließung des Kontinents durch die Angloamerikaner. Da, wo nach Menschenfleisch riechender Qualm aus verkohlten Gebäuden gegen Himmel stieg, wo Geier über zerstörten Missionen und über verwüsteten Forts und Dörfern kreisten, wo Zehntausende Stück Vieh abgetrieben und Frauen und Kinder verschleppt wurden, befand sich ein unsichtbarer

Schlagbaum, an dem sich die Weißen den Kopf blutig schlugen. Diese Schranke nennt T. R. Fehrenbach die Comanchen-Barriere. »Sie war auf keiner Karte eingezeichnet und ließ sich nicht einmal annähernd bestimmen. Die Comanchen-Barriere – das waren Rauchwölkchen am Horizont; das waren Reiter, die plötzlich auf den Hügelrücken auftauchten; das waren Schüsse und Schreie bei Sonnenuntergang, das war Schrecken unter dem Sommermond. Die Comanchen-Barriere war der Tod, der allen Weißen drohte, die sich in dieses unermeßliche Land vorwagten.«

Als die US-Kavallerie nach langem Zögern endlich begriff, daß die Comanchen während der herbstlichen Jagdsaison in ihrem eigenen Hinterland am leichtesten verwundbar waren, neigte sich die Glanzzeit der indianischen Herren der südlichen Büffelweiden einem schnellen Ende entgegen. Dem Druck der amerikanischen Truppen widerstand Quanah Parker, der letzte große Anführer der Kwahadi und erste Oberhäuptling aller Comanchen, am besten und am längsten. Als die Blauröcke sein Lager im Palo Duro Canyon, einer versteckten Schlucht, aufspürten, sämtliche Tipis und Vorräte verbrannten und über tausend Pferde gnadenlos erschossen (27. September 1874), waren Quanah und die Comanchen so vernichtend getroffen worden, als hätte man sie zusammen mit ihren Mustangs getötet. Obwohl sie sich immer tiefer ins Llano Estacado, eine öde Wüstengegend, zurückzogen, konnten sie sich nicht mehr lange behaupten. Die Unmenge vermodernder Büffelknochen auf den Plains verrieten den Indianern, daß weiße Jäger die Bisonprärien in ein riesiges Schlachthaus verwandelt hatten. Im Juni 1875 gab Quanah seinen ungleichen Kampf auf und zog das Reservat einem quälenden, langsamen Hungertod vor.

Die Kiowas, die gefährlichsten Indianer der südwestlichen Plains

Der kleine Stamm der Kiowas kam wahrscheinlich aus dem Quellgebiet des Missouri und dem Oberlauf des Yellowstone River. Im 17. Jahrhundert tauschte er seine festen Siedlungen und seine bäuerliche Lebensweise gegen die Bisonjagd und die Pferdezucht. Unter dem starken Druck der Sioux mußten die Kiowas gegen 1780 die Black Hills räumen und auf den Spuren der Comanchen gegen Süden reiten. Um diese Zeit erschienen sie zum erstenmal zwischen dem North Platte und dem Arkansas. Weil sie so wanderungsfreudig und kriegerisch waren, überlebten sie alle Angriffe ihrer gefährlichen Nachbarn. In der Tat zogen sie zu schnell weiter, um aufgerieben zu werden. Am Arkansas kam es zu ersten Reibereien mit den blutrünstigen Comanchen, die ungefähr zehnmal so zahlreich waren. Auf Bestreben der Comancheros, jener Mexikanermischlinge, die mit den Indianern einen einträglichen Waffen- und Viehhandel betrieben, wurde eine dauerhafte

Waffenruhe zwischen beiden Völkern vereinbart, die sich schnell zu einem festen Bündnis erhärtete.

Laut T. R. Fehrenbach waren es die Comanchen, die »die Kiowas in die Freuden der Raubzüge nach Mexiko einweihten«. »Die Kiowas unternahmen bald von allen Plainsvölkern« die ausgedehntesten Raubzüge ... und drangen tiefer in das Land ein als jemals die Comanchen. Kiowas ritten bis nach Durango und darüber hinaus, wo sie gewöhnlich mit Comanchen verwechselt wurden. Eine Gruppe von Kriegern unternahm einen fast unglaublichen Zug bis an die Grenzen Guatemalas und Yucatans, von wo sie mit Geschichten über seltsame Tiere in Bäumen, über Vögel mit bunt schimmerndem Gefieder, über Affen und Papageien zurückkehrten. Die Kiowas entwickelten sich in kurzer Zeit zu den gefährlichsten Indianern der südwestlichen Plains. Pro Kopf gerechnet, töteten sie mehr Angloamerikaner an der Grenze zwischen Kansas und Texas als die Comanchen.«

George Catlin, der bekannte Indianermaler, beschrieb die sich durch ihre Reitkünste und ihren Kampfgeist auszeichnenden Kiowas: »Sie sehen edler aus als die Comanchen oder Pawnees. Sie sind groß, schlank, aufrecht und tragen das Haar lang, manchmal bis auf den Boden. Sie haben ein geradezu klassisch-römisches Profil.«

Obwohl diese Reiternation sich äußerlich kaum von den Comanchen unterschied, deren Kleidung, Waffen, Unterkünfte, Jagd- und Kriegsstil sie einfach übernommen hatte, gab es trotzdem tiefe Gegensätzlichkeiten. Die Comanchen lebten gemäß dem Sprichwort »Der Tapferere stirbt jung«, womit sie eine geringschätzige Einstellung zum hohen Alter bekundeten, wohingegen die Kiowas den Alten und Betagten Ehrenplätze am Feuer zuwiesen. Im Gegensatz zu den Comanchen, die sehr oft geraubte Frauen in ihre Tipis führten, heirateten die Kiowas ausschließlich Stammesangehörige. War für sie der Sonnentanz ein feierliches Ereignis, dem alle zwölf Kreise des Stammes jedes Jahr beiwohnten, so zeigten die Comanchen kein Interesse für diese Praktiken der Selbstmarterung, wie sie die nördlichen Stämme kannten. Nicht einmal im Traum wäre es ihnen eingefallen, sich mit Riemen durch das Fleisch an den Brustmuskeln aufzuhängen oder bis zur völligen Erschöpfung zu tanzen.

Die Kiowas (Erste oder Erstes Volk), das Musterbeispiel einer nomadischen, räuberischen Kultur, verfügten seltsamerweise über eine unter den berittenen Indianern einmalige begriffliche Vielfalt in ihrer uto-aztekischen Sprache. Neben dieser Besonderheit gab es noch eine zweite: Zu ihrem Stamm zählten sie eine merkwürdige Gruppe, die in allem außer der Sprache zu den Kiowas paßte. Weil dieser besondere Ableger Apache sprach, nannten die Angloamerikaner dessen Angehörige Kiowa-Apachen.

Wenn das junge Gras sproß und die lauen Sommermonde nahten, wurden die Männer vom Kriegsfieber erfaßt und halfen den Comanchen, weite Teile

Nordamerikas in Schutt und Asche zu legen. Um den Kiowas eine Lektion zu erteilen, unternahm Oberst Kit Carson mit über dreihundert Soldaten einen ausgedehnten Winterfeldzug gegen die aufsässige Nation und überfiel bei Nacht und Nebel am 24. November 1864 ein Camp von Kiowa-Apachen bei Adobe Walls am Canadian River. Zum Glück der Indianer befand sich Dohasan (Little Mountain — Kleiner Berg), der Oberhäuptling aller Kiowas, besuchsweise im Lager. Mit großer Tapferkeit brachte er den Angriff der Weißen ins Stocken. Aus weiter flußabwärts gelegenen Comanchen- und Kiowa-Zelten eilten über tausend Krieger dem bedrängten Häuptling zu Hilfe und umzingelten Carsons Heersäule. Nur durch die Kartätschen ihrer zwei Zwölf-Pfünder-Berghaubitzen konnten die Blauröcke sich die Indianer vom Leibe halten. Hätte Kit Carson sein Kommando nicht ganz vorsichtig heil aus der Klemme herausmanövriert, hätte ihn wahrscheinlich das Schicksal Custers am Little Big Horn ereilt.

Als der weise Sachem Dohasan, der den Stamm geschickt zusammengehalten hatte, 1866 das Zeitliche segnete, zerfiel die Einheit der Reiternation, die sich in mehrere Gruppen aufsplitterte. Lone Wolf (Einsamer Wolf), ein unversöhnlicher Feind der Amerikaner und gelegentlich auch Regenmacher seines Stammes, Kicking Bird (auch: Striking Eagle — Schlagender Adler), der friedfertigste und unkriegerischste aller Kiowa-Chiefs, Big Tree (Mächtiger Baum), der Anführer zahlreicher Überfälle in Texas, Satank (Sitting Bear — Sitzender Bär), ein großer Kriegshäuptling mit legendärem Mut, und Satanta (White Bear — Weißer Bär), ein tollkühner Kämpfer und sprachgewandter Redner, beanspruchten Dohasans Nachfolge und schwächten durch ihre Uneinigkeit die Schlagkraft des Stammes.

Auch wenn die meisten Kiowa-Anführer 1867 den Friedensvertrag von Medicine Lodge Creek unterzeichneten und sich verpflichteten, in ein ihnen zugewiesenes Reservat zu ziehen, waren damit die Spannungen in den Indianerdörfern noch lange nicht beseitigt. Die Friedenspartei begann nach und nach ihren Einfluß einzubüßen, und die rebellischen Fürsprecher des Krieges setzten ihren Standpunkt durch. Weil die Kriegshäuptlinge es aber zu bunt trieben und gelegentlich ins Reservat ritten, um sich dort in aller Öffentlichkeit ihrer Überfälle zu brüsten, wurden sie kurzerhand verhaftet, unter Mordanklage gestellt und ins Staatsgefängnis von Huntsville im östlichen Texas eingeliefert. Nach dem mißlungenen Comanchen-Angriff auf die Büffeljäger bei Adobe Walls (27. Juni 1874), an dem auch die Kiowas mitgewirkt hatten, ging es schnell mit ihnen bergab. Es kam die Zeit der heftigen Scharmützel und der Flucht vor den blauröckigen Häschern von General

Rechts: Diese Aufnahme des Kiowa-Führers Lone Wolf wurde zwischen 1867 und 1874 von William S. Soule gemacht. Lone Wolf gehörte zu den unversöhnlichen Feinden der Amerikaner.

Miles. 1875 gaben die Kiowas endgültig auf. Das freie Reitervolk, das für die grausamsten Foltermethoden auf den gesamten Plains berüchtigt war, mußte sich mit dem Reservatsdasein abfinden und seinen stolzen Rücken vor dem weißen Mann beugen.

Die Sioux, die Herren der nördlichen Bisonweiden

Das furchterregende Bild von indianischen Reiterscharen, die mit durchdringendem Kriegsgeheul, einer Flutwelle gleich, gegen US-Truppen oder Siedlertrecks anstürmen, ist jedem Westernfreund geläufig. Er denkt sofort an die kriegerischen Sioux, die geschicktesten Reiter der Welt und die gefürchtetsten Gegner der amerikanischen Armee. Geprägt von kämpferischem Ehrgeiz, beherrschen sie mehr als ein Jahrhundert lang die nördlichen Grassteppen, den uralten Weideplatz von Millionen Bisons, und wurden zum Schrecken der Prärie. Ihren indianischen Nachbarn wie auch den Weißen brachten sie das Grausen bei. Sie hatten viele Feinde und konnten nur auf die Cheyennes und Arapahos als Verbündete zählen. Dreimal gelang ihnen das Husarenstück, eine größere Einheit der Kavallerie der Vereinigten Staaten bis auf den letzten Mann aufzureiben. So bereiteten sie in entfesselter Wucht den bestürzten Blauröcken die drei größten Niederlagen der US-Militärgeschichte.

Die Sioux waren aber nicht immer die stolzen und unbesiegbaren Kämpfer gewesen, die furchtlos den weißen Eindringlingen die Stirn boten. Zu Beginn des 17. Jahrhunderts vertrieb eine mit Schußwaffen ausgerüstete Chippewa-Übermacht in Land- und Kanu-Schlachten die Sioux aus ihrer Heimat, den Waldgebieten in der Nähe des Oberen Sees, und drängte sie in die Wälder des westlichen Wisconsin und nach Minnesota, ins Land des himmelblauen Wassers.

Die Sioux selbst nannten sich Dakotas, was soviel wie Freunde oder Verbündete bedeutet. In den Augen ihrer Erbfeinde, der Chippewas, denen sie unterlagen, waren sie Kleine Schlangen, was im Algonkin-Wort Nadoweissiw zum Ausdruck kommt. Die französischen Pelzhändler, die den expansionsgierigen Chippewas die ersten Büchsen verkauften und ihnen damit die psychologische Wirkung von Knall und Feuerblitz verschafften, stolperten über dieses unaussprechbare Indianerwort und machten daraus Nadouessioux, im Grenzerjargon kurz Sioux.

Die Dakotas waren damals ein kleiner, unbedeutender Stamm, dessen Männer die riesigen Wälder und grünen Weiden als freie Jäger durchstreiften. Ihre Frauen ernteten den im oft feuchten und sumpfigen Boden üppig wachsenden wilden Reis. Eines Tages sahen sie zum erstenmal einen Bison. Das zottige Geschöpf, dessen mächtiger Kopf tief gegen den Boden hing, beeindruckte sie sehr. Bislang hatten sie immer nur Kleinwild erlegt und waren noch nicht auf das größte Landsäugetier Amerikas gestoßen. Diese erste Begegnung sollte sich als schicksalhaft erweisen. Zum Erstaunen der Sioux mundete das große Tier nicht nur köstlich, sondern versorgte sie auch mit allen lebenswichtigen Artikeln. So eignete sich die Bisonhaut zur Herstellung von Kleidern und zum Bespannen der Tipis. Aus Knochen und Horn fertigten sie Werkzeuge und Waffen an. Seitdem betrachteten sie den Bison als Geschenk des Himmels, und ein Teil der Sioux beschloß, den unendlichen Bisonherden durch die welligen Grasmeere zu folgen. Solange sie ohne Reittier waren, mußten sie die kraftstrotzenden Kolosse zu Fuß jagen, indem sie, unter Wolfspelzen versteckt, an sie heranschlichen.

Auf dem Weg nach Westen überquerten die Sioux den Missouri und erbeuteten dort erstmalig Pferde. Beritten konnten sie dem Großwild so wirkungsvoll nachsetzen, daß sie Fleisch und Felle im Überfluß hatten. Durch einen glücklichen Umstand erwarben sie etwa zur selben Zeit von amerikanischen Händlern Waffen und Munition. Da den Indianern des Westens die Waffen fehlten, denen des Ostens die Pferde, die Sioux aber über beides verfügten, stiegen sie innerhalb von fünfzig Jahren zu den unangefochtenen Herren der nördlichen Bisonweiden auf.

Die Nation der Sioux splitterte sich während dieser Entwicklung zwischen 1750 und 1800 in die Östlichen und Westlichen Dakotas auf. Die Sioux des Ostens — Mdewakantons, Wahpetons, Wahpehutes, Sissetons, Yanktons und Yanktonais — lebten in Minnesota und behielten dort die Ackerbaukultur ihrer Vorfahren neben dem Gebrauch des Pferdes bei. Die Teton-Sioux des Westens — das Volk der sieben Ratsfeuer: Blackfoot-Sioux, Brulés, Hunkpapas, Miniconjous, Oglalas, Sans Arcs und Two Kettles — waren jenseits des Mississippi in den großen Prärien heimisch, wo sie sich der Bisonjagd widmeten und sich der Ackerbautradition der vergangenen Jahrhunderte entledigten. Diese grundverschiedene Lebensart erklärt zum Teil, warum sich die Wald-Dakotas mit den Landerwerbungen des weißen Mannes ziemlich schnell abfanden und oft zum Christentum übertraten, wohingegen die Prärie-Dakotas jeden Landzipfel ihrer angestammten Jagdgründe bis zum letzten Blutstropfen verteidigten und der Religion ihrer Väter treu blieben.

Als Captain Meriwether Lewis und Captain William Clark 1804 während ihrer Forschungsexpedition quer durch den Nordwesten am mittleren Lauf des Missouri eintrafen, fanden sie dort etwa tausend Sioux-Krieger vor, die die gesamte Region westlich des Flusses fest in der Hand hatten. Durch grausam geführte Kriege gegen schwächere Indianerstämme wurden die Sioux zu einer Quelle des Schreckens und der Bedrohung für ihre Nachbarn. Ihre Kriegs- und Jagdgruppen durchstreiften bald weite Gebiete in Dakota, Montana und Wyoming. Gegen 1850 erreichten die Sioux den Höhepunkt ihrer Macht. Fünfzehntausend Krieger beherrschten die weite Prärie und verteidigten unerschrocken ihr Land gegen den weißen Zugriff. Die einstigen Waldindianer hatten sich zum bedeutendsten und gefürchtetsten Reitervolk der High Plains entwickelt. »Aus den ehemaligen Kanufahrern, die in heilloser Furcht davongerannt waren, waren furchtlose, stolze und kampfbesessene Reiter geworden, die großartigste leichte Kavallerie der Welt.« (Washington Irving)

Allen Nomaden der Grassteppen war der Sioux-Grundsatz heilig: »Kein einzelner besitzt die Erde, über die der Bison zieht.« Landbesitz war den Prärieindianern völlig unbekannt und unverständlich, ein Umstand, den Red Cloud in folgende Worte kleidete: »Wie kann ich die Luft, in der ich stehe, den Boden, über den ich reite, die Blätter eines Baumes, die im Winde rascheln, wie kann ich einen Teil des Windes, einen Teil der Wolken, einen Teil der Erde als etwas erklären, das nur mir allein gehört?« Weil die Sioux keinen Sinn für persönliches Eigentum hatten, außer Pferd, Waffen und Zelt, verstanden sie die Habgier der Weißen nicht, die sich ihr Land aneignen wollten. Für die bleichgesichtigen Siedler hingegen, die sich an den Grenzen des Sioux-Gebiets aufstauten, war der eigene Grund und Boden das Maß aller Dinge.

Anstatt sich in blutigen Kämpfen mit den Sioux verwickeln zu lassen, zog die Regierung der Vereinigten Staaten es zunächst vor, durch Friedensverhandlungen mit den Indianern Vereinbarungen über Gebietsansprüche und -abtretungen zu erzielen. Doppelzüngige Regierungsbeamte setzten sich mit den Rothäuten ans Ratsfeuer und rauchten mit ihnen die Friedenspfeife. Hatten die weißen Unterhändler die Sorgen ihrer indianischen Gesprächspartner beschwichtigt und deren Mißtrauen zerstreut, schlossen sie mit ihnen »ewige Verträge«, die sie brachen, noch ehe die Tinte trocken war.

Sie versprachen den Sioux, Entschädigungen für überlassene Gebiete zu zahlen und die vertraglich festgesetzten Grenzen des Indianerlandes zu respektieren. Doch der rote Mann wurde von Anfang an nach Strich und Faden belogen und betrogen. Die in Aussicht gestellten Jahresgelder und Waren blieben gewöhnlich aus, weiße Siedler strömten ins Indianerterritorium, die Sioux setzten sich mit grimmiger Entschlossenheit zur Wehr, die Armee war zum Eingreifen gezwungen, die Rothäute wurden weiter nach Westen abgedrängt und mußten wohl oder übel einen neuen Friedensvertrag unterzeichnen, der ihre Jagdgründe noch weiter einengte. Selbst dem beschränktesten Sioux-Häuptling mußte einmal die Geduld reißen. 1851 sollte beispielsweise der Vertrag von Laramie zwischen der amerikanischen Regie-

Rechts: »Wessen Stimme erklang zuerst in diesem Land? Die Stimme des roten Mannes, der nur Pfeil und Bogen besaß . . . Als der weiße Mann in unser Land kam, ließ er eine Spur von Blut hinter sich.« — Worte des Sioux-Häuptlings Red Cloud.

rung und den wichtigsten Prärienationen den Frieden zwischen Missouri und Felsengebirge besiegeln. Da die Weißen aber mit gespaltener Zunge sprachen und nicht gewillt waren, die getroffenen Vereinbarungen einzuhalten, war der indianische Daumendruck auf dem »sprechenden Papier« keinen Heller wert.

Noch im Jahre 1868 hatte Washington den Sioux-Stämmen »für ewige Zeiten, solange Gras wächst und Wasser fließt«, alles Land innerhalb des großen Missouribogens zugesprochen. Doch Großbanken und Handelssyndikate, Bahn- und Schiffahrtsgesellschaften, Siedler, Spekulanten und Goldschürfer zog es unwiderstehlich nach Westen. Der Wirtschaftsexpansion, die die Erschließung des Indianergebiets mit sich gebracht hätte, standen allein die Sioux im Wege. Folglich mußten sie ausgerottet werden.

Somit ist die Geschichte der Sioux nichts anderes als eine durchlaufende Folge nie gehaltener Versprechen und zerfetzter Verträge, eine nicht abreißende Kette blutiger Schlachten und schrecklicher Massaker, ein wahrer Greuelteppich von Heimtücke, Gier, Betrug, Räuberei, Unmenschlichkeit und Völkermord. Skrupellose Regierungsvertreter und habgierige Händler begaunerten die Sioux in schamloser Weise und nährten so den Haß der Indianer. Natürlich soll man dafür nicht die weiße Rasse in Bausch und Bogen verdammen. Man darf aber genausowenig die Sioux-Aufstände, die viele Siedler und Soldaten das Leben kosteten, als ein Werk roter mordender und brandschatzender Teufel ansehen.

Nach einer Reihe umgestoßener Friedensverträge brach 1862, ein Jahr nach dem Beginn des Sezessionskrieges, die erste große allgemeine Sioux-Revolte bei Neu-Ulm in Minnesota aus. Nachdem die Krieger von Little Crow in wildem Blutrausch mehr als tausend Weiße niedergemetzelt hatten, schlug die Miliz des Staates den Aufruhr nicht weniger blutig nieder. Achtunddreißig Rädelsführer wurden am Tag nach Weihnachten öffentlich gehängt. Durch die Flucht über den Missouri entzogen sich viele Sioux des Ostens dem harten Zugriff Washingtons. Bei ihren Vettern, den Teton-Sioux, fanden sie bereitwillige Aufnahme.

Als die Armee mit Kanonen bestückte Forts quer durch das Gebiet der Prärie-Sioux baute, schlug die Stunde des totalen Krieges, des gnadenlosen Endkampfes. Die Häuptlinge Spotted Tail, American Horse, Red Cloud, Crazy Horse, Rain-in-the-Face, Gall und Sitting Bull — um nur die bedeutendsten zu nennen — wollten ihr freies Leben auf der Prärie nicht aufgeben, um dann als bettelarme Ackerbauern auf unfruchtbarem Land und als traurige Almosenempfänger der Regierung schmählich zugrunde zu gehen. Der feigen Unterwerfung zogen sie den ruhmreichen Untergang vor.

Rechts: »Wenn die Weißen versuchen, unser Land zu nehmen, werden wir kämpfen«, verkündete der berühmte Sioux-Häuptling Sitting Bull.

Die Sioux waren aufgebracht über die Errichtung von befestigten Stellungen im Herzen ihrer Heimat, über die Eisenbahnstrecken, die die Bisonweiden zerschnitten, über die vielen Siedlertrecks, die westwärts drängten, über die Goldsucher, die durch ihre Schürferei den heiligen Boden der Black Hills entweihten. Sie übten Vergeltung, indem sie Karawanen auf der Überlandroute überfielen, der US-Kavallerie zahlreiche Schlappen beibrachten und die Stationen der Postkutschenlinien zerstörten.

Red Cloud und Crazy Horse schnitten die Verbindungswege der Armee ab und kreisten die Forts ein, so daß diese sich eher als Mausefallen denn als nützliche militärische Anlagen erwiesen. In der Tat gelang es den beiden Sioux-Strategen, die Räumung der Forts und den Abzug der Truppen aus dem Indianergebiet zu erzwingen. Red Cloud stand nicht nur seinen Mann in der Kriegführung, sondern zeigte sich auch als großer Friedensdiplomat. Er begab sich nach Washington, ergriff das Wort in öffentlichen Versammlungen, trat vor Journalisten auf und zog die Presse des amerikanischen Ostens auf die Seite der Sioux. Obwohl die öffentliche Meinung Partei für ihn ergriff, wurden alle seine Bemühungen durch Goldfunde in den Black Hills zunichte gemacht.

Am Little Big Horn in Montana konnte zwar eine gewaltige Indianerstreitmacht unter Sitting Bull und Crazy Horse 1876 der US-Armee die größte Niederlage ihrer Geschichte zufügen und einen erbitterten Widersacher, Lieutenant Colonel George A. Custer, mitsamt seinen 225 Soldaten des 7. Kavallerie-Regiments bis auf den letzten Mann niedermachen; es war aber nur ein symbolischer Sieg ohne Dauer. Die Sioux hatten wohl eine Schlacht gewonnen, verloren aber den Krieg. Hunger und Kälte überwältigten sie, nicht die Waffen ihrer weißen Feinde. Die zwei Meister des roten Kriegshandwerks, Crazy Horse und Sitting Bull, erlitten einen schmählichen Tod. Crazy Horse wurde von einem Soldaten erstochen (1877), Sitting Bull von einem indianischen Reservatspolizisten erschossen (1890).

Als 1890 der gewaltlose Paiute-Seher Wovoka den Geistertanzglauben verbreitete, wurden die Sioux-Reservate von großer Unruhe erfaßt. Im Herbst desselben Jahres verging sich die amerikanische Armee aufs schrecklichste an einer Sioux-Gruppe, die aus dem Reservat ausgebrochen war. Hundertfünfzig Männer, zweihundertfünfzig Frauen und eine unbekannte Zahl von Kindern wurden durch eine betrunkene Abteilung des 7. Kavallerie-Regiments, Custers ehemaligem Kommando, einfach abgeschlachtet. Eine Batterie von Schnellfeuer-Hotchkiss-Kanonen mähte die wehrlosen Indianer um. Eines der ersten Opfer war ihr Anführer Big Foot (Großer Fuß). »Im klirrenden Frost des 29. Dezember 1890 erstarrten die Toten zu grotesken Gestalten des Grauens – so wie sie zu Boden gestürzt waren«, beschreibt Peter Baumann dieses tödliche Nachspiel, mit dem auch der Widerstand der Sioux zusammenbrach.

So hatte die amerikanische Armee das »Sioux-Problem« auf ihre Art und Weise gelöst: mit einem unnützen Blutbad, das als Wounded-Knee-Massaker in die Geschichte einging.

Die Cheyennes, die »Ritter des Grasmeeres«

Im Jahre 1680 hörten die Weißen erstmals den Namen der Cheyennes. Abgesandte dieses Volkes der Algonkin-Sprachfamilie erschienen vor La Salles Fort am Illinois River und luden die Franzosen ein, nach Minnesota zu kommen, denn dort gebe es viel Wild und vor allem zahlreiche Biber. In jenen Tagen lebten die Cheyennes in festen Dörfern im Minnesota-Land der Santee-Sioux, betrieben Ackerbau und Viehzucht und waren weit und breit für ihre Töpferkunst bekannt. Später zogen sie westwärts nach Dakota und eigneten sich Pferde an. Aus den seßhaften Ackerbauern wurden nomadische Büffeljäger, die nicht mehr in festen Hütten, sondern in Zelten wohnten. Teils blieben sie bei den Teton-Sioux im Powder-River-Raum und im Bighorn-Land, teils wanderten sie weiter nach Süden bis zum oberen Quellgebiet des Platte River zwischen Wyoming und Nebraska. 1851 war die Aufsplitterung in den nördlichen und südlichen Zweig des Stammes abgeschlossen. Das zweigeteilte Volk stand sich gut mit den Arapahos, mit denen es eine echte Freundschaft verband. Die Northern Cheyennes waren mit den Sioux ein dauerhaftes Bündnis eingegangen, wohingegen die Southern Cheyennes sich mit den Comanchen und Kiowas gegen die bleichgesichtigen Eindringlinge zusammentaten.

Nach dem entsetzlichen Massaker am Sand Creek (28. November 1864) in Colorado fielen viele Cheyenne-Krieger des Südens von ihrem Häuptling Black Kettle ab, der bis zum bitteren Ende den Weißen vertraute, wandten sich in ihrer Not wieder nordwärts und folgten lieber kriegerischen Führern wie Roman Nose. »Als die Southern Cheyennes das Land am Powder River erreichten, wurden sie von ihren Verwandten, den Northern Cheyennes, willkommen geheißen. Die Southerners, die von den Weißen eingetauschte Decken und Hosen aus Stoff trugen, fanden, daß die Northerners in ihren Büffelumhängen und Rehlederhosen sehr wild aussahen. Die Northern Cheyennes hatten in ihr Haar Streifen aus rotbemaltem Rehleder geflochten, trugen Krähenfedern auf den Köpfen und verwendeten so viele Sioux-Worte, daß die Southern Cheyennes sie nur schwer verstanden. Morning Star, ein hoher Häuptling der Northern Cheyennes, lebte schon so lange mit den Sioux zusammen, daß fast alle ihn bei seinem Sioux-Namen — Dull Knife — nannten.« (Dee Brown)

Sogar die Bezeichnung Cheyenne stammte von den Sioux und lautete ursprünglich Shahi'yena oder Shai-ena, was soviel wie Volk einer anderen

Sprache bedeutete und vom Verb Sha'ia, eine fremde Sprache sprechen, abgeleitet wurde.

Die Cheyennes verstanden sich recht gut mit den ersten Trappern, Cowboys und Siedlern, die lediglich ihr großes Gebiet in der Mitte des Präriegürtels zwischen den Rocky Mountains und dem Missouri durchquerten und ihnen für ihr wohlwollendes Verhalten »Wegezoll« entrichteten, indem sie ihnen Geschenke machten und ein paar Rinder überließen. Als aber Soldaten ins Land strömten und mit dem Bau von Forts begannen, Eisenbahnlinien durch ihre Jagdgründe gelegt wurden, Büffeljäger die Bisonherden abschlachteten, Viehzüchter das Weideland in Wyoming, Nebraska, Kansas und Colorado für sich beanspruchten und Goldgräber wie Maulwürfe den Boden nach dem gelben Metall durchpflügten, setzten sich die »Ritter des Grasmeeres« – so nannte man die wilden und stolzen Cheyennes – aufs energischste zur Wehr. Sie verpaßten jedoch die Gelegenheit, die Eisenbahnlinien systematisch zu zerstören, wodurch sie die Büffelhatz der Weißen abgebremst und eine große Anzahl von US-Truppen gebunden hätten. Einmal gelang ihnen zwar das Bravourstück, das »eiserne Pferd« der Union Pacific zum Entgleisen zu bringen, es blieb aber bei diesem Einzelfall. Bei den blutigen Auseinandersetzungen mit den Weißen verloren sie auf die Dauer so viele Krieger, daß sie in ihrem Freiheitskampf aufgeben mußten.

Die Armee schob sie in ein ödes, unfruchtbares Reservat in Oklahoma ab, wo sie unter menschenunwürdigen Bedingungen in unerträglicher Kriegsgefangenschaft hinter den Palisaden von Fort Reno dahinvegetierten. Hier boten sie der verwerflichen »Indianerpolitik« der Regierung ein letztes Mal die Stirn, indem sie im September 1879 unter Führung von Dull Knife und Little Wolf die von Malaria verseuchte Agentur über Nacht verließen und einen unglaublichen Marsch zu den über tausend Meilen entfernten Jagdgründen ihres Stammes antraten. Mit einer Zähigkeit, die ihresgleichen sucht, stießen sie unentwegt nach Norden vor, brachten den blauröckigen Häschern Schlappe um Schlappe bei und wurden kurz vor dem Ziel von US-Truppen zusammengeschossen. Mit ihrer sensationellen Flucht aus dem Oklahoma-Reservat protestierten die Cheyennes gegen die Unmenschlichkeit der Weißen. Außerdem zeigten sie der Öffentlichkeit, was indianische Würde in Wirklichkeit ist. Mit ihrem verzweifelten Ausbruchsversuch beschämten sie die Bleichgesichter, die sich so gerne auf ihre Zivilisation beriefen und oft nichts anderes als gemeine Massenmörder waren.

In der Tat wurden die Cheyennes das Opfer der beiden brutalsten Massenmorde in der US-Geschichte. Am Sand Creek im östlichen Colorado überfielen die Soldaten des ehemaligen Methodistenpfarrers J. M. Chivington Black Kettles Indianerdorf im Morgengrauen und töteten rücksichtslos, in unbeschreiblicher Mordgier die erwachenden Männer, Frauen und Kinder, die davon überzeugt waren, unter dem Schutz der US-Kavallerie und unter der

Mit den ersten vereinzelten weißen Trappern, Cowboys und Siedlern, die in ihr Land kamen, verstanden sich die meisten Indianerstämme noch sehr gut. Erst als die Weißen in Scharen einfielen, Eisenbahnlinien quer durch die Jagdgründe der Indianer legten, Forts bauten und Weideland beanspruchten, setzten sich die Indianer zur Wehr — und zogen schließlich immer den kürzeren.

Vormundschaft der Regierung zu stehen (28. November 1864). Vier Jahre später, am 27. November 1868, wiederholte sich dasselbe Massaker am oberen Washita River, wo wiederum Black Kettles Winterlager die Zielscheibe weißer Massenmörder war. In der eisigen Morgendämmerung griff das 7. US-Kavallerie-Regiment unter George Armstrong Custer aus vier verschiedenen Richtungen das Cheyenne-Zeltdorf an und eröffnete das Feuer auf die friedfertigen Rothäute, die erbarmungslos niedergeritten wurden. Danach war es um die Existenz der Cheyennes als selbständigem Stamm geschehen. Die »Dog Soldiers« (Hundesoldaten) — die Vorliebe der Cheyennes, Hunde zu essen, hatte ihnen diesen Spitznamen eingebracht — konnten nicht mehr eigenmächtig gegen die Weißen vorgehen, sondern mußten sich den Kriegshäuptlingen befreundeter Stämme, vornehmlich der Sioux, unterordnen.

Die Arapahos, die »Blaue-Wolken-Leute«

Obwohl der kleine und wehrhafte Stamm der Arapahos aus der Sprachfamilie der Algonkins mit den Pawnees auf Kriegsfuß stand, leitete sich sein Name aus der Sprache seiner Feinde ab. So bildete sich wahrscheinlich aus dem Pawnee-Wort Tirapihu, das Händler bedeutet, die Bezeichnung Arapahos.

Das tapfere Volk lebte bis in die Mitte des 18. Jahrhunderts als seßhafte Ackerbauern in Minnesota, bevor es, westwärts in die Büffelgründe abgedrängt, dort zu einer nomadischen Reiternation wurde. Eine Nordgruppe entstand am North Platte und eine Südgruppe in den Niederungen am Arkansas River. Da die Nord- und Südabteilung nach dem Jahr 1840, als sich die Auseinandersetzungen mit den Weißen zuspitzten, kaum mehr als tausend Krieger in den Kampf werfen konnten, mußten die Arapahos notgedrungen nach Verbündeten Ausschau halten. Beide Stammesteile knüpften schon sehr früh freundschaftliche Beziehungen mit den Nord- und Süd-Cheyennes, deren Schicksal sie im Guten wie im Bösen, mit allen Siegen und Schlappen teilten.

Als Black Kettles Winterlager am Sand Creek (1864) und am Washita River (1868) von den Massenmördern Chivington und Custer eingeäschert wurden, waren auch viele Arapahos unter den indianischen Opfern. Die Überlebenden flüchteten nach Norden zu den Sioux, mit denen sie gemeinsame Sache machten und einen zähen Guerillakrieg gegen die weiße Landnahme entfachten.

Wäre den Arapahos von den Bleichgesichtern nicht so zugesetzt worden, hätten sie wahrscheinlich die Kriegsaxt begraben. Ihrem Nationalcharakter wurde stets Friedensbereitschaft nachgesagt. Einige benachbarte Stämme nannten sie Wolken-Leute oder Blaue-Wolken-Leute, was auf ihre heitere und unbeschwerte Wesensart hinweisen könnte.

Little Raven (Kleiner Rabe), namhafter Oberhäuptling der Arapahos und hochgeachteter Politiker, lehnte sich eng an die Friedensbestrebungen des Cheyenne-Sachems Black Kettle an, unterzeichnete 1867 mit ihm den fragwürdigen Friedensvertrag von Medicine Lodge und sprach sich gegen das gewalttätige Vorgehen der Jungkrieger seines Stammes aus. »Turmhoch allen anderen an Intelligenz und Sprachbegabung überlegen war Little Raven. Seine Reden über Schäden, geschuldete Jahreszahlungen und Kriegsgründe hätten einem hervorragenden Staatsmann zur Ehre gereicht«, sagte von ihm einer der weißen Unterhändler nach seiner Ansprache vor der Medicine-Lodge-Friedenskommission.

Nach der Kapitulation der Arapahos wurde ein großer Teil von ihnen im Wind-River-Reservat in Wyoming angesiedelt, wo aber bereits ihre erbittertsten Feinde, die Shoshonen des den Weißen gegenüber allzu hilfsbereiten Häuptlings Washakie, heimisch waren. Reibereien zwischen den beiden gegnerischen Stämmen blieben nicht aus, denn nicht nur die Erinnerung an frühere Gefechte, sondern auch Sprachbarrieren und Religionsunterschiede erschwerten die Verständigung. Die Arapahos bewahrten die Geschlossenheit ihres kleinen Stammes weit besser als die Shoshonen, und noch heute sind fünfundsiebzig von hundert Arapahos reinblütig, wohingegen bei nur vierzig Prozent der Shoshonen Indianerblut überwiegt.

Die Crows, die gerissensten Pferdediebe

Sich selbst nannten die Crows Ap-sa-ru-ke oder Ap-sa-ro-ke, was gewöhnlich mit Kräheninindianer übersetzt wird, obwohl es sich hierbei um eine nicht ganz richtige Übertragung handelt. Die Bezeichnung, die der Stamm für sich verwendete, bezog sich nämlich auf einen krähenartigen Vogel, der aber zur Zeit der ersten Kontaktaufnahme mit den Weißen längst ausgestorben war. Obgleich sie der Sioux-Sprachfamilie angehörten, lagen die Crows in ständigem Streit mit den mächtigen Sioux und deren Verbündeten, den Cheyennes und Arapahos. Sie waren weit und breit als gerissene Pferdediebe bekannt, von denen Sioux-Sachem Sitting Bull einmal behauptete: »Sie verstehen es, einem schlafenden Reiter das Pferd unter dem Sattel wegzustehlen.«

Im 19. Jahrhundert entwickelten sie sich zu einem der stärksten Stämme in Montana, wo sie den Weißen nicht feindselig entgegentraten, sondern ihnen ihre uneingeschränkte Unterstützung zukommen ließen. Ihre Weißenfreundlichkeit bewirkte, daß der Gouverneur von Montana bei der Regierung vorstellig wurde, damit sie mit Feuerwaffen ausgerüstet würden, »weil sie schwerbewaffnet für die hiesigen Siedler von größerem Wert sind als alle Armeeforts zusammen«.

Wenn auch die Crows als Stamm von offizieller Seite keine Gewehre zugestellt bekamen, wurden doch ihre zahlreichen Späher im Dienst der Armee mit den modernsten Schußwaffen versehen. Wie die Shoshonen unter ihrem Häuptling Washakie spürten auch die Krähen unter ihrem Anführer Plenty Coups (Aleek-chea-ahoosh — Viele Heldentaten) für die Blauröcke feindliche Sioux und Cheyennes auf und machten deren Lager ausfindig. So konnten sich die Shoshonen und Crows, ohne ein allzu großes Risiko einzugehen, an ihren alten Blutsfeinden rächen.

Hätte Lieutenant Colonel George A. Custer auf seine Crow-Scouts gehört, wäre er wohl mit seinem 7. US-Kavallerie-Regiment 1876 am Little Big Horn in Montana der totalen Vernichtung durch Crazy Horses und Sitting Bulls Streitmacht entgangen. In seinen Indianerkriegen griff Custer mit Vorliebe auf Rothäute zurück, um auf andere Rothäute Jagd zu machen. Das nannte er »den Teufel mit dem Feuer bekämpfen«. Diese Taktik war aber nur erfolgreich, solange verschiedene Stämme, wie die Crows, aus eigennützigen Gründen die Armee mit Spähern versorgten.

Die Crows wollten zwei Fliegen mit einem Schlag treffen: unter dem Schutz der Weißen ihre Todfeinde bekämpfen und sich zugleich die Bleichgesichter zu Dank verpflichten. Häuptling Plenty Coups machte kein Hehl aus diesen materiellen Motiven, als er seine Krieger dazu anspornte, am Feldzug der Blauröcke gegen die verhaßten Sioux teilzunehmen. »Wenn der Krieg vorbei ist, werden die Soldatenhäuptlinge nicht vergessen, daß ihnen die Crows zu Hilfe gekommen sind.«

Die Pawnees, die Kundschafter der US-Kavallerie

Vor Ankunft der Weißen wohnten die Pawnees im Südosten Nordamerikas, zogen im Laufe der Zeit nach Westen und erreichten im 17. Jahrhundert Zentral-Nebraska, wo sie sich in befestigten Dorfgemeinschaften niederließen. Dort kamen sie in Berührung mit französischen Kolonisten, die ihre Wehrdörfer »Pawnee-Republiken« nannten. Es gab aber auch Pawnee-Gruppen, die weiter nach Norden bis zum Missouri vorstießen, wo sie den Namen »Arikaras« oder »Rees« bekamen. Sie betätigten sich als Büffeljäger, als Pferdehändler und sogar als Pflanzer, die sich auf den Anbau von Mais, Bohnen und Kürbis verstanden.

Die festen Kuppeldachhäuser der Pawnees, in denen jeweils mehrere Familien Platz fanden, waren mit Pfosten und Tragbalken abgestützt und mit Schichten aus Weidenzweigen, abgestochenen Grasstücken und Schlamm bedeckt. Sogar die unentbehrlichen Pferde konnten sich in diesen geräumigen Hütten aufhalten, die über einen Durchmesser von mehr als zwölf Metern verfügten.

Die Pawnees waren auch die einzigen Prärieindianer, die einen Kalender und eine komplizierte Mythologie besaßen, an deren Spitze ein höchster Gott, Tirawa, stand. Daß sie sich zudem Himmelskenntnisse angeeignet hatten, ist aus ihren Visionen ersichtlich, in denen ihnen immer wieder Sterne und andere Himmelskörper erschienen. Auch wenn sie ein religiöses Glaubenssystem ihr eigen nannten, das sich mit den mythologischen Vorstellungen der alten Griechen und Ägypter vergleichen läßt, huldigten sie zu gleicher Zeit einem primitiven Menschenopferkult, der ein Extremfall in den Sitten und Gebräuchen der Plains-Indianer war.

Rechts: Die Pawnees stellten sich in die Dienste der US-Kavallerie und leisteten Kundschafterdienste gegen aufsässige Prärieindianer. Einer ihrer erbittertsten Feinde war dabei der Sioux-Häuptling Rain-in-the-Face.

Petalasharo, Pawnee-Oberhäuptling (1797–1874), ging in die Geschichte des Stammes ein, weil er kurzerhand im von Religion beherrschten Leben seines Volkes mit dem Menschenopferritual und dem damit verbundenen Kannibalismus aufräumte. Er erwies sich auch als Wegbereiter für das freundschaftliche Verhältnis zwischen Pawnees und Amerikanern. In der Tat fochten die Krieger dieser großen Nation von seßhaften Ackerbauern und Büffeljägern nie gegen die US-Truppen. Sie stellten sogar für die Kavallerie der Vereinigten Staaten ein »Pawnee-Bataillon« zusammen, dessen Kämpfer sich dem Kommando von Major Frank North unterordneten und für einen regulären Soldatensold der Armee wichtige Kundschafterdienste im Krieg gegen aufsässige Prärieindianer leisteten. Einerseits konnten sie als uniformierte Scouts mit ihren Erbfeinden, den Sioux, Cheyennes und Arapahos, risikolos abrechnen. Andererseits hofften sie, sich mit ihrer Weißenfreundlichkeit und Hilfsbereitschaft die US-Regierung zu Dank zu verpflichten. Seine Unterstützung der Armee im Kampf gegen die Sioux kam den Pawnee-Häuptling Sky Chief 1873 jedoch teuer zu stehen, als eine gewaltige Übermacht rachsüchtiger Sioux hundertfünfzig Pawnees mit ihrem Anführer in die ewigen Jagdgründe beförderte. Sky Chief war in seiner Weißenhörigkeit so weit gegangen, daß er beständig modische Gehröcke trug und indianische Wachen für die Eisenbahnarbeiter abkommandierte, bis die erbosten Sioux dem Spuk ein Ende bereiteten.

Als das »Pawnee-Bataillon« 1885 nach zwanzigjährigem Bestehen aufgelöst wurde, weil es keine Indianerschlachten mehr zu schlagen gab, erfuhren die Pawnees am eigenen Leib, daß Undank der Welt Lohn ist. Genau wie andere besiegte Stämme wurden sie trotz ihrer Handlangerdienste in ein Reservat in Oklahoma eingepfercht, wo die meisten von ihnen elend zugrunde gingen. Wie die Crows, Shoshonen und Utes hatten sie den Weißen geholfen, ihre Rassenbrüder auszurotten. Waren die Pawnees nicht von den Bleichgesichtern dezimiert worden, so erlagen sie den unmenschlichen Entbehrungen in der Einöde Oklahomas, wo niemand mehr ihre einstige Willfährigkeit vergütete.

DIE SAMMLER DES FERNEN WESTENS

Im Großen Becken (heutiges Utah und Nevada), das zwischen dem Felsengebirge und der Sierra Nevada liegt und nach einem Klimawechsel zu einer lebensfeindlichen Wüste wurde, lebten shoshonische »Diggerstämme«, die sich in des »Teufels Staubschüssel« (wie man das Great Basin nannte) von Wurzeln, Eidechsen, Schlangen und Heuschrecken ernährten. In Gegenden mit zumindest spärlicher Vegetation griffen diese primitiven Sammler auf die Kerne von Mesquitebohnen, geröstete Agaventeile und die Samen der Pinien als Nahrungsgrundlage zurück. Erst als die Spanier das Pferd einführten, kam es zu einer Veränderung der seit Jahrhunderten zum Stillstand gekommenen Entwicklung – die Männer begannen wieder zu jagen.

Die nördlich des Großen Beckens gelegenen Plateaus, die sich über Idaho, das östliche Oregon und Washington bis weit hinauf ins zentrale British Columbia erstrecken, boten bessere Lebensbedingungen. In diesem Land zwischen Prärie und Nordwestküste sorgten Rotwild, Bergschafe, Fische, Beeren, Wurzeln und Camaszwiebeln für kulinarische Abwechslung. Als die Völker des Plateaugebiets sich Pferde aneigneten, konnten sie erstmals die Berge verlassen und bis tief in die Grasebenen vorstoßen, wo die Büffeljagd ihr bisheriges Leben gänzlich umgestaltete. Die Nez Percés, ein nördlicher Plateaustamm, dessen Lebensqualität sich durch den Bison erheblich steigerte, lehnten sich eng an die Kultur der Plains-Indianer an.

Genau wie im Großen Becken und im Hochland waren die Ureinwohner Kaliforniens vorrangig Sammler, zu denen auch die Modocs zählen, denen in den Bergen des Nordteils der Halbinsel kein üppiges Leben beschert war.

Die Nez Percés, die »durchbohrten Nasen«

Im pazifischen Nordwesten der Vereinigten Staaten, wo die Territorien Washington, Oregon und Idaho aufeinanderstoßen, lebte der friedfertige Reiterstamm der Nez Percés. Ihren eigenartigen Namen verdankten die Angehörigen der Sahaptin-Sprachfamilie, die sich selbst Nimipu nannten, frankokanadischen Trappern und Reisenden, die mit ihnen Tauschhandel trieben. Weil sie die Gewohnheit hatten, ihre Nasen zu durchbohren und mit Muscheln zu zieren, bezeichneten die französisch sprechenden Weißen sie mit dem Ausdruck Nez Percés (Durchbohrte Nasen oder Ringnasen), den die Amerikaner später mit Pierced Noses übersetzten.

Wie der Kontakt zwischen den Nimipu und den Fallenstellern zustande kam, schilderte Joseph, der größte Häuptling seines Volkes: »Wir wußten nicht, ob es noch andere Völker neben den Indianern gab, bis vor etwa hundert Wintern einige Leute mit weißen Gesichtern in unser Land kamen. Sie brachten viele Dinge mit, um sie gegen Pelze und Felle einzutauschen. Sie brachten Tabak, den wir nicht kannten. Sie brachten Flinten mit Feuersteinen, die unsere Frauen und Kinder erschreckten. Unsere Leute konnten sich mit diesen weißgesichtigen Männern nicht unterhalten, aber sie bedienten sich der Zeichensprache, die alle verstanden. Es waren Franzosen, und sie nannten unser Volk Nez Percés, weil seine Nasen mit Ringen geschmückt waren. Obwohl dieser Brauch sehr stark zurückgegangen ist, werden wir immer noch so benannt.«

Die beiden amerikanischen Forscher Lewis und Clark, die 1804 während ihrer Entdeckungsreise über die Rocky Mountains zur Pazifikküste auch mit den Nez Percés in Berührung kamen, waren die ersten englischsprachigen Besucher dieses Reitervolkes, das zweimal im Jahr das hohe Bitterwurzel-Gebirge (Bitterroot Mountains) zur Büffeljagd auf den Prärien Montanas hinaufwanderte. Hirsch, Elk, Bär, Bison, Bergschafe und -ziegen ergaben einen abwechslungsreichen Speisezettel, der noch von Camas, einer gerösteten und auch zu Brot verarbeiteten Zwiebelart, ergänzt wurde.

Häuptling Joseph konnte sich auf Erzählungen seines Vaters berufen, um dieses erste Zusammentreffen zwischen Nez Percés und Amerikanern in Erinnerung zu rufen. »Die ersten weißen Männer ihres Volkes, die in unser Land kamen, waren Lewis und Clark. Auch sie brachten viele Dinge mit, die unsere Leute noch nie gesehen hatten. Sie sprachen offen, und unsere Leute gaben ihnen ein großes Fest als Beweis ihrer freundlich gesinnten Herzen. Diese Männer waren sehr liebenswürdig. Sie beschenkten unsere Häuptlinge, und unsere Leute beschenkten sie. Wir hatten sehr viele Pferde, von denen wir ihnen soviel gaben, wie sie brauchten. Als Gegengabe erhielten wir Feuerwaffen und Tabak. Alle Nez Percés schlossen Freundschaft mit Lewis und Clark und stimmten überein, sie durch ihr Land ziehen zu lassen und niemals gegen das weiße Volk einen Krieg zu beginnen. Dieses Versprechen haben die Nez Percés nie gebrochen.«

1832, achtundzwanzig Jahre nach der Lewis-und-Clark-Expedition, erhielten die Indianer erneut amerikanischen Besuch. Captain B. L. E. Bonneville, den die Nez Percés mit dem ehrenvollen Namen »Großes-Herz-kam-von-Sonnenaufgang« bedachten, durchstreifte ihr Gebiet mit Jägern und Wissenschaftlern und machte sich bei ihnen sehr beliebt, weil er ihre Verwundeten und Kranken verarzten ließ. In seinem Gefolge erschien 1839 der Missionar Henry H. Spalding, der den von allen Stammesangehörigen hochgeschätzten Häuptling Tu-eka-kas zum Christentum bekehrte und ihm den Namen Joseph gab.

Seit alters her waren Tu-eka-kas und sein Volk im schönen Wallowa-Tal im nordöstlichen Oregon beheimatet, wo sie mit ihren rassigen Pferden große Zuchterfolge erzielten. Als dem Häuptling 1840 der erste Sohn geboren wurde, hieß der Vater nunmehr Old Joseph, und sein Junge wurde als Young Joseph oder einfach als Joseph bekannt, obwohl sein indianischer Name eigentlich In-mut-too-yah-lat-lat (Rollender Donner in den Bergen) lautete. 1863 mußten Vater und Sohn zähneknirschend mit ansehen, wie sich die meisten Nez Percés im Vertrag von Lapwai dazu verpflichteten, ihre angestammte Heimat zu verlassen und ins Lapwai-Reservat im Territorium Idaho zu ziehen. Nur unter Aufbietung aller Kräfte konnten sie die Unabhängigkeit und die traditionelle Lebensweise für sich und ihre Bande aufrecht erhalten und dabei durchsetzen, daß sie im Wallowa-Land, im schönen Tal des sich schlängelnden Wassers, bleiben durften.

Als der Vater ergraut und fast erblindet war und sein Ende herannahen sah, schwor er seinen Sohn Joseph darauf ein, als sein Nachfolger in der Häuptlingswürde die Heimat der Nez Percés nie an die Weißen zu veräußern. »Mein Sohn, mein Körper kehrt zu meiner Mutter Erde zurück, und meine Sinne werden sehr bald dem Großen Geist begegnen. Wenn ich gegangen bin, denke an dein Land. Du bist der Häuptling dieses Volkes. Sie blicken zu dir als ihrem Führer auf. Denke immer daran, daß dein Vater niemals das Land verkaufte. Du mußt deine Ohren schließen, wann immer du gebeten wirst, einen Vertrag zu unterschreiben, durch den du deine Heimat verkaufst. Einige Jahre noch, und die weißen Männer werden euch umgeben. Ihre Augen ruhen auf diesem Land. Mein Sohn, vergiß niemals meine letzten Worte. Dieses Land birgt den Körper deines Vaters und deiner Mutter.«

Goldfunde in den Bergen hatten viele Schürfer und Halsabschneider angelockt, die den Indianern Rinder und Pferde entwendeten. Das von dunkelgrünen Wäldern umrandete und mit hohem, saftigem Gras bedeckte Wallowa-Tal füllte sich nach und nach mit weißen Siedlern, die nicht länger gewillt waren, dieses paradiesische Fleckchen Erde mit den Rothäuten zu teilen, und die dabei geflissentlich übersahen, daß die Nez Percés auf ihrem eigenen Grund und Boden lagerten. So mußte Tu-eka-kas bei seinem Ableben die Gewißheit mit ins Grab nehmen, daß sein Sohn Joseph nicht länger alle Übergriffe der frecher werdenden weißen Eindringlinge dulden könnte und schon bald sein Heimatland gegen die bleichgesichtige Besitzergreifung mit Waffengewalt verteidigen müßte.

Obwohl Joseph den Frieden über alles liebte und eher dazu bereit war, seine Jagdgründe aufzugeben, als einen Krieg anzuzetteln, mußte er sich den Umständen beugen und sich mit der Streitaxt in der Hand dem ihm von den Weißen aufgezwungenen Kampf stellen. Mit seiner Bande gehörte er zu den »Vertragsunwilligen«, die im Gegensatz zu den »Vertragsindianern« ihr Land nie verkauft hatten.

Als ihm 1877 General Oliver Otis Howard das Ultimatum zukommen ließ, sich sofort ins Reservat zu begeben oder als Freiwild gejagt zu werden, beschloß Joseph mit seinen Unterhäuptlingen White Bird (Weißvogel), Looking Glass (Spiegel), Too-Hul-Hul-Sote, Hush-Hush-Cute und Ollicut, sich lieber nach Kanada abzusetzen, als in den Vereinigten Staaten zu bleiben.

Mit nur zweihundertfünfzig Kriegern und vierhundertfünfzig Frauen, Alten und Kindern führte Joseph als genialer Taktiker einen heldenhaften Kampf gegen die zwanzigfach überlegene Staatenarmee, der er Schlappe um Schlappe beibrachte. Die ihm nachsetzenden US-Generäle blamierte er bis auf die Knochen, so daß Journalisten allen Ernstes fordern konnten, dem brillanten Indianerstrategen doch in Zukunft das Oberkommando der Landstreitkräfte zu übertragen.

Mit Recht kann man sich die Frage stellen, warum die Washingtoner Regierung so versessen darauf war, den Nez Percés den Weg nach Kanada zu versperren und sie mit Gewalt in den Vereinigten Staaten zurückzuhalten. H.-J. Stammels Antwort stimmt bedenklich: »Nichts wäre für die USA leichter gewesen, als die zweihundertfünfzig Krieger und vierhundertfünfzig Frauen in Frieden ziehen zu lassen. Sie waren in Kanada willkommen. Aber am Beispiel dieser kleinen Gruppe bis dahin loyaler, freundlicher und unkriegerischer Indianer zeigte sich die Einstellung der US-Politik: Es ging nicht darum, sie aus einer Reservation zu vertreiben und sie in lebensfeindlichere Landstriche umzusiedeln, es ging auch nicht darum, amerikanische Zivilisten oder Soldaten zu schützen. Die Indianer wären kein Problem mehr gewesen, hätten keine Kosten mehr verursacht und hätten niemanden bedroht, verletzt oder getötet. Es ging ganz einfach um die Durchsetzung selbstherrlicher Vorstellungen. Die US-Regierung wollte lediglich durchsetzen, daß unterprivilegierte Bevölkerungsgruppen einmal gegebene Befehle unter allen Umständen auszuführen hätten.«

Und in ihrer rücksichtslosen Vermessenheit behielt die Regierung der Vereinigten Staaten auch das letzte Wort, denn nur vierundfünfzig Kilometer vor der rettenden kanadischen Grenze mußten die Nez Percés nach einem elfwöchigen Gewaltmarsch von viertausend Kilometern vor der blauröckigen Übermacht kapitulieren und sich ins Unvermeidliche fügen. Zunächst wurden die Überlebenden nach Fort Leavenworth gebracht, wo viele Rothäute erkrankten und starben, dann in Eisenbahnwagen nach Baxter Springs in Kansas, etwas später nach Oklahoma ins Indianerterritorium, wo man sie ohne Obdach über dem Kopf absetzte, und schließlich ins Colville Reservat im Norden des Staates Washington, wo sie eine neue Heimstätte fanden. »Wie Kraut und Rüben« warf die Regierung die besiegten Stämme in diesem nordwestlichen Staat zusammen, wo heute noch insgesamt fünfzehntausend Indianer ansässig sind, darunter auch die Nachkommen des edelmütigen und intelligenten Nez-Percé-Volkes, das bis zum bitteren Ende die Hoffnung auf ein gemeinsames Leben in Gleichberechtigung mit den Weißen nicht aufgab.

Der Nez-Percés-Häuptling Joseph war ein so brillanter Taktiker, daß US-Journalisten ihm das Oberkommando über die Landstreitkräfte übertragen sehen wollten.

Die Shoshonen, die Freunde des weißen Mannes

»Dreihundert ihrer Krieger kamen in musterhafter Ordnung und vollem Galopp in unser Lager geritten. Sie waren scheußlich bemalt und mit Kriegskeulen bewaffnet und über und über mit Federn, Perlen, Wolfsschwänzen, Zähnen und Klauen von Tieren bedeckt; jeder von ihnen hatte sich nach Lust und Laune mit diesem höchst sonderbaren Schmuck herausgeputzt. Diejenigen, die im Krieg Wunden davongetragen hatten, und diejenigen, die Feinde ihres Stammes getötet hatten, stellten ihre Narben prahlerisch zur Schau und schwenkten die von ihnen erbeuteten Skalpe – wie Wimpel – an Stökken in der Luft. Nachdem sie mehrere Male, in Abständen Freudenschreie ausstoßend, um das Lager herumgeritten waren, stiegen sie ab, und nun kamen sie alle, um den Weißen als ein Zeichen der Freundschaft die Hand zu schütteln.« So schilderte 1837 der Jesuitenpater Pierre Jean de Smet, der die

Indianer des Westens zum Christentum bekehren wollte, die Ankunft der Shoshonen.

Als die Forschungsreisenden Meriwether Lewis und William Clark 1805 dem Missouri westwärts in eine völlig unberührte Gegend folgten, bewahrte sie eine Tochter der Shoshonen, Sacajawea, die mit einem den Dolmetscher spielenden frankokanadischen Händler verheiratet war, vor den Gefahren der Wildnis und ließ das erste Treffen zwischen Angehörigen ihres Stammes und den Weißen zu einer freundschaftlichen Begegnung werden. Alle Bleichgesichter, die danach mit den Shoshonen in Berührung kamen, profitierten von diesem glücklichen Anfang. Die indianische Zuvorkommenheit und Hilfsbereitschaft entwickelte sich nach und nach zu einer tiefen Freundschaft, die besonders durch den Shoshonen-Häuptling Washakie gefördert wurde.

Gegenüber den europäischen Eindringlingen konnten die Rothäute drei Wege beschreiten: sich erbittert widersetzen, sich widerstrebend unterwerfen oder ein Bündnis mit den Weißen schließen. Washakie wählte die dritte Möglichkeit, weil er die Bleichgesichter, die er bei der Besiedlung des Westens entschieden unterstützte, als den mächtigsten aller Verbündeten ansah. Seine Beweggründe waren zweifellos eigennützig, aber von Weitsicht geprägt: Er brauchte die Handelsgüter der Weißen, wie Waffen, Munition, Werkzeuge und Kleidung, ihren Schutz vor den starken indianischen Feinden des Stammes und das Wohlwollen der Neuankömmlinge aus Europa, um seinem Volk die Zukunft nicht zu verbauen.

Die Shoshonen, die zur shoshonischen Untergruppe der uto-aztekischen Sprachfamilie gehörten, waren ein äußerst wildes Kampfvolk, das schon sehr früh Pferde züchtete, aber erst spät Feuerwaffen erhielt. Deswegen zogen sie meistens den kürzeren bei ihren Auseinandersetzungen mit den Sioux, Cheyennes, Arapahos und Crows, die ihnen das Weideland von Montana und Wyoming streitig machten. Ihre Jagdgründe umfaßten zu Beginn des 19. Jahrhunderts Süddakota, die Wind-River-Gegend im heutigen Wyoming sowie Teile von Montana, Utah, Idaho, Nevada und Kalifornien.

Der Oregon Trail, auf dem Scharen von Siedlern zu den üppigen Tälern Kaliforniens und zur Nordwestküste Amerikas zogen, führte durchs Herzland der Shoshonen. Anstatt die unzähligen Pioniere zu bekämpfen, wie es die meisten Präriestämme taten, die dieser gewaltigen Völkerwanderung mit Feindseligkeit begegneten, beschützte Washakie die weißen Trecks, denen er sogar tatkräftig half, den Angriff von Nachbarstämmen zurückzuschlagen. Seine Krieger verdingten sich als Späher in der US-Armee, wo sie als eine Art Guerillatruppe dienten. Als General George Crook im Frühjahr 1876 gegen die Sioux und ihre Bundesgenossen ausrückte, fochten Washakies Shoshonen in ihrem Aufzug aus Federn, Messingknöpfen und Perlen Seite an Seite mit den Blauröcken in der Schlacht am Rosebud River.

Lieutenant John Bourke aus Crooks Stab war überwältigt vom Eintreffen der Shoshonen, denen Washakie Kampftaktik und Kavalleriemanöver beigebracht hatte. »Eine lange Reihe blitzender Lanzen und auf Hochglanz polierter Feuerwaffen kündigte das gespannt erwartete Erscheinen unserer Verbündeten, der Shoshonen, an, die nun rasch zum Hauptquartier heraufgaloppiert kamen und von links her in prächtiger Manier in einer Reihe antraten. Keine gedrillten Krieger irgendwelcher zivilisierter Armeen haben diese Bewegung je hübscher ausgeführt. Ausrufe des Erstaunens und des Lobes begrüßten das fremdartige Aufgebot von wilden Kriegern ... Als diese den Befehl erhielten, nach rechts abzutreten, bewegten sie sich mit der Präzision und dem Stolz von kampferprobten Veteranen.«

Um seinen Stamm vor den räuberischen Übergriffen der Sioux zu schützen, die mit ihren zwanzigtausend Angehörigen eine ständige Bedrohung darstellten, sprach sich der Häuptling ab 1858 wiederholt für ein Shoshonen-Reservat im Wind-River-Tal aus. 1868 erhörte die Regierung seinen Wunsch und ließ ihm ihren militärischen Schutz angedeihen.

Trotz des energischen Widerspruchs Washakies bekam das Wind-River-Reservat der Shoshonen in Wyoming in den Jahren 1876/77 den unerwünschten Zuwachs mehrerer Gruppen von Arapahos, die bislang immer eine feindselige Haltung eingenommen hatten. In der nachträglich mehrfach geschmälerten Heimstatt leben heute noch etwa fünfzehnhundert Shoshonen, die nach wie vor auf demselben Grund und Boden, getrennt von den Arapahos, wohnen. Als ein Sohn Washakies ein Arapaho-Mädchen heiratete, waren anscheinend beide Stämme verärgert — so tief verwurzelt ist die alte Antipathie.

Die Utes, die »Negergesichter«

Wie die Crows und die Shoshonen bemühten sich die Utes um Frieden mit den Weißen, die in ihre Gebirgstäler von Colorado, Utah, Nevada und New Mexico strömten. Die Bleichgesichter nannten sie wegen ihrer besonders dunklen Hautfarbe oft verächtlich »Black Indians« (Schwarze Indianer) oder »Niggerfaces« (Negergesichter). Bereits im 16. Jahrhundert hatten die Utes von den Spaniern Pferde bekommen, die es ihnen erlaubten, ihren Lebensraum auszudehnen und die Berge zeitweilig mit den Bison-Plains zu vertauschen. Dieser Stamm der uto-aztekischen Sprachfamilie, der die Navahos und Pueblo-Indianer als Erzfeinde ansah, geriet erst 1870 in Konflikt mit der Washingtoner Ausrottungspolitik.

Als der Indianeragent des Ute-Reservats, Nathan Cook Meeker, sich 1870 als Missionar betätigte, seine Schützlinge mit Gewalt zu ackerbauenden Christen bekehren wollte und in seinem blinden Eifer nicht davor zurückschreckte, die Pferderennbahn der Indianer mit einem Bewässerungsgraben zu durchziehen, kam es zum offenen Aufstand der bislang friedfertigen Rothäute. Im sogenannten Meeker-Massaker töteten sie den allzu eifrigen Reservatsagenten und zehn Soldaten. Ehe die Rebellion in einen aussichtslosen Kampf mit amerikanischen Truppen ausarten konnte, gab der alte Häuptling Ouray den Befehl zur bedingungslosen Kapitulation.

Zeitlebens hatte dieser Anführer seine kriegerische Gruppe mit eiserner Faust zusammengehalten und sie vor Reibereien mit den Weißen bewahrt. Seine Führungsmethode war denkbar einfach: Jeden, der es wagte, sich seiner Friedenspolitik zu widersetzen, erschoß er kurzerhand. Aus eigennützigen Gründen wollte er es mit den Bleichgesichtern nicht verderben. In der Tat liebte er ihre Lebensweise und die Produkte ihrer Zivilisation viel zu sehr. Mit Zigarren und Wein pflegte er seine Gäste zu bewirten. 1872 verscherzte er sich aber die Sympathien seiner Stammesangehörigen, als er ein großes Stück Land, das dem Ute-Volk gehörte, aus eigenem Antrieb an die US-Regierung verkaufte und dafür eine lebenslange Rente von tausend Dollar pro Jahr einkassierte.

Wegen des Meeker-Massakers wurden die Utes zwanzig Jahre lang mit einem Schuldenberg bedacht, den sie an die Opfer ihres Aufstandes abtragen mußten. Trotz dieser außergewöhnlichen finanziellen Belastung gelang ihnen die Anpassung ans 20. Jahrhundert. Heute leben zwischen sechs- und siebentausend Utes in ein paar Reservaten in Colorado und Utah, wo Öl, Gas, Kohle, Holz, ausgedehntes Grasland, Wild und touristische Attraktionen ihren Broterwerb garantieren.

Die Modocs, primitive Jäger, Sammler und Korbflechter

In einem unwegsamen Gebiet von Schluchten und Schründen, von messerscharfen Graten und tief eingeschnittenen Klüften, wo keine Quelle sprudelte, nicht einmal die anspruchsloseste Pflanze gedieh, es weder Weg noch Steg gab und jeder Kompaß versagte, fanden die Modocs ihre letzte Zuflucht. Im Gewirr von Kratern und Höhlen der »Lava Beds«, die fünfzig Quadratkilometer grauschwarze Steinwüste mit seltsamen und unheimlichen Formen umfaßten, widerstanden die nordkalifornischen Indianer dem weißen Vormarsch in den siebziger Jahren des letzten Jahrhunderts. Dieser von allen gemiedene Landesteil war vor Jahrtausenden durch einen Vulkanausbruch unvorstellbar verheert worden und sollte sich als der treueste Verbündete der von den Bleichgesichtern enteigneten Modocs erweisen.

Beiderseits der Grenze zwischen Kalifornien und Oregon hatten die Modocs noch völlig im Steinzeitalter gelebt, als nach dem kalifornischen Goldrausch von 1848 ihre Sterbestunde schlug. Tausende von üblen Abenteurern, der ganze Abschaum aus den Städten des Ostens, waren eilends nach dem »Gelobten Land« Kalifornien geströmt, um sich über Nacht am Goldboom zu bereichern. Mit scheelen Blicken bedachten sie die am fruchtbaren Lost River heimischen Modocs, die die Natur wirklich stiefmütterlich behandelt hatte. Klein und gedrungen von Gestalt, mit zähen und widerstandsfähigen Körpern, mit unscheinbaren, dunkelbraunen Gesichtern, waren sie nicht mit Schönheit gesegnet. Sie waren weit davon entfernt, den erhabenen Anblick der stolzen und federgeschmückten »Ritter des Grasmeeres« zu bieten, wie man die Prärieindianer, insbesondere die Cheyennes, nannte.

Diese primitiven Jäger, Sammler und Korbflechter verfügten über aus Holz und Stein, vornehmlich aus Obsidian und Basalt, gefertigte Geräte und Waffen. Sie ernährten sich von Kleinwild, Fluß- und Seefischen, Kräutern und Pflanzen sowie von Wurzeln, die sie ausgruben, trockneten und zu Mehl verarbeiteten. Auch aßen sie, was bei allen Völkern auf Erden einzigartig sein dürfte, Unmengen von Wasserliliensamen.

Trotz ihrer niedrigen Entwicklungsstufe waren die Modocs alles andere als dumm: In Wirklichkeit waren sie ausdauernd, gewandt, listig und mutig. Ihr stark ausgeprägtes Freiheits- und Unabhängigkeitsgefühl verbot ihnen 1872, ihre Heimat und ihre Erdhäuser mit den runddeckelförmigen Dächern gegen ein schäbiges US-Reservat zu tauschen.

Ihr Leidensweg begann, als 1853 eine Schar Goldgräber über ein Dorf wehrloser Modocs herfiel und sie »wie Kaninchen« abschlachtete. Obwohl Häuptling Kintpuash, den die Weißen der Einfachheit halber Captain Jack nannten, sich mit allen Mitteln dagegen wehrte, in eine kriegerische Auseinandersetzung hineingezogen zu werden, wurde ihm der Kampf von den Bleichgesichtern aufgezwungen. In der Tat machten sie alle seine Bemühungen zunichte, die auf ein friedvolles Nebeneinanderherleben hinzielten. Durch ihre Rücksichtslosigkeit und ihre Gier nach dem fetten Ackerland der Indianer brachten sie es fertig, »die bisher so friedlichen, dumpfen und begriffsstutzigen Modocs, die niemandem etwas zuleide taten, die unterwürfig, mit dem Blick eines getretenen Hundes, um ein abgelegtes Kleidungsstück oder um eine zerbeulte Pfanne gebettelt hatten, in eine Bande gnadenloser Töter zu verwandeln.« (Ernie Hearting)

Unter Führung von Häuptling Jack verschanzten sich die Modocs zu Anfang des Jahres 1873 in ihrer »Lavabett«-Naturfestung, die an ihr Gebiet beidseits des Lost River (des Verlorenen Flusses) stieß. In dieser steinernen Hölle, über der dichte Nebelschwaden hingen, hielten fünfzig halbverhungerte Krieger eine zwanzigfache Übermacht von US-Soldaten in Schach und bereiteten den mit Artillerie bestückten Blauröcken Schlappe um Schlappe. Hohntriefende Zeitungsberichte demütigten die unfähige Armee, wogegen die Journalisten aus dem bislang unbekannten Häuptling einen »roten David« machten, dem sie ihre Bewunderung aussprachen. Als sich Häuptling Jack aber bei Verhandlungen am 11. April 1873 durch die hohlen Phrasen und leeren Versprechungen der Weißen dazu hinreißen ließ, zwei Unterhändler, General E. R. S. Canby und Pfarrer Thomas, kurzerhand zu erschießen, schlug die öffentliche Meinung um und stempelte den Anführer der Modocs zu einem »reißenden Raubtier« und »roten Massenmörder«.

Nach einem verzweifelten Kampf von fünf Monaten brach der Widerstand der gänzlich erschöpften Modocs zusammen. General Alvin C. Gillem war es nämlich gelungen, das wackere Volk in kleine Splittergruppen aufzusprengen, derer er nach und nach habhaft wurde. Am längsten konnte Häuptling Jack den blauröckigen Häschern entgehen, bis auch er am 31. Mai 1873 nach einer schrecklichen Hetzjagd gestellt, in Eisen gelegt und in einem reißerischen Schauprozeß zum Tod durch den Strang verurteilt wurde. Die am Doppelmord vom 11. April beteiligten Rädelsführer wurden mit ihrem Anführer gehängt oder ins Zuchthaus gesteckt. Alle anderen Stammesmitglieder, ungefähr zweihundert Menschen, wurden in die Sandwüsten Oklahomas verbannt. Die Untat der Modocs, über die ganz Amerika empört war, hatte darin bestanden, sich gegen die Enteignung durch die Weißen zu wehren und, als sie unter dem Druck der Armee nicht mehr ein und aus wußten, die ihnen hart zusetzenden Unterhändler zu töten.

Die unzugänglichen »Lava Beds«, in denen die Modocs Schutz vor dem Zugriff der Bleichgesichter gefunden hatten, wurden etwas später zum »Nationalmonument« erhoben und sind noch heute eine touristische Attraktion ersten Ranges, eine Art Nationalpark, in dem einst ein tapferes Volk der weißen Landräuberei trotzte.

Sogar nachdem Häuptling Jack am 3. Oktober 1873 gehängt worden war, sollte der tote Modoc-Chief noch keine Ruhe finden, wie Ernie Hearting zu berichten weiß: »Am andern Tag, als man die Gehängten von den Hanfseilen lösen und sie verscharren wollte, fehlte die Leiche des Häuptlings. — Später erfuhr man, daß ein Schausteller den Leichnam noch in der Nacht abgeschnitten und weggebracht hatte. Der geschäftstüchtige Mann fand tatsächlich einen Arzt, der die Leiche einbalsamierte und so präparierte, daß der Schausteller mit ihr von Ort zu Ort reisen und sie öffentlich auf den Jahrmärkten zeigen durfte. — Über dem Eingang des Zeltes stand geschrieben: ‚Hier sehen Sie die Leiche des indianischen Mordbuben Häuptling Jack. Eintritt 10 Cent.' So endete Kintpuash, der seinem Volk den Frieden erhalten wollte.«

DIE SEEFAHRER DER NORDWESTKÜSTE

Die Tlingit, Totembildhauer und Potlatchverschwender

An den Nordwestgestaden, in einem schmalen, von Kiefern und Rottannen gesäumten, dreitausendzweihundert Kilometer langen Küstenstreifen, erreichten die Indianer eine bemerkenswerte Entwicklung, die in ganz Amerika einmalig ist.

Die tiefblauen Flüsse, wo sich Lachse in rauhen Mengen tummelten, die fischreichen Küstengewässer, in denen sich Wale, Tümmler und Robben zuhauf aufhielten, und die dichten Wälder, in denen Bären, Rotwild und Bergziegen zu Hause waren, erwiesen sich als beinahe unerschöpfliche Nahrungsquellen für die wildbeutenden Seefahrer des Nordwestens. Dank des außergewöhnlichen Naturreichtums kamen sie ohne Ackerbau aus und konnten dabei sogar in einem unerhörten Überfluß leben.

Holz war in Hülle und Fülle vorhanden und wurde zum meistgebrauchten Rohmaterial. Mit Beilen und Meißeln aus Stein oder Knochen höhlten sie Baumstämme aus, erweichten das Holz mit erhitztem Wasser und stellten daraus Boote in allen Größen her. Die kleinen, unauffälligen und leicht zu manövrierenden Kanus dienten für Arbeiten am Fluß oder zum Seehundfang. Die seetüchtigen Fahrzeuge, in denen einige Dutzend Männer zu Küstenreisen von mehreren hundert Kilometern aufbrechen konnten, waren schön symmetrisch behauen und geglättet und verfügten über einen hochragenden Bug, der sie auch bei rauher See einsatzfähig machte. Kurze Paddel mit einem T-förmigen Griff wurden als Antriebsmittel verwendet. Segel kannten die Nordwestküstenindianer nicht. Erst im Kontakt mit den Weißen wurden sie damit bekannt.

Die großen Häuser der Tlingit, die in einer langen Straße mit Blick zum Meer oder zu einem Fluß nebeneinander standen, waren aus massiven Balken oder dicken Brettern gefertigt, hatten alle Rechteckform und waren, ohne Nägel und Klammern, ganz aus Zedernholz hergestellt. Lücken in den Bretterwänden waren als Türen und Fenster gedacht. Die Wände und das Dach waren zerlegbar, so daß die Konstruktion ohne weiteres an einer anderen Stelle wieder aufgebaut werden konnte.

Vor den dauerhaften Holzhäusern ihrer festen Dörfer errichteten die Tlingit mit ihren Familienzeichen verzierte, meterhohe Totempfähle oder Wappenpfeiler, deren kunstvolle Schnitzereien die Schutztiere oder Totems ihrer Vorfahren darstellten: Wal, See-Elefant, Bär, Biber, Wolf, Rabe etc. Die Figuren auf einer solchen schlanken Säule veranschaulichten die Legenden, die sich um den Erwerb der tierischen Schutzgeister der Hausbewohner oder ihres gemeinsamen Ahnherrn rankten. Neben diesen Schutzgeistern hatte die

Religion der Küstenindianer Raum für einen Weltenschöpfer und vor allem für den mythischen Kulturbringer, den Raben, dessen Abenteuer und grobe Späße im Mittelpunkt zahlloser Erzählungen standen. Die Totembildhauer verschönerten auch die täglichen Gebrauchsgegenstände und trugen so dazu bei, daß an der Nordwestküste eine in ganz Nordamerika unübertroffene Kunstform entstand.

Im überaus milden und außerordentlichen feuchten Klima der sehr langen, steilen und schmalen Nordwestküste trugen die Männer als Sommerbekleidung nichts als Anhänger in Nase und Ohren. Wenn es regnete, setzten sie sich einen Hut mit Krempe auf und hüllten sich in einen runden Umhang. Der Hut bestand aus geflochtenen Tannenwurzelfasern und der Umhang aus Zedernrindenbast. Die Frauen hingegen hatten stets zumindest einen Lendenschurz an und bei Kälte einen Mantel.

Diese sozial bewußten Menschen besaßen selbstverständlich eine besondere zeremonielle Bekleidung. Bei festlichen Anlässen trugen sie Kopfreifen aus Rotzedernrinde, mit lockeren weißen Flaumfedern gefüllt, und steife Halsreifen mit Rindenbastumwicklung. Häuptlinge und Schamanen besaßen einen bemalten und mit schillernden Muscheln besetzten, von hochstehenden Schnurrhaaren des Seelöwen gekrönten und mit Hermelinschwänzen behängten Kopfschmuck mit geschnitzten Figuren. Fein gewebte Mäntel aus Rindenbast, aus Wolle von Bergziegen oder aus kostbarem Seeotterfell vervollständigten ihre Garderobe.

Im 19. Jahrhundert verlor sich die Gewohnheit des Nacktseins, kamen bemalte Schamschurze, Leggings (ein hosenähnliches Kleidungsstück), Umhänge und Hemden aus Leder in Mode.

Die Männer ließen das Haar lose auf die Schultern fallen, die Frauen das ihre in Zöpfen über den Rücken herabhängen. Einfaches oder mit Farben gemischtes Bärenfett, vermengt mit funkelnden Splittern von Glimmer, diente als Hautschutz oder, wie man heute sagen würde, als schillerndes Make-up. Als Zeichen von Schönheit und Ansehen galten ein künstlich hochgewölbter Schädel und eine fliehende Stirn, deren Verformung man bereits beim Kleinkind in der Wiege bewirkte, indem man den Kopf mit Brettern zusammenpreßte, ohne jedoch der Gehirnentwicklung zu schaden.

Von gesellschaftlicher Gleichheit hielten die Tlingit nicht viel. Ihre Gemeinschaft beruhte auf einem Kasten- oder Ständesystem, das persönlichem Grundbesitz, Eigentum, Reichtum und Prestige die größte Bedeutung beimaß, und war starr nach Häuptlingen, Vornehmen, Gemeinen und Sklaven gegliedert. Die Häuptlinge, die als Oberhäupter von Familiengeschlechtern fungierten, mußten sich mit Wohlwollen um ihre Leute kümmern und vor allem darauf aus sein, deren Ansehen durch die Stärkung ihres eigenen beständig zu erhöhen. Die Vornehmen spielten eine bescheidenere Rolle und hatten kaum Aussicht auf einen Häuptlingsstatus. Die Gemeinen waren die armen Verwandten, die keinen Zugang zu den Quellen des Wohlstands hatten. Die Sklaven rekrutierten sich aus Kriegsgefangenen und deren Nachkommenschaft und wurden wie bewegliches Eigentum behandelt, das man je nach Laune des Besitzers tauschen, weggeben oder töten konnte.

Die politische Organisation der Tlingit reichte selten über den Rahmen eines Dorfes hinaus, obwohl es manchmal zu lockeren Bündnissen zwischen einzelnen Dorfgemeinschaften kam. Durch die Rivalität der Häuptlinge waren Streitereien zwischen verschiedenen Dörfern an der Tagesordnung.

Krieg führten die Tlingit meistens nur mit dem Ziel, Gefangene zu machen und durch diese ihren Sklavenbesitz zu erweitern. Je größer die Zahl der Sklaven war, die ein Krieger besaß, desto angesehener war er in der Gemeinschaft. Diese Freibeuter waren in ganz Nordamerika die einzigen Indianer, die sich im Schlachtgetümmel mit Rüstungen aus Leder, Fell oder Holzstäbchen und mit Holzhelmen schützten. Sie fochten mit Speeren, Keulen und zweischneidigen Dolchen aus Stein oder Kupfer. Abgeschlagene Köpfe galten als Siegestrophäen.

Wenn auch manchmal Reibereien zu grausamen Rachefeldzügen führten, wurde der Kampf um den Vorrang gewöhnlich durch den Potlatch ausgetragen. Durch den großen Wohlstand, der über sie hereinbrach, wandelte sich der Lebensstil dieser seefahrenden Wildbeuter, deren protzige Schenkungsfeste in eine unbeschreiblich verschwenderische Eigentumsprahlerei ausarteten. Während einer derartigen Zeremonie, die man Potlatch nannte, bedachte der Gastgeber seine Eingeladenen mit großzügigen Geschenken, wie Kanus, Pelzen, Sklaven, Decken, Truhen etc., und vernichtete zudem wertvollen Besitz, um mit seinem Reichtum zu prunken und seine Gleichgültigkeit gegenüber materiellen Gütern genüßlich zur Schau zu stellen. Die Gäste ließen es sich gutgehen, schlugen sich die Bäuche voll und nahmen an einer festlichen Bescherung teil. Die prächtige Gabenverteilung hatte jedoch einen Haken: Man mußte mit derselben Geschenkflut aufwarten und womöglich noch mehr Kostbarkeiten zerstören, um seinem Gastgeber den Rang abzulaufen und an Prestige zu gewinnen. Somit mündete der harte Wettbewerb in einen regelrechten Wirtschaftskrieg ein, der darauf abzielte, den Gegner zu ruinieren. 1884 verbot die kanadische Regierung den Potlatch, was die Indianer als verhängnisvollen Schlag gegen ihre Lebensauffassung empfanden. Als das Verbot 1951 wieder aufgehoben wurde, bekam der alte Brauch des Potlatch neuen Aufwind. Allerdings wird der Potlatch heute mit Fünfdollarscheinen und Kühlschränken statt mit Kanus und Sklaven ausgetragen.

Obwohl an der Nordwestküste keine Kriege zwischen Indianern und Weißen entbrannten, bekam den Tlingit der Kontakt mit den Europäern eher schlecht. Durch importierte Krankheiten und Mischehen kam es zu einem Bevölkerungsrückgang, durch den Eingriff der Missionare und der Behörden sowie durch eine allgemeine Kommerzialisierung zu einer Schwächung ihrer

Kultur. Trotzdem ist ihre Lage heutzutage nicht aussichtslos. Viele Indianer verdienen sich ihren Lebensunterhalt in lachsverarbeitenden Konservenfabriken oder verkaufen Kupfer- und Silberschmuck mit traditionellen Mustern oder kostbare Miniaturtotempfähle und kleine Schmuckstücke aus schimmerndem Schwarzem Tonschiefer (Argillit) an zahlungskräftige Touristen. Obwohl sie dabei ihre vom Untergang bedrohte handwerkliche Kunst gegen Plastikimitationen aus Asien schützen müssen, scheint das indianische Handwerk an der Nordwestküste Zukunft zu haben.

DIE JÄGER IM HOHEN NORDEN

Der hohe Norden umfaßt die gesamte arktische und subarktische Zone Nordamerikas, zu der Alaska, Nordwest-Kanada, zentrales Nord-Kanada, das Gebiet um die Hudson Bay und der äußerste Norden von Labrador gehören. Nur im nordischen Waldland finden sich noch heute indianische Völker, die saisonweise vom Ertrag der Jagd leben, den Karibu, Biber und Fisch abwerfen. Die abweisende Kargheit der Region und ihre grimmige Kälte im Winter stießen den Weißen lange Zeit ab, so daß sich die Kultur der Jäger, Fischer und Fallensteller zum Teil bis in unsere Tage behaupten konnte.

Die Crees, die Kanuindianer

In dem großen Gebiet, das sich vom südlichen Ufer der Hudson Bay bis fast an die Großen Seen zwischen den USA und Kanada erstreckt, lebte die größte Gruppe der Algonkin-Indianer, die Crees, die auf ihren ausgedehnten Wanderungen dem jahreszeitlichen Zug des Wildes und der Fische folgten.
Die »Wald-Crees« bauten sich für ihre Jagdfahrten leichte Birkenrindenkanus, mit denen sie bis weit in die Hudson Bay und in die Seen und Flüsse hineingelangten. Hatten sie Karibus (eine Rentierart) entdeckt, trieben sie diese ins Wasser, wo sie die Tiere ermüdeten und schließlich erlegten. In Lastkanus transportierten sie ihre zusammenlegbaren Behausungen – niedrige, konisch geformte Wigwams aus Karibuhäuten oder Birkenrinde.
Die »Plains-Crees« schlossen sich den Reiterkulturen der Prärieindianer an und lebten vom Ertrag der Bisonjagd.
Daß sich die Crees in zwei verschiedene Völker aufsplitterten, von denen das eine in den Norden abgedrängt wurde und das andere in die Ebenen des Westens, ist den kriegerischen Chippewas anzulasten, vor denen die Crees geflohen sind. Ihrer Verdrängung aus den fruchtbaren Zonen im Süden der

Großen Seen bis hinauf in die Einsamkeit der subpolaren Regionen verdanken die »Wald-Crees« allerdings die Erhaltung ihrer altalgonkinischen Kultur (ohne Ackerbau) bis in unsere Tage. Die »Plains-Crees« hingegen, die sich dem Lebensraum des Bisons, ihres Fleischspenders, anzupassen wußten, konnten ihre althergebrachte Lebensweise nicht bis in unser Jahrhundert hinüberretten.

Die Männer der Crees trugen hüfthohe Leggings, Schamschurze, Hemden mit Fransen und Mokassins — alles aus weichgegerbtem Karibuleder. Die Mantelumhänge waren manchmal aus Biberpelz gefertigt. Die Frauen hatten kurze Leggings und lange Kleider an. Den Kopf bedeckten sie mit einer Art Kapuze, die sie unter dem Kinn befestigten.

Die Crees stellten vor allem dem Karibu, dem Elch und dem Bären nach. In Schlingen aus Weiderinde fingen sie auch Hasen. Zudem machten sie Jagd auf Waldhühner, Enten und Gänse, die ihre Speisekarte bereicherten. Ehe die Crees an das Versorgungsnetz des weißen Mannes angeschlossen waren, litten sie in strengen Wintern oft unter Hungersnot, wovor sie heute bewahrt sind. Dennoch kommen sie kaum über das Existenzminimum hinaus. Obwohl sich der Staat darum bemüht, mehr Sportfischer und Jagdtouristen ins Land zu bringen, verbessert sich die materielle Lage der Crees nur sehr langsam. Durch eine staatlich geförderte medizinische Betreuung hat die Kindersterblichkeit abgenommen, und unter den nördlichen Waldland-Crees ist es sogar zu einer Bevölkerungsexplosion gekommen, was zu einer allzu starken Beanspruchung des Jagdgebiets und zu einer wachsenden Abhängigkeit geführt hat. Die Folge davon ist, daß heute fünfundachtzig Prozent der Haushalte hauptsächlich von Wohlfahrtsunterstützung leben.

In Quebec, wo sich der größte Teil der nördlichen Crees angesiedelt hat, lernen ihre Kinder Französisch, in den anderen kanadischen Provinzen Englisch. Doch alle halten an ihrer Sprache mit den eigenen Schriftzeichen fest, in der auch sporadisch Zeitungen herausgegeben werden.

Obwohl sich unter dem Einfluß anglikanischer Missionare neunzig Prozent der Crees zum Christentum bekehrt haben, bleiben sonntags die Kirchen meistens leer. Die Crees scheinen aber auch den größten Teil ihrer alten Bräuche aufgegeben zu haben. So braucht heutzutage der Ehemann nach der Hochzeit seinem Schwiegervater nicht mehr eine Zeitlang zu dienen. Vorbei ist es auch mit dem Fasten in der Einsamkeit, um einen Schutzgeist zu gewinnen. Den Tabus und Jagdgebräuchen, die man einst respektieren mußte, damit der Geist des Wildes nicht beleidigt wurde, kommt nur noch folkloristische Bedeutung zu. Die neue Lebensqualität hat auch mit der früheren Unsitte aufgeräumt, sich von den gebrechlichen Alten zu trennen und diese einem ungewissen Schicksal auszuliefern, sobald sie mit dem anstrengenden Nomadenleben nicht mehr Schritt halten konnten. Die Gedenkfeiern für die Toten entsprechen nunmehr der christlichen Religion.

Daß die verstreut im Busch lebenden Familienbanden auch heute noch zumindest teilweise ihrem alten religiösen Gedankengut verhaftet sind, ist nicht weiter verwunderlich. Jahrhundertealte Glaubensformen lassen sich nun einmal nicht ohne weiteres über Nacht ausrotten. Bei den Crees gelten noch immer dualistische Vorstellungen, in denen Quichemanitu, der Gott des Wohlergehens, und Matchimanitu, der Gott des Unheils, in Sonne und Mond symbolisiert werden.

Die Chippewas, die »runzligen Mokassins«

Die Chippewas oder Ojibwas (Runzlige Mokassins) aus der Algonkin-Sprachfamilie lebten in weiten Gebieten nördlich und südlich der Großen Seen in Kanada, Wisconsin und Minnesota. Schon lange vor der Konfrontation der Indianer mit den Weißen waren sie von einem mächtigen Expansionsdrang beseelt, dem ihre schwächeren Nachbarn zum Opfer fielen. Bereits im 16. Jahrhundert entwickelten sie sich zu einem der größten und unruhigsten Indianervölker Nordamerikas, das durch seinen Pelzhandel mit den Franzosen sehr früh zu Feuerwaffen kam. In Land- und Kanugefechten drängten sie gegen 1610 die Sioux-Stämme aus den Waldgebieten des Oberen Sees nach Westen und Süden und trieben die benachbarten Bauernnationen der Cheyennes und der Arapahos gleichermaßen aus Minnesota, dem Land des himmelblauen Wassers, bis zum Missouri. Dank der Feuerkraft ihrer Büchsen eroberten sich die Chippewas riesige Jagdgründe und konnten sich im Kampf um die natürlichen Nahrungsreserven an den Großen Seen gegen alle Rivalen behaupten.

Warum so viele Völker um die fruchtbaren Marschen dieses Gebiets erbittert fochten, erklärt Peter Baumann: »Der wilde Wasserreis (Zizanzia aquatica), der die Ufer der westlichen Großen Seen in breiten Marschen umgürtete und im Norden und Süden kleinere Seen noch heute überzieht, zog als Nahrungsquelle viele Stämme an und machte einen Raum von gut 144 000 Quadratmeilen zu einem ‚übervölkerten' Zentrum indianischen Lebens. Einige Wissenschaftler vermuten im 16. Jahrhundert sogar zehn Prozent der ganzen Urbevölkerung Nordamerikas im Seengebiet. – Zur gewaltigen Nahrungsquelle in freier Wildbahn dort drängte es auch die Ojibwas. Zizanzia aquatica bezeichnet genaugenommen keine Reis-, sondern eine Haferart. Sie sicherte den Stämmen nicht nur Nahrungsvorräte, die sie von der Jagd unabhängiger machten, sondern leitete auch zum Eigenbau an.«

Bei der Wildreisernte im Spätsommer ließen die Chippewas ihre Kanus durch das Flachwasser gleiten und brachten den Reis mit der Hand ein, wobei genügend Samen ins Wasser fiel, um nächstes Jahr eine frische Ernte zu garantieren. Sie bestritten ihren Lebensunterhalt aber nicht nur als Reisernter und Pflanzer, sondern auch als Fallensteller und Jäger, die Pelztiere und Bisons erlegten.

Aus den Kriegen zwischen Franzosen und Engländern, zwischen Engländern und Amerikanern hielten sie sich bewußt heraus. Auch blieben sie größtenteils den Indianerkoalitionen fern, die Pontiac und Tecumseh zum Kampf gegen die Weißen auf die Beine brachten. Die Bleichgesichter rückten ihnen zudem weniger auf den Leib als anderen Stämmen, weil sie nicht viel mit ihrem für Ackerbau und Viehzucht untauglichen Land anzufangen wußten und es deshalb unbeachtet ließen.

1862 verschmähten sie das vom Santee-Sioux-Sachem Little Crow angebotene Bündnis, mit dem dieser der alten Erbfeindschaft ein Ende setzen und die Chippewas an seinem Aufstand gegen die Weißen in Minnesota beteiligen wollte. Obwohl sie den offenen Krieg mit den weißen Landräubern immer gescheut hatten und Gefechten größeren Ausmaßes mit den US-Truppen ausgewichen waren, verbuchten sie noch 1898, als die kriegerischen Sioux schon längst aus dem Kampf ausgeschieden waren, die letzte Auseinandersetzung mit amerikanischen Soldaten. Dieser Streit um Holzrechte zwischen Chippewas und einer Kompanie Blauröcke erwies sich zwar als harmloses Geplänkel, setzte aber als »letzte« Schießerei einen Schlußstrich unter die lange Reihe der Indianerkonflikte mit den Amerikanern.

Wenn auch die Franzosen schon früh in Kanada von den Engländern ins Abseits gedrängt wurden, so hat sich trotzdem der frankokanadische Einfluß bei den Chippewas bis heute erhalten. Das Einwirken der französischen Sprache und Kultur hat sie zu »französisierten« Indianern gemacht, in deren Familien oft frankokanadische Waldläufer einheirateten.

Viele junge Chippewa-Indianer dienten während des Ersten Weltkriegs als amerikanische Soldaten auf den Schlachtfeldern Europas. Die Stammesmitglieder, die danach als Mechaniker und Industriearbeiter in der weißen Zivilisation verblieben, hatten viel unter der Wirtschaftsdepression der dreißiger Jahre und der damit verbundenen Arbeitslosigkeit zu leiden. Heute wohnen noch etwa zweiundzwanzigtausend Chippewas in Reservaten in den US-Staaten Minnesota, Wisconsin, Nord-Dakota, Michigan und Montana, wohingegen in Kanada allein in Ontario mehr als fünfzigtausend Stammesangehörige beheimatet sind.

Eskimos, die »Rohfleischesser«

Die Beduinen des hohen Nordens, das sind nur einhunderttausend Menschen, die sich auf ein riesiges Gebiet verteilen, das sich vom Pazifik entlang der Eismeer-Alaskaküste über die ganze Breite des nördlichen Kanada-Eismeergürtels bis nach Grönland und zur atlantischen Labradorküste erstreckt.

Obgleich sie alle sibirischen Ursprungs sind, sprechen sie vier Dialekte oder Sprachen. Fünfundzwanzigtausend von ihnen leben in Kanada, vierzigtausend in Grönland, etwa dreißigtausend in Alaska, die restlichen im östlichen Sibirien, das wie Alaska an die Beringsee grenzt.

Während ihrer mehr als zweitausendjährigen Geschichte gelang es den Eskimos, sich vollkommen an ein Klima anzupassen, in dem andere Menschen nicht die geringste Überlebenschance hätten. Sie bildeten wahrscheinlich die Nachhut der urzeitlichen asiatischen Völkerwanderung, die die Beringstraße als Einfalltor nach Amerika benutzte. Sie zogen nicht weiter nach Süden in ein wärmeres Umfeld, sondern erkoren das kalte und trostlose Land um den Nordpol zur neuen Heimat. Mit ihren »Kayak«- und »Umyak«-Booten, die an Leichtheit und Seetüchtigkeit nicht zu überbieten sind, sollen sie sogar Entdeckungsfahrten in Richtung Europa unternommen und bereits um 100 n. Chr. dort Handelsbeziehungen geknüpft haben.

Der Name Eskimo bedeutet Rohfleischesser und stammt von den Indianern. Sich selbst nennen die Eskimos Inuit, was sowohl Volk als auch Menschen heißt. Der Jäger und Fischer im ewigen Eis der Länder um die Nordkalotte der Erde weiß, warum er sich auf eine Weise ernährt, die uns anekelt. Mit Vorliebe verzehrt er rohes Fleisch, das zudem oft leicht angefault ist, um den Körper damit zu intensiver Verbrennung und optimaler Wärmebildung anzuregen. Daß den Eskimos die mörderischen Lebensbedingungen in der Arktis bei durchschnittlich minus fünfunddreißig Grad Celsius und beinahe ständig wehendem Nordwind, der die Kälte noch steigert, nichts ausmachen, ist ein hartnäckiges Märchen, das in nichts der Wirklichkeit entspricht. Es ist heute bewiesen, daß die enorm tiefen Temperaturen ihnen schwer zusetzen, ihre Lungen »verbrennen«. Hustenanfälle künden von meist chronischen Luftröhrenentzündungen. Trotz seiner vollendeten Anpassung an eine unerbittliche Natur kann der Polareskimo mit keinem hohen Lebensalter rechnen. Die Eskimofrau z. B. heiratet mit sechzehn und ist mit vierzig verbraucht und vergreist.

Allen Eskimogruppen ist die Jagd als Lebensgrundlage gemeinsam. Zu Land jagen sie Karibu, Moschusochse und Eisbär, zu Wasser Walroß, Seelöwe, Robbe und Wal. Die Seesäuger liefern ihnen Fleisch, Häute und außerdem Tran, der sowohl zum Kochen als auch zum Heizen benutzt wird. Als Waffe setzen sie die zweiteilige Harpune, Speer, Pfeil und Bogen ein. Netze dienen zum Fischfang, Schlingen zum Vogelfang. Allerdings haben sich heute Feuerwaffen allgemein durchgesetzt.

Ursprünglich bestand die gesamte Kleidung der Eskimos aus Häuten und Fellen. Heute gilt das nur noch für die althergebrachte Parka oder Kapuzen-

Rechts: Die Eskimomütter tragen ihre Kleinsten in einer sackähnlichen Kiepe auf dem Rücken. Das ist nicht nur praktisch, sondern wärmt auch beide.

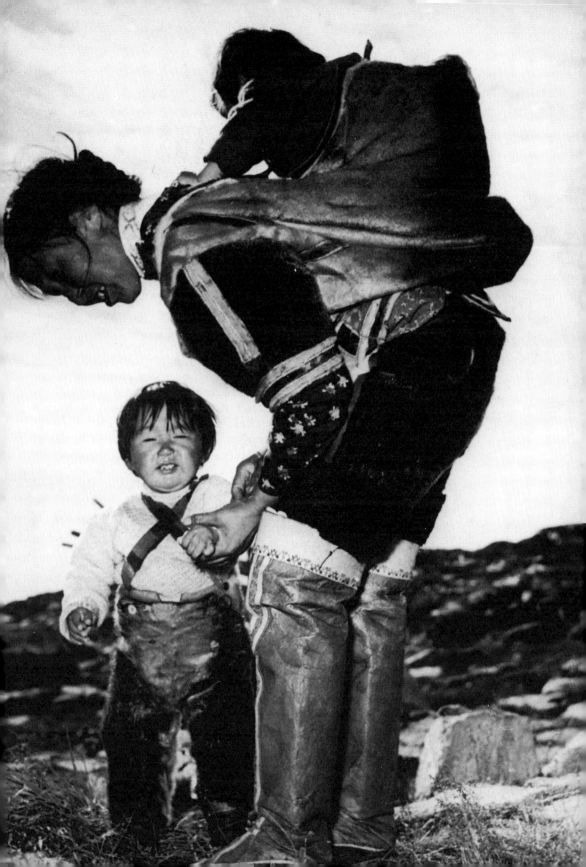

jacke. Wenn auch Seehundfellhosen, die Pelzparka und die reich verzierten weißen Kamikken (Stiefel) noch immer getragen werden, erfreuen sich Jeans, wattierte Windjacken und Gummistiefel steigender Beliebtheit.

Den kurzen Sommer verbringen die Eskimos vielfach in Zelten, die aus Häuten gefertigt und mit Pelzen bedeckt sind. Für den langen Winter beziehen sie Dauerwohnquartiere: aus Steinen erbaute Häuser mit einem Dachgerüst aus Walknochen. Fernab von der Zivilisation errichten sie noch die traditionellen Hütten aus Treibholz, Walknochen und isolierenden Grassoden. Nur im ewigen Eis sind die Iglus aus gepreßten und gefugten Blöcken von Schnee gebräuchlich.

Durch Robbenjagd und Walfängerei haben die Weißen die Lebensgrundlagen der Eskimos stark gefährdet. Heute leben sie zum Teil seßhaft als Fischer und Handwerker, zum Teil halbseßhaft als Rentierhalter oder auch als Saisonarbeiter und Jäger. Nur wenige Gruppen wohnen noch als Nomaden in Sommer- und Winterlagern.

Der Sprung aus der Vergangenheit ist für die Eskimos nicht ohne Erschütterung verlaufen. Ihr Einzug in die Konsumwelt droht ihre traditionellen Lebensformen und ihr kulturelles Erbe verblassen zu lassen. Waren sie gestern noch listenreiche Fischer, wagemutige Walfänger und begabte Jäger, die den Hundeschlitten noch nicht gegen das Schneemobil eingetauscht hatten, leben sie heute mit den modernsten Errungenschaften der technologischen Welt. Sie empfangen über Satellitenantennen Fernsehen, vergnügen sich an Videospielautomaten und kochen mit Mikrowellenherden. Gestern fristeten sie ihr karges Dasein als genügsames und zufriedenes Volk, das an die harten Bedingungen des hohen Nordens gewöhnt war. In die winzigen Gemeinden, die über Tausende Kilometer Entfernung in der arktischen Eiswüste zerstreut sind, haben heute Hamburger und Corn Flakes, Kaugummi und Bonbons Eingang gefunden. Jahrtausendelang kannten sie keinen Zukker, heute faulen die Zähne aller Inuit-Kinder einfach dahin, was den kulinarischen Mitbringseln der weißen Coca-Cola-Zivilisation anzulasten ist.

Einst hatten sich die Eskimos bis nach Labrador und sogar noch weiter südlich ausgebreitet. Nördliche Indianerstämme, wie die Chippewas und die Crees, haben es nicht zugelassen, daß sie tiefer in den amerikanischen Kontinent eingesickert sind. Daß die Eskimos sich in ihr nördliches eiserstarrtes Biotop »von erschreckender Nacktheit, abgeschabt, abgewetzt, abgeschliffen von ewigen Stürmen« (Roger Frison-Roche), zurückziehen mußten, dafür trifft den weißen Mann einmal ausnahmsweise keine Schuld.

Die Kultur der nordamerikanischen Indianer

DIE HÄUPTLINGSWÜRDE

Unter Häuptling verstanden die Naturvölker den anerkannten Anführer einer Gemeinschaft, der ein Mann mit festen Überzeugungen, kraftvollem Charakter und erprobten Fähigkeiten sein mußte. Bei den Indianern Nordamerikas war er der »Vorsitzende« des Stammes- oder Ältestenrates, dem die wichtigsten Männer und Frauen des Volkes angehörten. Weil er dafür sorgen mußte, daß die Beschlüsse dieses Führungsgremiums durchgeführt wurden, wobei er sich stets dem Willen der Mehrheit zu beugen hatte, war sein Einfluß begrenzt. Trotzdem sind aus den Reihen der nordamerikanischen Stämme viele bedeutungsvolle Häuptlinge hervorgegangen, die durch ihre unterschiedliche Einstellung zu den Weißen Geschichte machten.

Unbändigen und kompromißlosen Widerstand leisteten Kämpfernaturen wie der Chihuahua-Apache Geronimo, der gegen Siedler und Soldaten einen »dreißigjährigen Krieg« führte, oder der Oglala-Sioux Crazy Horse, der der US-Kavallerie die schwerste Niederlage der gesamten amerikanischen Militärgeschichte bereitete. Daneben gab es auch Anführer, die sich auf die Seite der Bleichgesichter schlugen und mit ihnen Hand in Hand arbeiteten, wie der Shoshone Washakie, dessen Weißenfreundlichkeit vielen benachbarten Nationen ein Dorn im Auge war. Wieder andere Häuptlinge erwiesen sich als glühende Idealisten, wie der Nez-Percé-Chief Joseph, der, als ihm der Frieden versagt und der Krieg aufgezwungen wurde, bis zuletzt von der Hoffnung beseelt war, daß »kein Stöhnen von verwundeten Frauen und Männern mehr das Ohr des Großen Geistes dort oben erreicht und daß alle Menschen ein Volk sein werden«.

Zu den unerläßlichen Wesensmerkmalen eines »guten« Häuptlings zählten Tatkraft und Gelassenheit, Tapferkeit, Klugheit und Weisheit, Aufgeschlossenheit gegenüber den Meinungen anderer, Besonnenheit im Urteil und große Redegewandtheit. Es mußte sich zudem um eine überragende Persönlichkeit handeln, der man großen Respekt zollte. Der ideale Anführer sollte auch ein wohlhabender Mann sein, um sich gegenüber seinen minderbemittelten Stammesbrüdern großzügig zeigen zu können.

Viele Stämme hatten zwei Häuptlinge, einen Friedenshäuptling, der seine Stellung meist ererbt hatte, und einen Kriegshäuptling, der sein Amt durch Ansehen erlangt hatte. Dem Friedenshäuptling oblag es, das Gefühl der Stammeseinigkeit zu fördern und zu erhalten, Streitigkeiten zwischen

Gruppen und Personen zu schlichten, als Sprecher der Nation bei Treffen mit anderen Stämmen oder bei Unterhandlungen mit Weißen aufzutreten und unter den einzelnen Stammesgruppen die Jagdreviere aufzuteilen. Des Kriegshäuptlings Mission bestand darin, bei einer kriegerischen Auseinandersetzung die Kampfstrategie festzulegen, Späher auszusenden, Wachposten aufzustellen, Lagerplätze auszuwählen, Männer zur Wassersuche und zur Pferdeversorgung einzuteilen und die ihm unterstehende Streitmacht in die Schlacht zu führen.

In Kriegszeiten mußte sich der Friedenshäuptling dem Kriegshäuptling unterordnen, der während der Kampfhandlungen die Geschicke des Stammes leitete und über eine beachtliche Machtfülle verfügte. Weil aber zahlreiche Indianervölker beständig das Kriegsbeil gegen die weißen Eindringlinge oder Nachbarstämme ausgegraben hatten, konnte der Kriegshäuptling die Führungsgewalt oft sehr lange ausüben und den Friedenshäuptling in den Hintergrund drängen. In Friedenszeiten mußte er wohl oder übel seine unumschränkte Machtposition wieder aufgeben und sich erneut dem Friedenshäuptling fügen. War er aber im Kampf überaus erfolgreich gewesen, hatte er sich als tapferer Krieger, guter Jäger und ausgezeichneter Versorger hervorgetan, dann konnte es vorkommen, daß er auch nach dem Amt des Stammesoberhauptes selbst streben durfte. Die Zahl der Adlerfedern in der wallenden Adlerhaube und die in einer Art Bilderschrift gestalteten Bemalungen auf der Robe aus gegerbtem Bisonfell berichteten von den Heldentaten des Anführers, der auch manchmal, wie der Hunkpapa-Sioux Sitting Bull, zugleich Medizinmann des Stammes war und somit zwei wichtige Posten in einer Hand vereinigte.

Bei den höherentwickelten Indianergesellschaften des Nordostens und des Südostens wurde der Häuptling mit dem Algonkin-Wort »Sachem« bezeichnet, wohingegen weniger einflußreiche Anführer »Sagamores« hießen, was in der Abnaki-Sprache soviel wie »Unteranführer« bedeutete. Bei den Irokesen zum Beispiel war der Sachem eine Art Parlamentspräsident, der von den einzelnen »Clanmüttern« oder »Matronen« gewählt und wegen Unfähigkeit wieder abgesetzt werden konnte. Im irokesischen Sechs-Nationen-Bund wurden die wichtigsten Entscheidungen einstimmig vom »Rat der fünfzig Sachems« getroffen, wodurch eine primitive Form der Demokratie verwirklicht wurde. Ein von den weisen Frauen der verschiedenen Großfamilien überreichtes Hirschgeweih war das Zeichen der Häuptlingswürde, die zwar von den Männer ausgeübt, aber von den Frauen streng kontrolliert wurde.

In den Konföderationen der Algonkins hieß der Anführer, dem die meiste Macht zufloß, »Großsachem«. War der Bund sehr mächtig, betitelte er sich

Rechts: Einer der Häuptlinge, die in die Geschichte eingingen, ist der Sioux Little Big Man, der an der Seite von Crazy Horse gegen die US-Kavallerie kämpfte.

sogar »König« oder »Kaiser« und übernahm damit Begriffe, die er von den Engländern gelernt hatte.

Bei den Cherokees, die eine hochstehende Zivilisationsstufe erreicht hatten, hieß das Stammesoberhaupt weder Häuptling noch Sachem, sondern »Präsident«. In der Tat war die Cherokee-Republik eine Präsidialdemokratie mit einem gesetzgebenden Zweikammersystem. Von 1831 bis 1866 war John Ross Präsident der Cherokee-Nation und vertrat unermüdlich die Interessen seines Volkes, dessen Verhältnis zu den Amerikanern er ins richtige Licht rückte. »Ich kenne die Welt der Weißen genug, um sie beurteilen zu können. Diese Menschen sind nicht besser und schlechter als wir Indianer. Sie haben Talentierte, Schufte und Heuchler ebenso wie hervorragende ehrenwerte Persönlichkeiten, gleichermaßen wie wir. Ich erkenne nur, daß ihr ganzes soziales gesellschaftliches System einfach schicksalhaft schlecht ist.«

Bei den Prärieindianern kam es oft zu einem losen Stammesbund oder einer Vereinigung mehrerer Dörfer oder Horden. Dann bildeten die Häuptlinge der verbündeten Gruppen einen Gemeinschaftsrat, aus dem ein Oberhäuptling gewählt wurde. Die Cheyennes beispielsweise griffen auf ein Führungsgremium aus vierundvierzig Häuptlingen und vier Oberhäuptlingen zurück. Bei den Kiowas hatte der weise Oberhäuptling Dohasan (Little Mountain – Kleiner Berg) lange Zeit das Sagen. Als er 1866 verschied, war es um die Einheit des Stammes geschehen, der in rivalisierende Fraktionen zerfiel. Die vereinigten Sioux, Cheyennes und Arapahos, die 1876 das 7. US-Kavallerie-Regiment am Little Big Horn aufrieben, unterstanden dem Befehl des Oberhäuptlings Sitting Bull. Den Apachen jedoch, deren einzelne Gruppen völlig unabhängig an der mexikanisch-amerikanischen Grenze operierten, war der Begriff Oberhäuptling ganz fremd.

Vererbter Rang und Reichtum, erlangte Achtung und Ehre verquickten sich im Amt des Häuptlings oder Sachem, der sich der bleichgesichtigen Eroberung erbittert widersetzen, widerstrebend unterwerfen oder den Weg einer zielbewußten Bündnispolitik mit den Weißen beschreiten konnte und bei seiner Wahl der Konfrontation, der Unterordnung oder der Zusammenarbeit unabänderlich die Weichen für die Zukunft seines Stammes stellte.

KRIEG UND FRIEDEN

Die Waffen der Indianer: Der Tomahawk

Das Wort Tomahawk stammt aus der Sprache der Algonkins, wo es Tamähakan lautete und ursprünglich ein Werkzeug zum Schneiden bezeichnete. Erst nach und nach wurde es für alle Äxte und Kampfkeulen der Indianer gebraucht, bis es sich ausschließlich auf die Metallkriegsbeile bezog.
Der Tomahawk, die Streitaxt mit geschweifter Stahlklinge und hölzernem Schaft, die besonders bei den Stämmen des Nordostens, der Plains und der Rocky Mountains eine große Verbreitung fand, läßt sich auf östliche Holzkeulenformen zurückführen. Schon vor der Ankunft der Weißen kannten die Indianer hölzerne Kugelkopf- und Säbelkeulen. Erstere waren Streitkolben mit kegelförmigem, in Leder eingenähtem und beweglich mit dem Schaft verbundenem Steinkopf und wurden vornehmlich von den Irokesen als Nahkampfwaffe eingesetzt. Letztere, die sich später zur Gewehrkolbenkeule entwickelten, besaßen eine doppelspitzige Steinklinge sowie einen federnden Stiel und waren die bevorzugten Streithämmer der Algonkins.
Diese Holzkeulen waren vor allem als »Skullcracker« (»Schädelbrecher«) gedacht und dienten zuerst als Hiebwaffen, wie W. Krickeberg treffend bemerkt. »Sie haben einen gekrümmten Schaft, ähneln also den Wurfkeulen anderer Völker, obwohl sie fast immer nur zum Schlag gebraucht und daher, um die Schlagwirkung zu erhöhen, oft mit einer Klinge oder Spitze aus Stein, Horn oder Eisen versehen wurden. Es ist trotzdem möglich, daß sie auf alte Wurfkeulen zurückgehen. Denn erstens gab es solche noch bis zur Gegenwart bei den Kaliforniern und Pueblo-Indianern in Gestalt bumerangförmiger Jagdwaffen, und zweitens wurde später der Tomahawk, die eingeführte europäische Streitaxt, nicht nur als Schlagwaffe gebraucht, sondern auch mit tödlicher Treffsicherheit geschleudert (was die Indianer nicht von den Europäern gelernt haben können).«
Zuerst als Hieb- und später als Wurfwaffe erfreute sich der Tomahawk besonderer Beliebtheit bei zahlreichen indianischen Völkern, die neben Pfeil und Bogen, Lanze und Gewehr immer wieder nach der Kampfaxt griffen. Mit großem Geschick schleuderten sie die scharf geschliffenen Eisenbeile auf den Gegner, gaben ihnen im Flug die gewollte Zielrichtung und versenkten sie im Schädel, Rücken oder Brustkasten des Feindes.
Der sprichwörtliche Ausdruck »das Kriegsbeil begraben« weist schon darauf hin, daß der Tomahawk weit mehr als nur ein einfacher Totschläger war. Er wurde nämlich auch als zeremonielles Symbol gebraucht, was dazu diente, Friedensbezeugungen oder Kriegserklärungen zu übermitteln. Als 1670 der Fünf-Nationen-Bund der Irokesen die Algonkins bezwungen hatte, mußten

die Besiegten beim feierlichen Friedensschluß ihren Tomahawk unter den fünf Streitäxten der Irokesen-Liga begraben. Damit wollten die Sieger den Algonkins, falls es ihnen einfallen sollte, das Kriegsbeil wieder auszugraben, ihre schmähliche Niederlage erneut in Erinnerung rufen. Die Irokesen überließen den im Kampf Unterlegenen als Friedensgabe einen aus purpurnen Perlen angefertigten Wampum (Gürtel), auf dem ein weißer Tomahawk abgebildet war, der die Algonkins mahnte, vor einem neuen Krieg zurückzuschrecken.

Es gab auch prächtig mit Gold und Silber ausgelegte Geschenktomahawks, die einflußreiche Häuptlinge zum Abschluß von Friedensverträgen oder Beistandsabkommen und zur Erneuerung von Freundschaftsbanden überreicht wurden. Zudem wurden Tomahawks zur Durchführung von Hinrichtungen und zur kultischen Marterung von Gefangenen gebraucht. Der Urteilsvollzieher zerschmetterte mit einem Beilschlag den Schädel des Schuldigen. Die Gefolterten bekamen Streitäxte mit Schneiden umgehängt, die man vorher im Feuer zum Glühen gebracht hatte.

Auch wurde der Tomahawk oft mit einer Tabakspfeife kombiniert, indem man gegenüber der Klinge eine Öffnung in den Stiel bohrte und dort einen Pfeifenkopf anbrachte. Somit wurde das Metallkriegsbeil zu einem unentbehrlichen Bestandteil der wichtigen Tabakzeremonien. Die gefährliche Schlag- und Wurfwaffe war also zugleich Totschläger und heilige Pfeife, Überbringer von Frieden oder Krieg, Hinrichtungsinstrument (indianische »Guillotine«) und Foltergerät.

Pfeil und Bogen

Als am 21. Dezember 1866 Captain Fettermans gemischte Kompanie von siebenundzwanzig Reitern und fünfzig Fußsoldaten aus Fort Phil Kearny ausrückte, um Holzfäller aus der Umklammerung der Indianer zu befreien, wurde sie von etwa zweitausend Sioux, Cheyennes und Arapahos unter Crazy Horse angefallen und bis auf den letzten Mann aufgerieben. Während der vierzig Minuten dauernden Schlacht schwirrten vierzigtausend Pfeile in die überraschten Blauröcke, was darauf schließen läßt, daß noch in den späten sechziger Jahren des letzten Jahrhunderts Pfeil und Bogen bei den Präriestämmen eine wichtige Rolle in der Bewaffnung spielten.

Zur Zeit der Vorderladerflinten, die der Schütze umständlich nachladen mußte, waren die Rothäute mit Pfeil und Bogen, den beliebtesten Abwehr-, Angriffs- und Jagdwaffen, den unhandlichen Donnerbüchsen weit überlegen. In drei Sekunden vermochten sie zwei Pfeile zielgenau mit einer solchen Schußkraft abzufeuern, daß ein Bison glatt durchschlagen wurde. Von ihrer unheimlichen Geschicklichkeit wußte Colonel Richard Dodge zu berichten: »Ein Prärieindianer kann mit der linken Hand fünf bis zehn Pfeile packen und sie so schnell abschießen, daß der letzte schon unterwegs ist, ehe der erste den Boden berührt hat. Und das mit solcher Kraft, daß jeder Pfeil einen Menschen tödlich verwunden könnte . . .« Gegen 1850 verdrängten jedoch Colt und Winchester den Bogen, den die Indianer aber nie ganz zur Seite legten.

Die Ureinwohner Nordamerikas verfügten über verschiedene Bogentypen. Der einfache Flachbogen, meist aus dem Holz der Osage-Orange oder aus Eschenholz, war mit Hanfschnüren oder Rohlederstreifen, mit zusammengedrehten Tiersehnen oder Pflanzenfasern bespannt. Der Holzrücken war manchmal durch eine dünne Schicht aufgeleimter Bisonsehnen verstärkt, was die Reichweite von etwa einhundertvierzig Metern bis auf ungefähr einhundertsiebzig Meter vergrößerte. Griffen die Waldlandindianer des Nordostens mit Vorliebe auf einen bis zu zwei Meter langen Flachbogen zurück, so zogen die Stämme des Präriegebiets den kurzen Flachbogen vor, der mit seiner maximalen Durchschnittslänge von 1,30 Meter vom Pferd aus leichter zu handhaben war und bei der Bisonjagd nützliche Dienste leistete.

Neben dem langen oder kurzen, einfachen oder verstärkten Flachbogen, der auch glatter Bogen genannt wurde, gab es den zusammengesetzten Bogen, der aus aneinandergefügten und verleimten Knochen- und Hornstücken bestand, deren Fugen mit Leder, Schlangenhaut oder Stoff sorgfältig ausgekleidet waren. Der sogenannte »Elkhorn«-Bogen der nördlichen Plains-Völker mit etwa zweihundert Meter Reichweite, ein Musterbeispiel dieses Typs, erwies sich als der beste indianische Bogen, den die Nez Percés meisterhaft herzustellen wußten.

Die den recht kurzen Bogen angepaßte optimale Pfeillänge betrug sechzig Zentimeter. Die Pfeilspitzen waren aus Stein, Knochen, Horn oder Metall, hatten die verschiedensten Formen und waren meistens mit Widerhaken versehen. Der Schaft bestand aus Hartholz oder auch aus Schilfrohr. Strahlenförmig angebrachte Vogelfedern machten die Befiederung aus, wodurch eine bessere Flugstabilisierung erzielt wurde. Tierbälge und Rohlederbehälter wurden als Köcher für Bogen und Pfeile verwendet.

Bei den Rothäuten gab es besondere Handwerker, die auf die Herstellung von Bogen und Pfeilen spezialisiert waren und eine eigene Kaste bildeten. Modell, Länge und Zuschnitt wiesen nicht nur auf eine besondere Indianernation oder eine spezielle Untergruppe hin, sondern sogar auf einen bestimmten »Bogenbauer«, »Pfeilmacher« oder »Pfeilspitzenschläger«.

Seltsamerweise wächst heute die Zahl der Weißen, die noch mit der Waffe der Roten jagen, sich mit Pfeil und Bogen auf leisen Sohlen anschleichen und gut getarnt im Unterholz lauern. Die Jagd mit der Traditionswaffe des roten Mannes erlebt zur Zeit in den Vereinigten Staaten einen ungeahnten Auftrieb. In den Wäldern von der Ost- bis an die Westküste gehen die Archers, wie die Bogenschützen auf Englisch heißen, zumeist einzeln auf die Pirsch, was höchste Konzentration, Geduld und Fachkenntnis erfordert, um das Wild mit dem Pfeil zu erlegen. Aus maximal dreißig Meter Entfernung kann der Jäger noch einen sicheren Schuß abgeben.

Obwohl diese Jagdmethode genau dieselbe wie die der Indianer ist, kann die heutige Waffe nicht mehr mit den Flitzbögen der Rothäute verglichen werden. Der Verbundbogen ist aus Fiberglas und Metall gemacht, die Pfeile bestehen auch aus Fiberglas und haben zudem scharf geschliffene dreikantige Pfeilspitzen. Die Sehne besteht zumeist aus Nylon und wird nach dem Flaschenzugprinzip über mehrere Rollen geführt, was dem Schützen erlaubt, den Bogen mühelos zu spannen und den sehr weit tragenden Pfeil geschwind abschnellen zu lassen.

Nicht nur die bloße Passion, sondern auch ein besonderer Sportsgeist und eine ausgeprägte Liebe zur Natur vergrößern zusehends die Schar der weißen Bogenschützen, die erst jetzt, ein Jahrhundert nach dem Untergang der letzten freien Indianer, die Möglichkeiten der traditionellen indianischen Schußwaffe auszuschöpfen beginnen.

»Counting Coups« oder die ritterliche Kriegführung der Indianer

Daß die Indianer im Konflikt mit den Weißen letzten Endes fast immer den kürzeren zogen, ging zu einem großen Teil auf ihre durch und durch ritterliche Kriegführung zurück. Sie fochten nicht für Landgewinne oder die Unterjochung anderer Stämme, sondern für materielle Güter, wie Pferde, Gewehre, Lebensmittel und gelegentlich auch Frauen, die sie dem Feind raubten. Hatten sie einen Sieg errungen, setzten sie dem Gegner nicht mehr nach, um ihn gänzlich aufzureiben, sondern begnügten sich mit dessen beschämender Flucht. Die Reibereien zwischen einzelnen Horden wurden in mehr oder weniger harmlosen Scharmützeln ausgetragen und arteten sehr selten in offene Schlachten aus, wo Mann gegen Mann stritt und jeder auf die Vernichtung des anderen aus war. Die Kampfhandlungen waren gewöhnlich von kurzer Dauer und kosteten nie große Verluste. Erst mit der Ankunft der weißen Eroberer änderte sich das Kriegsbild in den nordamerikanischen Gefilden: Erstmals bekamen es die Rothäute mit einem unheimlichen Gegner zu tun, der unerbittlich danach trachtete, ihnen das Land wegzunehmen und sie systematisch auszulöschen.

Vom Krieg hatten die Ureinwohner Nordamerikas eine ähnliche Auffassung wie die Ritter im Mittelalter: Sie sahen in den kriegerischen Auseinandersetzungen ein sportliches Spiel mit genauen Regeln, das dem Gewinner Ansehen und Macht einbrachte. Gelang ihnen ein Handstreich, leisteten sie ein Bravourstück persönlicher Tapferkeit, dann heimsten sie Punkte ein und stiegen in der Achtung ihrer Stammesgenossen. Derartige Heldentaten nannten sie Coups. Darunter verstanden sie u. a. die direkte Berührung eines unverwundeten Feindes mit bloßer Hand oder einem Stock, dem sogenannten Coup-Stab, das Anbringen eines Hiebes oder Stiches mit Speer, Messer oder Handaxt, das Entwenden der gegnerischen Waffe oder den Diebstahl eines angebundenen Pferdes. Das Wort Coup hatten die Indianer von französischen Trappern gelernt, die sich eines Knüppels bedienten, um dem Angreifer einen Schlag zu versetzen. Die Rothäute änderten die ursprüngliche Bedeutung leicht ab und sprachen von »Counting Coups«, womit sie die von ihnen durchgeführten Heldentaten und deren Aufzählung am Lagerfeuer bezeichneten.

Verfügte ein Krieger über eine blühende Phantasie und ein mitreißendes Erzähltalent, dann war es für ihn ein leichtes, hochdramatisch auszumalen, wie er sich mitten im Kampfgetümmel an einen berühmten Häuptling herangepirscht und unter Lebensgefahr den alten Haudegen berührt hatte. Daß er dabei den Bogen überspannte und es mit der Wahrheit nicht so genau nahm, verübelte ihm keiner seiner Stammesbrüder, solange er nicht Bravourstücke anderer für sich beanspruchte.

Daß das »Counting Coups« keine einfache Angelegenheit war, ist schon allein aus der von H.-J. Stammel erstellten Hierarchie der indianischen Tapferkeitsbezeugungen ersichtlich. »Als Coup 1. Ranges galt es, einen Feind im Kampf (persönliche Berührung) zu töten; als Coup 2. Ranges, einen lebenden Feind zu skalpieren; als Coup 3. Ranges, einen Feind zu berühren (zu verwunden); als Coup 4. Ranges, einen toten Feind zu skalpieren; als Coup 5. Ranges, das Pferd eines Feindes zu stehlen. Die Anzahl der Coups bestimmten den Rang eines Kriegers. Der Rang des eigenen Coups richtete sich aber auch nach dem Coup-Rang des Gegners. So wäre es z. B. ein höherer Coup, einen Gegner wie Crazy Horse zu verletzen, als einen coupniedrigeren einfacheren Krieger zu töten.«

Da bei zahlreichen Stämmen eine Adlerfeder jeden Coup belohnte, zeugte ein großer Federschmuck vom mutigen Einsatz seines Trägers im Kampf. Weil es bei den Prärieindianern nur der Tapferste zum Kriegshäuptling bringen konnte, war das »Zählen der Coups« unerläßlich, wollte ein ehrgeiziger Krieger seinem Geltungsbedürfnis nachkommen und sich in der gesellschaftlichen Rangordnung nach oben schwingen. Die Bereitschaft des »Schlagjägers«, sich einem bewaffneten Gegner im Nahkampf zu stellen und sein Leben zu riskieren, wurzelte in dessen Wunsch nach gesellschaftlicher Achtung, wozu T. R. Fehrenbach schreibt: »Jeder Krieger, der einen Coup angebracht hatte, schrie sofort ‚Aaa-hey!' (Ich erhebe Anspruch!) — kein Siegesruf, sondern die Forderung nach Anerkennung. Es war möglich, durch feierlichen Schwur Anspruch auf einen Coup, den keiner bezeugen konnte, zu erheben, doch wie bei Treffern von Luftwaffenpiloten bedurfte eine Bestätigung gewöhnlich sachkundiger Gutachter. Die Comanchen besaßen ein rigides System des Schlagzählens — nur zwei Krieger konnten Anspruch auf einen Coup gegen denselben feindlichen Krieger erheben. Die Cheyennes genehmigten drei, und die ‚Hundefresser' oder Arapahos anerkannten bis zu vier Kriegern den Trefferhieb gegen einen gefallenen Gegner.«

Das Skalpieren — vom religiösen Ritual zur Tapferkeitstrophäe

Wie oft wiederholte sich wohl im Far West die grausige Tat, daß ein wilder Krieger seine Streitaxt in den Schädel des Gegners versenkte, rings um den Kopf über den Ohren mit dem Stahlmesser einen kreisförmigen Schnitt anbrachte, den Rand der Kopfhaut auf der einen Seite freilegte, die Haarplatte mit den Zähnen losriß und den bluttriefenden Skalp triumphierend hochhielt! Dieses kunstgerecht ausgeführte Skalpieren, d. h. das Abziehen der Schädeldecke des getöteten oder auch nur niedergeschlagenen Feindes, war ursprünglich nicht über ganz Nordamerika verbreitet. Es war auch keine typische Gewohnheit der Neuen Welt, denn schon der griechische Geschichtsschreiber Herodot (um 485 v. Chr. bis um 425 v. Chr.) beschrieb sie in allen Einzelheiten bei den im Schwarzmeergebiet siedelnden Skythen, die nicht viel anders als die Ureinwohner Nordamerikas die Kopfschale ablösten. »Hat jemand in der Schlacht einen Gegner erschlagen, so bringt er dessen Kopf dem König. Die Kopfhaut zieht er auf folgende Weise ab: Er macht einen Schnitt rundherum, faßt den Kopf und schüttelt ihn heraus. Die Haut entfleischt er dann mit einer Ochsenrippe und gerbt sie. Wer die meisten Kopfhäute hat, wird als der preiswürdigste Mann angesehen.« (Herodot, Buch IV, Kap. 64)

Die barbarische Sitte war wahrscheinlich in voreuropäischer Zeit bei den Muskhogee sprechenden, seßhaften und maisbautreibenden Indianerstämmen des Südostens als eine religiöse Zeremonie entstanden, die auf den blutigen Xipe-Kult der Azteken zurückging. Der Gott des Menschenschindens, Xipe Totec, stand im alten Mexiko im Mittelpunkt eines großen Festes, mit dem Menschenopfer besonderer Art verbunden waren. Nach Ablauf des Tötungsrituals wurden die Erschlagenen von den Priestern gehäutet, die während der kommenden zwanzig Tage die Häute der toten Gefangenen überzogen und damit zu einem Symbol der Lebensverjüngung wurden.

Dadurch, daß die Indianer des Südostens dieses Häutungszeremoniell in anderer Form übernahmen und nur auf die Kopfhaut bezogen, machten

Rechts: Kriegerische Auseinandersetzungen hatten für die Ureinwohner Nordamerikas den Charakter eines sportlichen Spiels mit genauen Regeln. Erst mit dem Eindringen der weißen Eroberer mit ihren Feuerwaffen änderte sich das Kriegsbild.

sie aus der Erbeutung des Skalps eine Abart der Hauttrophäe, deren Hauptverbreitungsgebiet in Amerika zwischen Peru und Mexiko lag. Als die Sitte des Skalpierens dann nach und nach im ganzen nordamerikanischen Kontinent Einzug hielt, hatte sie sich längst von ihren religiösen Bindungen des Ursprungs losgelöst. Ohne die von Briten und Franzosen ausgesetzten Skalpprämien, mit denen die Indianer während der Grenzkriege der kolonialen Mächte Europas gegeneinander gehetzt wurden, und ohne die eisernen Messer der Weißen, die gegenüber den alten Stein- und Muschelklingen das »Abdecken« der Kopfhaut erleichterten, hätte sich dieser Brauch nicht in dem Maße durchsetzen können. Das Skalpieren tauchte 1535 erstmals bei den Huronen auf, wurde dann von den Irokesen aufgegriffen und gelangte bis zu den Sioux-Stämmen der großen Ebenen.

Auch viele Bleichgesichter beteiligten sich an dieser unmenschlichen Gepflogenheit, um an den Skalpprämien kräftig mitzuverdienen. Daß dabei auch »weiße« Kopfhäute als Indianerskalpe feilgeboten wurden, liegt auf der Hand. Zahlreiche Verbrecher skalpierten wegen der hohen »Kopfgelder« jeden, der das Unglück hatte, ihnen unters Messer zu laufen. Nur selten überlebte ein Skalpierter den Verlust seiner Schädeldecke. Der umfangreiche Blutverlust sorgte dafür, daß die grausame Tortur meistens einen tödlichen Ausgang hatte.

Der Kopfhaut mit dem Haarwirbel auf dem Scheitel kam bei den Indianern eine große Bedeutung zu. Sie galt nämlich als der Sitz der Lebenskraft und der Seele. War ein Feind skalpiert worden, besaß er keine übernatürlichen Kräfte mehr und konnte folglich nicht in die ewigen Jagdgründe eingehen. Mit den erbeuteten Skalplocken, die vom Fleisch befreit und getrocknet wurden, pflegten die Rothäute Waffen und Kleider, Pferdezügel und Behausungen zu schmücken. So wurde im Laufe der Zeit aus der abgezogenen Kopfhaut, die ursprünglich Bestandteil einer religiösen Opferungszeremonie gewesen sein muß, eine einfache Tapferkeitstrophäe, die als äußerliches Siegeszeichen die Lanze, das Zelt oder den Gürtel der Krieger zierte.

Der Marterpfahl — vom kultischen Menschenopfer zur Mutprobe

Die Weißen sagten den nordamerikanischen Indianern gräßliche Foltermethoden nach. Viele Siedler hatten es sich zur Gewohnheit gemacht, die letzte Kugel für sich selbst aufzuheben, um nicht am Marterpfahl ein fürchterliches Ende zu finden. In Wirklichkeit aber quälten die oft zu Unrecht verteufelten Präriestämme ihre Gefangenen sehr selten. Dazu fehlte ihnen meistens die nötige Muße und Sicherheit.

Als grausige Marterexperten waren vor allem die unbändigen Comanchen verschrien, die ihre männlichen Opfer, die Arme gespreizt, mit ungegerbten

Lederriemen an kreuzartige Torturpfosten fesselten. Sie versengten Hände und Füße der Gefangenen bis zur Abstumpfung der Nerven, trennten die gefühllosen Gliedmaßen ab, peinigten das blutende Fleisch erneut mit Brandfackeln, skalpierten die Gefolterten lebendigen Leibes, rissen den vor Entsetzen Schreienden die Zunge heraus und verscharrten sie unter glühenden Kohlen.

Noch grausamere Peinigungsverfahren wurden den wilden Kiowas zugeschrieben, die Nerven und Körper stunden- und sogar tagelang nach und nach zugrunde richteten und den Gequälten das volle Ausmaß ihrer Erniedrigung vor Augen hielten. Die bestialischen Folterriten der Comanchen und Kiowas waren aber Ausnahmefälle bei den Prärievölkern, die gewöhnlich ihre Feinde schnell und ohne Barbarei umbrachten. Sogar das von den Bleichgesichtern eingeführte Erhängen fanden die Plains-Rothäute brutal und unmenschlich.

Seltsamerweise verfügten die zivilisationsträchtigsten Indianervölkerschaften, wie die der östlichen Waldgebiete, die auf einer höheren Entwicklungsebene standen als die primitiveren Prärienationen, über ein unvorstellbares Arsenal der schrecklichsten Torturmethoden. Daß sich gerade die Waldlandstämme als die unberechenbarsten Folterkünstler entpuppten, verwundert T. R. Fehrenbach nicht, für den die Niedertracht der Qualtricks in direktem Verhältnis zur erreichten Kulturstufe steht. »Die Zivilisation erhob in Frankreich die gesetzliche Folter zur hohen Kunst. Jene französischen und spanischen Schreiberlinge, die voller Entsetzen die Foltern der Indianer beschrieben, entstammten Gesellschaften, die Frauen und Kinder Inquisitionen unterzogen, wie sie sich ein amerikanischer Ureinwohner nicht hätte vorstellen können. Sie quälten Menschen auf dem Rad, der Folterbank, dem Scheiterhaufen inmitten Szenen sadistischer Festlichkeit zu Tode, die sich in nichts von der tiefverwurzelten Lust der Comanchen, anderen Schmerzen zuzufügen, unterschieden.«

Bei den Indianern des Nordostens zeichneten sich die finsteren Irokesen durch außergewöhnliche Grausamkeit aus. Sie versuchten, die Gemarterten so lange wie möglich am Leben zu erhalten, und gönnten ihnen sogar ausgedehnte Folterpausen, damit sie sich von ihrer Höllenpein erholen konnten und die kommenden Schmerzen um so deutlicher spüren würden. Wenn der Gepeinigte seinem Ableben, das nur eine Frage der Zeit war, mutig ins Auge sah, stieg er in der Achtung seiner Schinder, die ihm Bewunderung zollten. Zeigte das Opfer, daß es allen Leiden gewachsen war, ging die Anerkennung der roten Schlächter manchmal so weit, daß sie den Gefolterten ohne Umschweife freiließen.

Der empörende Brauch des Marterns, wie auch die Sitte des Skalpierens, stammte aller Wahrscheinlichkeit nach aus dem Süden und hatte seinen Ursprung in Mexiko. Zu Anfang war das langsame Zu-Tode-Foltern eine religiöse Zeremonie, mit der dem Gott des Krieges oder der Jagd ein blutiges Menschenopfer dargebracht wurde. Nach und nach entartete das ursprüngliche Marterritual, wurde aus den kultischen Handlungen eine tödliche Mutprobe, bis nur noch aus Vergnügen oder aus Rache gepeinigt wurde.

Die heilige Friedenspfeife — Einheit zwischen Mensch und Weltall

Bei feierlichen Anlässen, wie Beratungen, Verhandlungen und Eidesleistungen, zur Besiegelung von Verträgen, Geschäften und Bündnissen, rauchten die nördlichen Indianer — am oberen Mississippi und Missouri — zeremonielle Pfeifen, die sie heilige Pfeifen oder Calumets nannten. Weil sie vornehmlich zur Bekundung der Freundschaft und des Friedens dienten, bezeichnete der weiße Mann sie mit dem Ausdruck Friedenspfeifen.

Der mit Bisonfett polierte Pfeifenkopf war aus Catlinit hergestellt, einem rötlichen, feinen Metall, das im südwestlichen Minnesota gewonnen wurde. Der Name Catlinit geht zurück auf den Forscher und Maler George Catlin, der als erster Weißer den heiligen Pfeifensteinbruch im Herzen der Prärie zu Gesicht bekam. In seiner Beschreibung dieses indianischen Mekkas, zu dem die roten Nationen wie zu einem heiligen Schrein pilgerten, bemerkte er: »Daß dieser Ort jahrhundertelang von allen Stämmen der Umgebung besucht worden ist und daß sie ihre Kriegskeulen begruben, sobald sie sich ihm näherten, und die Grausamkeiten des Skalpmessers einstellten, da sie sich vor der Rache des großen Geistes fürchteten, der diesen Ort beaufsichtigt, kann niemandem, der ihre Religion kennt, seltsam erscheinen.« Frisch an diesem Weihe- und Wallfahrtsort gebrochen, ließ sich der weiche Pfeifenstein leicht bearbeiten und wurde erst einige Zeit später hart.

Der Pfeifenkopf, den ein geschickter Handwerker reich verzieren konnte, wurde mit einem langen, ausgehöhlten Pfeifenrohr aus Esche, Weide oder Pappel verbunden. Den Pfeifenstiel verschönerten rote oder weiße Federn, wobei Rot für Krieg und Weiß für Frieden stand.

Der mit glühendem Span in Brand gesetzte Tabak war den Prärieindianern nicht minder heilig als die Pfeife selbst. Diese wurde mit wildwachsendem Tabak, Bärentrauben, Sumachblättern und winzigen Weidenrindenstücken gestopft, einem Gemisch, das bei den Rothäuten Kinnikinnik hieß. Dieses Algonkin-Wort, das soviel wie Gemischtes oder Was gemischt ist bedeutete, wies darauf hin, daß die indianischen Tabakwaren wegen ihres allzu herben Geschmacks kaum unvermischt geraucht wurden.

Rechts: Für die Sioux-Indianer ist die heilige Friedenspfeife der kostbarste aller Kultgegenstände. »Der Rauch, der daraus aufsteigt, ist unser Atem«, sagt Lame Deer, der hier das Ritual des Pfeifenrauchens vorführt.

In seinem indianischen Weisheitsbuch der geheimen Riten hat der Sioux-Priester und -Heiler Black Elk (Schwarzer Hirsch) das komplizierte Zeremoniell beim Schmauchen der heiligen Pfeife aufgezeichnet. Das Calumet wurde zuerst ehrfurchtsvoll in die Höhe gehoben, dann zur Erde gesenkt, danach an den Mund gesetzt und sein Rauch als eine Art Gebetshauch kräftig nach den vier Himmelsrichtungen geblasen, woraufhin die Pfeife die Runde machte, bis sich jeder dem Rauchopfer verpflichtet hatte.

Der Pfeifenkopf aus rotem Stein stellte die Erde dar. Das aus Holz gemachte Pfeifenrohr verkörperte alles, was hienieden wuchs. Die Tabakkrumen symbolisierten alle Wesen des Weltalls. Die am Pfeifenstiel befestigten Adlerfedern versinnbildlichten alle geflügelten Tiere in der Luft. Der blauen und grünen Pfeifenbemalung wurde auch eine symbolische Bedeutung zugemessen: Die beiden Farben spiegelten die kosmische Gegensätzlichkeit wider von Himmel und Erde, Tag und Nacht, Krieg und Frieden, Süden und Norden, Sonne und Mond. Damit stellte die heilige Pfeife eine geheimnisvolle Einheit zwischen Mensch und Weltall her. Alle Völker und Dinge des Kosmos gesellten sich zu dem, der das Calumet rauchte und dadurch zugleich für alle und mit allem Manitu (Das Große Geheimnis) betend anrief, um sich über Wohl und Wehe seines Stammes zu erkundigen.

Für die meisten Indianer war das Rauchen ein bedeutsames gesellschaftliches und religiöses Ereignis, das sie mit der Geisterwelt in Verbindung brachte. Von der Zeremonialpfeife unterschieden sie die gewöhnliche Tabakpfeife, die sie im Alltag gebrauchten. Großer Beliebtheit erfreute sich bei ihnen auch der mit einer Pfeife kombinierte Tomahawk, gegenüber dessen Schneide ein Pfeifenkopf angebracht wurde. Ein mit Glasperlen bestickter Tabakbeutel aus Hirschleder und ein mit Federn verzierter Pfeifenstopfer gehörten zur Ausstattung eines jeden indianischen Pfeifenrauchers.

Das Calumet war letztlich nicht nur eine kunstvoll gestaltete Zeremonialpfeife, die bei rituellen Handlungen weitergereicht wurde, sondern auch ein bemalter, federgeschmückter Stab, den die Indianer als Ausweis für Abgesandte und als Zierwerk bei Kultakten verwendeten.

DAS FAMILIENLEBEN IM INDIANERLAGER

Die Squaw — Eheweib, Mutter, Schwerstarbeiterin und Künstlerin

Aus dem Wort Esk-waw, das aus der Sprache der Narragansetts, einem an der Ostküste beheimateten Algonkin-Stamm, herrührte, prägten die weißen Kolonisten den Ausdruck Squaw, womit sie die Frau bei den nordamerikanischen Indianern bezeichneten. Diese Vokabel war bei den europäischen Einwanderern bald in aller Munde, obwohl die Rothäute selbst sie nicht gebrauchten.

Die Squaw genoß wohl eine gewisse Hochachtung bei den meisten Stämmen, wurde aber gewöhnlich von den Männern als persönliches Eigentum angesehen, über das sie nach Gutdünken verfügen konnten. Letztlich hatte der Vater, der Gatte oder der älteste Bruder das Sagen. Bei den Prärievölkern mußte sie beispielsweise den Mann im Tipi zuerst während der Mahlzeiten bedienen, ehe sie an sich selbst denken konnte. Keine Hausarbeit war zu mühsam oder zu hart für sie. Auf die Hilfe ihres Lebensgefährten durfte sie nicht zählen — er widmete sich einzig und allein seiner Lieblingsbeschäftigung, der Jagd oder dem Krieg, und ließ sich nicht dazu herab, sich des Haushaltes anzunehmen. Die indianische Squaw war Eheweib, Mutter, Schwerstarbeiterin und Künstlerin zugleich.

Von frühester Jugend an war sie zur gefügigen Ehefrau erzogen worden, die ihrem Gatten jeden Wunsch von den Lippen ablas. Obschon die Bleichgesichter jeden Weißen, der eine Indianerin geheiratet hatte, verächtlich Squawmann nannten, wurden die roten Mädchen weder von Cowboys noch von Ranchern verschmäht. Einer von ihnen, Teddy Blue Abbott, sang sogar ein richtiges Loblied auf die Squaw als Gemahlin: »Sie sind wundervolle Ehefrauen. Sie widersprechen einem Manne nie und tun doch, was sie wollen. Aber was sie wollen, das muß jedem Manne, der seine fünf Sinne beisammen hat, gefallen. Weiße Frauen sind ganz anders.«

Die Squaw war auch eine liebevolle Mutter für ihre Kinder, die sie sorgsam behütete. Sie brachte ihnen die Sitten und Gebräuche des Stammes bei, klärte sie über die religiösen Praktiken auf, lehrte sie alle Details ihrer eigenen Sprache, erzog sie zu abgehärteten, zähen und genügsamen Menschen, die in ihrer feindlichen Umwelt zu überleben vermochten. Seltsamerweise verliefen Indianergeburten viel leichter als die der weißen Frauen. Die Mutter des Neugeborenen pflegte sich sofort nach der Niederkunft im Fluß zu reinigen, sogar mitten im strengsten Winter. Squaws, die mit weißen Männern Kinder hatten, gebaren merkwürdigerweise viel schwieriger.

Der Indianerfrau wurde zudem der gesamte Haushalt aufgebürdet. Ihr Aufgabenbereich war sehr unterschiedlich und machte sie zu einer richtigen

Schwerstarbeiterin, die manchmal unter der Last der ihr zugemuteten Plakkerei zusammenzubrechen drohte. Sie kümmerte sich um das tägliche Essen und buk aus Mehl salzloses Brot, sie bestellte die Felder und brachte die Ernte für ihre Familie ein, sie sammelte Feuerholz und grub Wurzeln aus, sie stellte das Tipi auf und baute es wieder ab, sie enthäutete und zerlegte die geschossenen Bisons, sie schnitt das Fleisch in dünne Streifen und hängte es zum Trocknen auf, sie las den Büffeldung zusammen und stapelte ihn als Heizmaterial ... Mit gewisser Befriedigung und fröhlicher Unbekümmertheit kam sie ihren häuslichen Pflichten nach, auch wenn sie unter dem Druck der schweren körperlichen Arbeit zusehends alterte.

Im Lauf der Jahre entwickelte sich die Squaw zu einer richtigen Künstlerin, die mit geschickter Hand Häute und Felle gerbte, Kleidungsstücke und Zaum- oder Sattelzeug herstellte und mit Stickerei verzierte Überzüge für die Zeltstangen nähte, sich im Körbeflechten, Töpfern und Weben versuchte und es in diesem Kunsthandwerk zu unübertroffener Vollkommenheit brachte.

Im allgemeinen beteiligten sich die Indianerinnen nicht an den Kriegen und Raubzügen der Männer. Nur sehr selten gelang es einer Squaw, sich im Kampfgetümmel als ausgezeichnete Kriegerin zu bewähren. Bei den Crows erlangte ein im Alter von zehn Jahren gefangengenommenes Mädchen späterhin Berühmtheit als hervorragende Reiterin und Jägerin, die gegenüber dem Feind ihren Mann stellte. Die tapfere Maid wurde sogar als Anführer der Crows anerkannt und hieß fortan Woman Chief (Weiblicher Häuptling).

Bei vielen Indianernationen wurde den Frauen Gewalt über Leben und Tod der Gefangenen zugesprochen. Die Squaws waren dafür berüchtigt, noch viel grausamer als die Männer zu martern und sich die unsäglichsten Torturen einfallen zu lassen.

Erwies sich das Dasein einer Indianerin meistens als ein hartes Los, so hatten die Frauen bei den Irokesen eine einzigartige gesellschaftliche Stellung inne. Sie beackerten wohl die Felder und vernachlässigten den Haushalt nicht; sie verfügten aber über einen Einfluß im Stamm, von dem eine normale Squaw nicht einmal zu träumen wagte. Ihre Machtbefugnisse reichten so weit, daß sie sogar die Wahl des Häuptlings bestimmten und ihn mit Schimpf und Schande fortjagen konnten, falls er ihre Erwartungen nicht erfüllte.

Von Zeit zu Zeit tauchten bei einzelnen Stämmen Frauen auf, die Geschichte machten. So wurde Pocahontas, die Indianerprinzessin des Algonkin-Volkes der Powhatans, 1616 in London am königlichen Hof mit großer

Rechts: Die junge Navaho-Squaw trägt den taditionellen Perlenschmuck ihres Stammes. Die kunsthandwerklichen Fertigkeiten der nordamerikanischen Indianer zeigen sich auch in Weberei- und Töpferarbeiten, Korbwaren und der Malerei.

Ehrenbezeugung empfangen. So führte eine einfache Shoshonen-Frau namens Sacajawea (Vogelfrau) die beiden Forscher Meriwether Lewis und William Clark 1805 auf ihrer Expedition nach Westen und sorgte dafür, daß das erste Treffen der Shoshonen mit den Weißen friedlich verlief.

Auch wenn der Squaw nicht immer zum Lachen zumute war, ertrug sie ihr beschwerliches Schicksal mit freudiger Unbeschwertheit, hielt gute Kameradschaft mit den anderen Frauen und versuchte, ihrem aufreibenden Leben das Beste abzugewinnen.

Ehe und Scheidung, keine Erfindung der Bleichgesichter

Ein Indianer machte seiner Allerliebsten einen Heiratsantrag, indem er seinen zukünftigen Schwiegereltern Pferde oder mehrere Stück Vieh zum Geschenk anbot. Der Ehrgeiz aller jungen Frauen war es, zu einem möglichst hohen Preis gekauft zu werden. So brachte eine jungfräuliche Braut ihrem Vater viele Tiere und ein erhöhtes Ansehen, wohingegen ein Mädchen, das nicht mehr unberührt war, froh sein konnte, wenn es überhaupt einen passenden Mann ausfindig machte; der Vater ging leer aus und mußte sich spöttische Bemerkungen über seine mißratene Tochter gefallen lassen. Obwohl das schwache Geschlecht in der Öffentlichkeit bei der Wahl eines Ehepartners nicht viel zu bestellen hatte, richteten sich die Väter doch sehr oft nach den Neigungen ihrer Töchter. Bei den Präriestämmen besuchte der Freier das auserwählte Mädchen in der Abenddämmerung vor ihrem Tipi und schlug seine Decke mit um ihre Schulter, so daß sie, beide in den Überwurf eingehüllt, vor den Blicken der anderen Stammesmitglieder sicher waren und zwanglos miteinander plaudern konnten.

Eine religiöse oder zivile Trauung kannten die Indianer nicht. Die Eheschließung war eine sehr einfache Zeremonie, während der Geschenke ausgetauscht und getanzt wurde. Bei einzelnen Nationen war der Brauch eingerissen, daß es dem Ehemann und seiner Schwiegermutter nicht mehr gestattet war, sich nach der Hochzeit zu sprechen oder zu sehen. Dadurch sollten Auseinandersetzungen und Streitigkeiten ausgeräumt werden, die durch die Einmischung der Schwiegermutter im Haushalt des frischgebackenen Paares unweigerlich ausgelöst würden.

Wenn auch die indianischen Ehen auf gegenseitiger Achtung und Liebe gründeten und im allgemeinen nicht schnell in die Brüche gingen, so gab es trotzdem genügend Trennungen, wie der Indianerhistoriker Stephen E. Ambrose am Beispiel der Sioux aufzeigt. »Mann und Frau erwarteten beide Treue voneinander. Scheidungen, die sehr einfach vonstatten gingen, ergaben sich meistens aus Ehebruch. Faulheit des Mannes oder die böse Zunge der Frau waren ebenfalls häufige Scheidungsgründe. Eine Frau konnte die

Ehe auflösen, indem sie einfach die Habseligkeiten ihres Mannes aus dem Tipi warf, das ihr persönliches Eigentum war. — Aber davon abgesehen begünstigten die Gesetze des Stammes weitgehend den Mann. Zwar konnte die Frau den Ehemann hinauswerfen, aber es war ihr nicht gestattet, ihn zu bestrafen. Der Mann hingegen genoß dieses Privileg. Wenn ein Mann seine Frau beim Ehebruch ertappte, hatte er das Recht, sich nicht nur sofort von ihr zu trennen, sondern ihr auch die Zöpfe und sogar die Nase abzuschneiden. Diese Entstellung brandmarkte sie fürs Leben als Ehebrecherin und machte sie für andere Männer unattraktiv.«

Da zahlreiche Männer bei Jagdunfällen umkamen oder nicht mehr aus dem Krieg zurückkehrten, kannten so manche Indianerstämme einen Frauenüberschuß, dem sie durch Vielweiberei zu entsprechen versuchten. So konnte ein Mann mit mehreren Frauen gleichzeitig verheiratet sein. Daß es bei diesem trauten Zusammenleben zu dritt oder zu viert zu Eifersuchtsszenen kam, ist nicht weiter verwunderlich.

Um Spannungen weitgehend zu vermeiden, vermählte sich der umsichtige Krieger mit einer Schwester seiner ersten Frau. Überhaupt erwarb ein Indianer, der die älteste Tochter einer Familie in seine Behausung führte, sehr oft das Recht auf alle ihre Schwestern. In dieser Beziehung schoß bestimmt der Cheyenne Crooked Neck (Schiefhals) den Vogel ab: Er war mit fünf Schwestern die Ehe eingegangen.

Daß gerade besonders reiche Männer sich mit mehreren Frauen umgaben, kam nicht von ungefähr. Ihr Pferdeüberfluß erlaubte es ihnen, ihren Haushalt beständig zu vergrößern. Je mehr Frauen unter ihrem Dach lebten, desto größer war die Zahl der Bisonhäute, die ihre Squaws gerben konnten. Nicht nur der Frauenüberschuß, sondern auch wirtschaftliche Erwägungen ließen die Vielehe zu einem festen Bestandteil der Indianergesellschaft werden. Mit sichtlicher Genugtuung wies zum Beispiel ein Häuptling darauf hin, daß seine »acht Frauen hundertfünfzig Häute im Jahr verarbeiten konnten, während eine einzelne Frau nur zehn herrichten konnte«.

Die Institution der Ehe war demnach keine Erfindung der Bleichgesichter, sondern den Indianern schon lange vor der Ankunft der Weißen bekannt. Die Väter wünschten sich keusche Töchter und die Ehemänner treue Frauen. Der Ehebruch wurde geahndet und die Frau sogar auf unmenschliche Art bestraft. Für einen Häuptling gehörte es sich, einer treulosen Frau mit Verachtung zu begegnen. Eine Witwe, die keine Schlampe war, konnte damit rechnen, bald wieder verheiratet zu sein. Die Rothäute hatten also eine sehr strenge Sittenauffassung, die ihnen zur Ehre gereichte. Den Sittenverfall, mit dem Kulturen zugrunde gehen, gab es bei den nordamerikanischen Indianern der letzten Jahrhunderte nicht. Ihr Untergang war einzig und allein das Werk des weißen Mannes, der ihre Untadeligkeit geflissentlich übersah und sie zu blutgierigen Wilden abstempelte.

Kindererziehung und Namensgebung

Sobald das Indianerbaby seinen ersten Schrei ausgestoßen und seine dunklen Augen geöffnet hatte, wurde es ins Stammesleben einbezogen. Die Rothäute freuten sich am meisten über Jungen, weil die später die Zahl der Krieger erhöhen würden. Sie hießen aber jedes Neugeborene, ob Knabe oder Mädchen, stets willkommen.

Die Neugeborenen erhielten recht bald nach ihrem Eintreffen einen Namen, den ihnen meistens der Medizinmann oder ein älterer Verwandter des Vaters gab. Sie wurden nach einer Naturerscheinung, wie Blitz und Donner am Tag der Geburt, nach einer Heldentat des Namensgebers, einem Tier oder einer körperlichen Eigenschaft benannt. Bei den Jungen kamen oft Stärke und Schnelligkeit zum Ausdruck, wogegen bei den Mädchen mehr die Geschicklichkeiten Vorrang hatten. Bis zum Alter von fünf oder sechs Jahren wurden Buben und Mädchen aber auch recht häufig mit Spitz- und Kosenamen bedacht. Cheyenne-Eltern pflegten ihren kleinen Sohn Moksois, ihre kleine Tochter Moksiis zu rufen, was jeweils Dickbauch heißt.

Nach der Namensgebung wurde das Kleinkind bereits im Alter von ein paar Wochen auf ein tragbares Wiegenbrett geschnürt, das die Mutter auf dem Rücken mit sich führen, am Sattel einhaken, auf ein Schleppgestell binden, im Inneren des Tipis an eine Stange hängen oder in stehender Stellung an die Zeltbespannung anlehnen konnte. Auf dem brettartigen Holzgestell war ein weicher Lederbeutel angebracht, der mit Federdaunen, Moos, Baumwolle oder Tierfellen gefüttert war. Der Säugling wurde im Gegensatz zu den meist liegenden weißen Kindern in aufrechter Körperhaltung in die Wiegentrage gesteckt, so daß er bereits sehr früh seine Umgebung beobachten konnte. In der indianischen Wiege waren zudem bei manchen Stämmen Holzbrettchen befestigt, unter deren Druck der Schädel des Kleinkindes abgeflacht wurde, was dem Schönheitsideal der Rothäute Rechnung trug.

Väter und Mütter kümmerten sich liebevoll und zärtlich um die verhätschelten Babys, die bis zu drei Jahren Papoose genannt wurden. Dieses Wort, das der Sprache der Narragansetts entlehnt war, bezogen die Weißen fälschlicherweise auf alle Indianerkinder, ob klein oder groß, womit sie den Ausdruck seiner ursprünglichen Bedeutung beraubten.

Den Prärieindianern jedoch war Kindergeschrei ein Greuel. Weinende Babys, die die Mutter gestillt hatte, wurden mit ihrem Wiegenbrett im Gebüsch abgestellt, wo sie sich allein ausschreien konnten. Sehr schnell begriffen die Säuglinge, daß Schluchzen und Quengeln nutzlos war. Damit wollten die Rothäute ihren Nachwuchs schon von den ersten Monaten an zur typisch indianischen Selbstbeherrschung erziehen und auch vermeiden, daß die Kleinkinder mit ihrem Gezeter die Aufmerksamkeit etwaiger Feinde auf sich zogen und so den ganzen Stamm in Gefahr brachten.

Waren die Kinder der Babytrage entwachsen, bewegten sie sich auf allen vieren durchs Zelt und kundschafteten die ersten bedrohlichen Situationen für Leib und Leben aus. Wie die kleinen Jungen und Mädchen ihre Umwelt erforschten, schildert der Indianerhistoriker Stephen E. Ambrose am Beispiel der Sioux-Krabbelkinder: »Vor einigen Gefahren wurden die Kinder von ihren älteren Freunden gewarnt, andere entdeckten sie selbst. Wenn Babys auf dem Boden der Tipis umherkrochen, hielt niemand sie davon zurück, ins Feuer zu tapsen. So machten die Kinder eine Erfahrung, die ihnen ein für allemal eine Lehre war, ohne daß irgend jemand sie angeschrien oder von der Gefahrenquelle weggezerrt hätte. Die Erwachsenen hinderten das Kind nicht, seine natürliche Neugier zu befriedigen, und sie nahmen auch nicht die Verantwortung für einen Schmerz auf sich, an dem in Wirklichkeit das Feuer schuld war. Wenn ein Kind sie ärgerte, drohten sie ihm nie direkt, sondern erklärten warnend, wenn es nicht aufhöre, werde die Eule oder der ‚Sioko', ein Kinderschreck, es fortholen. Später lautete die Drohung: ‚Der weiße Mann wird dich holen.'«

Indianerkinder lernten beizeiten, die brütende Hitze des Sommers und die bittere Kälte des Winters zu ertragen. Ihre Mütter erzogen sie zu abgehärteten, unempfindlichen, wetterfesten Buben und Mädchen, die sich den extremsten Klimaverhältnissen anzupassen wußten. Ein Waldläufer namens Jacob Fowler, ein ausgezeichneter Beobachter, war 1821 einfach verblüfft von der freudigen Unbeschwertheit, mit der die indianischen Dreikäsehochs auf dem zugefrorenen Oberlauf des Arkansas im klirrenden Frost spielten. »Das Wetter ist jetzt kalt, der Fluß zugefroren, das Eis sehr dick, und die Indianerkinder, die laufen können, bis hinauf zu großen Jungen, sind bei Tageslicht auf dem Eis – und alle so nackt, wie sie auf diese Welt gekommen sind. Sie treiben dort alle möglichen Sportarten, und obwohl der Frost sehr streng ist, scheint es ihnen recht warm zu sein, und sie sind so lebhaft, wie ich noch nie Kinder im Hochsommer erlebt habe. Ich bin davon überzeugt, daß wir über tausend dieser Kinder gleichzeitig auf dem Eis gesehen haben, und einige von denen, die noch zu klein waren, um selbst gehen zu können, wurden von den größeren Kindern auf einem Stück Fell aufs Eis gesetzt, und in dieser Situation strampelte das Kleine und krähte und lachte den anderen zu, die um es herum spielten. Ich bezweifle, daß ein weißes Kind, das bei solchem Wetter in diese Situation versetzt würde, eine halbe Stunde lang überleben könnte.«

Bei ihren Spielen liebten es die Indianersprößlinge, den Erwachsenen nachzueifern. Tipis in Kleinausgabe und ausgestopfte Hirschlederpuppen mit menschlichem Aussehen waren die von den Mädchen bevorzugten Spielsachen, die die Eltern aus Holzstücken und Stoffresten bastelten. Die Jungen hingegen tummelten sich mit Pfeil und Bogen im Lager und simulierten Jagdausflüge und Kampfszenen.

Den älteren Kindern des Dorfes oblag es, ihre jüngeren Spielgefährten durch ihr Beispiel an Sauberkeit zu gewöhnen. Die Kleinen verrichteten bald, wie ihre größeren Kameraden, ihre Notdurft außerhalb des Lagers. Daß sie ihrem natürlichen Bedürfnis an einem bestimmten »Örtchen« unter freiem Himmel nachkamen, war recht hygienisch im Vergleich zum damals gebräuchlichen Klosett der Bleichgesichter.

Da sich ein beachtlicher Teil des Indianerlebens auf dem Pferderücken abspielte, wuchsen die Kinder sozusagen im Schatten des Mustangs auf. Bereits mit zwei oder drei Jahren saßen sie mit ihren Müttern auf den Ponys und trabten über die Prärie. Die Väter unterwiesen ihre Jungen im Umgang mit Pferden, nahmen sie mit auf die Jagd, zeigten ihnen die Tiere der Ebene und des Waldes, machten sie mit den Fischarten in den Flüssen und Seen bekannt, entwickelten ihre Sehschärfe, ihr Hörvermögen, ihren Geruchssinn und ihr Orientierungsgeschick, brachten ihnen das Spurenlesen bei und zeigten ihnen, wie man lange ohne Nahrung und Flüssigkeit in der Wildnis überleben kann. Die Mütter lernten ihre Mädchen im Haushalt an, ließen sie Brennholz sammeln und Wasser herbeischleppen, lehrten sie nähen und sticken und bereiteten sie auf ihre spätere Rolle als Ehefrau vor.

Kamen die Kinder ins Pubertätsalter, untersagten die Erwachsenen den Jungen und Mädchen das gemeinsame Spiel. Für beide Geschlechter begann der Ernst des Lebens. Die heranwachsenden Söhne begleiteten den Vater erstmals auf die Bisonjagd oder auf einen Raubzug, wo sie Mut und Geschicklichkeit aufbringen und sich bewähren mußten, ehe man ihnen die Kriegerwürde zuerkannte. Die Mädchen, die sich zu Frauen entwickelten, durften nicht mehr durchs Indianerdorf streifen, sondern mußten sich in der direkten Umgebung des Familientipis aufhalten. Die Mütter übten ihre Töchter in allen häuslichen Pflichten und sahen sich schon heimlich nach einem passenden Schwiegersohn um.

An den langen Winterabenden erzählten gewöhnlich die Großeltern ihren Enkeln von den Traditionen des Stammes und überlieferten so dessen Mythen und Sagen. Diese Geschichten, die fast immer eine Moral hatten, begeisterten die Jugendlichen, denen es gefiel, wenn das Böse bestraft, der Schurke überlistet und der Edelmut belohnt wurde.

Behielten die Mädchen ihren Taufnamen gewöhnlich ihr ganzes Leben lang bei, ersetzten die Jungen in der Pubertät ihren Kindernamen durch einen neuen, der sich auf ein Bravourstück persönlicher Tapferkeit, auf das Zusammentreffen mit einem außergewöhnlichen Tier oder auf eine Vision während der Fastenzeit in den Jünglingsjahren bezog.

Rechts: Heute gehen kleine Indianerjungen mit ihren Vätern nicht mehr auf die Bisonjagd. Andere Teile der traditionellen Kultur und Lebensweise werden dagegen bewahrt — so wie hier beim Indianertanzwettbewerb in Calgary.

Der große Kriegshäuptling der Oglala-Sioux, Crazy Horse (Wildes Pferd), war zu Beginn seines Lebens anders als die meisten Indianerbabys. Sein helles, lockiges Haar brachte ihm den Namen Curly Hair oder einfach Curly (Der Lockige) ein. Als der junge Curly bei einer Begegnung mit feindlichen Indianern seine erste Mutprobe glänzend bestanden hatte, lief sein Vater, der Medizinmann, durchs Oglala-Dorf, sang ein Loblied auf die Tapferkeit seines Sohnes und schenkte ihm seinen eigenen Namen, Crazy Horse, den er selbst durch ein Traumgesicht von einem sich bäumenden Pferd erhalten hatte. »Mein Sohn ist gegen ein Volk von unbekannter Sprache gezogen. Er hat eine tapfere Tat vollbracht; dafür gebe ich ihm einen neuen Namen, den Namen seines Vaters und vieler Väter vor ihm — ich gebe ihm einen großen Namen, ich nenne ihn Crazy Horse.«

Im Alter von knapp zehn Jahren verdiente sich der spätere Oberhäuptling der Sioux, Sitting Bull (Sitzender Büffelstier), seinen Kriegernamen, als er einen gereizten Büffelbullen erlegte, der vor dem Verenden mit eingeknickten Hinterbeinen in gleichsam sitzender Stellung seinen jungen Bezwinger ein letztes Mal musterte.

In einer mächtigen roten Wolke erschien der Große Geist, Wakan Tanka, dem künftigen Oglala-Sioux-Häuptling Red Cloud (Rote Wolke), als dieser noch als Jüngling in der selbst ausgesuchten Einsamkeit vom Laufen und Fasten erschöpft am Boden lag und in einem Traumbild mit seinem Gott Zwiesprache hielt.

Verfügte ein junger Mann über eine Mißbildung oder über eine charakteristische Äußerlichkeit, dann war ihm ein Spitzname gewiß, der das entsprechende körperliche Merkmal würdigte. So nannten die Cheyennes ihren draufgängerischen Kriegshäuptling — Roman Nose (Römernase) — wegen seiner hervorragenden Nase Woquini (Hakennase). Es konnte aber auch vorkommen, daß ein angehender Krieger seinen Kindernamen für den Rest seines Lebens behielt. Dies traf auf den berühmt-berüchtigten Kriegshäuptling der Comanchen, Quanah Parker, zu. Der allzu frühe Verlust seiner weißen Mutter hatte ihn derart erschüttert, daß er den von ihr erhaltenen Namen Quanah (Der Wohlriechende) nicht für einen anderen hergeben wollte. Die Stammesbrüder, die ihn deswegen auf den Arm nahmen, belehrte er durch seine Verwegenheit recht bald eines Besseren.

Daß eine Übersetzung der Bedeutung des indianischen Namens meistens nicht gerecht wird, belegt H.-J. Stammel an einem flotten Beispiel. »Der Kiowa-Name ,Takaibodal', der soviel wie ,Übelriechende Satteldecke' bedeutet, verursacht in der Übersetzung den Eindruck, als handele es sich beim

Rechts: Reiten lernt der Indianernachwuchs auch heute noch im frühen Kindesalter — ganz einfach und unbefangen, indem die Kleinen von den Großen mitgenommen werden, wie dieser kleine Navaho-Junge.

Träger dieses Namens um einen unsauberen Dreckfink, der nie seine Satteldecke wäscht. Für den Indianer aber bedeutet er, daß er soviel auf dem Kriegspfad war, daß er gar keine Zeit hatte, seine Satteldecke zu waschen, also ein außerordentlich tapferer Krieger war.«

Der lächerlich klingende Name Sleeping Rabbit (Schlafendes Kaninchen) vermittelt auf Anhieb den falschen Eindruck, bei diesem Cheyenne-Kämpfer müsse es sich um den Inbegriff der Harmlosigkeit handeln. Was ist denn friedlicher als ein schläfriges Kaninchen! Sleeping Rabbit verdankte seinen Namen einem Traumgesicht, in dem eben das kleine Tier eine wichtige Rolle gespielt hatte. Weit davon entfernt, ein Ausbund von Friedfertigkeit zu sein, hatte der Mann mit dem eigenartigen Namen es als einziger Indianer fertiggebracht, das »Feuerroß« der Bleichgesichter entgleisen zu lassen.

Seit der Reservationszeit haben sich viele Rothäute der weißen Namensgebung angepaßt. Die ursprüngliche Indianerbezeichnung wandelte sich zum Familiennamen, dem meist ein christlicher Vorname vorangestellt wurde.

War der Junge zum Krieger geweiht worden, hatte das Mädchen sich zur heiratsfähigen Squaw gemausert, dann neigte sich die Kinder- und Jugendzeit ihrem Ende entgegen, und die jungen Leute, denen die Eltern die indianischen Wertvorstellungen eingeimpft hatten, mußten sich fortan, auf ihre eigenen Füße gestellt, im täglichen Kampf ums Dasein behaupten. Nachdem sie den Bund der Ehe geschlossen und selbst Kinder gezeugt hatten, versuchten auch sie — wie schon ihre Eltern und Großeltern zuvor —, ihren Stammhaltern ein ausgefülltes Leben von den Kinderjahren bis zum Greisenalter zu gewährleisten.

DIE WOHNSTÄTTEN DER INDIANER

Das Wigwam, die Rundhütte der halbseßhaften Waldlandvölker

Bei den nordamerikanischen Indianern war jeder der Baumeister seiner eigenen Behausung. Wie die selbstgezimmerte Unterkunft aussah, hing vor allem vom Baumaterial ab, das in der Umgebung zur Verfügung stand, aber auch von der Lebensweise der Bewohner, die entweder als Jäger und Sammler umherzogen oder als seßhafte Ackerbauern Felder mit Nutzpflanzen bestellten.
Erfanden die nomadischen Reiterstämme der Plains das Stangen- oder Büffelhautzelt, auch Tipi genannt, das ihren Wohnbedürfnissen am besten entsprach, so erbauten sich die halbseßhaften Waldland-Algonkins des Nordostens kuppelförmige Rundhütten, die im Gegensatz zum Lederzelt der Prärieindianer nicht zerlegbar und transportabel waren. Diese Wohnstätten aus Holz und Baumrinde wurden mit dem Algonkin-Wort Wigwam bezeichnet, das sich aus der Abnaki-Sprache herleitete. Den indianischen Ausdruck Wetu, Witu, Wetoum oder auch Wekuwomut prägten die weißen Kolonisten von Massachusetts gegen 1666 in Wigwam um.
Die typische Wohnung der Algonkins war ein Haus mit einem domartigen Dach. Sein Rahmen bestand aus festen Holzstöcken, die im Kreis in die Erde gesteckt und oben zusammengebunden wurden. Kreuzweise angebrachte Stangen vervollständigten das Grundgerüst, das mit Birkenrindenstücken oder mit aus Binsen gewobenen Matten überzogen wurde. In der Mitte des Raumes glühte im Winter immer ein Feuer. Die Waldlandgebiete waren ja reich an Brennmaterial. Im Dach gab es auch einen Rauchabzug. Der mit Zweigen ausgelegte und mit Fellen abgedeckte Boden diente als Schlafstelle. Der Hausrat im Wigwam war vornehmlich aus Baumrinde, Holz und Horn. Dazu kamen aber auch Lederbehälter und Specksteinkessel sowie eingetauschte Ton- und Eisengeräte.
Mit der Zeit nannten die Europäer alle Unterkünfte der Rothäute Wigwam, obwohl sich diese in Wirklichkeit von der Form und vom verwendeten Material her sehr unähnlich waren.
Vom Wigwam der Algonkins unterschied sich das rechteckige Langhaus der Irokesen, die eindrucksvolle Giebeldachkonstruktion aus Ulmenrinde, die mehrere Familien zugleich beherbergen konnte; das Tipi der Prärieindianer, das kegelartige Lederzelt mit dem eiförmigen Bodenquerschnitt, das sich in Rekordzeit aufstellen und abbrechen ließ; das Chikee der Seminolen, die Giebeldächerbehausung auf Pfählen, die im sumpfigen Urwald Floridas vor Überschwemmungen und wilden Tieren Schutz bot; der Wickiup der Apachen, die kleine, kuppelförmige, grasbedeckte Hütte aus Ästen und Dornen-

gestrüpp, die rasch errichtet werden konnte und hauptsächlich als Windschirm gedacht war; der Hogan der Navahos, der geräumige, meist achteckige, blockhausartige Kuppelbau aus getrocknetem Dung, Lehm oder gestampfter Erde, der von Weidengeflecht zusammengehalten wurde; die würfelförmige Terrassenbehausung der Pueblo-Indianer, das kastenartige, neben- und übereinandergebaute Einhausdorf aus Steinen mit Mörtelverputz oder aus Lehmziegeln, das keine Fenster nach draußen besaß und nur mit Hilfe hölzerner Leitern erreichbar war.

Demnach trugen die indianischen Unterkünfte abweichende Bezeichnungen, die von Stamm zu Stamm verschieden ausfielen, und waren aus den Rohstoffen gemacht, die in der Natur vorkamen: Holz und Baumrinde in den Waldgebieten; Stangen, Tierhäute und Erde in den Grasebenen. Manche Nomaden begnügten sich schon mit einem einfachen schräggestellten Dach aus Sträuchern oder Rindenstücken, das Schutz gegen Wind, Sonne und Regen spendete. Zelte oder Hütten dienten den meisten Indianern Nordamerikas als Wohnung. Nur wenige Völker errichteten richtige Städte mit festen Häusern aus Lehm oder Stein.

Das Tipi, das Büffelhautzelt der nomadischen Reiterstämme

Daß die Prärieindianer in ihrer anpassungsfähigen Lebensweise einfallsreich und erfinderisch waren, zeigte sich am besten an ihren Unterkünften, den kegelförmigen Stangenzelten, die unter der Bezeichnung Tipis Weltberühmtheit erlangten und sich sogar unseren modernsten Campingquartieren als überlegen erwiesen.

Das Wort Tipi oder Teepee ist der Sioux-Sprache entlehnt (Ti = Haus und pi = benutzt als) und bedeutet soviel wie: der Platz, wo man wohnt.

Das Tipi oder Büffelhautzelt war die typische Behausung der nomadischen Reiterstämme der Plains, die ihre praktischen, transportablen Wohnstätten, im Kreis oder Halbkreis, zwischen dem Mississippi und dem Felsengebirge aufbauten.

Drei mindestens acht Meter lange Stangen aus Kiefern-, Zedern- oder Fichtenholz mit einer unteren Dicke von zehn Zentimetern wurden von den Frauen mit Rohhautschnüren an ihrem dünnen Ende zusammengebunden und kegelförmig aufgestellt. Gegen diese dreibeinige Hauptstütze, die die ganze Tipi-Last zu tragen hatte, wurde ein Dutzend weiterer Zeltstangen angelehnt und festgezurrt. Das Stangengerüst mit einer Bodenfläche von etwa fünf Meter Durchmesser wurde dann mit einer Plane aus ungefähr zwanzig zu einer halbkreisförmigen Fläche zusammengenähten Büffelfellen überzogen, deren unterer Rand am Boden festgepflockt und mit Erde abgedichtet wurde.

Das verschließbare Loch in der Zeltspitze diente als Rauchabzug, der durch Verstellen von zwei dünnen, außen am Tipi angebrachten Stangen den Windverhältnissen angepaßt werden konnte, so daß die Präriewohnung auch bei brennendem Feuer immer gut durchlüftet blieb. Die mit Fellen verhängte Einstiegöffnung zeigte stets nach Osten, wo die Sonne aufging, und ließ sich sturm- und wasserdicht verschließen. Durch die gute Isolierung war das Tipi im Sommer immer angenehm kühl und im Winter einladend warm. An besonders heißen Tagen wurden die Seitenwände hochgerollt, wodurch eine schattenspendende Laube entstand, in der es sich gemütlich sitzen und plaudern ließ.

Das spitze Stangenzelt war zudem sehr geräumig und bot sechs Personen eine bequeme Unterkunft. Zwei Frauen konnten es leicht in sechzig Minuten errichten und in einer Viertelstunde abbrechen. Die Einrichtungsgegenstände setzten sich aus Bisonfellen, Lederbehältern, Knochen- und Bisonhorngeräten, Holz- und Tonwaren zusammen.

Der Bisonhautüberwurf des Zeltes war außen oft mit magischen Symbolen oder mit Darstellungen kämpferischer Meisterstreiche der Bewohner geschmückt, die sich manchmal als regelrechte Kunstwerke entpuppten. Die Tipibüffelplanen, die so fein geschabt waren, daß Licht ins Zelt eindringen konnte, wurden ab Mitte des 19. Jahrhunderts, als die Weißen den Bison auszurotten begannen, durch eingetauschte Leinwand oder durch Kuhhäute ersetzt.

Die Größe der Tipis hing vom Pferdereichtum des Stammes ab. In der Tat benötigte man drei Packpferde, um ein Zelt mit sich zu führen. Nach dessen Abbau befestigten die Frauen die langen Tipistangen an den Flanken der Pferde und ließen die Enden hinten nachschleifen. Diese Schleppbahre, auch Travois genannt, war ein ideales Transportmittel für Lasten. Die große Zeltplane wurde sorgfältig zusammengewickelt und verpackt.

Bereits vor dem Erscheinen des Pferdes benutzten die Stämme der Plains Lederzelte, die jedoch viel kleiner waren, weil sie noch von Hunden transportiert wurden. Erst der Mustang ermöglichte die Beförderung großer Zeltstangen und schwerer Bisonhautplanen.

Bequem, geräumig, wetterfest, gut belüftet, rasch zerlegbar und einfach transportabel, wurde das Tipi, eine geniale Erfindung, zu einem Symbol für das unstete Dasein der indianischen Reitervölker der Grasebenen.

DIE TIERE DER INDIANER

Das Pferd und der Hund

Schon in vorgeschichtlichen Zeiten grasten viele kleine Wildtiere mit großen, langen Köpfen auf Nordamerikas Hochebenen, wo sie von den damaligen Ureinwohnern wegen ihres schmackhaften Fleisches gejagt wurden. Die Jäger müssen den in gewaltigen Herden lebenden Tieren derart zugesetzt haben, daß sie bereits siebentausend Jahre vor Christus ausgestorben waren.

Es dauerte bis zum 17. Jahrhundert unserer Zeitrechnung, bis die Indianer erneut mit Pferden in Berührung kamen. Als die spanischen Konquistadoren unter Hernando Cortés 1519 mit zehn Hengsten und sechs Stuten in Mexiko einmarschierten, lösten sie mit ihren andalusischen Mustangs Angst und Schrecken bei den Eingeborenen aus. 1540 drang Francisco Vasquez de Coronado mit mehr als dreizehnhundert Pferden und Maultieren bis tief nach Kansas vor. Im Laufe derartiger Expeditionen verloren die Spanier zahlreiche Tiere, die sich verliefen, auf den menschenleeren Steppen von Arizona und Texas streunten und sich dort, ungestört von natürlichen Feinden, vermehrten. In dem riesigen Gebiet, das heute Nordmexiko, New Mexico und Texas umfaßt, vornehmlich in der Umgebung von Santa Fé und San Antonio, züchteten die Spanier gleich zu Beginn ihrer Landnahme auf ausgedehnten Ranches ihre wendigen, ausdauernden, zähen und an die Wüste gewöhnten Pferde. Junge Indianer, die auf diesen Gestüten als Hirten arbeiteten, lernten sehr schnell reiten, stahlen die Tiere und verkauften sie an andere Rothäute. Durch Tausch, Raub und Einfangen bemächtigten sich schon bald die ersten Stämme der kostbaren Vierbeiner, die ihnen wahrlich eine neue Welt erschlossen.

Um 1680 hatten sich die Apachen bereits große Pferdebestände angeeignet, die ihnen längere Jagd- und Beutezüge erlaubten. Weil sie in einem Ödland mit felsigen Bergen hausten, wo die Nahrungssuche beschwerlich war, diente ihnen das Pferd ebenso als Schlachtvieh wie als Fortbewegungsmittel.

Eine weit tiefere und dauerhaftere Zuneigung zum Mustang entwickelten die Comanchen, die sich auch schon vor 1700 mit Pferden auskannten. Mit dem neuen Tier wuchsen bei ihnen Macht und Mut. Ihre Pferde waren eigentlich Ponys, deren Größe kaum 1,40 Meter und deren Gewicht selten siebenhundert Pfund überschritt. Es waren hauptsächlich Schecken, die Pintos genannt wurden und weiße Flecken auf braunem Fell oder braune Flecken auf weißem Fell hatten. Sie stammten vornehmlich von Pferden ab, die den Spaniern abhanden gekommen und in der Prärie verwildert waren. Große Köpfe und dünne Beine kennzeichneten die Pintos, deren Ausdauer kein Pferd der Weißen zu überbieten vermochte. Die Comanchen pflegten ein sehr enges Verhältnis zu ihren Tieren, deren Möglichkeiten sie als erste ausschöpften. Daß sie es am besten verstanden, mit Pferden umzugehen, bezeugte ihnen der Indianermaler George Catlin 1834. »Ich bin ohne Zögern bereit, die Comanchen als die außergewöhnlichsten Reiter zu bezeichnen, die ich bisher auf meinen Reisen gesehen habe, und ich bezweifle sehr, daß sie von irgendeinem Volk auf der Welt übertroffen werden können. Ein Comanche zu Fuß ist außerhalb seines Elementes und fast so unbeholfen wie ein Affe auf dem Boden, wo er sich nicht an Äste klammern kann; sobald er jedoch sein Pferd zu fassen bekommt, wird sein Gesicht sogar schön, und er fliegt wie ein gänzlich anderes Wesen elegant davon.« Auf dem Rücken ihrer Ponys stiegen die Comanchen zu den unumstrittenen Herrschern der südlichen Plains auf, die sie durch ihre Beweglichkeit und ihren weiten Aktionsradius von 1750 bis tief ins 19. Jahrhundert hinein fest im Griff hatten.

Aus dem Apachen- und Comanchenland gelangte das Pferd durch Handel und Diebstahl nach Norden, wo bislang unberittene Indianer ihre von weißen Händlern erworbenen Feuerwaffen gegen die von anderen Stämmen herbeigebrachten Mustangs eintauschten.

Das erste Pferd, das die Rothäute sahen, erinnerte sie unweigerlich an einen Hirsch ohne Geweih. Zu Beginn hielten sie das Tier sogar für einen großen, grasfressenden Hund, denn die einzigen gezähmten Tiere, die sie besaßen, waren ihre eigenen Hunde, die mit den Frauen die Lasten des Stammes schleppten. So nannten die Apachen das Pferd »Büffelhund«, womit sie eine gewisse Gleichartigkeit zwischen den räudigen Kläffern und den zotteligen Ponys zum Ausdruck brachten.

Wie Benjamin Capps zu berichten weiß, hieß das Pferd bei den Sarsi, einem Volk im Nordwesten der USA an der kanadischen Grenze, »Sieben Hunde«, »wodurch die Arbeitsleistungen von Pferd und Hund andeutungsweise miteinander verglichen wurden. Der indianische Arbeitshund, der in Größe und Aussehen Ähnlichkeit mit einem großen Grauwolf hatte, konnte etwa 23 Kilogramm auf dem Rücken tragen oder ungefähr 35 Kilogramm mit einem Travois oder Schleppgestell ziehen. Mit dieser Last kamen die Hundegespanne pro Tag acht bis zehn Kilometer weit. Ein Pferd konnte 90 Kilogramm tragen oder eine 135 Kilogramm schwere Last mit dem Travois schleppen und damit 15 bis 20 Kilometer pro Tag zurücklegen. Die Arbeitsleistungen von Pferd und Hund standen also annähernd in dem Verhältnis 7 : 1.«

Durch den Einsatz der Pferdekraft zur Beförderung von Menschen und Hausrat verbesserte sich das Leben der Prärieindianer. Da sie jetzt keinen Gewichtsbeschränkungen mehr unterworfen waren, konnten sie sich anstelle der kleinen und engen Zelte vier bis fünf Meter hohe Tipis leisten, die sich nunmehr problemlos transportieren ließen. Ihre Alten und Kranken brauchten sie nicht mehr zurückzulassen, wenn sie weiterzogen, sondern konnten sie auf einer von Pferden geschleppten Tragschleife mit sich führen.

Das Indianerpony steigerte zudem die Beweglichkeit der Krieger und Bisonjäger, die ausgedehntere Plünderzüge unternehmen und das Wild wirkungsvoller verfolgen konnten. So sollen die Kiowas auf der Suche nach Beute einmal durch ganz Mexiko geritten sein und die Halbinsel Yucatan oder sogar Guatemala erreicht haben. Nach ihrer Rückkehr erzählten sie nämlich phantastische Geschichten von exotischen Vögeln mit prächtigem Gefieder und von »Männchen mit Schwänzen«, die sie nur in Mittelamerika mit eigenen Augen in den Bäumen gesehen haben konnten. Auf ihren weiten Streifzügen zu Pferde eigneten sie sich wichtige geographische Kenntnisse an und wurden tatsächlich zu lebenden Landkarten. In- und auswendig kannten sie ihre gesamte Umgebung, die sie unermüdlich in allen Richtungen durchforschten.

Durch den Mustang entfaltete sich der Handel über den ganzen Erdteil. Stämme, die sich nie vorher begegnet waren, kamen miteinander in Berührung. Pferde wurden zu einem Symbol des Reichtums und waren einer der begehrtesten Handelsartikel. Wollte ein junger Krieger heiraten, schenkte er dem Vater der Braut so viele Pferde, wie seine Vermögenslage es zuließ.

Daß das Reiten den Rothäuten auch wirklich Spaß machte, ist unbestreitbar. Stundenlang hockten sie ohne die mindeste Anstrengung im Sattel, legten unvorstellbare Entfernungen zurück und waren sozusagen mit ihren Tieren verwachsen, auf denen sie in ein neues Leben galoppierten. Auch ergötzten sie sich an Pferderennen — ihrer beliebtesten Sportart —, bei denen hohe Wetten abgeschlossen wurden.

Die vielen durch das Pferd bewirkten Veränderungen im Indianerdasein brachten zudem einen Wandel der roten Seele mit sich. Der Ureinwohner Nordamerikas erweiterte seinen Horizont, entfaltete ein neues Machtbewußtsein auf dem Rücken eines Tieres, das dem leichtesten Schenkeldruck gehorchte, entwickelte sich zu einem regelrechten Eroberer, dem die Pferdehufe die Welt eröffneten, und wurde von einem Glücksgefühl unbeschränkter und überlegener Unabhängigkeit durchpulst. Letztlich empfand der Indianer religiöse Ehrfurcht vor dem Pferd, das die Comanchen »Gotthund« und die Sioux »Medizinhund« nannten. Ahndeten die Weißen den Pferdediebstahl mit dem Tod durch den Strang, war der Pferderaub bei den Indianern ein hoch angesehener Männlichkeitsbeweis, durch den sich ein einfacher Krieger Respekt und Reichtum verschaffen konnte.

In trichterförmig enger werdende Fanggehege, die aus Pfosten und Flechtwerk zusammengezimmert waren, trieben die Rothäute die Wildpferde, auf die sie ihr Augenmerk geworfen hatten. Auch griffen sie mit Vorliebe auf die Stafettenjagdmethode zurück, um durch regelmäßig abgelöste Reiter auf frischen Pferden die unablässig verfolgten Mustangs bis zur vollständigen Entkräftung einzukreisen und dann mit dem Lasso einzufangen. Bevor die ungebändigten Tiere eingeritten wurden, legte man ihnen ein Zaumzeug aus einem einfachen Strick um, der ihnen um den Unterkiefer geschlungen wurde. Ein Sumpf, eine Sandgrube oder ein tiefer Bach waren das ideale Gelände, um ein noch nicht gezähmtes Indianerpony zum erstenmal zu besteigen, weil der Besitzer beim Bocken des aufsässigen Vierbeiners nicht so schmerzhaft hinfallen konnte.

In der großen Kunst der Pferdezucht wurden die Comanchen nur noch von den Nez Percés übertroffen, deren edle Kriegspferde, die Appaloosas, der Forschungsreisende Meriwether Lewis schon 1805 bewunderte. »Sie scheinen von ausgezeichneter Rasse zu sein, groß, elegant gebaut, lebhaft und ausdauernd; viele von ihnen erinnern an vollblütige englische Renner; manche von ihnen sind Schecken, bei denen große weiße Flecken ungleichmäßig mit einem Kastanienbraun vermischt sind.«

Die Männer der meisten Reiterstämme verfügten über eigens abgerichtete Kriegs- und Bisonpferde, die speziell für Kampf und Jagd ausgebildet waren. Ein gutes Streitroß mußte schnell, furchtlos, zuverlässig und ausdauernd sein. Den Comanchen zum Beispiel waren ihre Lieblingspferde mehr wert als ihre Frauen. Ihre vierbeinigen Gefährten, die sie ein Leben lang begleiteten, wurden nie geschlagen oder mißhandelt, sondern liebevoll umsorgt. Die Hunde jedoch, mit denen die Indianer zuerst das Pferd verglichen hatten, wurden sehr grob behandelt und fristeten ein kläglich Leben — gemessen am gemütlichen Dasein ihrer »weißen« Artgenossen, über das die Rothäute nur verständnislos den Kopf schüttelten, indem sie sagten: »Der weiße Mann schlägt seine Kinder und verhätschelt seine Hunde. Der Indianer prügelt seine Hunde und liebt seine Kinder.«

Das Pferd, die wirtschaftliche Grundlage aller Präriestämme, war zugleich Haupthandelsartikel, Beförderungs-, Verkehrs- und Zahlungsmittel, dessen Wert von Angebot und Nachfrage bestimmt wurde. Mit dem Mustang, ihrem beständigen Begleiter, auf dessen Rücken sie fast ihr ganzes Leben verbrachten, machten die Prärieindianer Geschichte.

Der Bison

Die Bezeichnung Prärie-»Büffel« ist ein falscher Volksname für den gewaltigen Bison, der das windgepeitschte Grasmeer der unermeßlichen Ebenen Nordamerikas durchstreifte. Vor der Ankunft des weißen Mannes bevölkerten bis zu sechzig Millionen Tiere die größte Wildrindweide der Welt. Mit einer Körperlänge bis zu drei Metern, einer Schulterhöhe bis 1,90 Meter und einem Gewicht bis zu tausend Kilogramm ist der zottige Koloß das mächtigste Landsäugetier der Neuen Welt. Sein Fell ist rötlich-dunkelbraun und geht an Kopf, Mähne und Schulter in Schwarz über. Ganz selten kommen aber auch weiße, mitunter graue und gefleckte Bisons vor.

Durch das Pferd, das die Spanier nach Amerika brachten, änderte sich das Leben der Indianer tiefgreifend. Es erleichterte die Jagd, aber auch den Transport von Menschen und Hausrat, der auf einer Tragschleife befördert wurde.

Auf dem uralten Weideplatz für unendliche Büffelherden lebten kaum mehr als einhundertzwanzigtausend Indianer, die der zahlreiche »Buffalo« mit allen lebensnotwendigen Artikeln versorgte: »Fleisch zum Kochen und Braten, getrocknet und als Pemmican; schwere Kleidung und dicke Häute für den Winter, Felle für die Lager, gegerbtes Leder als Decken oder für Schuhwerk und Sommerkleidung; geölte Büffelkalbhäute für die leichten, luftigen, warmen und bequemen Tipis; schließlich das berühmte ‚Bullboat' aus einem runden Astgeflecht und einer darüber gespannten Bullenhaut oder auch aus der geschrumpften Halshaut des Büffels, die jeder Lanze standhielt. Kästen, Taschen, Lederriemen und tausend andere Dinge waren aus Büffelhaut, Hacken und Beile aus dem Schulterblatt, Werkzeuge aus den Büffelrippen, Leim aus dem Huf, weiche Decken aus dem Haar, Sehnen zum Nähen, Nadeln aus Knochen, Löffel aus den Hörnern, Farben aus Blut und Erde.« (H.-J. Stammel)

Kein Wunder, daß der Bison bei den Präindianern zum Inbegriff des Lebens und zum Mittelpunkt der Religion wurde. Denn letzten Endes drehte sich alles um dieses Großwild, das ihre Hauptnahrung war. Bis zum 17. Jahrhundert schlichen sich die Bewohner der Grassteppen noch zu Fuß an die grasenden Ungetüme heran. Dabei versteckten sie sich unter Wolfspelzen oder verbargen sich unter Bisonfellen. Sie versuchten, die Herde in Panik zu versetzen und über einen Felsabbruch zu locken, an dessen Fuß mit Lanzen bewaffnete Krieger die überlebenden Tiere durchbohrten. Im Winter trieben sie einzelne Tiere in den Tiefschnee, wo diese wegen ihres Körpergewichts bis zum Bauch einsanken und eine leichte Beute für die Jäger wurden.

Als die Präindianer gegen Mitte des 17. Jahrhunderts durch das zur Büffeljagd abgerichtete Pferd aus dem Fußgängerdasein zum Pferdevolk aufstiegen, änderten sie natürlich ihre Jagdmethoden. Hoch zu Roß sprengten sie die Herde auseinander, teilten sie in kleine Trupps und schieden dabei die jagdbaren Tiere aus. Sie ritten scharf links vom blindlings dahinrasenden Bison, den sie in vollem Galopp mühelos mit dem Pfeil ins Herz trafen. Falls aber ein Jäger sein Ziel verfehlte, konnte ihm der angegriffene Büffel durch seine ungeheure Größe und Wildheit gefährlich werden.

Wenn die Jagd vorbei war, mußten die Frauen die tonnenschweren Tiere enthäuten und zerlegen. Das Fleisch schnitten sie in dünne Streifen und hängten es zum Trocknen in der Luft auf Holzgestelle. Auch bearbeiteten sie die Büffelfelle und kochten die Knochen aus. Kurzum: »Das war ein hartes Geschäft inmitten gewaltiger Staubschwaden, Millionen von Fliegen und Büffelmücken, in der Nachbarschaft hungriger Präriewölfe und unter einer Glocke süßlichen Gestanks des im Sonnenglast verwesenden Abfalls.« (Peter Baumann)

Die Indianer töteten niemals mehr Tiere als unbedingt nötig. Erst die Weißen verlegten sich aufs systematische Abknallen der Bisons und entzogen den Rothäuten mit diesen Massenschlächtereien ihre Lebensgrundlage. Der rote Mann ging zusammen mit seinem Wild unter. General Sheridan hatte die traurige Idee, die Bisonherden planmäßig abschießen zu lassen, um die Indianer dem organisierten Hungertod auszuliefern. Theodore Roosevelt, der spätere Präsident der Vereinigten Staaten, brandmarkt in seinen Jugenderinnerungen die Zeit zwischen 1872 und 1883 als den »Höhepunkt der völligen Vernichtung der gewaltigen Bisonherden«: »Niemals sind in der menschlichen Geschichte so viele große Tiere einer einzigen Art innerhalb einer so kurzen Zeitspanne ausgerottet worden.« William F. Cody, bekannt als »Buffalo Bill«, war einer dieser Büffelschlächter, der nach eigenen Angaben innerhalb von achtzehn Monaten mehr als viertausend Tiere erlegte.

Als 1894 der Präriebison auf weniger als tausend Tiere zusammengeschmolzen war, wurde er unter Naturschutz gestellt und vermehrte sich im Laufe der Jahre wieder auf dreißigtausend.

SPRACHEN UND SCHRIFTEN DER INDIANER

Wie sie sich untereinander verständigten

Aus dem Südwesten kamen die kleinen, gedrungenen Comanchen herangeprescht, wie verwachsen mit ihren Pferden. Aus derselben Richtung zogen auch die Kiowas und Kiowa-Apachen heran, die auf ihren Ponys etwas größer und weniger füllig wirkten. Aus dem Nordosten näherten sich die stolzen und vornehmen Cheyennes, die Aristokraten der Ebene. Nicht weit hinter ihnen folgten die Arapahos, die Poeten der Prärien, von ernster Haltung und würdigem Auftreten. Im Sommer des Jahres 1840 trafen sich ihre Abgesandten zu einer zeremoniellen Ratsversammlung am Arkansas, ungefähr einhundertzehn Kilometer östlich von Bent's Fort, und schlossen Frieden untereinander. Dank der Vielsprachigkeit ihrer Häuptlinge und der überall auf den Plains verbreiteten Zeichensprache konnten die vier Völker, die sich in fünf verschiedenen Sprachen ausdrückten, eine Verständigung erzielen.

Allein dieses Beispiel zeugt schon zur Genüge von der sprachlichen Zersplitterung der nordamerikanischen Indianernationen. Zur Zeit der Entdeckung der Neuen Welt umfaßten sie ungefähr eine Million Menschen und redeten etwa fünfhundertfünfzig unterschiedliche Sprachen, wovon die meisten sich noch zusätzlich in zahlreiche Dialekte aufgliederten. Ein Sprachengewirr wie einst beim Turmbau zu Babel entstand in Nordamerika infolge einer unaufhörlichen, die Jahrtausende überdauernden Völkerwanderung. Ständig wechselten die nomadischen Jäger ihren Standort, splitterten sich in kleinste Gruppen auf und durchstreiften das Land in allen vier Himmelsrichtungen. Die ununterbrochenen Wanderungen führten zu einer extremen Differenzierung der indianischen Ausdrucksweise und zu einer Sprachvielfalt, wie es sie weder in Asien noch in Europa jemals gegeben hat.

Die rund einhundertfünfzig Indianersprachen, die noch 1940 gezählt wurden, halten jeden Vergleich mit dem europäischen Sprachgut aus. Ihr großer Wortschatz und ihre außerordentlich komplizierte Grammatik lassen uns ahnen, daß die indianischen »Uff«- oder »Howgh«-Brummtöne aus so manchem Western nicht viel mit der sprachlichen Wirklichkeit der Rothäute gemeinsam haben. Ein melodischer, gefälliger Klang, eine überaus bildhafte Formulierungsart mit feinen Wendungen und Umschreibungen, ein methodischer Aufbau mit Haupt-, Tätigkeits- und Eigenschaftswörtern, mit männlichen und weiblichen Substantiven und Adjektiven, mit verschiedenen Mehrzahlbildungen kennzeichnen die Indianersprachen, denen es oft an Wörtern für abstrakte Begriffe wie Wahrheit, Liebe, Seele oder Geist mangelt. Der Begründer der Quäker-Kolonie »Penn-Sylvania« (»Penn-Wälder«), William Penn, der in gutem Einvernehmen mit den Delawaren lebte, schrieb über deren Redeweise: »Ich kenne keine europäische Sprache, die in Klangfärbung und Betonung mehr Worte der Freundlichkeit und Weitherzigkeit besitzt als die ihre.«

Daß die Indianersprachen sich nicht im geringsten ähneln, spricht für eine etappenweise Besiedlung Nordamerikas durch nach und nach einwandernde Jägerhorden, die ihre eigene Mundart bereits aus Nordostasien mitbrachten. Seit Menschengedenken pflegten alle Völker die gesellige Unterhaltung, die in jeder Gesellschaftsform als wesentlicher Zeitvertreib galt. Gerade primitive Stämme waren vom Plaudern angetan. Bei ihnen konnte ein guter Redner oder Geschichtenerzähler großen Einfluß ausüben. So nimmt es nicht wunder, daß die asiatischen Neuankömmlinge auf amerikanischem Boden im Laufe der Jahrtausende einen Sprachreichtum schufen, der auf der ganzen Erde einzigartig sein dürfte, und sich eine abwechslungsreiche mündliche Überlieferung an Heldengedichten, Zauberformeln und Dramen zulegten.

Obwohl der amerikanische Forscher Joseph Mahan aus sprachlichen Verbindungen herausgefunden haben will, daß die Angehörigen einiger heute in Oklahoma lebender Stämme von asiatischen Völkern abstammen, die vor mehr als fünftausend Jahren blühende Zivilisationen an den Ufern des Indus entwickelten, bestreiten die meisten Sprachwissenschaftler nach wie vor die Existenz von Ähnlichkeiten zwischen den indianischen und den asiatischen Sprachen. Nur die hohen Schnalzlaute, die bei mehreren Indianervölkern des Nordwestens vorkommen, würden ganz entfernt das Chinesische in Erinnerung rufen. Auch soll es keine Gemeinsamkeit zwischen indianischen und europäischen Sprachen geben.

Nördlich des Rio Grande lassen sich die Indianersprachen in sechs hauptsächliche Sprachfamilien einteilen:

die athapaskischen Sprachen (Apachen, Kiowa-Apachen, Navahos ...) im nordwestlichen Kanada und im Südwesten der Vereinigten Staaten;

die Algonkin-Sprachgruppe (mit über fünfzig Stämmen) in Neu-England und Labrador, an der Atlantikküste, im Mittleren Westen und in den Plains;

die irokesischen Sprachen (Irokesen, Huronen, Cherokees ...) im Raum zwischen Eriesee und St.-Lorenz-Golf sowie in Carolina und Virginia;

die Muskhogee-Sprachen (Creeks, Choctaws, Chickasaws, Seminolen ...) in den südöstlichen US-Staaten;

die Sioux-Sprachen (Sioux, Crows, Assiniboines, Mandans, Osagen ...) in den großen Prärien zwischen den Rocky Mountains und dem Mississippi;

die uto-aztekischen Sprachen (Utes, Shoshonen, Comanchen, Kiowas ...) im Südwesten der Vereinigten Staaten bis tief hinein nach Mittelamerika.

Daneben gab es noch andere Sprachgruppen, die nur von einzelnen Horden oder in winzigen Gebieten gesprochen wurden. Wörter aus all diesen Sprachfamilien sind in zahlreichen amerikanischen Orts- und Flußbezeichnungen zu finden, wie Mississippi, Missouri, Ohio, Miami, Dakota, Oklahoma, Texas, die indianischen Ursprungs sind. Daß die Indianersprachen kompliziert aufgebaut sind, läßt sich am Beispiel des Navaho-Idioms belegen. Im letzten Weltkrieg setzte der amerikanische Nachrichtendienst in Frontnähe hauptsächlich Navaho-Funker ein, deren Stammessprache selbst die gerissensten japanischen Codeexperten nicht zu ergründen vermochten.

Obwohl im babylonischen Sprachengewirr Nordamerikas keine indianische Universalsprache gedeihen konnte, reifte trotzdem auf den Plains eine stumme Zeichensprache heran, die allen Stämmen geläufig war. Daß diese Gebärdensprache, die aus einer Reihe von Gesten mit Armen, Händen und Fingern bestand, sich gerade auf dem Gebiet der weiten Prärien entwickelte, war kein Zufall. Während der alljährlichen Bisonjagd stießen dort Jäger der verschiedensten Nationen aufeinander und wiesen sich durch Handzeichen als Freund oder Feind aus. Ihre vielseitige und eindrucksvolle Zeichensprache, in der ungefähr vierhundert Gebärden dasselbe wie eintausend bis zwölfhundert Wörter zum Ausdruck brachten, ermöglichte selbst die schwierigsten Gespräche und ließ sich besonders auf Kriegszügen vorteilhaft gebrauchen, wo absolutes Stillschweigen vonnöten war. Ohne einen einzigen Laut, nur mit bestimmten Körperbewegungen und dem Gesichtsausdruck konnten die Indianer sich so gut verständigen, daß wildfremde Stämme allein mit Hilfe der Gebärdensprache sogar komplexe Verträge abschließen konnten.

Wurde mit dem rechten Zeigefinger ein Strich quer über die Stirn gezogen, womit man die Hutkrempe andeutete, ging die Rede vom weißen Mann. Um eine Frau zu bezeichnen, fuhr man sich mit gespreizten Fingern durchs Haar, als ob man sich kämmen würde. Wollte man sich als Freund zu erkennen geben, schloß man die rechte Hand, hob den Zeige- und den Mittelfinger gegen den Himmel — mit der Handfläche nach außen — und bewegte die Hand langsam von der Gürtellinie bis auf Schulterhöhe.

Welch unglaubliche Perfektion die Verständigung durch Handzeichen erreichte, zeigt H.-J. Stammel an einem überzeugenden Beispiel: »Der amerikanische Wissenschaftler William Tomkins wies 1931 nach, daß in der indianischen Zeichensprache eine ganztägige Sitzung des Repräsentantenhauses korrekt und absolut verständlich wiederzugeben war. Er diktierte . . . einem Indianer, auch Wissenschaftler, . . . den Text eines vollständigen Friedensvertrages des Jahres 1868, und dieser sprach den ihm durch Zeichensprache übermittelten Text auf ein Tonband. Ursprünglicher Text und aus der Zeichensprache zurückübersetzter Text wichen in keinem Detail voneinander ab.«

Um sich über weite Strecken Nachrichten zu übermitteln, griffen die Rothäute auf eine nicht minder perfektionierte Signalsprache zurück. Sie gaben sich Zeichen, die am Tage und auch nachts auf größte Entfernungen sichtbar waren. Durch die Art und Weise, wie ein Reiter mit seinem Pferd große

Kreise beschrieb, vor- und zurückgaloppierte oder einen Hügel hinauf- und hinabtrabte, konnte er einem aufmerksamen Beobachter in der Ferne eine genaue Mitteilung machen. Mit hin und her geschwenkten Decken ließen sich ebenfalls Neuigkeiten weiterreichen. Die indianische Signalsprache funktionierte ähnlich wie das Morsealphabet: Sie fußte auf der Kombination kurzer und langer Zeichen. Spiegelsignale, denen durch längeres oder kürzeres Aufblitzen-Lassen der Sonnenstrahlen eine ganz bestimmte Bedeutung zukam, waren weithin entzifferbar. Ein auf einer Anhöhe loderndes Feuer konnte nachts als Telegraf gebraucht werden, indem man es in gewissen Abständen verdeckte. Wenn man am Tag Gras oder noch grüne Zweige in dasselbe Feuer warf, machte sich eine starke Rauchentwicklung bemerkbar, die man durch eine Decke zeitweise unterbinden und dann wieder aufkommen lassen konnte. Auch Staubwolkenzeichen, die durch das Aufwirbeln von trockenem Schmutz entstanden, dienten zur Nachrichtenübermittlung. Auf der Erde, auf Bäumen oder auf Felsen von Spähern hinterlassene Warnsignale, wie Tier- oder Pflanzenbilder, erwiesen sich oft als ausgezeichnete Informationsquelle für nachstoßende Indianertrupps.

Daß die Rothäute beim Entwurf ihrer Signalsprache Einfallsreichtum bewiesen, ist aus folgendem Beispiel ersichtlich, das H.-J. Stammel zitiert: »Die Verhaltensweise bestimmter Aasvögel ... führte dazu, daß man ihre Flugbewegungen durch Ausbreitung von Aas regelrecht manipulierte, so daß ein weit entfernter Partner am genau kalkulierten Flugverhalten von Aasvögeln erkennen konnte, welche Mitteilung für ihn bestimmt war.«

Neben ihren Sprechsprachen, ihrer Zeichen- und Signalsprache kannten die Indianer auch eine »gemalte Rede« aus Bildern und Symbolen, die sie auf Bison- oder Hirschleder oder auf Baumrinden zeichneten. Die indianischen Schriften, die nicht wie die europäischen auf der Anordnung und Abfolge von Buchstaben gründen, sind regelrechte Piktographien oder Bilderschriften, die einige Stämme des Südostens und die Irokesen zu einer richtigen Kunstform entwickelten. Das auf fünf Birkenrindenstücken eingeritzte Walam Olum der Delawaren, die Büffelhäute mit der Darstellung der wichtigsten Ereignisse aus Sitting Bulls bewegtem Leben, die Malereien auf Bisonmänteln und -decken verschiedener Prärienationen, die als Stammeschronik gedachten »Wintererzählungen« der Sioux, die Kalender der Kiowas ... sind die wichtigsten erhaltenen Beispiele indianischer Bilderschrift.

Auf europäische Vorbilder lassen sich die wenigen Indianerschriften zurückführen, die auf einem Alphabet basieren. Die bekannteste davon ist die Silbenschrift der kulturell hochstehenden Cherokees, die der Mischling Sequoyah zwischen 1809 und 1821 ausarbeitete, indem er aus lateinischen Buchstaben und eigenen erfundenen Zeichen ein Cherokee-Alphabet erstellte, das bereits in wenigen Monaten weite Verbreitung fand und erst zu Beginn des 20. Jahrhunderts an Bedeutung einbüßte.

GOTT IST ROT – DIE RELIGIÖSEN VORSTELLUNGEN

Die »Lilie der Mohawks« und das Christentum

Gleichmäßig tauchten die Oneida-Irokesen ihre Paddel in die Fluten des Mohawk-Flusses. Auf dem Boden eines ihrer Rindenkanus wand sich die junge Algonkin-Indianerin Maria Ojiruk in den Fesseln, die ihr das Blut abschnürten. Die Oneidas hatten im Jahre 1654 die Algonkin-Ansiedlung überfallen und achtzehn Gefangene abgeschleppt. Besonders ergrimmt waren die Irokesen darüber, daß die Bewohner des Dorfes den »Großen Geist« der Indianer verraten hatten und zum Christentum übergetreten waren.

Maria hatte sich als eine der ersten zum neuen Glauben bekannt. Als sie aus dem Mund französischer Jesuitenpatres vom Segen des Mannes am Kreuze erfahren hatte, war sie so sehr von der Botschaft des Vatergottes und seines gekreuzigten Sohnes angetan, daß sie sich von den christlichen Missionaren taufen ließ.

Nachdem die Oneida-Krieger Ossernenon, ihre heimliche Siedlung im heutigen Staate New York, unbehelligt erreicht hatten, scharte sich die Bevölkerung der Niederlassung um die mit Lederriemen zusammengeschnürte Algonkin-Schönheit, die die Begier der Männer entfachte. Kiodego, ein Häuptlingssohn aus dem Irokesenvolk der Mohawks, der sich schon längere Zeit in Ossernenon aufhielt, begehrte die Christin zur Frau. Im Jahre 1656 brachte Maria ein bildhübsches Mädchen namens Tekakwitha zur Welt. Sie hatte Kiodego bereits durch ihre melodischen Christengesänge mit dem Glauben an Gott und Jesus vertraut gemacht. Ihr religiöses Wissen gab sie auch an ihre kleine Tochter weiter.

Als 1660 eine furchtbare Pockenseuche Tekakwithas Eltern hinwegraffte, nahmen Kiskepila und seine Frau Teotonharason, Verwandte des Kindes, die Waise in ihren Wigwam auf. Durch ihre Hilfsbereitschaft sicherte sich Tekakwitha die Zuneigung der Familie. Als sie jedoch beschloß, im Glauben an Christus ehelos zu bleiben, und sich Ostern 1676 auf den Namen Katarina (Kateri) taufen ließ, erregte sie den Zorn ihres Adoptivvaters, der sie in seiner Wut brutal zu mißhandeln begann.

In immer stärkerem Maße war sie dem Spott und der Verfolgung ihrer Landsleute ausgesetzt, bis es ihr im September 1677 mit Hilfe ihres Schwagers gelang, aus dem Dorf zu entrinnen und zur kanadischen Missionsstation Sault Saint Louis (Caughnawaga) zu fliehen. Dort bemühte sie sich um die Christianisierung ihrer Stammesgenossen und wollte sogar ein Kloster für indianische Mädchen aufbauen. Nach einem kurzen, untadeligen Leben, in dem sie Demütigung, Haß und Krankheit erfahren hatte, starb sie am 17. April 1680 im Alter von nur vierundzwanzig Jahren.

Innerhalb von zwei Jahrhunderten nahm die Verehrung der liebenswürdigen Häuptlingstochter ständig zu. Als »Lilie der Mohawks« ging sie in die Erinnerung der Menschen ein. Obwohl ihr Grab mit der Inschrift
>»Kateri Tekakwitha,
>gestorben am 17. April 1680.
>Die schönste Blume,
>die je unter den Indianern blühte.«

zum Wallfahrtsort (La Prairie) wurde und die Einwohner Kanadas sie längst als ihre Beschützerin betrachteten, blieben alle Bittschriften zur Seligsprechung der Indianerin bis in unser Jahrhundert vergeblich. Am 22. Juni 1980 wurde Kateri Tekakwitha endlich im Petersdom seliggesprochen. Hunderte von Indianern in Ledertracht und Federschmuck belebten die Zeremonie, bei der Papst Johannes Paul II. die »Lilie der Mohawks«, eine der ersten Indianerinnen, die sich zum Christentum bekehrt hatten, als das »Symbol der besten Erbschaft der nordamerikanischen Indianer« bezeichnete.

Wenn auch Kateri Tekakwitha zeitlebens karitativ und missionarisch tätig war und ihr Christentum so unverbrüchlich lebte, daß der Verzicht auf alles, was mit ihrem Glauben nicht vereinbar schien, ihr nicht schwerfiel, so gab es doch viele Indianer, die ihr beispielhaftes Leben nicht nachahmenswert fanden und der christlichen Religion sogar feindlich gegenüberstanden, wie z. B. die haßerfüllten Oneidas, die Kateris Mutter geraubt hatten. In Wirklichkeit gab es tiefgreifende Unterschiede in den religiösen Auffassungen der Weißen und der Indianer. Letztere kannten wohl die Begriffe Gott, Vision, Jenseits, Priester, Selbstkasteiung und Messiasglaube, und trotzdem waren ihre Vorstellungen meilenweit von denen des weißen Mannes entfernt.

Manitu, das »Große Geheimnis«

Die Indianer waren vom Glauben an eine allmächtige, Erde und Weltall umfassende Lebenskraft durchdrungen, die sich ihnen überall in der Natur offenbarte. Diese heilige Energie durchpulste Menschen und Tiere, Pflanzen und Steine, Blitz und Donner. Die Algonkins nannten sie »Manitu«, die Crows »Maxpe«, die Irokesen »Orenda«, die Shoshonen »Pokunt« und die Sioux »Wakan Tanka«. Die Weißen bezeichneten sie mit dem Ausdruck »Großer Geist« und setzten sie irrtümlicherweise mit dem höchsten Wesen gleich, was jedoch der indianischen Auffassung nicht gerecht wurde. Denn das religiöse Empfinden der Rothäute deckte sich noch lange nicht mit den Vorstellungen der Europäer. Der Gottesbegriff des roten Mannes hatte wirklich nichts mit dem Gedankenbild des christlichen Schöpfers gemein. Manitu, das »Große Geheimnis«, war Ursprung und Quelle jeder Kraft und »beseelte« alle Geschöpfe und Gegenstände, lebende wie tote. Diese alle Körper und Naturerscheinungen beflügelnde unpersönliche, anonyme Macht, die an sich weder gut noch böse war, sahen, spürten und rochen die Indianer auf Schritt und Tritt. Sie glaubten, die Welt sei geheimnisvoll in Manitu eingebettet, so daß die Gottheit in allen Dingen wirke, ohne aber selbst »in der Welt« zu sein.

Sie waren nicht darauf aus, sich »die Erde untertan« zu machen und sie zu beherrschen, sondern lebten in enger Naturverbundenheit. Es fiel ihnen nicht ein, mehr Holz zu schlagen oder mehr Tiere zu erlegen, als sie unbedingt zum Überleben brauchten. In anderen Worten: Sie schonten die ihnen heilige Natur und waren die ersten »Umweltschützer« der Geschichte. Sie betrachteten sich nämlich nur als einen winzigen Teil der Mutter Erde und fühlten sich der Tier- und Pflanzenwelt verpflichtet. Da jede Kreatur, jeder Strauch, jede Quelle, jeder Grashalm von Manitu durchgeistigt war, durften sie sich nicht an der natürlichen Ordnung versündigen. Somit unterschied sich ihr Weltbild grundsätzlich von dem unsrigen.

Eine persönliche Verbindung zu Manitu ließ sich für den Indianer durch einen Tierschutzgeist herstellen, der gewöhnlich in einer durch Fasten, Selbstkasteiung oder einsames Umherirren ausgelösten Vision erschien und bei der Jagd oder im Krieg, bei Krankheit oder im Unglück behilflich war. Dank seines tierischen »Schutzengels« übertrug sich die vom »Großen Geist« ausgehende Lebenskraft auf den Indianer, dessen Leben ohne sie nicht denkbar war.

Manitu war nicht nur in den Menschen und Vierbeinern, in den Bergen und Flüssen gegenwärtig, sondern stand auch über allen Wesen und Dingen: Er war immer in der Mitte von allem, unabhängig von jeder Auswirkung, eigenschaftslos und unbegrenzt. Obwohl er an jeder Handlung, an jeder Sache, an jedem Augenblick teilhatte, war die Bläue des Himmels das einzige, was man von ihm sehen konnte.

Im Gegensatz zum Weißen, der an der Natur Raubbau trieb und sich noch immer an ihr vergeht, überforderte der Indianer seine Umwelt nicht, deren Gesetze er zu verstehen suchte und beobachtete. Wie der Sioux-Seher Black Elk (Schwarzer Hirsch) pflegte er regelmäßig das »Große Geheimnis« anzurufen, um sich durch Opfergaben und Dankgebete des Wohlwollens der Natur zu vergewissern und Manitus etwaigen Zorn zu beschwichtigen: »Wir flehen, um Dank zu sagen für eine große Gabe, die uns der Große Geist gewährt hat. Aber der wichtigste Grund zum Flehen ist, daß es uns hilft, unsere Einheit mit allen Dingen zu verwirklichen, zu wissen, daß alle Dinge unsere Verwandten sind; und dann beten wir zugunsten aller Dinge in ihrem Namen zu Wakan Tanka, damit er uns Wissen um ihn selbst verleihe, von ihm, der die Quelle aller Dinge ist, größer noch als alles.«

Visionen oder An der Quelle der göttlichen »Urkraft«

»Ich blickte in den Himmel und sah viele Soldaten. Wie ein Heuschreckenschwarm stürzten sie aus den Wolken in unser Lager, die Köpfe voran, so daß ihre Mützen herunterfielen. Dabei rief eine Stimme von oben: ‚Ich gebe sie euch, denn sie haben keine Ohren.'« Als Sitting Bull (Sitzender Büffel) seine Vision verkündete, beeindruckte er zutiefst die 1876 im Rosebud Tal zum großen Sonnentanz versammelten Präriestämme. Während der nach altem Brauch gefeierten Zeremonie hatte der Häuptling und Medizinmann der Hunkpapa-Sioux sich hundert Stücke Fleisch aus den Armen schneiden lassen und blutüberströmt so lange im Rhythmus der Trommeln getanzt, bis er in Trance fiel und eine Erscheinung hatte. Ein Freudentaumel bemächtigte sich des Volkes, das keinen heiligen Mann brauchte, um das vom Medizinmann Erschaute zu deuten: Sitting Bulls Traum prophezeite einen Angriff aufs Indianerdorf, bei dem alle weißen Soldaten getötet würden.

Als die Blauröcke des 7. Kavallerie-Regiments unter Lieutenant Colonel (Oberstleutnant) George Armstrong Custer noch im selben Monat am Little Big Horn das Lager der vereinigten Sioux, Cheyennes und Arapahos überrumpeln wollten, erfüllte sich die Voraussage. Crazy Horse und Sitting Bull nutzten die ehrgeizige Unbesonnenheit des draufgängerischen Offiziers aus, um dessen Reiterbataillon bis auf den letzten Mann niederzumachen.

So nimmt es einen nicht wunder, daß die Indianer felsenfest an die Wirklichkeit von Visionen glaubten. Es gibt auch noch andere Beispiele von Traumbildern, in denen eine Weissagung Realität wurde. Von einer solchen Vision zehrte der Sioux-Kriegshäuptling Crazy Horse (Wildes Pferd) sein ganzes Leben.

Die Rothäute Nordamerikas, insbesondere die Präriestämme, hatten große Ehrfurcht vor Traumgebilden, denen sie ihre ungeteilte Aufmerksamkeit schenkten. Traumgesichter wurden von jedem Indianer ernst genommen, bargen sie doch oft lebenswichtige Schlüsse für den Betreffenden. Wollte sich ein angehender Krieger einen Schutzgeist erwerben, den er in allen Lagen anrufen konnte, oder in die Zukunft schauen, bemühte er sich um eine übernatürliche Erscheinung. Zu diesem Zweck ritt der Prärieindianer, gewöhnlich in den Jünglingsjahren, an einen abgeschiedenen Ort. Dort legte er sich Entbehrungen auf und fügte sich freiwillig Schmerzen zu, um ein Opfer zu bringen und sich die Götter günstig zu stimmen. So kasteite er sich durch Fasten, Selbstmarter, Wachen und Beten, bis Hunger, Durst, Blutverlust, gesteigerte Erwartung und starke Sonnenbestrahlung ihn in einen für Visionen empfänglichen Gemütszustand versetzten.

Um das schwache Fleisch zu besiegen und sich den Göttern zu nähern, schreckte er auf der Suche nach einem wegweisenden Traumbild vor keiner Verstümmelung zurück. »Mancher Jugendliche schlitzte sich Arme und Beine auf, und unter den Kräheindianern war es Sitte, sich ein Fingergelenk der linken Hand abzuschneiden. Die Cheyennes stießen sich kleine Holzspieße in die Brust und hielten das Fleisch mit Klammern zusammen. An den Spießen hingen Schnüre, die an einem Pfahl befestigt waren. Den ganzen Tag hindurch riß der junge Cheyenne an seinen Wunden, indem er sich vom Pfahl zu entfernen suchte, an dem er durch Schnur und Fleisch befestigt war; gleichzeitig flehte er um eine Vision.« (Peter Farb)

Stellte sich nun ein Traumbild ein, vernahm der eine Vogelsang und Kauderwelsch, wohingegen dem andern Tiere, wie Adler, Bären, Büffel, Falken, Hirsche, Wölfe, und sonderbare Zeichen erschienen. Allein der Medizinmann eines Stammes war befugt, die Vision zu deuten und den jungen Mann über das Ausmaß der besonderen Stärke aufzuklären, die ihm der Traum verliehen hatte.

Vor allem bei gefährlichen Unternehmen nahm der rote Mann gerne Zuflucht zu übernatürlicher Hilfe, um sich an der Quelle der göttlichen »Urkraft« zu laben. Er glaubte nämlich, dank der »Macht« einer Vision könne er Dinge vollbringen, die er als einfacher Sterblicher nicht ohne Unterstützung »von oben« auszuführen vermöge, wie zum Beispiel ein ausgezeichneter Jäger zu werden, Krankheiten und Schlangenbisse zu heilen, in die kommende Zeit zu blicken, »um die Ecke« zu sehen oder im Krieg unbesiegbar zu sein.

Die »Ewigen Jagdgründe«, ein Paradies für jedermann?

Die meisten Indianerstämme glaubten fest an ein Leben nach dem Tod. Sie bestatteten ihre Verstorbenen auf Gerüsten, deckten sie auch auf Hügeln mit Steinen zu oder versenkten sie in Felsspalten. Gemäß den Vorstellungen der Cheyennes zum Beispiel lösten sich die Seelen der Abgeschiedenen von den zerfallenen Körpern, stiegen über die hängende Straße, womit sie die Milchstraße meinten, ins Land des Hauptgeistes Heammawihio (Der Weise oben) auf und verbrachten dort ein angenehmes Dasein.

Die nordamerikanischen Ureinwohner nannten das Land der Toten die »Glücklichen Jagdgründe«, woraus die Weißen die »Ewigen Jagdgründe« machten. In der Tat wußten die Indianer mit dem Begriff »ewig« nicht viel anzufangen. Ihre schöne Welt »danach« stand allen offen, die im diesseitigen Leben gerecht und tapfer gewesen waren. Da nun aber viele Indianer gemäß strenger Sittenvorschriften lebten, durfte die große Mehrzahl damit rechnen, nach ihrem Ableben dieses »Goldene Zeitalter« kennenzulernen. Somit war das rote Jenseits wirklich ein Paradies für jedermann.

Nur den Selbstmördern waren die Ewigen Jagdgründe verschlossen. Weil sie zu feige waren, um das Leben auf Erden zu meistern, hatten sie ihr Anrecht auf das nachtodliche Glück verspielt.

Es waren die Weißen, die die Überzeugung äußerten, die Indianer würden nachts nicht kämpfen, weil sie fürchteten, das Totenreich nicht erreichen zu können, wenn sie in der Finsternis getötet würden. Es scheint aber, daß die Rothäute bei Nacht die Waffen aus einer anderen Ursache ruhen ließen: Der nächtliche Tau befeuchtete nämlich die Bogensehnen und machte sie unbrauchbar.

Die »Glücklichen Jagdgründe« ähnelten in vielem der Erde. Im Jenseits lebten die Menschen nicht anders als hienieden. Sie schlossen sich zu Horden zusammen, lagerten in Hütten oder Zelten, gingen auf die Jagd, unternahmen Raubzüge und führten Krieg.

Die Irokesen hingegen hatten eine weniger vermenschlichte Vorstellung von ihrem eigenen Nachleben. Die Geister der Toten begaben sich nicht auf die beschwerliche Reise nach einem entfernten Paradies, sondern verblieben als Schatten in der Nähe der Lebenden. Weil sie als Geistwesen nicht das Bedürfnis verspürten, zu essen oder zu trinken, konnten sie ihre ungeteilte Aufmerksamkeit dem eigenen Stamm schenken. An den Überfällen nahmen nicht nur die Krieger aus Fleisch und Blut teil, sondern auch die Schattengeister der Abgeschiedenen, die jedoch dem Kampfgetümmel nur zuschauen konnten und nicht aktiv einzugreifen vermochten.

Den Indianern waren die christlichen Begriffe Jüngstes Gericht und Ewige Verdammnis fremd. Sie kannten wohl neben dem »Großen Geist« dessen satanischen Widerpart, den die Cheyennes Aktunowihio (Der Weise unten) nannten. Sie sahen aber in diesen beiden Geistern keine Verkörperung von Gut und Böse, sondern lediglich übernatürliche Mächte mit unterschiedlichen Aufenthaltsorten.

Obwohl keine Zweiteilung in Himmel und Hölle das indianische Jenseits kennzeichnete, waren doch verschiedene Völkerschaften von der Gewißheit durchdrungen, der ins Land der Toten führende »Geisterpfad« müsse irgendwo eine Abzweigung haben für die Schlechten. Nach dem Glauben der Sioux saß an einer bestimmten Stelle des Weges eine alte Frau, namens Maya owitschapaha (Jene, die sie über den Damm herabstößt), die nur den Guten das Weiterwandern erlaubte. Die anderen ließ sie vom Steg abkommen und ziellos umherirren. Bei den Crows galt das umgekehrte Bild: Die Untadeligen waren frei, sich wie die Vögel des Himmels hin und her zu bewegen, wohingegen die Mißratenen festgebunden waren. Dann gab es auch noch Stämme, die glaubten, der Verstorbene müsse vor seinem Einzug in die »Glücklichen Jagdgründe« einen breiten, reißenden, trüben Fluß auf einem Baumstamm überqueren, den nur der Gute sicheren Fußes hinter sich bringen könne.

Rechts: Geisterbeschwörer, Gewittervertreiber und Gedankenleser; Priester, Psychologe und Prophet; Zauberarzt und Zeremonienmeister — der Medizinmann.

Der Medizinmann — Priester, Psychologe und Prophet

Dumpf dröhnte das Tamtam hautbespannter Trommeln, nervenzermürbend erklang eintöniger Singsang, schrill hallte ein durch Mark und Bein dringendes Pfeifen, betäubend schepperten Rasseln und Klappern. Eine unheimliche Gestalt tanzte in einem besonders auffallend geschmückten Mantel aus Büffelfell um ein gespenstisch auflodendes Feuer, das zuckende Lichter und Schatten warf. Auf dem Haupt trug sie eine furchterregende Tierkopfhaube, unter der sie unaufhörlich Geisterbeschwörungen murmelte. Auf einer Stange prangte ein aufgespießter Bisonschädel. An den Wänden hingen ausgestopfte Vögel und kleine Säugetiere, Bärentatzen und Adlerkrallen, Flöten und Zauberstäbe, farbenprächtige Kostüme und Masken. Das merkwürdig verzierte Tipi schied eine spukhafte Atmosphäre aus, die den Stammesmitgliedern nicht ganz geheuer vorkam. Die hin und her hüpfende Figur mit dem sonderlichen Aussehen war der Medizinmann des Indianerlagers, der gerade die Wirksamkeit eines neuen Zaubers erprobte und damit den Dorfbewohnern Angst und Unbehagen einflößte.

Den Ausdruck Medizinmann leiteten die Weißen vom Chippewa-Wort »Midewiwin« ab, mit dem die Heilkundigen einer Geheimgesellschaft bezeichnet wurden, und bezogen ihn auf alle indianischen Überlieferer und Bewahrer von Sitte und Brauchtum, weil die nordamerikanischen Ureinwohner Religion und Medizin vermischten.

Der Begriff Medizin war beim roten Mann aber nicht gleichbedeutend mit Heilkunde und Arznei. Alles, was Zauberkraft hatte und zur Vertreibung oder Besänftigung böser Geister beitragen konnte, war Medizin für den Indianer, der dem Medizinmann übernatürliches Können zuschrieb und dessen außergewöhnliche Fähigkeit im Umgang mit Erscheinungen hochschätzte. Im rituellen Tanz, durch Drogeneinnahme, Fasten oder Selbstkasteiung gelang es diesem Mittler zwischen der Welt des Übersinnlichen und des Wirklichen, besonders intensive Visionen zu haben und sich so im Traum oder in Trance mächtige Schirmgeister zu verpflichten. Als Empfänger eines bemerkenswerten Schutzzaubers war er zugleich geachtet und gefürchtet. Diese neben dem Häuptling am meisten herausragende Persönlichkeit nannten die östlichen Indianerstämme Schamane nach einem aus der Tungus-Sprache Sibiriens entlehnten Wort. Damit charakterisierten sie die kultische Person, die mit Geistern und den Seelen Verstorbener in enger Verbindung stand. Der Ausdruck Schamane ist auf jeden Fall glücklicher als die im Westen von den Weißen eingeführte Bezeichnung Medizinmann, die der wirklichen Bedeutung des Begriffs nicht gerecht wird.

Der Medizinmann oder Schamane war Geisterbeschwörer, Gewittervertreiber und Gedankenleser; Priester, Psychologe und Prophet; Wundertäter, Wettermacher und Wahrsager; Zauberarzt, Zeremonienmeister und Zukunftsdeuter — alles in einer Person. Mit großer Gelassenheit drang er ins Reich des Unirdischen ein, wo er sich mit den Geistern unterhielt, Berichte und Grüße der Lebenden an die Abgeschiedenen übermittelte und mit den Regen, Fruchtbarkeit, Jagdbeute und Kriegsglück spendenden Göttern Zwiesprache hielt. Hierzu versetzte er sich in Trance oder Ekstase, löste seinen Geist vom Körper und verblieb im zeitlosen Zustand der Körperlosigkeit (oder besser: »Ausleibigkeit«), wo er sich als »reines« Bewußtsein wahrnahm und wunderbar klar denken konnte, bis er den Kontakt mit dem Jenseits hergestellt hatte.

Auf ähnliche Weise holte er die Seele eines kranken Menschen aus dessen Leib, läuterte sie und heilte damit Geist und Körper. Als Naturheilkundiger gebrauchte er nicht nur schamanistische Kunstgriffe, sondern bewies auch seine genaue Kenntnis von der Wirkung vieler Heilkräuter. Aderlaß, Einatmen von Pflanzendämpfen, Massage und Schwitzbad gehörten zu seinen medizinisch-therapeutischen Praktiken. Als Stammesarzt war er mit Knochenbrüchen und Kriegsverletzungen vertraut.

Bei den Sioux bekämpfte der Medizinmann mit den zerstoßenen Wurzeln des Stinkkohls Asthma. Bei den Crees ließ er seine Patienten winzige Fichtenzapfen kauen, wenn sie über Halsschmerzen klagten. Der Schamane der Cheyennes verschrieb einen Abguß von wilder Minze gegen Übelkeit. Als Kopfschmerzmittel griffen die Pawnees auf Indianerrüben zurück.

Daß Weiße manchmal ohne die sachkundige Hilfe indianischer Medizinmänner elend umgekommen wären, belegt Benjamin Capps mit zwei aussagekräftigen Beispielen: »Ein Cheyenne bewahrte William Bent davor, an einer Halsentzündung zu ersticken, indem er die entzündete Schleimhaut mit einer Sehne, die er mit Nachtschatten und Bisontalg eingerieben hatte, entfernte. Und als Prinz Maximilian zu Wied im Jahre 1834 in Fort Clark an Skorbut zu sterben drohte, wurde er durch rohe wildwachsende Knoblauchzwiebeln gerettet. In Erkenntnis solcher nachweislicher Heilwirkungen nahmen die maßgebliche U. S. Pharmacopeia und die National Formulary offiziell insgesamt 170 indianische Heilmittel wegen ihres medizinischen Wertes in ihren Listen auf.«

Von der einfachen Kopfwehtablette bis zur Antibabypille inspirierte die indianische Heilkunde die zeitgenössische Medizin. Der rote Wunderdoktor hatte für jede Wunde ein heilsames Tränklein und Pülverchen oder eine gesundheitsfördernde Salbe parat. Vor chirurgischen Eingriffen jedoch schreckte er im allgemeinen zurück. Wagte er es trotzdem, einmal die Brust oder den Schädel eines Kranken zu öffnen, dann hauchte der Patient mit Sicherheit sein Leben unter dem Messer des Medizinmannes aus.

Aber auch Hokuspokus gehörte zur Tätigkeit des Zauberarztes, der oft mehr mit Psychologie und Suggestionskraft als mit erprobten Arzneien heilte. So gab er vor, er würde aus dem Körper des Unpäßlichen das Unheil verursachende Objekt heraussaugen. Förderte er dann einen Stein, einen Dorn, einen Holzsplitter oder einen Käfer zutage, stammten diese bestimmt nicht aus dem ungesunden Leib. Als Experte für flinke Taschenspielertricks und als perfekter Bauchredner war es für ihn ein leichtes, seinen erkrankten Stammesgenossen blauen Dunst vorzumachen. Zudem umtanzte er den Leidenden, indem er unaufhörlich eine kleine Trommel schlug oder eine aus zwei Schildkrötenpanzern hergestellte Klapper schüttelte.

Dieselbe Kraft, die ihm den Kontakt mit der Geisterwelt und die Krankenheilung ermöglichte, befähigte ihn auch, das Unterbewußtsein des Menschen anzukurbeln, neuropsychische Störungen zu behandeln, Liebestränke zuzubereiten, Feinde mit magischen Sprüchen zu besiegen, Regen herbeizuzaubern, den Bison hervorzulocken, in die Zukunft und »um die Ecke« zu schauen. Der Medizinmann war anders als seine Mitmenschen. Schon als Kind stand er im Abseits und fiel durch seine grüblerische und nach innen gewandte Natur auf, durch seine gelegentlichen Ohnmachtsanfälle und seine beunruhigenden Träume, durch seine Halluzinationen und Hysterieausbrüche.

Der bekannteste aller indianischen Medizinmänner war zweifelsohne der Hunkpapa-Sioux-Sachem Sitting Bull, der in einer Vision den Sieg der vereinigten Präriestämme am Little Big Horn River (26. Juni 1876) prophezeit hatte und sich bewußt aus dem Kampfgetümmel heraushielt, um sich nochmals bei seinen Schutzgeistern über den von ihm vorausgesagten Ausgang des Gefechtes zu vergewissern. Tenskwatawa (Offene Tür) und Isatai (Coyote Droppings — Kojotendreck) hingegen erwiesen sich als zwei unfähige Schamanen, die viel Unheil über ihre Völker brachten. Der Shawnee-Prophet Tenskwatawa zerstörte durch seine Unbesonnenheit und Kurzsichtigkeit das großartige Werk seines Zwillingsbruders Tecumseh. Der Comanchen-Seher Isatai versuchte sich als Heilbringer und brachte in seiner Prahlsucht nichts anderes fertig, als Quanah Parkers Krieger am 27. Juni 1874 bei Adobe Walls vor die Gewehrläufe weißer Scharfschützen zu hetzen.

Gewiß gab es gerissene Scharlatane unter den indianischen Medizinmännern, die hervorragende Schauspieler und Künstler ihres Fachs waren und sich den Aberglauben ihrer Stammesbrüder zunutze machten. Verschiedene Schamanen verfügten aber vielleicht wirklich über den richtigen Draht zu den Dingen zwischen Himmel und Erde und besaßen das, was wir heute parapsychologische Fähigkeiten nennen. Sie konnten sich über die Grenzen unserer fünf Sinne erheben, wo es noch einen weiteren, jedoch bei den meisten Menschen unterentwickelten Sinn geben soll, der in der Seele verankert ist und in Telepathie, Hellsehen und Zukunftsschau Raum und Zeit zu überwinden vermag. In unserer Zeit ist der Begriff Psi, ein Synonym für verborgene seelische Erscheinungen, zu einem weltweiten Symbol für geheimnisvolle, unbekannte Kräfte geworden, die man durch außersinnliche Wahr-

Wenn es galt, Regen herbeizuzaubern, den Feind zu besiegen, den Bison hervorzulocken oder in die Zukunft zu schauen, riefen die Indianer die Götter an.

nehmung angehen kann. Vermutlich hatten bereits etliche nordamerikanische Medizinmänner das »Natürliche des Übernatürlichen« erfaßt.

Sollen wir heute rückblickend die rituellen Handlungen der indianischen Zauberpriester dem Bereich des Aberglaubens zuschreiben, als göttliche Wunder hochpreisen, als Teufels- oder Dämonenwerk verdammen oder als simple Schauspielertricks abtun? Alle diese Reaktionen gegenüber dem umstrittenen Wirken der Indianerschamanen sind begründet. Die Medizinmänner waren nämlich in Wirklichkeit zugleich durchtriebene Hochstapler, die auf die Unwissenheit ihrer Zeitgenossen spekulierten, heilkundige Wundertäter, die körperliche und seelische Schmerzen beseitigen oder zumindest lindern konnten, geheimnisumrankte Geisterbeschwörer, die Flüsterparolen aus den Ewigen Jagdgründen zu vernehmen glaubten, sowie vorzügliche Akteure, die den anderen mit Kunstgriffen falsche Tatsachen vorspiegelten und dann forsch behaupteten, Manitu, der »Große Geist«, habe all diese unglaublichen Zaubertaten durch ihre Hand vollbracht.

Der Sonnentanz — Neugestaltung der gesamten Umwelt

Kein Schmerzensschrei kam über die Lippen der jungen Krieger, obwohl sie furchtbare Qualen durchstehen mußten. Der Medizinmann zog ihre Brust- oder Rückenhaut in die Höhe, preßte sie fest zusammen und durchbohrte sie mit einem scharfen Messer. Danach wühlte er noch mit der Klinge in den bluttriefenden Wunden, vergrößerte die aufgeschnittenen Hautschlaufen und stieß durch die so entstandenen Löcher zugespitzte, fingerdicke Holzstäbe. An diesen Marterpflöcken, die um eine Handlänge aus Brust oder Rücken herausragten, wurden dünne Lederriemen befestigt, deren Enden hoch oben um den heiligen Baum in der Mitte der nach Osten offenen hallenartigen Laubhütte geschlungen wurden. Dann wurden die blutüberströmten Männer hochgerissen und waren nur mehr durch die Lederschlingen gehalten. Sie begannen nun, um den Mast zu tanzen, wobei sich die Lederriemen strafften und hart an den hölzernen Nadeln in der aufgestochenen Brust- oder Rückenhaut zerrten.

Unter der brennenden Sonne des Hochsommers schwangen sie ihre vom Gürtel an aufwärts rot gefärbten Leiber im gleichmäßigen Rhythmus einer riesigen, weit über das Land dröhnenden Trommel, deren runde Form das ganze Weltall darstellte und deren beharrlicher, starker Schlag den Puls, das im Zentrum des Kosmos pochende Herz, verkörperte. Sie sprangen so lange in kleinen Schritten vor- und rückwärts, bis sie sich die Riemen mit den Holzpflöcken aus dem geschundenen Fleisch rissen und mit zerstückelter Brust oder zerfetztem Rücken zu Boden polterten. Unter den unheimlich hin und her baumelnden Lederschlingen wurde so mancher Kämpfer vor Schmerz, Hitze, Hunger und Durst ohnmächtig, fiel in Trance und nahm im Laufe einer Vision Kontakt mit den übernatürlichen Kräften auf.

Mit diesem Beispiel triumphierender Schmerzüberwindung, mit dieser eindrucksvollen Offenbarung indianischer Standhaftigkeit wollten sich die Präriestämme, vornehmlich die Arapahos, die Cheyennes und die Sioux, die sie umgebende Natur günstig stimmen, gemeinsam Manitu, den »Großen Geist«, um Glück und Wohlergehen anflehen und die Rückkehr der Bisons herbeiführen. Die feierliche Zeremonie mit der grausigen Selbstkasteiung, eine Art Opfergabe der Leiber und Seelen, hieß im Indianermund Sonnentanz, in der Sioux-Sprache Uiwanyak Uatschipi (Tanz schauend zur Sonne oder Blick-zur-Sonne-Tanz). Sie fand jedes Jahr zur Zeit des Vollmondes im »Monat, der fett macht« (Juni) oder im »Monat der roten Kirschen« (Juli) statt, wenn sich die Plains-Nationen zur alljährlichen Bisonjagd trafen, und dauerte ohne Unterbrechung vier Tage und vier Nächte lang.

Als Veranstalter des Sonnentanzes taten sich gewöhnlich junge Krieger hervor, die in einem Gelübde diese Verpflichtung auf sich genommen hatten, weil sie den Tod eines ihnen nahestehenden Menschen rächen oder ihr

Auf Kritik der Weißen am Zeremoniell des Sonnentanzes ging der Sioux Lame Deer mit einer Frage ein: »Betet ihr in euren Kirchen nicht zu einem, der zum Heil seines Volkes ‚durchbohrt' und ans Kreuz genagelt wurde?«

angeschlagenes Ansehen nach einer ruchlosen Handlung wiederherstellen wollten. In einer riesigen und schmucklosen Laubhütte mit offenem Dach, in deren Mitte man vorher unter viel Freudengeschrei einen geweihten Baum aufgestellt hatte, spielte sich die zermürbende Selbstfolterung ab. Die Cheyennes nannten den Bau, in dem das Ritual vollzogen wurde, »Neues-Leben-Hütte« oder »Hütte des Schöpfers«, womit sie den Zweck der aufwendigen Feier umrissen: die völlige Neugestaltung ihrer gesamten Umwelt. Erst nachdem sich die Sonnentänzer durch ein Schwitzbad gereinigt hatten, durften sie das Tempelinnere betreten, wo der heilige Pfahl mit den herunterhängenden Lederriemen fast an einen Galgen erinnerte.

Hatten die Feierlichkeiten den Höhepunkt der freiwilligen Marterprobe erreicht, feuerten die Freunde oder Verwandten die Teilnehmer an und hießen sie noch kräftiger an den Riemen ziehen, um sich um so schneller loszureißen. Mädchen, die den einen oder anderen gut leiden konnten, steckten ihnen zur Stärkung oder zur Linderung des Durstes ein von ihnen zerkautes Kraut in den Mund. Waren die Muskelstreifen unter der Last des Körpers gerissen, strich der Medizinmann eine Heilsalbe auf die Wunden. Das Martyrium war aber noch nicht zu Ende: Zusätzlich zu den Fleischverletzungen an Brust oder Rücken hackte man den Gequälten mit dem Tomahawk den kleinen Finger, manchmal auch den Zeigefinger der linken Hand ab.

Der Sonnentanz, eine stark abgewandelte Form des Sonnenkultes der südöstlichen Völker, war von Stamm zu Stamm leicht verschieden ausgerichtet. Eine besonders grausige Abart kannten die ackerbauenden Mandans am Missouri. Ihr Okipa-Folterritual zeigte eine ausgeprägte Ähnlichkeit mit einer Hinrichtung. Die jungen Krieger wurden an Lederriemen aufgehängt, die an unter ihrer Haut steckenden Holzstücken angebracht waren. Ihre Beine beschwerte man mit Bisonschädeln. Der Indianermaler George Catlin hat diese gräßliche Opferzeremonie für immer im Bild festgehalten.

Nachdem die US-Regierung alle Indianer Nordamerikas in schäbige Reservate gepfercht hatte, verbot das »Bureau of Indian Affairs« 1910 den Sonnentanz wegen der unmenschlichen Selbsttorturen, denen sich die Rothäute aus eigenem Antrieb unterwarfen, um ihre Tapferkeit unter Beweis zu stellen. Schon lange hatten die christlichen Missionare den grausamen Zeremonientanz als einen besonders schrecklichen Auswuchs der barbarischen Mentalität der Indianer verurteilt. Erst im Jahre 1933 wurde der alte Brauch wieder erlaubt, allerdings ohne die Selbstmarterungen. Die Rothäute verstanden eigentlich nie richtig, warum die Bleichgesichter so versessen darauf waren, den Sonnentanz mit der traditionellen Selbstkasteiung zu untersagen, wo die Weißen doch einen Heiland verehrten, der ihretwegen ähnliche Qualen am Kreuz ausgestanden hatte.

Der Geistertanz oder Der Glaube an die indianische Erlösung

Nacht für Nacht dröhnten 1889 die Trommeln in den Reservaten, und die Herzen der unterdrückten Rothäute flammten noch ein letztes Mal auf. Ein beklommenes Gefühl beschlich die Weißen, die das nächtliche Tam-Tam am Einschlafen hinderte. Ununterbrochen und fanatisch wiegten sich die Indianer immer schneller im mitreißenden Rhythmus des Geistertanzes, bis sie schweißgebadet und gänzlich erschöpft in Trance fielen und sich für kurze Zeit in die Ewigen Jagdgründe versetzt glaubten. Dort begegneten sie ihren toten Stammesbrüdern und sahen mit eigenen Augen, wie die gewaltigen Kriegerheere der Vergangenheit in die Gegenwart einmarschierten, um den roten Mann vom bleichgesichtigen Joch zu befreien. Die Kunde von den großartigen Ereignissen, die auf die Indianer zukamen, verbreitete sich wie ein Lauffeuer unter den Präriestämmen. Den ganzen Rummel hatte der junge Paiute-Seher Wovoka ein Jahr zuvor im westlichen Nevada entfacht. Während einer Sonnenfinsternis, so erzählte er, war er in Verzückung geraten und hatte einen Blick ins künftige Paradies erhaschen können. In der Geisterwelt war ihm die Offenbarung zuteil geworden, daß er der von Gott geschickte Erlöser der Indianer Nordamerikas sei.

Für Kämpfe, Krieg, Lügen und Grausamkeit hatte die neue Religion nichts übrig. Ihre Gebote verlangten ein anständiges und tadelloses Verhalten in allen Lebenslagen. Den Geistertanzglauben hielt deswegen so mancher Weiße für »den besten Kult, den die Roten je hatten«. Die neue Bewegung verhieß die Auferstehung der Toten, die Vereinigung aller Indianer in »ewigem« Glück, die millionenfache Rückkehr der Bisons und Mustangs, der Antilopen und Biber, das gänzliche Verschwinden der weißen Unterdrücker und die vollständige Erneuerung der Erde.

Besonders die jungen Krieger wurden unwiderstehlich von Wovokas Lehre angezogen. Aber auch alte Haudegen, wie Sitting Bull, Gall und Red Cloud, ließen sich von der frohen Botschaft anstecken und gaben den Geistertanzanhängern ihren Segen. Sitting Bull zeigte sich zwar nicht ganz überzeugt und erklärte skeptisch: »Ein toter Mann kann nicht zurückkehren und nochmals leben.« Trotzdem hatte er nichts dagegen, von Kicking Bear, einem Apostel Wovokas, der den Ritus des Tanzes mit seinem Gesang bei den Sioux einbürgerte, zum Priester ernannt zu werden.

Die einzelnen Stämme, die den »Ghost Dance« übernahmen, wandelten ihn nach ihren Belangen ab und verliehen ihm eine persönliche Note. Besonders die kriegerischen Sioux schwächten die grundlegende Unschuld des Kultes ab und begannen, in »Geisterhemden« zu tanzen, denen sie die magische Kraft zusprachen, als heiliger Schutzpanzer gegen die Kugeln der Feinde zu wirken.

Den Amerikanern gefiel ganz und gar nicht, daß das Gerücht von der wunderbaren Erlösung der Indianer wie das Feuer im verdörrten Gras des Herbstes anschwoll und immer größere Kreise zog. Sie befürchteten, eine Welle der Empörung würde die Stämme erschüttern und in einer Massenerhebung enden. Als Sitting Bull den Befehl erhielt, im Standing-Rock-Reservat den Tanz zu verbieten, amüsierte er sich über die Besorgnis der Weißen und unterbreitete dem aufgebrachten Indianeragenten James McLaughlin den ironischen Vorschlag: »Wir beide werden zusammen die Stämme aufsuchen, von denen der Tanz gekommen ist, und wenn wir den letzten Stamm, von dem der Tanz ausgegangen ist, erreicht haben und wenn dieser Stamm nicht den Messias hervorbringen kann und wenn uns auf diesem Weg nicht die Toten entgegenkommen, dann werde ich umkehren und den Sioux sagen, daß das alles eine Lüge ist. Wenn wir aber den Messias finden, dann müssen Sie den Tanz auch erlauben.« Sitting Bulls spöttisches Angebot bestärkte die Weißen in der Annahme, er sei der Kopf der Geistertanzbewegung. In ihrer

Angst beschlossen sie die Verhaftung des einflußreichen Sachems durch Indianerpolizisten. Als sich seine Gefolgsleute der Festnahme widersetzten, wurde Sitting Bull in einem Handgemenge vom Sioux-Sergeanten Red Tomahawk im Morgengrauen des 15. Dezember 1890 erschossen.

Dieser Meuchelmord brachte die im Reservat herrschende aufrührerische Hochspannung zur Explosion. Empört setzten sich zahlreiche Sioux aus der Agentur ab und scharten sich um den Miniconjou-Häuptling Big Foot (Großer Fuß). Wie Ertrinkende klammerten sie sich an Wovokas Verheißung, wonach ein Goldenes Indianerzeitalter herannahe. Verdreckt und durchnäßt wurden sie am Wounded Knee im letzten furchtbaren Massaker der Indianerkriege von Schnellfeuerkanonen des 7. US-Kavallerie-Regiments bis auf das letzte Kind niedergemäht (29. Dezember 1890). Vorbei war der Traum von der wunderbaren Erlösung des roten Mannes, unerfüllt blieb die Prophezeiung vom baldigen Untergang der weißen Rasse, geschwunden war der Glaube an die übernatürliche Kraft des heiligen Kultgewandes und die von ihm ausgehende Unverwundbarkeit. Eine schwerverwundete Frau, die das Gemetzel überlebte, ließ sich widerstandslos das Geisterhemd ausziehen. »Ja, zieht es mir aus. Sie haben mir gesagt, daß es keine Kugeln durchläßt. Jetzt brauche ich es nicht mehr.«

Als die Indianer nach dieser Schlußtragödie endlich erkannten, daß der Geistertanz nicht hielt, was er versprochen hatte, verschwand der Kult so schnell, wie er aufgekommen war.

RESERVATE GESTERN UND HEUTE

Zwangsjacke oder Heimatland?

Allgegenwärtiger Staub und Sand, furchtbare Hitze und Trockenheit, Millionen von Fliegen, Mücken und Käfern kennzeichneten sehr oft die den Ureinwohnern Nordamerikas vorbehaltenen Wohn- und Schutzgebiete, die einen völlig wertlosen Ersatz für das ihnen von den Weißen geraubte Land darstellten. Diese Reservate lagen gewöhnlich weit weg von fruchtbaren Landstrichen, in den kargen Halbwüsten von New Mexico, Arizona und Kalifornien, in den ausgedörrten Sandsteppen von Oklahoma und Kansas, im zerklüfteten Gebirge von Nord-Carolina und in anderen trostlosen Gegenden, die die Bleichgesichter nicht haben wollten.

Gemäß der Redensart »Ein Indianer kann leben, wo ein weißer Mann verhungern würde«, wies die US-Regierung den Rothäuten grauenvolle, wüste Einöden als neue Heimstätten zu. Durch zweifelhafte Kaufverträge betrog Washington die Eingeborenen um ihre angestammten Jagdgründe, die dann zur Besiedlung durch Weiße freigegeben wurden. Durch ihre unterschiedliche Auffassung vom Land, auf dem sie im Einklang mit der Erde lebten – die sie als ihre Mutter verehrten –, verstanden die Indianer anfangs den Gedanken nicht, ihre Heimat zu handeln, zu tauschen oder zu veräußern. »Das Land verkaufen? Warum nicht die Erde, die Wolken oder das Meer?« erkundigte sich Tecumseh bei den bleichgesichtigen Unterhändlern, deren Idee kaum faßbar für ihn war. So glaubten die Rothäute – die man vor Kontraktabschluß oft auch betrunken machte, damit sie um so williger ihre eigene Enteignung unterzeichneten –, daß sie den Weißen ihr Land nur für eine bestimmte zeitlich begrenzte Periode zur Verfügung stellen würden und daß sie danach wieder in dessen Besitz kamen. Setzten sich die Indianer gegen den von oben abgesegneten US-Landraub zur Wehr, wurde die Armee der Vereinigten Staaten herbeibeordert und der ganze Stamm vertrieben. Als Präsident Andrew Jackson sein »Indianer-Aussiedlungsgesetz« 1830 durch den Kongreß schleuste, verfügte die amerikanische Regierung endlich über die legale Handhabe zur Zwangsevakuierung der Rothäute in die wasserarme Steinwüste des späteren Oklahoma, das damals zum Indianerterritorium ausgerufen wurde.

Trotz der schlechten Bodenverhältnisse und der unmöglichen klimatischen Bedingungen in den einstigen Reservaten mißgönnten viele Weiße den Ureinwohnern sogar diese von jeglicher Vegetation entblößten Regionen, so daß General Sherman, Oberbefehlshaber der US-Armee zur Zeit der letzten Indianerkriege, mit Recht sagen konnte: »Ein Reservat ist eine Landparzelle, die für Indianer bestimmt und vollständig umzingelt ist von weißen

Dieben.« Bezogen auf das Indianerterritorium Oklahoma stimmte der bekannte Ausspruch Shermans hundertprozentig. Der Name Oklahoma, der »Rotes Volk« bedeutet, wurde 1866 vom Choctaw-Häuptling Allen Wright geprägt, als die siebenundsechzig Stämme, die Washington dorthin zwangsumgesiedelt hatte, Pläne für einen Indianerstaat schmiedeten, der den Namen des schöpferischen Denkers der Cherokees, Sequoyah, tragen sollte, dessen Gründung aber am Einspruch der Weißen scheiterte. Obwohl dieses Gebiet westlich des Mississippi für alle Zeiten dem roten Mann zugesprochen worden war, wurden die Indianer in ihrem eigenen Haus zu einem Untermieterdasein erniedrigt, als ihre neue Heimat Oklahoma am 16. November 1907 zum 46. Bundesstaat der Union erhoben und damit der Erschließung durch die Weißen preisgegeben wurde.

In den USA (ausgenommen Alaska) gibt es heute 235 Reservate in der Größe zwischen einer einfachen Dorfgemarkung und sechs Millionen Hektar und mit einer Einwohnerschaft zwischen dreitausend und einhundertzwanzigtausend Menschen. Das ausgedehnteste Schutzgebiet mit der größten Bevölkerung ist das der Navahos in Arizona. Wie der Name »Ari-zone« besagt, handelt es sich um eine von der Sonne ausgedörrte Öde von radikaler Dürre, brütender Sommerglut und spärlichem Niederschlag. Von den achthundertfünfzigtausend Rothäuten der Vereinigten Staaten leben ungefähr vierhundertfünfzigtausend in Reservaten, die unter der Oberaufsicht der amerikanischen Regierung stehen. Das Land der Schutzgebiete ist steuerfrei und kann ohne Einwilligung des Staates und der einzelnen Stämme, denen es gehört, weder verkauft noch verschenkt, weder vermietet noch verpachtet werden. Weißen Privatleuten ist es strengstens untersagt, dort Grund und Boden zu erwerben.

Die soziale und menschliche Situation der heutigen Reservatsindianer kann man kaum anders als erbärmlich nennen. Arbeitslosigkeit, Unterbeschäftigung, Minimallöhne und Bildungsnot sind eher die Regel als zur Ausnahme geworden. Große Säuglingssterblichkeit, niedrige Lebenserwartung, hohe Selbstmordrate bei Jugendlichen und extreme Krankheitsanfälligkeit infolge schlechter Ernährung charakterisieren den menschenunwürdigen amerindianischen Lebensstandard. Obwohl das Büro für Indianische Angelegenheiten (Bureau of Indian Affairs oder abgekürzt BIA), dem die Reservate unterstehen, sich darum bemüht, die ungünstige wirtschaftliche Lage der nordamerikanischen Ureinwohner zu verbessern, ist noch kein richtiger Durchbruch erzielt worden.

Neunzig Jahre nach Ende des Krieges zwischen Rothäuten und amerikanischen Pionieren dürfen die in Reservaten lebenden Indianer wieder frei Waffen und Munition kaufen. Ein Gesetz aus der Mitte des vorigen Jahrhunderts, das eine Sondergenehmigung für die Waffenkäufe vorschrieb, wurde erst anfangs 1979 aufgehoben.

Die Indianer müssen jedoch nicht im Reservat bleiben, sondern können es zu jeder Zeit verlassen. Die Regierung hat ihnen nämlich das zweischneidige Recht zuerkannt, zwischen der Existenz innerhalb oder außerhalb eines Reservats zu wählen. Es liegt demnach allein bei ihnen, die schwerwiegende Entscheidung zu fällen, ob sie jämmerliche Wohlfahrtsempfänger auf Lebenszeit des mit Sonderrechten versehenen Stammes oder traurige Staatsbürger zweiter Klasse in der wettbewerbsergebenen und rassistisch eingestellten Zivilisation der Bleichgesichter werden möchten. Von ihnen hängt es ab, ob sie den Fortbestand des indianischen Brauchtums oder die totale Integration anstreben. Solange aber diese theoretische Wahlmöglichkeit keine richtige praktische Alternative mit sich bringt, solange der Reservatsindianer sich gänzlich von der weißen Kultur abkapselt und die Großstadtrothaut unter den Auswüchsen der Rassendiskriminierung zu leiden hat, ist es schlecht um die Zukunft des roten Mannes bestellt.

RED POWER – DAS NEUE INDIANISCHE BEWUSSTSEIN

Im Frühjahr 1973 besetzten etwa dreihundert militante, bis an die Zähne bewaffnete Sioux des Oglala-Stammes neunundsechzig Tage lang, vom 27. Februar bis zum 8. Mai, das Städtchen Wounded Knee, das inmitten des Pine-Ridge-Reservats im US-Bundesstaat South Dakota liegt. Durch diese Protesthandlung wollten die »zornigen« jungen Indianer die Weltöffentlichkeit auf ihr menschenunwürdiges Reservatsdasein aufmerksam machen, ihren Beschwerden und Klagen Nachdruck verleihen und der amerikanischen Regierung schnelle Maßnahmen zur Verbesserung ihrer sozialen Lage abnötigen. Sie forderten eine Untersuchung über die Aktivitäten des Büros für Indianische Angelegenheiten, dem die Reservate unterstehen. Sie beantragten dessen Abschaffung, die Erfüllung der 371 gebrochenen Verträge, die man ihren Vorfahren im 19. Jahrhundert durch List oder Gewalt abgerungen hatte, sowie die Rückgabe unrechtmäßig erworbener Indianerterritorien, die Washington seinerzeit unter weiße Siedler aufgeteilt hatte.

Daß es sich bei der Besetzung von Wounded Knee um keinen »Sturm im Wasserglas« handelte, belegt die Indianerspezialistin Liselotte Ungers mit ihrem Rückblick auf die damaligen dramatischen Ereignisse: »In wenigen Tagen entwickelte sich die Umgebung des sonst so friedlichen Ortes zu einem Miniaturkriegsschauplatz mit all den Attributen eines echten Krieges: mit Panzern und Truppen, mit Feuergefechten und Waffenstillstandsabkommen, mit Verhandlungen, die zeitweilig abgebrochen und wieder aufgenommen wurden, mit Blockade und Waffenschmuggel. Es konnte angesichts der militärischen Ungleichheit der Gegner nur ein symbolischer Krieg sein, aber er wurde von den unmittelbar Beteiligten bitter ernst genommen. Infolge der immer wieder ausbrechenden Schießereien gab es Dutzende von Verwundeten, ein Federal Masrshal wurde schwer verletzt, und für zwei junge Indianer wurde der Schwur, eher zu sterben als sich zu ergeben, zur tödlichen Wirklichkeit.«

Daß die heutigen Sioux sich gerade in Wounded Knee gegen ihre unentwegt fortschreitende Verarmung aufbäumten, ist geschichtlich bezeichnend. Denn das letzte Massaker, das die US-Cavalry im 19. Jahrhundert unter dreihundert keines Angriffs gewärtigen Männern, Frauen und Kindern dort anrichtete (29. Dezember 1890), ließ Wounded Knee zum Golgotha der leidgeprüften roten Rasse werden. Zudem befindet sich am Wounded Knee River das Grab eines der größten Indianerkämpfer aller Zeiten. Nur seine Eltern, die »an der Biegung des Flusses« seine sterblichen Überreste begruben, kannten den geheimen Bestattungsort des 1877 in Fort Robinson hinterrücks erstochenen Oglala-Sioux-Häuptlings Crazy Horse, der mit Sitting Bull in einem taktisch brillant geführten Gefecht am Little Big Horn das 7. US-Kavallerie-Regiment in einer letzten Hurraschlacht am 26. Juni 1876 gänzlich aufrieb.

Die 1973er Rebellen von Wounded Knee gehörten größtenteils dem radikalen Flügel der zeitgenössischen »Amerikanischen Indianer-Bewegung« an, die sich selbst »American Indian Movement« nennt und unter dem Kürzel AIM für Schlagzeilen sorgt. In seinem Kampf um die gerechte Anwendung der US-Verfassung auf alle Bürger des Landes, zu denen die indianische Minderheit auch zählt, verlangte das AIM »Red Power« und verstand sich als Vergleichsbewegung zum »Black-Power«-Zusammenschluß der in ihren Gettos aufmuckenden Neger. Einer der Gründer des AIM, Dennis Banks, nimmt kein Blatt vor den Mund, wenn er ohne Umschweife erklärt, warum eine indianische Widerstandsorganisation vonnöten war: »Man impft uns ein, daß wir die Errungenschaften der restlichen Zivilisation annehmen müßten, daß acht Stunden Arbeit am Tag Gleichheit schaffen würden ... Wir werden herumgeschoben, werden weiß gemacht, werden zu Nichtindianern erzogen ... Das Programm des Bureau of Indian Affairs ist das unmenschlichste, das je von Menschen hundert Jahre lang praktiziert wurde ... Diese Regierung ist unser Feind und das BIA, sie bestehlen uns, sie beschneiden unsere Rechte, wo sie nur können. Und dafür werden sie bezahlen. Wir werden diesen Krieg gewinnen, es war ein langer Krieg für uns Indianer, es ist der längste unerklärte Krieg der Geschichte.«

Das »American Indian Movement«, das aus der stummen Verzweiflung über die Übergriffe der Polizei und die Ungerechtigkeiten der US-Gerichte gegenüber den roten Bürgern am 27. Juli 1968 in Minneapolis entstand, trug durch seinen ansehnlichen und berechtigten Forderungskatalog zu einer

Durch die Besetzung des Städtchens Wounded Knee vom 27. Februar bis zum 8. Mai 1973 wollten junge Sioux-Indianer die Weltöffentlichkeit auf ihr menschenunwürdiges Reservatsdasein aufmerksam machen.

Wiedergeburt indianischer Würde bei. Ein neues rotes Bewußtsein keimte auf und entwickelte sich zu einer Form der praktischen Lebensbewältigung in einem gesellschaftlichen Milieu, das ohne falsche Übertreibung als indianerfeindlich eingestuft werden kann. In seinem Bestreben, sich von der Entmündigung durch den Staat zu befreien und die kulturelle Identität des roten Mannes zu bewahren, schreckte das AIM nicht vor einer harten Konfrontation mit den Ordnungskräften zurück. Seine Mitglieder, die sich als »Warrior Class«, als »Kriegerkaste« des 20. Jahrhunderts betrachten, besetzten Land, das die Regierung den Indianern widerrechtlich abgenommen hatte, weigerten sich, ihren Grund und Boden für den Bau von Straßen oder für andere öffentliche Einrichtungen zur Verfügung zu stellen, verlangten von Museen die ausgestellten Gebeine ihrer Vorfahren zurück, zogen gegen die Benachteiligung ihrer Rassenbrüder in amerikanischen Gerichten zu Felde, protestierten gegen die »Entindianisierung« ihrer Kinder in den Schulen der

Weißen und sprachen sich lautstark für die allgemeine Einführung indianischer Reservatsschulen mit indianischen Lehrkräften aus.

Dank der Bemühungen des nach »Red Power« strebenden AIM gleißt das vielschichtige Indianerproblem im Rampenlicht der Aktualität. Mit allen Mitteln des politischen Protestes werden dem Durchschnittsamerikaner die heutigen Schwierigkeiten und Nöte der »Urbevölkerung« der Neuen Welt vor Augen gehalten. Entgegen der Behauptung von D. H. Lawrence, der die Rothäute dazu verdammt sah, im großen weißen Sumpf zu verschwinden, sind die nordamerikanischen Ureinwohner noch nicht vom bleichgesichtigen Strudel verschlungen worden. Im Gegenteil: Aus den zweihundertfünfzigtausend Indianern um die Jahrhundertwende wurden deren heute weit mehr als dreihunderttausend. Der rote Mann vermehrt sich, organisiert sich, verlangt, bekommt, nimmt: hier die Alcatraz-Insel, deren Besetzung zu einem Symbol in der jüngsten Geschichte der Indianer geworden ist, dort das Recht, zu fischen oder zu jagen oder den Zoll bei der amerikanisch-kanadischen Grenze einfach zu umgehen.

Wie der Schriftsteller Leslie Fiedler mit Recht bemerkt, ist der Indianer heutzutage der Geist, der das amerikanische Gewissen plagt. Denn der körperliche Totschlag, der Genozid, und der kulturelle Mord, der Ethnozid, an der amerindianischen Bevölkerung hat Wunden geschlagen, die nicht vernarben. Den Amputierten schmerzt das abgeschnittene Glied. Amerika kommt nicht über seine toten Indianer, über seinen verlorenen Westen hinweg. Der rote Mann ist allgegenwärtig in der geistigen Landschaft der Vereinigten Staaten und erinnert den heutigen Amerikaner unentwegt an die Greueltaten seiner Vorfahren.

Das Wiedererscheinen des Indianers im zeitgenössischen amerikanischen Bewußtsein fand seinen Höhepunkt im 1973er Wounded-Knee-Aufstand der Oglala-Sioux, dem die Okkupation des Bureau of Indian Affairs in Washington, die Erstürmung des historischen Forts von Robinson in Crawford (Nebraska), die heftigen Zusammenstöße mit der Polizei in Scottsbluff (Nebraska), der Brand des Custerschen Justizgebäudes in South Dakota und die Eroberung der berüchtigten Gefängnisinsel Alcatraz vor der Küste Kaliforniens vorausgingen.

Die in ihren Forderungen immer radikaler und in ihren Methoden immer streitbarer werdende »Red-Power«-Bewegung wendet sich auch gegen die Schicht der einflußreichen und bürgerlichen Mitglieder der Indianergesellschaft, gegen die sogenannten »Uncle Tomahawks«, die — wie der willfährige »Uncle Tom« der Neger — alle Erniedrigungen durch die Weißen schlucken, und gegen die »Red Apples«, die mit roten Äpfeln verglichen werden, weil sie nur außen rot und im Inneren, worauf es ankommt, weiß sind. Die »Uncle Tomahawks«, deren Passivität angeprangert wird, und die »Red Apples«, die als Verräter der indianischen Sache gelten, werden als Mario-

Mit dem Wounded-Knee-Aufstand von 1973 wollten die Mitglieder des »American Indian Movement« nicht nur ihren Forderungen gegenüber der amerikanischen Regierung Nachdruck verleihen. Es ging ihnen auch darum, sich von den sogenannten »Uncle Tomahawks« und den »Red Apples« abzusetzen.

netten und Handlanger der Willkürmaßnahmen des verhaßten Bureau of Indian Affairs entlarvt. Anstatt sich um die richtigen Bedürfnisse ihrer Völker zu kümmern, machen diese gemeinsame Front mit den Unterdrückern der indianischen Minderheit und verweisen alle Hoffnungen auf eine bessere Zukunft durch ihre elende Kopfnickerei auf den St.-Nimmerleins-Tag.

Daß heutzutage eine indianische Interessengemeinschaft wie die aggressive »Red Power« die Belange der nordamerikanischen Rothäute verteidigt, haben die Weißen, vornehmlich die Bundesregierung mit dem wurmstichigen Bureau of Indian Affairs, sich selbst zuzuschreiben. Wie heißt es doch in einem traditionellen indianischen Scherz, der Bezug nimmt auf Kolumbus und dessen Entdeckung Amerikas im Jahre 1492: »Er wußte nicht, wo er hinfuhr, und nicht, wo er gewesen war. Und er tat alles mit anderer Leute Geld. Die anderen Weißen sind seitdem seinem Beispiel gefolgt.«

DER ROTE MANN HAT NICHT UMSONST GELEBT

Die Errungenschaften der Indianer

In den Augen vieler Weißer waren die Indianer auf Mord und Totschlag versessene Wilde, die nach Herzenslust brandschatzten, skalpierten und sogar nicht davor zurückschreckten, Kinder und Frauen zu erschlagen. Sie huldigten der Vielweiberei und führten ein Faulenzerdasein. Statt einer anständigen Beschäftigung nachzugehen, zogen sie in den Krieg oder auf die Jagd, hockten nichtstuerisch zusammen und schmauchten das Teufelskraut Tabak. Ihre Frauen hingegen mußten sich den ganzen Tag abrackern, die schwersten Lasten tragen, sich um jede Haushaltsarbeit kümmern und die Felder bestellen. Die Männer lebten in den Tag hinein, ohne für magere Zeiten Vorsorge zu treffen. Zum Takt der wild wirbelnden Trommeln, zu den klagenden Melodien der Rohrflöte, zum rhythmischen Schwirren der Schildkrötenrasseln gaben sie sich barbarischen Zeremonien hin und unterzogen sich sogar beim alljährlichen Sonnentanz grauenvollen Selbstmarterungen, um sich ihre heidnischen Götter günstig zu stimmen.

Noch heute machen sich viele Zeitgenossen falsche Vorstellungen von Amerikas Ureinwohnern, in denen sie nur unzivilisierte Schädlinge sehen. Kriegerisch und blutrünstig, manchmal feige und manchmal edel, so kennen wir die Indianer als Feinde und zuweilen auch als Freunde der Bleichgesichter aus Wildwestfilmen. Gleichgültig, zu welchem Stamm sie gehören, sie ähneln sich im Aussehen und im Handeln, herumstreifende Rohlinge, immer zur Auseinandersetzung bereit. Diese Klischees sind kaum noch vertretbar, verfolgt man die Geschichte der einzelnen Indianernationen. Die Rothäute waren nicht nur Krieger und Jäger, sondern auch Sammler, Bauern und Seefahrer. Das Land und seine Ausbeute prägten die Sitten, die Lebensgewohnheiten und die Religion, wie auch die Form des Zusammenlebens und die Stellung der einzelnen im Stammesgefüge. In Wirklichkeit unterschied sich das Privatleben der Indianer vor einigen Jahrhunderten kaum von dem anderer halbnomadischer oder seßhafter Völker. Die Sorge um die tägliche Nahrung, um die Verpflegung während des Winters und um die Ernte bestimmten das Denken und Handeln der amerikanischen Eingeborenen, die auch schon eine primitive Form von Geld kannten, Wampum genannt, das aus kunstvollen Perlen- oder Muschelketten bestand.

Der weiße Mann, das Brett der Selbstgerechtigkeit vor Augen, tut sich noch jetzt schwer damit, das gesamte Wesen der indianischen Kultur zu ergründen. Wer förderte durch Kopfhautprämien geflissentlich die Unsitte des Skalpierens? Wer fiel bei Nacht und Nebel über ahnungslose Indianerdörfer her und brachte mit lautem Hurrageschrei Frauen und Kinder um? Wer hielt den Rothäuten die Vielweiberei vor und duldete bei sich die Prostitution? Wer wollte mit Feuer und Schwert Amerikas Ureinwohner zum Christentum bekehren und betrieb eine unchristliche Ausrottungspolitik? Wer machte sich über das Land der mit Gewalt enteigneten Indianer her und pferchte die Überlebenden in traurige Reservate? Wer steckte die von den Familien getrennten Kinder in gräßliche Erziehungsanstalten und entfremdete sie durch eine übertriebene »Amerikanisierung« ihrer indianischen Umwelt? Nicht genug, daß der rote Mann als Opfer eines schändlichen Völkermordes beinahe unterging — auch seine Kultur, seine Sitten und Gebräuche, seine Sprache und Religion sollten mit ihm ausgelöscht werden. Während dreißigtausend Jahren hatte er sich über einen ganzen Kontinent verbreitet und sich in der Kunst des Lebens und Überlebens geübt, nur um in weniger als vier Jahrhunderten vom weißen Vormarsch überwältigt zu werden. Hat er schließlich umsonst gelebt?

Obwohl die Indianer das Rad nicht kannten, über kein richtiges Zugtier verfügten und keine Werkzeuge aus Eisen besaßen — als die Weißen mit ihnen in Berührung kamen, hat ihre Kultur trotzdem Spuren hinterlassen. In der Tat ist ihr Beitrag zum amerikanischen Lebensstil beachtlich.

Den Rothäuten verdanken wir viele Nahrungsmittel, die in Europa unbekannt waren, wie Mais, Kartoffeln, Riesenkürbisse, Artischocken, Bohnen, Avocados, Eichelgerichte, Nußöl, Schokolade, Truthahnfleisch. Durch Einkerben zapften die Waldlandindianer den Ahornbaum an, fingen den süßen Saft in Kesseln auf und kochten ihn so lange ein, bis der dicke Sirup zu festem braunem Kornzucker wurde, den sie in kleinen, kuchenförmigen Stükken lagerten.

Während der langen Wintermonate kauten die Präriebewohner in lange, schmale Streifen geschnittenes, an der Luft getrocknetes, mit Steinhämmern zermahlenes, mit Knochenmark, Talg und Beeren vermengtes Bisonfleisch. Diese »Pemmikan« genannte Fleischpastete, die sich als sehr nahrhaft erwies, war wegweisend für die moderne Konservenindustrie, denn sie ist das Musterbeispiel einer haltbar gemachten Eßware, die richtig aufbewahrt monatelang nicht an Genießbarkeit einbüßt.

Auch entwickelten die amerikanischen Eingeborenen Verkehrs- und Beförderungsmittel, die der rauhen Wildnis angepaßt waren: das leichte Rindenkanu aus mehreren aneinandergenähten Birken- oder Fichtenrindenstücken, die man auf hölzerne Rahmen spannte und deren Nähte man mit Kiefernpech abdichtete; den Toboggan oder Transportschlitten, der aus einem vorn hochgehobenen und zusammengebundenen Bretterpaar bestand; den Rahmenschneeschuh mit Schnürsenkel, einen tellerförmigen Untersatz, mit dem man schlurfenden Ganges durch den tiefen Schnee stapfen konnte, und vieles mehr. Die Siedler zogen auf den Pfaden der Indianer gegen Westen; heute brausen dort Luxuslimousinen über Autobahnen.

Chinin, Curare, Ephedrin, Hamamelis Virginiana, Ipecac, Novokain, so heißen nur einige der Drogen und Arzneimittel, die die Weißen von den Indianern übernahmen. Schon sehr früh hatten die Rothäute erkannt, daß die stachellose Kaktuspflanze Peyote ein Rauschgift — Mescalin — enthält. Dessen Einnahme bewirkt visuelle Halluzinationen, zumeist einen Farbentaumel, den der Chemiker Arthur Helffter als erster Europäer schilderte. Er sah » . . . farbenprächtige Bilder, die teils Teppichmuster und Mosaiken darstellten, teils aus verschlungenen, sich blitzschnell bewegenden farbigen Bändern bestanden . . . An diese Erscheinungen schloß sich eine Reihe schöner Landschaften, die sich vor allem durch wunderbare Farbeffekte auszeichneten . . .« Kein Wunder, daß Amerikas Ureinwohner die Peyote-Pflanze »Schenker von Visionen« und auch »Kaktus, der Gespenster zeigt« nannten. Den »black drink« (»schwarzer Trank«) aus den Blättern einer Stechpalme verwendeten die Indianer des Südostens zur alljährlichen inneren Reinigung des Körpers. Insgesamt einhundertsiebzig indianische Heilmittel wurden in Erkenntnis nachweislicher Wirkungen in die Reihe der heute weltweit gebräuchlichen Medikamente aufgenommen.

Schon Jahrhunderte vor Sigmund Freud waren psychosomatische Krankheitsursachen den Irokesen und anderen nordamerikanischen Stämmen bekannt. Sie wußten um das Zusammenspiel von seelischen Faktoren und körperlichen Reaktionen, die bei verschiedenen Krankheiten besonders deutlich zutage traten. Sie hatten erkannt, daß die unbewußten, unerfüllten Wünsche des Menschen, die sich eigentlich nur in Träumen offenbaren, als Krankheitserreger in Frage kommen können. Aufgrund dieses Wissens entwickelten sie eine Form der Traumdeutung, die der modernen Psychoanalyse, dem heutigen Verfahren zur Untersuchung und Behandlung seelischer Störungen, in nichts nachstand.

Nicht nur die Namen der Hälfte aller Bundesstaaten sowie unzähliger Städte, Berge, Flüsse und Seen erinnern die weißen US-Bürger unentwegt an die amerikanischen Ureinwohner, sondern auch viele Gebrauchsgegenstände aus dem täglichen Leben. Die Amerikaner schmauchen die indianische Friedenspfeife (vom roten Mann »Calumet« genannt), schlürfen »Hootch«, einen von den Alaska-Rothäuten gebrauten Trank, tragen Mokassins, Indianerschuhe aus Büffelleder mit weichen Sohlen und ohne Absatz, gebrauchen bei Spiel und Sport den von den Eingeborenen eingeführten hohlen Gummiball, räkeln sich genüßlich in indianischen Hängematten, erfreuen sich am »Indian summer«, am noch ganz hochsommerlichen Wetter des farbenprächtigen Herbstes, fahren in Booten, die an das Birkenrindenkanu der Indianer erinnern, veranstalten »Clambakes« (Picknicks), berufen »Powwows« (Versammlungen) ein und genießen die Nahrungsmittel der Neuen Welt. Aller Wahrscheinlichkeit nach basiert die Verfassung der Vereinigten Staaten auf den demokratischen Traditionen von Indianergemeinschaften, die

Das »größte freie Powwow der Welt« wird jedes Jahr im Juli von den Pawnees in Oklahoma veranstaltet. Die Besucher bekommen traditionelle indianische Speisen und Vorführungen von über sechshundert Tänzern geboten.

den politischen Aufbau der größten Industrienation des Planeten zutiefst beeinflußt haben. Demnach ist das US-Alltagsleben überall von indianischem Gedankengut durchsetzt.

Der rote Mann befindet sich heute in einer Periode des inneren Zwiespaltes: Mit der einen Hand versucht er verzweifelt, die Zukunft zu ergreifen, während er sich mit der anderen an die Vergangenheit und ihre Werte klammert. Dreißigtausend Jahre lang konnte er sich ungehemmt entfalten, bis eine freie Entwicklung jäh durch die Ankunft der Weißen unterbrochen wurde. Er steht zwischen zwei Welten, die kaum auf einen gemeinsamen Nenner gebracht werden können. Seine eigentliche Niederlage vollzog sich im Reservat, in das er bereits körperlich gebrochen eingewiesen wurde. Dort gingen die Weißen nämlich dazu über, ihm die Sitten und Gebräuche ihrer Rasse aufzuzwingen, was automatisch zu Isolation und Armut, Alkoholismus und Drogenmißbrauch führte. Der Indianer will seinen eigenen Weg finden, selbst die Zukunft bestimmen und nicht zu einem willfährigen Almosenempfänger der Bleichgesichter herabsinken.

Die Lebendigkeit der indianischen Sprachen, die ständige Vermehrung der roten Bevölkerung und das Verharren in der eigenen geistigen Kultur beweisen, daß die der gänzlichen Ausrottung nur knapp entgangenen Rothäute wie der arabische Wundervogel Phönix verjüngt aus der eigenen Asche erstanden sind und das Trauma ihrer Niederlage überwunden haben. Hierzu bemerkt der Indianerkenner Peter Farb: »C. G. Jung hat einmal behauptet, er könne im Charakter einiger seiner amerikanischen Patienten indianische Züge erkennen. Sollte das stimmen, so wäre ein Beweis dafür erbracht, daß die Kultur des Besiegten unmerklich sogar die Persönlichkeit des Siegers durchdringen kann.«

Sogar wenn das nicht der Fall wäre, hätte der Indianer keineswegs vergeblich gelebt. Von ihm können wir nämlich lernen, mit der Natur in Harmonie zu leben. Nicht umsonst nennt er die Erde seine Mutter. Seine Naturverbundenheit macht ihn wirklich zu einem leuchtenden Beispiel verantwortungsbewußten Umweltschutzes. Zu allen Zeiten feierte er die saubere Erde und die auf ihr wachsenden Früchte. Hätten die Weißen nach seinem Vorbild gelebt, gäbe es heute keine verschmutzten Flüsse und keine verpestete Luft. Wie Amerika dann heute aussehen würde, hat die satirische Zeitschrift »National Lampoon« prägnant umrissen: »Hätte sich der indianische Lebensstil behauptet, könnten wir in Amerika ohne Verschmutzung, Protestbewegung, Arbeitslosigkeit, Inflation und Verbrechen in sauberen Städten leben. Breite Fährten zögen sich über ungepflügte Prärien. Hohe vierstöckige Tipis richteten ihre Zeltstangen in einen von Düsenflugzeugen ungestörten Himmel. Ein stabiles System von Muschelgeldwährung herrschte an Stelle des schwankenden Dollars. Die Sandelholzwälder wären nicht gefährdet. Der Wiedehopf würde die Sümpfe Floridas bevölkern. Der Kahlkopfadler und die Wandertaube durchflögen immer noch spielend die Lüfte. Und wir lebten in Ruhe im unberührten Urwald, gekleidet in selbstgegerbte Felle, tränken kaltes Wasser aus eisigen Flüssen und äßen nichts als gesunden, organischen Pemmikan, während die Geister unserer Ahnen uns von den Begräbnisplattformen auf den Bäumen über unseren Köpfen wohlwollend betrachteten.«

Die versunkenen Königreiche

MEXIKO – WIEGE DER ALTAMERIKANISCHEN KULTUREN?

Lange waren wir Europäer davon überzeugt, wir wären der Mittelpunkt der Welt und ihrer Geschichte. Aber Menschen anderer Rasse, Hautfarbe und Religion haben schon vor uns große Leistungen vollbracht, fremde Völker haben Kunstwerke von hohem Rang geschaffen, Handel getrieben, Handwerk ausgeübt, Staaten gegründet. Daß die präkolumbische Welt reich ist an erstaunlichen Kulturen, herrlichen Kunstschätzen, bedeutenden Herrschern, davon zeugt Mesoamerika als Schauplatz vergangener Reiche, deren Zauber sich in den nächsten Kapiteln enthüllt. Zu Mesoamerika wird nicht nur das Kernland Mexiko gerechnet, sondern auch der Süden der USA und die Länder Mittelamerikas, insbesondere Guatemala und Belize. In diesem geschichtsträchtigen Raum hat eine Vielzahl von Völkern bereits lange vor Kolumbus teils nebeneinander, teils nacheinander gelebt. Schon dreitausend Jahre vor der Ankunft der Spanier entstanden hier die ersten Kulturen, die sich im Laufe der Jahrhunderte gegenseitig beeinflußt und überlagert haben. Zahlreiche Pyramiden, Tempelruinen und Gräber, die sich über mehr als elftausend archäologische Fundstätten verteilen, zeigen auf ein reiches kulturelles Erbe hin. Unentdeckt und ungeborgen ruhen noch viele Artefakte altamerikanischer Zivilisationen, oft von wucherndem Urwald oder städtischer Bebauung überdeckt, unter der Erdoberfläche.

Die Olmeken, die »Sumerer« Altamerikas

»Die Köpfe sind rund, manchmal birnförmig gestaltet, die Stirnen gewölbt, die Nacken kurz und fleischig, die Nasen breit und platt, die Lidspalten häufig schräg, die Oberlippen aufgestülpt, so daß die obere Zahnreihe zu sehen ist, die Mundwinkel dagegen herabgezogen und das Kinn nicht selten mit einem kleinen Spitzbart versehen.« Die so anschaulich vom Historiker Walter Krickeberg beschriebenen Köpfe der Olmekenplastiken fallen vornehmlich durch ihren kindlichen Gesichtsausdruck auf, der ihnen in der archäologischen Literatur Mexikos die Bezeichnung »Baby Faces« eingebracht hat. Die seltsame Mund- und Nasenform ist darauf zurückzuführen – so glauben die Forscher –, daß der Menschenmund bei diesen Figuren von einem Jaguarmaul herrührt. Weil der tierische Charakter bei manchen Häuptern überbetont ist, werden diese — Mischwesen aus Kind und Katzentier darstellenden — Jagdfiguren auch »Tiger Faces« genannt.

Die Olmeken, denen die erste und älteste Hochkultur Altamerikas zugeschrieben wird, faßten in ihrer Kunst das Menschengesicht als eine Abwandlung der Jaguarschnauze auf. Sie identifizierten sich tatsächlich derart mit diesem gefährlichen Raubtier, daß man geradezu von einer olmekischen Jaguarbesessenheit sprechen kann. Den allmächtigen Jaguar sahen sie als das »Rückgrat« ihrer Welt an. So zeigen in Potrero gefundene Skulpturen die sexuelle Vereinigung eines Jaguars mit einer Frau, was den Schluß zuläßt, daß die Olmekenherrscher aus dieser mythischen Verbindung ihre Herkunft abgeleitet und auch ihre Machtansprüche begründet haben könnten.

Die Jaguarrachen stellten vielleicht — so meint Walter Krickeberg — die Himmels- und Unterweltspforten dar. Zweifellos galt der Jaguar bei den Olmeken als das Symbol männlicher Stärke und Rücksichtslosigkeit, als das Sinnbild des Regens und der Fruchtbarkeit, als das Wahrzeichen eines blutdürstigen Gottes, dem Kleinkinder geopfert wurden, was wenigstens zum Teil die bildhauerische Eigenart erklären würde, »den heiligen Jaguar einem Babygesicht anzunähern«. (Hans Helfritz)

Die überall vorhandene katzenartige Figur, die im Mittelpunkt der olmekischen Religion angesiedelt war, übernahmen die nachfolgenden Hochkulturen Mesoamerikas in abgeänderter Form. Als nach dem Zerfall der Olmekenkultur die Teotihuakaner eine geistige Schlüsselrolle in Mexiko zu spielen begannen, wandelte sich der olmekische Jaguargott allmählich in den Regengott Tlaloc von Teotihuacán.

Neben dem vergötterten Katzentier verehrten die Olmeken bereits den finsteren Xipe Totec, den »Geschundenen Gott«, der sich in eine Menschenhaut zu hüllen pflegte. Ob Quetzalcoatl, die »Gefiederte Schlange«, die im späteren Mexiko zur Hauptgottheit aufstieg, schon im olmekischen Götterpantheon mitmischte, läßt sich nicht mit Sicherheit nachweisen.

Die Olmekenkultur, deren Anfänge bis mindestens 1500 v. Chr. zurückreichen und deren Blüte in die Jahre 800 bis 400 v. Chr. fällt, entfaltete sich im feuchtheißen tropischen Osten Mexikos, in den heutigen mexikanischen Staaten Tabasco und Veracruz. Ihr Name leitet sich aus dem Nahuatl ab, der Sprache der Azteken, und bedeutet »das Volk aus dem Kautschukland«. Einer der ersten, die die Bezeichnung »Olmeken« im archäologischen Sprachgebrauch einbürgerten, war der deutsche Anthropologe Hermann Beyer.

Die Hauptzentren der Olmeken hießen La Venta, San Lorenzo und Tres Zapotes. An diesen archäologischen Fundstätten erheben sich keine Gebäude

Rechts: Diese Basaltsteinskulptur zeigt das typische »Baby Face« der Olmeken: breite, platte Nase, aufgestülpte Oberlippe und herabgezogene Mundwinkel. Die Plastik steht im Anthropologischen Nationalmuseum in Mexico City.

aus Stein, sondern lediglich Bauwerke aus Erdhügeln, die sich höchstens durch eine steinerne Verkleidung und gemauerte Treppenanlagen auszeichnen. Ob das olmekische Kernland ein einheitliches Reich bildete oder sich lediglich aus einer Reihe von Stadtstaaten zusammensetzte, entzieht sich unserer Kenntnis.

La Venta, zur Zeit der Olmeken eine inselartige Erhebung inmitten der Sümpfe des Tonala-Flusses, heute eine Ölstadt mit Zukunft, gilt allgemein als Metropole der olmekischen Kultur. Eine gewaltige Erdpyramide, die mit einem Volumen von einhunderttausend Kubikmeter Erde zu den größten Mexikos zählt, kennzeichnet das bedeutendste Zeremonialzentrum dieses vorkolumbischen Volkes. Unter dem Hauptplatz der antiken Stadt stießen die Archäologen auf mosaikartig verlegte Serpentinpflaster, auf denen Jaguarmasken abgebildet sind. Auf einer der vier in La Venta gefundenen Stelen mit Reliefverzierung, der auffälligen »Stele D«, haben damalige Künstler zwei sorgfältig gekleidete Häuptlinge dargestellt. Der eine weist adlerartige Züge und einen Spitzbart auf, der andere hat über seinem Haupt seltsame Wesen schweben, denen die typischen Kindergesichter der Olmeken, die sogenannten »Baby Faces« mit Stupsnasen und wulstigen Lippen, gemeinsam sind. Wahrscheinlich diente La Venta ausschließlich Priestern und Herrschern als Wohnstätte und wurde von einer in der näheren Umgebung lebenden Bevölkerung von mindestens achtzehntausend Köpfen mit Nahrungsmitteln versorgt. Die Stadt wurde vermutlich bereits in sehr früher Zeit zerstört. Etwa um 400 bis 300 v. Chr. kam es zur absichtlichen Verstümmelung der meisten mit Skulpturen geschmückten Monumente. Zwischen 400 bis 100 v. Chr. wurde La Venta verlassen. Über die Gründe des Verfalls wissen wir bis heute nichts Genaues.

Wenn auch San Lorenzo keine so eindrucksvollen Baudenkmäler wie La Venta birgt, besticht dieses Zentrum doch durch seine großartigen Skulpturen und Steinreliefs. Um 1250 v. Chr. machte sich die Olmekenkultur hier erstmals bemerkbar. Sie erreichte ihren Höhepunkt zwischen 1150 und 900 v. Chr. Gegen 700 v. Chr. wurde die Stadt aufgegeben.

In Tres Zapotes, einem anderen bedeutenden Ort der Olmeken, dauerte die Besiedlung länger als in La Venta oder San Lorenzo. Die City erstreckte sich über zahlreiche unregelmäßig verteilte Hügel, auf denen neben kolossalen Steinköpfen auch die Stele C, eines der ältesten in Amerika gefundenen, datierten Monumente, entdeckt wurde.

Zu den archäologischen Überresten der Olmeken gehören u. a. stets aus einem einzigen Basaltblock gehauene, tonnenschwere Riesenhäupter mit negroiden Gesichtszügen und einem merkwürdigen, an einen amerikanischen Footballhelm erinnernden Kopfputz, säulenartige Steindenkmäler, große Altäre rechteckiger Form, hohe Stelen, Steinsarkophage, mehrere tausend kleine Gegenstände, wie zeremonielle Steinäxte und nackte Figürchen aus bläulichgrüner Jade mit katzenartigen Gesichtern, platten Jaguarnasen, deformierten Mündern und einem V-förmigen Spalt am Kopf.

Die Olmeken kannten eine Hieroglyphenschrift, die man für die älteste bekannte Schrift der amerikanischen Indianer hält. Auch rechneten sie bereits mit Ziffern und lösten mathematische Probleme. Daten, die auf in Tres Zapotes gefundenen Stelen eingemeißelt sind, deuten darauf hin, daß die Olmeken außerdem die Erfindung des mittelamerikanischen Kalenders für sich beanspruchen können. Um das erste Kalendersystem der Neuen Welt zu schaffen, mußten sie über die Bewegungen der Sonne, des Mondes und bestimmter Sterne Bescheid wissen, über die Länge des Jahres und des Monats — allesamt Erfahrungen, die in enger Verbindung stehen mit dem Kreislauf der Landwirtschaft und der in regelmäßigen Zeitabständen wiederkehrenden Getreideaussaat.

Auch in der Technik bewiesen die Olmeken Pioniergeist. Von ihrer Unternehmungslust und ihrem Organisationstalent zeugen u. a. ein künstlich angelegtes Bewässerungssystem in San Lorenzo; ein ausgedehntes Handelsnetz, das bis in die heutige Republik El Salvador reichte; die Verwertung von Obsidian zur Herstellung ihrer frühesten Klingen und Waffen; eine Töpferware von guter Qualität; die auf vielen Stelen abgebildeten prächtigen Gewänder sowie der dazu gehörende phantastische Kopfputz mit reichem Federschmuck.

Der kulturelle Fortschritt der Olmeken — der »Sumerer Amerikas«, wie man sie genannt hat — legt den Gedanken nahe, sie als die Väter der späteren mittelamerikanischen Kulturen anzusehen. Ihr Kulturzentrum San Lorenzo ist möglicherweise die älteste Stadt Amerikas.

Die Spuren ihrer Herkunft verlieren sich im dunkeln. Im olmekischen Kunstschaffen rücken zwei unterschiedliche Figuren in den Mittelpunkt: der Jaguar mit dem Kindergesicht und der alte Mann mit Adlernase und Bart, für dessen realistische Darstellung heute die Bezeichnung »Uncle-Sam«-Typ häufig gebraucht wird. Auch wenn man einerseits auf Anhieb glauben könnte, es handele sich um zwei grundverschiedene Rassen, gilt es andererseits zu bedenken, daß manchmal Elemente beider Gestalten in ein und dieselbe Person fließen. So hat der bekannte Ringkämpfer, der im Mexikanischen Nationalmuseum aufbewahrt wird, den Bart vom alten Mann und die Negerlippen vom katzenhaften Kind.

Stupsnase und wulstige Lippen treten bei den kleinen Jadefiguren wie auch bei den Riesenhäuptern als Hauptmerkmal in Erscheinung. Diese sogenannten negroiden Gesichtszüge, die nicht dem typischen Aussehen der amerikanischen Indianer entsprechen, erwiesen sich als die treibende Kraft hinter den spekulativen Mutmaßungen über den geheimnisumwitterten Ursprung der Olmeken. Der Gedanke einer möglichen Abstammung von Afrikanern wurde in der Diskussion über die Herkunft der Olmeken begeistert aufgegriffen. Wenn auch die Idee einer vorzeitlichen Wanderung von Afrika nach Amerika als unwahrscheinlich abgetan werden kann, bleibt noch immer die Frage, wie Menschen vom negroiden Typus in die Neue Welt gelangt sein könnten. »Daß es in Asien Afrikaner gab, die dann unter den über Alaska nach Amerika Wandernden waren, ist einstweilen die nächstliegende Erklärung für das Rätsel der Abstammung der Olmeken.« (Nigel Davies)

Die Teotihuacán-Kultur und die Stadt der tausend Wunder

Als sich die Überlebenden der spanischen Streitmacht nach dem schrecklichen Aderlaß der »Traurigen Nacht«, von Schwärmen aztekischer Krieger bedrängt, nach dem verbündeten Tlaxcala zurückzogen, kamen sie am 7. Juli 1520 dicht an den monumentalen Pyramiden von Teotihuacán vorbei. In ihrem erbärmlichen Zustand hatten Cortés und seine winzige Truppe nicht viel Sinn für die riesigen Denkmäler der Vorzeit.

Die großartige Ruinenstätte Teotihuacán war einst eine von Leben erfüllte internationale Metropole, in deren Tempeln Andächtige aus ganz Mittelamerika zu ihren Göttern beteten. Die Größe der antiken Stadt verblüffte selbst die Azteken, die immerhin ein so prachtvolles Zentrum wie Tenochtitlan geschaffen hatten. Mit den mächtigen Bauten verbanden sie die Überzeugung, in einem durch Katastrophen vernichteten früheren Weltalter hätten vormenschliche Riesen (»Quiname«) über das Land geherrscht und die gewaltigen Pyramiden Teotihuacáns noch vor der »großen Flut« errichtet, die irgendwann einmal alles zerstörte. Als »unbestritten« greifbare Beweise für die einstige Anwesenheit dieser Vorweltriesen auf der Erde zeigten die Azteken den Spaniern mannshohe Oberschenkelknochen von Mammuts, auf deren Skelettreste die Indianer Mexikos häufig stießen.

Schon lange vor der Zeit der Azteken war die Tempel- und Pyramidenstadt verlassen worden. Ihr alter Name fiel der Vergessenheit anheim. Teotihuacán ist die Bezeichnung, die die Azteken den noch erkennbaren Überresten der Stadtanlage gaben. Dieses Wort bedeutet soviel wie »Ort, wo man zum Gott wird«, weil es der Begräbnisplatz der Könige war, die den aztekischen Vorstellungen zufolge zu Göttern aufstiegen wie die gefallenen Krieger. Die Hauptstraße der Götterstadt hieß bei den Azteken »Totenweg« (»Miccaotli«), weil sie die sich links und rechts daneben aneinanderreihenden Ruinenhügel fälschlicherweise für Königsgräber hielten. Daß die beiden großen Pyramiden Teotihuacáns noch heute »Sonnenpyramide« und »Mond-

Rechts: Die bekannte Steinskulptur des Ringkämpfers, die im Mexikanischen Nationalmuseum aufbewahrt wird, drückt deutlich spürbar Kraft und Bewegung aus — ein Beispiel für das hochentwickelte Können der olmekischen Künstler.

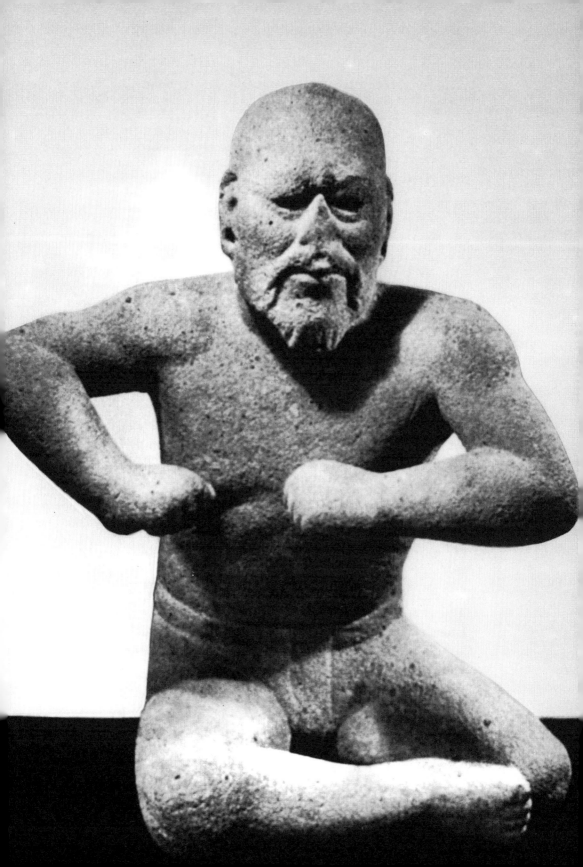

pyramide« genannt werden, ist ebenfalls den Azteken zuzuschreiben, die dem Glauben anhingen, in der »Metropolis der mexikanischen Götter« seien sogar Sonne und Mond geboren worden. In Wirklichkeit hatten diese beiden Bauwerke jedoch kaum etwas mit Sonne und Mond gemein, denen die Ureinwohner Teotihuacáns nach allem, was wir heute wissen, keine besondere Verehrung entgegenbrachten. Um die spanischen Bezeichnungen, die sich später einbürgerten, ist es nicht besser bestellt. Am »Totenweg« erhebt sich ein dritter großer Gebäudekomplex, den die Spanier »Zitadelle« (»Ciudadela«) nannten, weil sie die einen großen Tempelhof umgebenden Plattformen irrtümlicherweise als Festungswälle ansahen.

Die über zwei Kilometer lange und vierzig Meter breite »Straße der Toten«, über die seinerzeit Kult- und Pilgerprozessionen zogen, läuft mitten durch das Ritualzentrum der Götterstadt und ist von den größten Pyramiden Amerikas gesäumt. Die riesige, dreiundsechzig Meter hohe Sonnenpyramide an der Ostseite der Straße besteht aus fünf übereinandergesetzten, stark geböschten Terrassen, wiegt etwa eine Million Tonnen und stellt alle anderen Bauwerke in den Schatten. An diesem prächtigen Kultdenkmal mit einem Grundmauerumfang von tausend Metern und einem Rauminhalt von über einer Million Kubikmetern arbeiteten vermutlich zehntausend Menschen ungefähr zwanzig Jahre lang. Obwohl die Sonnenpyramide, das Wahrzeichen der Tempelstadt, bereits in aztekischer Zeit eine Ruine war, stand sie noch immer im Ruf eines Heiligtums, und als solches wurde sie vom letzten Aztekenkaiser, Moctezuma II., mehrmals besucht.

Die südlich der Sonnenpyramide errichtete Anlage, die die Spanier Zitadelle tauften, birgt den Quetzalcoatl-Tempel mit den erschreckend großen, derb und einfach gemeißelten 365 gefiederten Schlangenköpfen, die aus den Fassaden blicken und der Anzahl der Tage eines Jahres entsprechen. Am nördlichen Ende des Totenweges ragt die zweiundvierzig Meter hohe Mondpyramide auf, deren Volumen annähernd 252 000 Kubikmeter und deren Gewicht etwa 280 000 Tonnen beträgt.

Die unerbittlich geradeaus laufende »Straße der Toten« führt stracks auf die Mondpyramide zu. »Man kann sich das Ende des Weges nicht einfacher, nicht klarer denken als in der Fortsetzung der Treppe, die die Mondpyramide hinaufführt. Ungeteilt wie eine Himmelsleiter verliert sie sich im Nichts.« (Hans Helfritz)

Einen halben Kilometer östlich von der Sonnenpyramide liegt das ehemalige Wohnviertel der Priester, die einen schwarzen Umhang und eine hohe, nach oben spitz verlaufende Mütze trugen. Dort entdeckte man im Jahre

Rechts: Dem Glauben der Azteken, in Teotihuacán seien Sonne und Mond geboren worden, verdankt die Sonnenpyramide ihren Namen. In Wirklichkeit brachten die Ureinwohner Teotihuacáns der Sonne keine besondere Verehrung entgegen.

1943 prächtige Wandmalereien, unter denen ein Bild für besonderes Aufsehen sorgte. Es handelt sich um die Darstellung des Paradieses der alten Mexikaner, von dem der spanische Chronist Fray Bernardino de Sahagún bereits zu berichten wußte. Auf dem Wandbild breitet sich eine figurenreiche Szene aus, die ins Tlalocán, das Reich Tlalocs, des Regengottes, führt. Dem Herrscher über diesen Garten Eden halfen die »Tlaloques« oder Wolken, »flüssige Tropfen, die so kostbar wie Jade waren«, über die Erde zu schütten. In diesem Zauberland kannte man »keine Schmerzen, niemals fehlten Maiskolben, Kalebassen, roter und grüner Pfeffer, und an diesem Ort lebten einige Gottheiten, die Tlaloques genannt wurden ..., und es gingen dort Menschen umher, die durch Blitzschlag gestorben waren, die im Wasser ertranken, die Aussätzigen, die Gichtigen und die Wassersüchtigen«.

Den Regengott Tlaloc, »der aufsprießen macht«, verehrten die alten Teotihuakaner als höchstes Wesen. Für sie war er der Herr über Himmel und Erde, der nicht nur den Naturkräften vorstand, sondern auch die ganze Pflanzen- und Tierwelt unter sich hatte. Sie stellten ihn mit einer merkwürdigen Oberlippe, langen Reißzähnen und Tatzen dar, was zweifelsohne auf das Vorbild des olmekischen Jaguargottes zurückgeht.

Die Vorherrschaft des Regengottes zeigt eindeutig, daß den Bewohnern der Stadt viel am Regen, dem Hauptspender aller Feuchtigkeit, am Wasser, das nur aus Tiefbrunnen geschöpft werden konnte, und folglich auch am Ackerbau gelegen war. Sie mußten in der Tat schwere Arbeit leisten, um im kargen Boden des dürren Hochlands mit dem Anbau von Mais, Baumwolle und Bohnen erträgliche Ernten zu erzielen. Begann die Regenzeit zu spät, waren die katastrophalen Folgen nicht auszudenken. Die Suche nach genügend Wasser bestimmte das tägliche Leben und auch das Denken der Priester, die allein die Geheimnisse des heiligen Kalenders kannten, dem Volk die Zeit für die Aussaat vorschrieben und den Regengott um Beistand baten. So erklärt es sich, daß sich die Menschen Teotihuacáns das Paradies als Ort vorstellten, wo es Wasser in Hülle und Fülle gab, da sich die Trockenheit des Landes hienieden als eine ständige Herausforderung erwies.

»Man hat aus der Tatsache, daß alle Bauten Teotihuacáns in der uns schon von Tenayuca und Chichén Itzá her bekannten Weise georted sind, auf einen Sonnenkult geschlossen, weil ihre um 17 Grad von der genauen Westrichtung nach Norden abweichenden Achsen auf den Untergangspunkt der Sonne zur Zeit ihres Zenitstandes hinweisen; doch bedeutet dies Datum zugleich den Beginn der Regenzeit auf der Mesa Central und wurde daher von der älteren Bevölkerung des Hochlandes mehr auf den Regen- als, wie später, auf den Sonnengott bezogen.« (Walter Krickeberg)

Neben dem Regengott verehrten die Teotihuakaner noch den Feuergott und den »Fetten Gott«. Den Feuergott stellten sie als sitzenden Greis mit runzligem Gesicht und Zahnlücken dar, der eine flache Schale, vermutlich ein Feuerbecken, wie einen Hut auf dem Kopf trägt. Den »Fetten Gott« dachten sie sich als eine kleine, dickbäuchige und pausbäckige Gestalt, die dem chinesischen Glücksgott nicht unähnlich ist. Quetzalcoatl, die gefiederte Schlange, der spätere Hauptgott der Tolteken, wurde in Teotihuacán noch nicht als eigenmächtiger Gott, sondern nur als Verkörperung des Regengottes umworben.

Teotihuacán, das zweiundvierzig Kilometer nordöstlich vom heutigen Mexico City in zweitausenddreihundert Meter Höhe auf dem weiten, baumlosen Hochplateau liegt und von den schneebedeckten Gipfeln des Popocatépetl und Ixtacíhuatl überragt wird, ist zugleich die älteste Metropole und das größte religiöse Zentrum Mesoamerikas. Die Anfänge dieser Götterstadt reichen zurück bis ins zweite oder erste Jahrhundert n. Chr. In ihrer Hauptblütezeit im sechsten und siebten Jahrhundert zählte sie bis zu zweihunderttausend Einwohner. Um 650 n. Chr. wurde Teotihuacán durch eine Feuersbrunst verwüstet, wovon viele Brandspuren – wie verkohlte Balken und rauchgeschwärzte Wände – zeugen, die bei den Ausgrabungen von 1962 bis 1964 entdeckt wurden. Etwa um 750 n. Chr. kam es zum vollständigen Zusammenbruch, als kriegerische Völkerschaften aus dem Norden ins mexikanische Hochland einfielen.

Zu der Zeit, als Teotihuacán erlosch, erschienen die Tolteken in Zentralmexiko und rissen die Macht an sich. Mit den Teotihuakanern hatten sie leichtes Spiel. Die Götterstadt war nicht einmal durch Mauern geschützt, was darauf hindeutet, daß ihre Bewohner offenbar mehr den Künsten des Friedens als jenen des Krieges zugetan waren. Der aztekischen Überlieferung zufolge lebte ein reiches, friedfertiges, gottesfürchtiges und gebildetes Volk in Teotihuacán. Einem großen Teil der Bevölkerung gelang es, sich beim Untergang ihres Heimatortes auf die andere Seite des Texcocosees zu retten, wo die Überlebenden die neue Stadt Azcapotzalco gründeten, was durch archäologische Funde belegt ist.

Über die täglichen Gebrauchsgegenstände, wie Hausrat und Schmuck, der Stadtbewohner unterrichten uns die zahlreichen Gräber, die man unter den Fußböden der Häuser in den umfangreichen Wohnbezirken entdeckte. In diesen rechteckigen Gruben, die manchmal von Steinsetzungen oder Lehmziegeln umgeben und mit Steinplatten bedeckt waren, wurden die Verstorbenen in voller Körperlänge oder mit angezogenen Beinen bestattet. Einige der Gräber bargen besonders reiche und kostbare Beigaben, wie z. B. die erlesensten Tongefäße aus der Blütezeit Teotihuacáns. Andere enthielten aus Obsidian hergestellte Werkzeuge und Waffen, die in der Hauptsache der Jagd dienten. Zwei nahe bei der Stadt gelegene Vulkanberge versorgten die Teotihuakaner und auch spätere Völker mit glashartem, sprödem Stein, der ein ausgezeichnetes Material für Messer, Bohrer, Schaber, Speer- und Pfeilspitzen abgab.

Das umfangreichste Bauwerk der Neuen Welt, die Pyramide von Cholula im Pueblo-Tal, geht auch auf die Teotihuacán-Epoche zurück. Genau wie die Sonnenpyramide weicht sie mit ihrer Hauptachse um ungefähr siebzehn Grad von der Westrichtung nach Norden ab. Sie war bereits zur Zeit der spanischen Conquista ein vollständig mit Gras zugewachsener Steinhügel, auf dessen Spitze die europäischen Eroberer eine leuchtend weiße Kapelle zu Ehren der »Senora de los Remedios« als weithin sichtbares Zeichen der Unterwerfung der indianischen Hochkulturen errichteten. Als die Archäologen Stollen durch den mächtigen, sechsunddreißig Meter hohen Mound trieben, um dessen Inneres zu erforschen, fanden sie die ungewöhnlichsten Fresken ganz Mexikos, die unter der Bezeichnung »Die Trunkenen« international bekannt wurden. Auf den riesigen Bildern aus der Zeit um etwa 200 n. Chr. sind gezeichnete Paare dargestellt, die sich zuprosten und mit Pulque, einem typisch mexikanischen Rauschgetränk, gefüllte Humpen hochhalten. Pulque wurde im alten Mexiko während gewisser religiöser Zeremonien getrunken, zu denen nur Menschen über fünfzig zugelassen waren.

Obwohl das klassische Cholula mit Teotihuacán um 750 n. Chr. unterging, gelang ihm doch im Gegensatz zum endgültig versunkenen Teotihuacán eine allmähliche Erneuerung. Als Cortés unter den Stadtbewohnern ein furchtbares Blutbad anrichten ließ, weil er befürchtete, mit seinen Soldaten in einen Hinterhalt der Azteken geraten zu sein, war Cholula wieder zu einem beachtlichen Kultur- und Handelszentrum aufgestiegen, während Teotihuacán unwiderruflich daniederlag und bereits in die Legende eingegangen war. Denn mit seinen Schöpfern verbanden die Azteken die Sage von einem Goldenen Zeitalter, das sie mit den Anfängen der Tolteken verknüpften.

Teotihuacán beeinflußte nicht nur Cholula, sondern prägte ganz Mesoamerika und unterhielt sogar rege Handelsbeziehungen mit den Mayas auf Yucatán. Die uralte Ritualstadt führte große Mengen an Nahrungsmitteln, Gold, Jade, Türkisedelsteinen sowie farbenprächtige Federn ein und exportierte vor allem Fertigprodukte und Keramik. Tonwaren aus Teotihuacán, insbesondere zylindrische Vasen mit einem Dreifußuntersatz und konischem Deckel, wurden sogar im heutigen Honduras gefunden. Es ist auch möglich, daß die Teotihuakaner auf dem Hochland von Guatemala Kolonien gründeten und somit die Voraussetzung für ein gut organisiertes Handelsnetz schufen.

Die Tolteken und ihre legendäre Metropole Tollan

In den aztekischen Mythen erscheinen die Tolteken als ein Märchenvolk in einem Schlaraffenland, ersteht die Toltekenzeit als Goldenes Zeitalter. Der Historiker Fray Bernardino de Sahagún (1499 oder 1500–1590), der sich in

Am nördlichen Ende der »Straße der Toten« in Teotihuacán ragt die zweiundvierzig Meter hohe Mondpyramide auf.

seiner »Historia General de las Cosas de Nueva Espana« (»Allgemeine Geschichte der Angelegenheiten von Neuspanien«) mit den vorspanischen Kulturen und Mythen befaßt, nennt die Tolteken »die ersten, die in diesem Lande (Mexiko) die Menschensaat ausstreuten«. Der gelehrte Franziskanermönch von gemischt indianisch-spanischer Abstammung, aus dessen Feder das vollständige Werk über das alte Mexiko stammt, schreibt den Tolteken außergewöhnliche Eigenschaften zu:

»Was immer die Tolteken mit ihren Händen verfertigten, war zart und schön, war sehr gut, beachtenswert und kunstvoll. Die Häuser, die sie errichteten, waren sehr schön, reich verziert, oft mit kostbaren grünen Steinen ausgelegt und mit Stuck zusammengehalten, so daß es wie Mosaik erschien ... So hervorragend waren diese Tolteken, daß sie alle mechanischen Kniffe kannten, und in all diesen Dingen waren sie ausgezeichnete Handwerker; sie waren Maler, Bildhauer, Tischler, Maurer, Künstler des Federschmuckes und der Keramik ... Sie waren die Erfinder des kunstvollen Federwerkes, und all das, was in alten Zeiten von ihnen gemacht wurde, zeugt von wundervoller Erfindungsgabe und von großem Geschmack.«

So kam es, daß bei den Azteken der Ausdruck »Tolteke« nicht nur – wie im ursprünglichen Sinn – »Person aus Tollan« hieß, sondern darüber hinaus die Bedeutung von »vollendeter Baumeister« und »Wissender« erlangte. Das Reich Tollan war in den Augen der Azteken ein großer, mächtiger Zauberstaat, in dem es sich gut leben ließ. Alles sproß im Überfluß, und es fehlte an nichts. Die Maiskolben waren so groß und schwer wie die Handwalzen der Mahlsteine, die Gemüsepflanzen erreichten Palmengröße, die Baumwolle wuchs gleich in roter, gelber, brauner, weißer, grüner, blauer und orangener Farbe heran und war fertig zum Weben, die Kakaobäume prangten in den vielfältigsten Farbtönen.

Quetzalcoatl, der Herr dieses Wunderreiches, von dem man sagte, er habe den Mais aus dem Totenreich geraubt und für den Menschen Schrift, Kalender, Medizin und Landwirtschaft erfunden, überbot alles bisher Dagewesene an Prunk und Reichtum. »Und er hatte Häuser, die aus grünen Edelsteinen, genannt Chalchihuites, hergestellt worden waren. Er hatte andere Häuser aus Silber, solche, die aus gefärbten und weißen Muscheln bestanden ... Häuser aus Türkis und Häuser aus reichen Federn ... Der besagte Quetzalcoatl hatte alle Reichtümer der Welt aus Gold, Silber und grünen Steinen ... Seine Untertanen waren sehr reich, und es fehlte ihnen an nichts. Es gab keinen Hunger, es fehlte kein Mais, ja, er war so reichlich vorhanden, daß die kleinen Maiskolben nicht gegessen, sondern zum Beheizen der Bäder verwendet wurden.« (Sahagún)

Im mythischen Imperium Tollan, von dem sich der Name der Tolteken ableitet, sahen die Azteken eine Art himmlisches Paradies, dem nach ihrer Auffassung alle Wesen, Lebensmittel und Reichtümer entsprangen. Für sie war es der Ort,

>»wo das blaue Wasser sich ausdehnt
und die weißen Binsen stehen,
wo das weiße Rohr sich breitet
und die weißen Weiden stehen,
wo der weiße Sand sich hinzieht
und die farbigen Baumwollflocken hängen,
wo die bunten Seerosen schwimmen
und der Zauberballspielplatz liegt«.

Als die Azteken ihre legendäre Heimat Aztlan verließen und ihre lange Wanderung nach Süden antraten, die sie ins zentralmexikanische Hochland führen sollte, war es bereits um die Pracht und Herrlichkeit des Toltekenreichs geschehen, das um diese Zeit zu zerfallen begann. Lange bevor sie an ihrem endgültigen Ziel ankamen, streiften sie um die Mitte des zwölften Jahrhunderts durch die damals bereits verlassene und trostlose ehemalige

Hauptstadt der Tolteken, Tollan, die in einem Zustand völliger Verwüstung war. Als die Azteken ihrerseits nach langen und grausamen Kämpfen die Vorherrschaft im Hochtal von Mexiko errungen hatten, verschleierten sie ihre obskure Herkunft und gaben sich als authentische Nachfahren der edlen Tolteken aus, denen sie die größte Bewunderung und das höchste Lob zollten.

Den aztekischen Mythen zufolge gab es in der Stadt Tollan Paläste aus Gold und kostbaren Federn, lebten dort »großartige Handwerker, fromme Beter, erfahrene Händler, Steinmetzen, Schreiner, Maurer, Künstler, die mit Federn und Ton arbeiteten, Spinner und Weber, großgewachsene, rechtschaffene Männer, die sangen und tanzten, sowie Priester, die in der Sternkunde bewandert waren und die Tage, Jahre und Bewegungen der Sterne und Planeten genau festhielten«.

Nachträglich erschien ihnen das Reich Tollan vollkommener, als es in Wirklichkeit war, stellten sich die Tolteken ihnen beispielhafter dar, als die neuesten geschichtlichen Erkenntnisse es zulassen. In dem Maße, wie sie ihre angeblichen Vorfahren verklärten, steigerten die Azteken auch ihr eigenes Selbstbewußtsein. Da sich in vielen Chroniken und Bilderhandschriften die Unmenge von sich teils ergänzenden, sich teils widersprechenden Traditionen und Legenden finden, ist es nicht einfach, das Knäuel von Mythos und Geschichte zu entwirren und die von den Azteken idealisierten Tolteken in die historische Realität zurückzuversetzen.

Die Tolteken, die zu den Nahua sprechenden Völkern gehören, drangen im neunten oder zehnten Jahrhundert n. Chr. vom Norden kommend in das Tal von Mexiko ein. Ihr Anführer war der mächtige und furchterregende Conquistador Mixcoatl (Wolkenschlange), der das Toltekenreich begründete, indem er weite Gebiete Zentralmexikos eroberte. Er heiratete die Culhua-Prinzessin Chimalman (Liegender Schild), die ihm einen Sohn namens Ce Acatl Topiltzin (Unser Herr Eins Rohr) schenkte. Die Mutter starb bei seiner Geburt in einem Kalenderjahr Eins Rohr, das in unserer Zeitrechnung mit dem Jahr 843 n. Chr. identisch ist. Ehe Ce Acatl Topiltzin als größter Kulturbringer in die Geschichte der mesoamerikanischen Völker eingehen konnte, mußte er zunächst in die Verbannung gehen, da einer der toltekischen Unterführer seinen Vater ermordete und sich dann an dessen Stelle zum Herrscher ausrufen ließ. Schließlich gelang es Ce Acatl Topiltzin, den Mörder umzubringen, im Jahr 883 n. Chr. die Nachfolge seines vergöttlichten Vaters anzutreten und sich allmählich eine außerordentliche Machtstellung im Toltekenreich aufzubauen.

In der Priesterschule von Xochicalco verschrieb er sich dem damals in Mexiko noch ziemlich unbekannten Gott Quetzalcoatl, zu dessen Oberpriester er sich weihen ließ. Mit Quetzalcoatl, »der mit grünen Quetzalfedern bedeckten Schlange«, die über den Planeten Venus, den Morgenstern, regiert,

185

identifizierte er sich derart, daß er den Namen seines Gottes annahm und sich fortan Quetzalcoatl Ce Acatl nannte.

In der zweiten Hälfte des neunten Jahrhunderts n. Chr. gründete er die sagenhafte Hauptstadt der Tolteken, Tollan oder Tule, neunundfünfzig Kilometer nördlich vom heutigen Mexico City. Im Nahuatl bedeutet Tollan Hauptstadt und Mittelpunkt der Welt, heißt aber auch »Platz des Schilfrohrs« oder »Binsenstadt«.

Obwohl sich Quetzalcoatl Ce Acatl durch eine gründliche religiös-mystische Ausbildung auszeichnete und sich durch besondere Frömmigkeit hervortat, stieß seine Herrschaft auf Widerstände. Es kam nämlich zu blutigen Rivalitäten zwischen den Anhängern Quetzalcoatls und den Verehrern des furchteinflößenden Tezcatlipoca (Rauchender Spiegel), dem Gott der Krieger und Zauberer. Als Hoherpriester versuchte Quetzalcoatl Ce Acatl, die Menschenopfer einzuschränken und sie durch Darbietungen von Schlangen, Vögeln, Schmetterlingen und Blumen zu ersetzen. Auch führte er die Selbstkasteiung ein, weil er der Meinung war, daß das aus der Zunge und den Ohren abgezapfte Blut den Göttern als Geschenk genügen müsse. Weil aber die barbarischen Tezcatlipoca-Anbeter über diese Maßnahmen empört waren, stürzten sie den Reformator Quetzalcoatl Ce Acatl auf dem Höhepunkt seiner Macht durch eine Palastrevolution.

Wie es zur Entmachtung des tugendhaften Priesterkönigs kam, schildern toltekische Sagen auf vielfältige Weise. Als Quetzalcoatl alt geworden war, kamen anscheinend die ihm feindlich gesinnten Zauberer des Gottes Tezcatlipoca zu ihm und hielten ihm einen Spiegel vor, in dem er sein eigenes Antlitz erblickte, das wie ein grober Holzklotz aussah. Entsetzt über seine Häßlichkeit, seine verwüsteten Gesichtszüge, die »voller Säcke« waren, seine scheußlichen Augenlider, die »Rüben« ähnelten, ließ Quetzalcoatl sich dazu verleiten, einen Zaubertrank zur Wiedergewinnung der Jugend zu sich zu nehmen. Die verjüngende Flüssigkeit aber war nichts als Pulque, ein berauschendes mexikanisches Getränk, das aus der Agavenpflanze gewonnen wird. In seiner Trunkenheit schändete er seine sittsame Schwester. Als er wieder nüchtern geworden war, wurde ihm bewußt, daß er durch die in seinem Rausch getriebene Blutschande seine priesterliche Reinheit verloren und dadurch sein heiliges Priesteramt entweiht hatte. Erfüllt von Scham, Reue und Trauer darüber, daß er sich von Dämonen zu Eitelkeit, Trunksucht und sexuellen Ausschweifungen hatte verführen lassen, beschloß er, seinem Königtum zu entsagen und sein Volk für immer zu verlassen. Im Jahr 897 n. Chr. trat er mit seinen Getreuen den Weg ins Exil an.

Auf der Flucht vor seinen Gegnern soll er die Golfküste erreicht haben, von wo aus er mit einem Floß aus Schlangen nach Osten in See stach. Unverwüstlich ist die Sage, daß Quetzalcoatl vor seiner Abfahrt versprochen habe, er würde eines Tages zurückkehren und erneut die Macht an sich reißen. Als

Hernando Cortés im Jahr 1519 über das Ostmeer kommend ins Land der Azteken einfiel, hielt der Aztekenkaiser Moctezuma II. den Spanier deswegen für den mit großem Gefolge wiederkehrenden Gott.

Quetzalcoatl gelangte anscheinend bis nach Tlillan Tlapallan, wie die Zentralmexikaner die Halbinsel Yucatán nannten. Dort soll er von den Mayas aufgenommen und auch als Gott verehrt worden sein, bis er eines Tages sein Gewand aus Quetzalfedern und seine Türkismaske anlegte und sich selbst verbrannte, worauf seine Asche zum Himmel aufstieg und sein Herz sich in den Morgenstern verwandelte. Tatsächlich berichten Maya-Legenden von der Ankunft fremder Völker auf Yucatán im Jahr 987 n. Chr. Sie erzählen auch von einem Anführer namens Kukulkan (Gefiederte Schlange), der die Halbinsel unterworfen und seine Hauptstadt in Chichén Itzá errichtet habe. Das zeitliche Zusammenfallen der Flucht Quetzalcoatls aus Tollan mit dem Erscheinen eines kriegerischen Volkes unter der Führung eines gleichnamigen Häuptlings läßt sich kaum als reiner Zufall beiseite schieben, wenn man weiß, daß es gerade in dieser Zeit auf Yucatán zu einer großen Verschmelzung der Mayas mit dort eingedrungenen Tolteken kam, was die archäologische Forschung in architektonischer und künstlerischer Hinsicht zu belegen vermag.

Nach dem Weggang Quetzalcoatls neigte sich das Goldene Zeitalter von Tollan bald seinem Ende zu. Manchen Chroniken zufolge verfiel die Stadt sofort nach der Vertreibung des geistlichen Oberhaupts, während andere Berichte Tollan noch immerhin zweihundert weitere Jahre zugestehen. Eine Tatsache ist jedenfalls geschichtlich erwiesen: Nach der Flucht Quetzalcoatls war es in Tollan um das friedliche Leben geschehen, das vorher dort geherrscht hatte. Unter einer neuen Dynastie von Fürsten, die als »Schlangendynastie« in die Geschichte einging, machten Seuchen, Hungersnöte und Kriege den Tolteken erstmals zu schaffen. Der letzte toltekische Herrscher Huemac, der um 1098 geboren wurde und bis 1174 regiert haben soll, wurde vom eigenen Volk getötet, als er zur Beschwichtigung der Götter Menschenopfer einführen wollte.

Welches Ereignis angeblich zur Untersuchung seiner Autorität unter den Tolteken führte, erzählt der Franziskanerpater Sahagún: »Ein feindlicher Zauberer nahm die Gestalt eines fremden Indianers an, Toueyo genannt, der, wie alle seines Stammes, völlig nackt umherging. Er verkaufte grünen Pfeffer und setzte sich am Markt vor den Palast nieder. Huemac, weltlicher Herrscher der Tolteken — im Gegensatz zu Quetzalcoatl, der ein Oberpriester war und keine Kinder hatte —, besaß eine sehr schöne Tochter, und aufgrund ihrer Schönheit wurde sie von allen Tolteken begehrt, die sie heiraten wollten; aber Huemac wollte sie diesen Tolteken nicht geben. Als die Tochter des Herrn Huemac zum Markt blickte und den genannten nackten Toueyo und sein männliches Glied sah, lief sie in den Palast, und ihr Wunsch nach dem Glied dieses Toueyo war so groß, daß sie aus Liebe krank wurde. Ihr ganzer Körper schwoll an. Als der Herrscher Huemac erfuhr, wie krank seine Tochter war, fragte er die Frauen, die sie betreuten: ‚Was hat meine Tochter? An welcher Krankheit leidet sie, daß ihr ganzer Körper angeschwollen ist?' Und die Frauen antworteten und sagten: ‚Herr, die Ursache und der Anlaß dieser Krankheit war der Toueyo-Indianer, der nackt umherlief, und als Eure Tochter sein männliches Glied sah, wurde sie vor Liebe krank.' Huemac rief daraufhin den Pfefferverkäufer zu sich und gab ihm seine Tochter zur Frau.«

Indem er seine eigene Tochter nicht nur einem Fremden, sondern auch einem Angehörigen des niederen Volkes zur Frau gab, machte Huemac sich bei seinen Untertanen unbeliebt. Als unter seiner Herrschaft auch noch eine Reihe von Naturkatastrophen über die Tolteken hereinbrach, schwand sein Ansehen gänzlich.

»Es kam die Dürre und die Trockenheit, eine große Anzahl von Menschen starb. Würmer ... fraßen das Korn, das sie in ihren Speichern gelagert hatten, und viele andere Katastrophen ereigneten sich. Man hätte glauben können, daß es Feuer regnete, und während vierundzwanzig Jahren gab es eine derartige Trockenheit, daß Flüsse und Quellen vertrockneten.« (Sahagún)

Huemac stand den Hungersnöten und Dürren, die das Toltekenreich erschütterten, machtlos gegenüber. Obwohl er vor der Volkswut aus der Stadt geflohen war, entging er seinem Schicksal nicht. Er wurde ermordet, und das geschwächte Tollan war eine einfache Beute für fremde Eroberer, die Chichimeken, die die toltekische Metropole in Brand steckten. Somit war Tollan vom Hunger, dem auslösenden Moment aller sozialen Umwälzungen in Mesoamerika, bezwungen worden, und neu eingewanderte Barbaren aus dem Norden hatten der Tolteken-Hauptstadt lediglich den Gnadenstoß zu versetzen brauchen.

Wenn auch Tollan, eine der am meisten von Sagen umrankten Städte der Neuen Welt, nur während zwei, höchstens drei Jahrhunderten ein Hort von Beständigkeit und Zivilisation war, erwarben sich seine toltekischen Erbauer trotz der Kurzlebigkeit der Stadt unsterblichen Ruhm. Die Tolteken waren bekannt für ihre Verarbeitung von Kupfer, Bronze, Silber und Gold. Besonders fasziniert waren sie vom Gold, das sie durch Auswaschen des Flußsandes gewannen. Da sie glaubten, das schöne Metall sei vom Himmel getropft, nannten sie es »Teocuitlatl«, was wortwörtlich »Kot der Götter« heißt, aber besser mit »himmlische Tropfen« übersetzt wird. In alten Chroniken werden die Tolteken nicht nur als die Erfinder der Goldschmiede- und der Juwelierkunst gerühmt, sondern auch als die Schöpfer der Kalenderwissenschaft und der Religion gepriesen.

Prachtvoll in Gestaltung und Farben waren die toltekischen Textilarbeiten, von denen wir nur durch Malereien und Reliefs Kenntnis haben. Von der

Hüfte bis übers Knie reichende Wickelröcke sowie bestickte Ponchos mit verzierten Säumen gehörten zur Alltagsgarderobe der Frau. Als Grundbekleidung trug der Mann ein Lendentuch und einen kurzen Rock, die durch einen Mantel oder Rückenumhang ergänzt wurden.

Während ihrer Vorherrschaft förderten die Tolteken einen blühenden Handel zwischen Nord und Süd, zwischen Hoch- und Tiefland. Im Warenaustausch waren drei Produkte am begehrtesten: Kakao, Federn und Baumwolle. Kakaobohnen dienten nicht nur zur Herstellung des Lieblingsgetränks der Einwohner Zentralmexikos, sondern fanden auch als allgemeingültige Währung Verwendung. Damit ließen sich Schulden tilgen, Sklaven kaufen, Nahrungsmittel bezahlen, Feste veranstalten und Ansehen erwerben. Federn, die von tropischen Vögeln herstammten, galten als wichtigster Schmuck, und das Federkunsthandwerk wird heute noch als eine der größten künstlerischen Leistungen der Tolteken angesehen. Auch die Baumwolle war von großer Bedeutung: Man brauchte sie nicht nur zur Anfertigung von Kleidern, sondern auch die Panzer der Krieger bestanden aus Baumwolle. Es ist wahrscheinlich, daß die Tolteken sogar Handelsbeziehungen mit den Andenkulturen unterhalten haben, die ihnen vermutlich die Kenntnis der Metalltechnik übermittelten.

Vom kämpferischen Geist der Tolteken zeugen die vielen Skulpturen und Darstellungen von marschierenden Kriegern am Morgenstern-Tempel, der größten Pyramide Tollans, aus deren behauenen Mauern die Züge grimmiger Soldaten den Besucher von überall her anstarren. Besichtigungshöhepunkt der Anlage sind die vier viereinhalb Meter hohen Kriegerfiguren und die vier reliefverzierten Pfeiler, die malerisch in den blauen Himmel ragen. Diese Krieger, die die Stützen für ein Tempeldach gewesen sein sollen, sowie die zahlreichen Symbole von Jaguaren, Adlern und gefiederten Schlangenhäuptern auf den Kalksteinplatten, die die Fassade der Pyramide verschönern, unterstreichen die Bedeutung des Krieges bei den Tolteken. Überall brachten die toltekischen Künstler Verzierungen mit kriegerischem Inhalt an, mit Vorliebe schmückten sie die Altäre mit Schädeln und Knochen, häufig verwendeten sie menschenfressende Schlangen als Motiv.

Die Chichimeken, Nachfolger der Tolteken

Im elften Jahrhundert n. Chr., als das Toltekenreich in Zentralmexiko zusammenbrach, eine schreckliche Dürreperiode Nordamerika heimsuchte und die Pueblo-Indianer ihre Siedlungen in Höhlen anlegen mußten, tauchten die Chichimeken im mexikanischen Hochtal auf. Ihr Name bedeutet soviel wie »diejenigen, die chi-chi-chi machen, wenn sie sprechen«, zweifelsohne ein Hinweis auf fremde Einwanderer mit unverständlicher Sprache.

Unter der Führung des halb legendären Häuptlings Xolotl schlossen sich mehrere einfache Nomadenstämme aus Mexikos Norden zusammen und zogen vereint nach Süden in die Mesa Central. Diese Jäger und Sammler wildwachsender Pflanzen schafften sich ihre Alten und Kranken ohne viel Federlesen vom Hals. Erwiesen sie sich als zu schwach, um mit den weiterwandernden Gruppen Schritt zu halten, wurden sie durch einen Pfeil erstickt, den man ihnen in die Kehle stieß.

Dem bereits geschwächten Toltekenreich versetzten die heißblütigen, dunklen Krieger den Gnadenstoß. Beim Anblick der verbrannten Überreste Tollans soll Xolotl in Tränen ausgebrochen sein. Die nomadisierenden Chichimeken ließen sich schließlich am Westufer der großen Seenplatte nieder, wo sie einen eigenen kleinen Staat mit der Hauptstadt Tenayuca (Ummauerter Platz) gründeten. Zu Ehren des Sonnengottes errichteten sie dort zu Beginn des dreizehnten Jahrhunderts eine imposante Pyramide, den Tempel der Schlangen, den sie an drei Seiten mit einer steinernen Schlangenmauer (»Coatepetl«) umgaben. Diese bestand aus achthundert Schlangen (heute gibt es noch 138), von denen die größten durch meterlange gewundene Leiber aus Mauerwerk und rechteckige, gemeißelte Steinköpfe hervorstachen.

Die einstigen Höhlenbewohner aus dem Norden, die sich in Felle einwickelten, brachten frisches Blut ins mexikanische Hochtal und übernahmen allmählich die Kultur der Unterworfenen, die sich als eine Art Entwicklungshelfer betätigten und den neu zugewanderten Barbaren die Errungenschaften der Zivilisation – von der Landwirtschaft bis zum Häuserbau – beibrachten. Durch Heirat vermischten sich die hochbegabten Neuankömmlinge mit den Überlebenden der kultivierten Tolteken und eigneten sich eine seßhafte Lebensweise an.

Durch die schnelle Umwandlung primitiver Jäger in zivilisierte Ackerbauern erhielt das Wort Chichimeken in den historischen Berichten eine doppelte Bedeutung, die der Altamerikanist Walter Krickeberg genau erfaßt: »Erstens bezeichnet es die noch im nomadischen Zustand beharrenden ‚eigentlichen' Chichimeken im Norden, zweitens diejenigen Stämme der Mesa Central, die einst aus ihnen hervorgegangen waren und sich rühmten, trotz ihrer Zivilisierung dem alten kriegerischen Chichimekengeist treu geblieben zu sein. So wurde ‚Chichimeken' bei den meisten Nahuastämmen der Mesa Central, vor allem bei den Bewohnern Texcocos und Tlaxcalas, zu einem auszeichnenden Namen und ‚Chichimekenfürst' (chichimecatl tecutli) ein Ehrentitel der Herrscher Texcocos, deren Geschichte Ixtlilxochitl, selbst ein Angehöriger dieses Fürstenhauses, mit allen Einzelheiten erzählt hat.«

Der vierte Herrscher, Quinatzin (1298–1357 n. Chr.), verhalf den Chichimeken zu ihrer Glanzperiode. Er verlegte seine Hauptstadt von Tenayuca nach Texcoco am nordöstlichen Ufer des Seenbeckens von Mexiko, führte das Nahuatl als offizielle Sprache ein, ließ sein Volk durch schreibkundige

Stützen für ein Tempeldach sollen die vier viereinhalb Meter hohen Kriegerfiguren – die »Giganten« von Tollan – ursprünglich gewesen sein. Die riesigen Skulpturen unterstreichen die Bedeutung des Krieges bei den Tolteken.

Mixteken mit der Schrift und dem Kalender bekannt machen und sorgte dafür, daß neue kriegerische Einwanderer aus dem Norden Mexikos die Macht der Chichimeken stärkten. Die Neueingetroffenen ließen sich teils in Texcoco nieder, teils auf dem Hochland von Puebla, wo sie später den Staat Tlaxcala gründeten.

Unter Quinatzins Nachfolgern zerbröckelte jedoch die mühselig hergestellte Einheit der Chichimeken des mexikanischen Hochtals, wo zahlreiche kleine Stadtstaaten sich die Macht teilten, bis die Azteken, die wahrscheinlich ein chichimekischer Stamm waren, dort die Herrschaft an sich rissen. So gingen die Chichimeken zugleich als die Nachfolger der Tolteken und als die Vorläufer der Azteken in die Geschichte ein.

DIE WELT DER FÜNFTEN SONNE

Mexiko City — Leben in verpesteter Luft

Tenochtitlan, noch vor vierhundertsechzig Jahren die Metropole des Reiches der Azteken und mit dreihunderttausend Menschen die größte Stadt der damaligen Welt, heißt heute Mexico City — Ciudad de Mexico. Wenn das Flugzeug mit den Touristen aus Europa nach fünfzehn Stunden Flug dort zur Landung ansetzt, muß sich der Pilot durch einen nebelähnlichen Dunst kämpfen. Die Maschine dringt in eine so dicke, aus Rauch und Schmutz bestehende Smogglocke ein, daß es plötzlich dunkel wird und penetrante Kohlendioxyd-Windgase durch die Kabine ziehen. Und so mancher Passagier muß gereizt zum Taschentuch greifen. Die ehemalige »Capital Azteca« gehört nämlich zu den smogreichsten Städten der Erde. Zweieinhalb Millionen Privatautos, dreißigtausend Taxis und sechzehntausend Busse verpesten mit ihren schwarzen Auspuffrohren die Luft dieser modernen Weltstadt.
Fünfzehn Tonnen giftiger Staub rieseln hier jeden Monat auf die Häupter der zur Zeit etwa siebzehn Millionen Einwohner, die sich täglich durch Geburt und Zuzug um weitere zweitausend Hauptstädter vermehren. Jeder Kubikmeter Luft enthält 969 Mikrogramm giftige Stoffe. Wenn man bedenkt, daß bereits sechzig Mikrogramm die Gesundheit gefährden, lassen sich die Ausmaße der ökologischen Katastrophe deutlich erkennen.
War der eindrucksvolle, dreißig Kilometer entfernte Vulkan Popocatepetl mit seiner beachtlichen Höhe von 2 452 Metern früher fast täglich zu sehen, zumindest während der Trockenzeit von Oktober bis April, so ist sein Anblick heute selten geworden. Vielleicht zehnmal im Jahr kann man ihn erblicken — und dann ist er im Mittelpunkt aller Stadtgespräche.
Schon die Eindrücke vor dem Aufsetzen der Maschine auf dem Benito-Juarez-Flughafen sind unheimlich und überwältigend zugleich. Hat das Flugzeug den über der Stadt liegenden blaugrau schimmernden Dunstkreis durchbrochen, dann entfaltet sich unter dem Blick der Reisenden ein unübersehbares Häusermeer, soweit das Auge reicht. Gebannt von den gewaltigen Dimensionen, starren die Fluggäste auf die Mammutmetropole, die die größte Stadt der Welt sein soll. Niemand vermag die Menschenmassen genau zu zählen, die aus dem vernachlässigten und unterentwickelten Umland in die heute bereits hoffnungslos überforderte Kapitale strömen und in ärmlichen Blechhütten ohne Kanalisations- und Wasseranschluß hausen. Bei gleicher Wachstumsrate wird die Bevölkerung Mexico Citys um die Jahrhundertwende auf fünfunddreißig Millionen hochschnellen — falls der städtische Dinosaurier nicht längst vorher erstickt ist. Denn schon heute kann die Stadt nicht mehr richtig atmen. Der chaotische Autoverkehr, die zuneh-

mende Umweltverschmutzung und die regelmäßigen Strom- und Wasserausfälle schnüren ihr die Luft ab. Kein Wunder, daß der Fremde in ihr einen Moloch sieht, der vielen schon nach wenigen Tagen fast körperliches Unbehagen verursacht.

Zur Zeit des aztekischen Aufstiegs zeigte sich Tenochtitlan, auf dessen Fundamenten sich Mexico City heute erhebt, auch als eine alles verschlingende Macht, die sich nach und nach sämtliche Fürstentümer des mexikanischen Hochtals und der angrenzenden Regionen gefräßig einverleibte und sich durch eine konsequente Eroberungspolitik einen Dauervorrat von Kriegsgefangenen für die zahllosen Menschenopfer verschaffte.

Wie fünfhundert Spanier 1,5 Millionen Azteken besiegen konnten

Als die Spanier im Jahre 1519 an der Küste Mexikos in der Nähe der heutigen Hafenstadt Vera Cruz an Land gingen und mit 508 Soldaten unter der Führung von Hernando Cortés auf Tenochtitlan marschierten, zählte die Bevölkerung der aztekischen Hauptstadt etwa dreihunderttausend Personen (sechzigtausend Haushalte) und das gesamte Reich ungefähr 1,5 Millionen Einwohner. Zwei Jahre später war der Untergang der Azteken besiegelt. Wie war es möglich, daß ein spanischer Söldnerhaufen die größte Militärmacht des amerikanischen Kontinents im Handumdrehen in die Knie zwingen, eines der mächtigsten Weltreiche in kürzester Zeit vernichten und seine Bewohner versklaven konnte?

Reichten zu Beginn die ungewohnten Waffen der Spanier aus, um die Indianer in die Flucht zu schlagen, so konnte der Donner der Hakenbüchsen und der Bronzekanonen, die grelle Blitze aus ihren Rohren schickten, die kampferprobten aztekischen Krieger nicht auf die Dauer schrecken. Empfanden sie zunächst große Angst vor den Pferden und Reitern, die sie anfangs noch für ein einziges Wesen hielten, so verflog der magische Bann, sobald die Reiter abstiegen und Tier und Mensch sich unterscheiden ließen. Erweckten die von den Spaniern mitgeführten Windhunde zuerst Bangen und Panik, so gewöhnten sich die Indianer an deren Wildheit, an die weit offenstehenden Rachen, die heraushängenden Zungen, das furchterregende Keuchen. Doch die Spanier, die besten Soldaten der damaligen Zeit, waren den Indianern in Taktik und Kampfmoral haushoch überlegen. Neigten die Eingeborenen dazu, sich zusammenzuballen, ohne ihre zahlenmäßige Überlegenheit auszunutzen, so stellten sich die Konquistadoren für die Schlacht in dichten Reihen auf, Gewehrschützen zwischen Pikenträgern, so daß die Schützen unbehindert ihre Musketen laden konnten und von den Lanzenträgern vor Feinden geschützt wurden, die den Nahkampf suchten. Im Gegensatz zu den Indianern, die beim ersten Rückschlag den Mut verloren, kamen die zähen Spanier erst im Mißgeschick richtig in Fahrt. Außerdem waren ihre herkömmlichen Waffen leistungsfähiger. Gegen die Armbrust kam der einfache indianische Bogen nicht an. Gegenüber dem Schwert, der Hauptwaffe der spanischen Streitmacht, vermochte die hölzerne, mit Obsidiansplittern besetzte Keule der Azteken nicht viel auszurichten. Des weiteren waren die Indianer hoffnungslos behindert durch ihre unterschiedliche Auffassung vom Krieg, in dem sie eine Auseinandersetzung sahen, die nur zur Hälfte Kampf war und zur anderen Hälfte durch Riten und Magie beherrscht wurde. Den von den Spaniern geführten totalen Krieg verstanden sie nicht, weil sie der religiösen Zwangsvorstellung verhaftet waren, »ihre Feinde lebend als Sakralopfer abschleppen zu müssen«. (Nigel Davies)

Auch waren die Azteken sich nicht über die wahre Identität der Angreifer im klaren. So äußerten sie die Überzeugung, Cortés müsse der aus dem Osten zurückkommende bärtige Gott Quetzalcoatl sein, vor dem sie eine heilige Furcht hegten. Wie hatte es doch in der überlieferten Sage geheißen: »Der gefiederte Grünfederschlangen-Gott wird dereinst wiederkehren aus dem Land, wo die Sonne herkommt, von Osten, und mit seinem schwimmenden Haus wird er ankommen an der himmlischen Küste der göttlichen Gewässer. Sein Aussehen wird das eines Fremden sein, und Topiltzin-Quetzalcoatl wird im Jahre seiner Geburt das Land betreten.« Da die Kalenderdaten der Wiederkunft des Gottes zeitlich mit der Landung der Spanier übereinstimmten, müssen die Azteken wirklich den Eindruck gewonnen haben, Quetzalcoatl nähere sich ihrer Hauptstadt, was sich lähmend auf ihren Kampfgeist auswirkte und ihren empfindlichen Seelenfrieden erheblich störte. Denn das aztekische Leben wurde von täglichen Prophezeiungen und Vorzeichen zutiefst beeinflußt.

Schon lange bevor die ersten Spanier ankamen, hatten unheilträchtige Erscheinungen bei den Azteken eine schwere Krise des Selbstvertrauens ausgelöst, die mit der Ankunft der europäischen Eindringlinge ihren Höhepunkt erreichte. Der Aztekenherrscher Moctezuma II. (1502–1520), der in steter Sorge vor der Zukunft lebte, war durch bange Ahnungen und böse Omen über alle Maßen verunsichert. Schlimmes verheißende Kometen waren am Himmel aufgetaucht. Der Vulkan Popocatepetl hatte nach einer »Atempause« von vielen Jahrzehnten zum erstenmal wieder Feuer zu speien begonnen. Zyklonstürme durchwirbelten das Land, das von Wasserfluten überschwemmt wurde. Zum erstenmal seit Menschengedenken war in den Tälern Schnee gefallen. Eine Frau hatte ein Kind mit zwei Köpfen geboren...

Von all diesen Schrecken, die sich über Moctezumas Haupt sammelten, wußte der vierundzwanzigjährige Hernando Cortés aus Medellín in der spanischen Landschaft Extremadura natürlich nichts, als er am 18. Februar 1519 mit elf Schiffen, 508 Soldaten, einhundert Matrosen, sechzehn Pferden und vierzehn Geschützen vor der Halbinsel Yucatán erschien. Auf einem Streif-

Blick vom lateinamerikanischen Turm in Mexico City auf die Altstadt. Links im Bild die Kathedrale – das langgestreckte Gebäude mit dem zeltartigen Dach rechts daneben ist der Amtssitz des mexikanischen Präsidenten.

zug durch die nähere Umgebung der Landungsstelle gelang ihm der Fang einer Indianerprinzessin, die sich für die Spanier als wertvoller erweisen sollte, als ihr Gewicht in Gold gewesen wäre. Denn La Malinche, wie diese Frau fürstlicher Abstammung hieß, beherrschte das Nahuatl, die Sprache der Azteken und der meisten anderen Indianervölker in Mexiko. Bei Cortés befand sich ein ehemaliger Gefangener der Mayas, der Spanier Jeronimo de Aguilar. Acht Jahre lang hatte dieser als Sklave auf Yucatán verbracht, nachdem sein Schiff an der Küste gestrandet war. Während dieser Zeit hatte er Yucatec Maya gelernt. Da Malinche auch die Sprache der Mayas beherrschte, konnte Cortés auf Spanisch zu Aguilar sprechen, der dann ins Yucatec Maya übersetzte, was Malinche schließlich ins Nahuatl übertrug. Auf diese umständliche Weise wurde eine Verständigung zwischen den Spaniern und den Azteken möglich. Die redegewandte Malinche, die später Dona Marina genannt wurde, war nicht nur Cortés' Dolmetscherin, sondern auch dessen

Geliebte. Sie klärte ihn über die wahren Machtverhältnisse im mexikanischen Hochtal auf. Von ihr vernahm er einfach Unglaubliches. Er erfuhr von einer Märchenstadt mit dreihunderttausend Einwohnern inmitten eines blauen Sees. Er hörte auch vom Herrscher dieser riesigen Stadt, dem mächtigsten König in ganz Mittelamerika, dessen Volk ursprünglich aus einem sagenhaften Ort namens Aztlan gekommen war.

Die lange Wanderschaft

Wenn wir den frühen Mythen und Sagen der Azteken Glauben schenken dürfen, scheint die in der Mitte eines Sees gelegene Insel Aztlan tatsächlich die erste Heimstätte dieses entschlossenen, tapferen und kriegerischen Volkes gewesen zu sein. Obwohl die aztekische Sprache den Ausdruck Azteca oder Aztlaneca kannte, der mit der überlieferten Heimat Aztlan in Verbindung steht, nannten die Azteken sich selbst nach ihrem Stammeshäuptling Mexitli Mexica, woraus sich das moderne Wort mexikanisch oder Mexiko ergab. Erst im 18. Jahrhundert führte der Historiker Clavijero die Bezeichnung »Azteke« ein, die seitdem gebräuchlich ist.

Wenn auch Aztlan sich bis heute geographisch nicht genau lokalisieren ließ, so sind sich doch alle Forscher darüber einig, daß es sich um eine ehemalige Ansiedlung im Nordwesten der heutigen Republik Mexiko handeln muß. Dort lebten die zukünftigen Azteken vom Ertrag des Fischfangs bis zum Jahr 1111 n. Chr. Damals begann ihre Wanderschaft, die bis zum Jahr 1345 dauern und sie bis ins Hochtal von Mexiko führen sollte. Ihr Stammesgott Huitzilopochtli (Kolibri des Südens), so berichten die Sagen, hatte ihnen geraten, im Süden nach besseren Lebensbedingungen und ertragreicheren Nahrungsquellen Ausschau zu halten. Auf ihrer langen Wanderung in das verheißene Land sollen sie eine Statue ihres Gottes auf den Schultern mit sich getragen haben. Das in einem Schrein aus Schilf aufbewahrte Idol verfügte nicht nur über die Fähigkeit der Sprache, sondern besaß auch die Gabe der Voraussehung. Durch den Mund der Priester sprach Huitzilopochtli mit seinem auserwählten Volk und verkündete ihm, was sich in Zukunft ereignen würde.

Die Mexica, ein Haufen armseliger Wanderer, wurden zeitweilig von Hunger und Durst gepeinigt, und auch die Unbilden der Witterung machten ihnen zu schaffen. Auf ihrem beschwerlichen Fußmarsch setzten sie die alten Leute, die nicht mehr mithalten konnten, an geeigneten Plätzen aus und überließen sie einem ungewissen Schicksal. Sie lebten vom Ertrag der Jagd, und nur gelegentlich — während längerer Ruhepausen — betrieben sie Akkerbau. Obwohl unzureichend bekleidet und ungenügend versorgt, waren sie nicht gänzlich unzivilisiert.

Nachdem sie durch das Gebiet der ehemals mächtigen Tolteken, deren Glanzzeit sich dem Ende zuneigte und deren Reich zu zerfallen begann, gezogen waren und deren verlassen und trostlos daliegende Hauptstadt Tollan durchstreift hatten, erreichten sie schließlich das von Bergen umgebene Hochtal von Mexiko, auf einer Höhe von über 2 300 Metern zwischen Atlantik und Pazifik gelegen, und ließen sich Ende des dreizehnten Jahrhunderts an den Ufern des Texcocosees auf dem Hügel Chapultepec (Berg der Heuschrecken) nieder. In diesem schon damals dicht besiedelten Becken von rund sechshundertfünfzig Quadratkilometern fruchtbaren Ackergrundes waren die Mexica Spätankömmlinge ohne Land. »Von den vielen wandernden Stämmen kamen die Mexica als letzter und waren wahrscheinlich am wenigsten willkommen. Sie galten als grausam und zählten zu den am wenigsten zivilisierten Bewohnern des Hochtales von Mexiko, obgleich sie das Nahuatl sprachen und Landwirtschaft betrieben.« (Nigel Davies)

Sie waren höchst ungebetene Gäste, die mit der Rolle von Vasallen und Knechten vorliebnehmen und Tribute an die herrschenden Städte abführen mußten. Ihr Aufschwung wurde von den Nachbarn unterdrückt, insbesondere von den an den Ufern der Lagune siedelnden Tepaneken und Akolhua, vor deren Herrschern die Mexica Schutz im Schilf und in den Binsen suchten. Eine Weissagung aus aztekischem Priestermund legte ihnen nahe, an jener Stelle im Wasser zu siedeln, wo ein Adler als göttliches Symbol in einem großen Kaktus horsten würde. Schwer bedrängt flüchteten sie auf eine unwirtliche Sumpfinsel mit einem Umfang von nur wenigen Kilometern, auf der sie tatsächlich einen Nopalkaktus mit einem darauf sitzenden Adler fanden, der gerade eine Schlange verspeiste. Der schlangenfressende Raubvogel, der als heutiges Staatsemblem Mexikos auf Landesfahnen, Siegeln und Münzen zu sehen ist, war für sie Ursache genug, hier um 1345 ihre Hauptstadt Tenochtitlan (Ort der Kaktusfrucht) zu gründen.

Dort wo die Mexica den Adler auf dem Kaktus beobachtet hatten, sollten sich die Worte der einst dem Kriegsgott in den Mund gelegten Überlieferung erfüllen: »Hier werden wir uns zu Herren über die anderen Völker und Sippen erheben, wir werden herrschen über ihren Besitz, ihre Söhne und Töchter. Hier werden sie alle uns dienen und Tribute zahlen, an diesem Orte werden wir siedeln und unsere große Stadt aufbauen. Und hier werden wir die Ersten und Oberen, die Fürsten und Könige empfangen, die kommen müssen, um uns und anderen Göttern in der mächtigen Stadt zu huldigen.«

Mit Erfindersinn erweiterten die Mexica das Eiland, auf dem weder Milch noch Honig floß, und machten es urbar, indem sie Pfahlroste mit fruchtbarem Schlamm bewarfen und durch Pflanzenbewuchs im Wasser verankerten. Diese »Schwimmenden Gärten«, Chinampas genannt, erwiesen sich neben den im Überfluß vorhandenen Vögeln und Fischen als eine äußerst ertragreiche Nahrungsquelle. Mit dem Verkauf des Ertrags aus Pflanzenanbau und Jagd auf den nahe gelegenen Märkten finanzierten die Mexica die fehlenden Rohstoffe, wie Holz und Steine, die sie zum Aufbau und zur Befestigung ihrer ärmlichen Schilfhütten dringend benötigten. In jener Zeit kannte man weder Karren und Wagen noch Räder oder Tragtiere, aber mit Hilfe ihrer Einbaumboote konnten die Mexica Nahrungsmittel, Baumaterial und Werkzeuge auf dem Wasser problemlos befördern. Und trotzdem hatten sie mit unsäglichen Schwierigkeiten zu kämpfen.

»Die Mühseligkeiten zu Beginn der Ansiedlung kann man nicht unterschätzen«, schreibt der Aztekenexperte Nigel Davies, der von einer »schier übermenschlichen Kraftanstrengung« spricht. »Tenochtitlan wurde für die Mexica gleichzeitig ein Zufluchtsort und eine Herausforderung. Die Umstände, unbekannt in den Einzelheiten, sind dem Wesen nach dramatisch; die Mexica, noch arm und verachtet, ohne Rohstoffe und anfänglich mit wenig Kultur, hatten nach endlosem Suchen nach dem verheißenen Land schließlich eine Heimat gefunden. Diese bescheidenen, von Fischern erbauten Ansiedlungen waren die Keimzelle der kaiserlichen Stadt, die nicht ganz zwei Jahrhunderte später Cortés und seine Männer in Erstaunen versetzte, da sie alles übertraf, was sie aus Europa kannten.«

Huitzilopochtlis auserwähltes Volk

Da die Inselstadt Tenochtitlan in dem Teil des Sees lag, den die Tepaneken von Azcapotzalco beherrschten, mußten die »See-Menschen und Binsen-Männer«, wie die Mexica damals genannt wurden, wohl oder übel deren Oberhoheit anerkennen und drückende Abgaben entrichten. Ihr erster König, Acamapichtli (Eine Handvoll Rohr), der von 1372 bis 1391 den jungen mexikanischen Staat festigte, sah sich noch gezwungen, als Vasall der Tepaneken gegen deren Feinde Krieg zu führen. Daß sein Sohn Huitzilihuitl (Kolibrifeder), der die Stadt vergrößerte, bereits von den Tepaneken als Verbündeter umworben wurde, zeigt deutlich, mit welcher Geschwindigkeit die Mexica sich zu behaupten und von den sie umgebenden Erben der alten Hochkulturen zu lernen wußten. Als Chimalpopoca (Rauchender Schild) 1416 seinem Vater auf den Thron folgte, hatte Tenochtitlan bereits Gestalt angenommen und sich mit eindrucksvollen Tempeln und Häusern aus Stein zu einer Residenz imperialen Zuschnitts entwickelt.

Unter Itzcoatl (Schlange aus Obsidian), der 1426 an die Macht kam, erfolgte die erste Kriegserklärung an die Tepaneken. Um deren Herausforderungen zu begegnen, verbündete sich Tenochtitlan mit den benachbarten Städten Texcoco und Tacuba. Obwohl ihnen gemeinsam die völlige Vernichtung der tepanekischen Herrschaft gelang, waren die Mexica die wirklichen Nutznießer des Sieges, die als Huitzilopochtlis Auserwählte erstarkten, bis ihnen die Welt des alten Mexiko zu Füßen lag. Itzcoatl hätte dieses Meisterstück nicht vollbringen können, wäre er nicht von zwei ungewöhnlichen Mitregenten unterstützt worden: von seinem Nachfolger Moctezuma Ilhuicamina und dessen jüngerem Bruder Tlacaélel, der den Titel »Weibliche Schlange« oder Cihuacoatl (Stellvertreter des Königs) trug.

Der 1440 zum Herrscher gewählte Moctezuma I. (Der zürnende Fürst) unternahm zahlreiche Kriegszüge und führte seine Armeen bis zu den Küsten beider Ozeane und schließlich bis zur heutigen Grenze von Guatemala. Obwohl sein Nachfolger Axayacatl (Wassergesicht, 1469–1483) den aztekischen Herrschaftsbereich noch weiter ausdehnte, mußte er im Nordwesten eine vernichtende Niederlage hinnehmen, die ihm das rivalisierende Reich der Tarasken bereitete. Die überheblichen Mexica hatten zwanzigtausend Mann verloren und waren auf einen mächtigen Gegner gestoßen, der ihnen hart zugesetzt und sie schrecklich gedemütigt hatte. Nach dem unrühmlichen Zwischenspiel von Tizoc (1481–1486), der sich nicht für die Kriegskunst begeistern konnte, erwies sich Ahuitzotl (Gespenstisches Wassertier, 1486–1502) als genialer Feldherr und Soldatenkönig, der riesige Flächen pazifischen Küstenlandes und so manches Gebiet an den Grenzen Guatemalas eroberte. »Und heute haben die Azteken«, so mag die Indianerprinzessin Malinche ihren Bericht an den staunenden Cortés beendet haben, »unter Moctezuma II. den Höhepunkt ihrer Macht erreicht und herrschen über Millionen Untertanen.«

Während der spanische Generalkapitän sich in langen Gesprächen mit Malinche über die Geschichte der Azteken aufklären ließ, hatten bereits Schnelläufer von der Ostküste dem aztekischen Herrscher in Tenochtitlan gemeldet, daß »kalkgesichtige« Fremde auf großen Wasserhäusern über das Meer gekommen waren. Sofort schickte Moctezuma II. (1502–1520) Gesandte aus, denen er auftrug, die weißhäutigen Ankömmlinge mit prächtigen Geschenken zu begrüßen und sie zugleich mit allen Mitteln von Tenochtitlan fernzuhalten. Dessenungeachtet drang Cortés gewaltsam in das Landesinnere ein. Zu seiner kleinen Streitmacht gesellten sich auch die den Azteken tributpflichtigen Totonaken von Cempoala, die sich gegen die Bevormundung Tenochtitlans auflehnten und mit den Spaniern gemeinsame Sache machten.

Auf dem Weg nach der aztekischen Hauptstadt mußte Cortés eine riesige Horde Tlaxcala-Indianer versprengen, die sich ihm in den Weg stellten. »Es kamen auf jeden von uns unübersehbar viele Indianer, und der Staub, den sie aufwirbelten, hätte uns tödlich geblendet, wäre uns Gott in seiner großen Gnade nicht zur Hilfe gekommen«, schreibt Cortés' Mitstreiter Bernal Diaz, der als einfacher Soldat am Raubzug nach Mexiko teilnahm, in seinem Buch »Wahrhafte Geschichten der Eroberung Neuspaniens«. Die »Hilfe Gottes« bestand aus dem Donner der Kanonen, dem Pulverdampf, den blitzenden

Schwertern, den dampfenden Nüstern der Pferde und dem fremdartigen Aussehen der Spanier. Erst nachdem sie in zwei regelrechten Feldschlachten die Tlaxcalaner besiegt hatten, konnten die spanischen Eroberer mit ihren einheimischen Verbündeten weitermarschieren und am 8. November 1519 in Tenochtitlan einrücken.

Die erste Begegnung zwischen Cortés und Moctezuma II. hat der Augenzeuge Bernal Díaz am besten geschildert: »Als wir an eine Stelle in der Nähe der Stadt kamen, wo andere, kleinere Türme standen, entstieg Moctezuma seiner Sänfte, gestützt auf die Arme der höchsten Würdenträger, unter einem wunderbaren, kostbaren Baldachin aus grünen Federn, verarbeitet mit Gold und Silber, Perlen und grünen Steinen, der herrlich anzuschauen war. Moctezuma war reich gekleidet, er trug Sandalen mit goldenen Sohlen, die mit kostbaren Steinen besetzt waren. Auch die vier Würdenträger, die ihn stützten, waren kostbar mit Kleidern angetan, die anscheinend unterwegs für sie bereitgehalten worden waren, denn sie hatten diese nicht getragen, als sie uns empfangen hatten. Es gab noch vier andere Fürsten, die den Baldachin trugen, und viele andere Herren, die vor dem großen Moctezuma einhergingen, um den Boden, über den er gehen würde, zu kehren und mit Matten zu bedecken, damit sein Fuß nicht die Erde berührte. Keiner dieser Fürsten wagte es, in sein Gesicht zu sehen; alle hielten ihre Augen voller Ehrerbietung gesenkt.

Als Cortés den großen Moctezuma kommen sah, sprang er vom Pferd, und beide zeigten große Achtung voreinander ... Cortés gab Moctezuma ein Halsband, das er bereitgehalten hatte. Es war aus vielfarbigen, verzierten Glassteinen, die ich Margeriten genannt habe. Sie waren auf eine Goldschnur aufgezogen und mit Moschus parfümiert. Er legte sie um Moctezumas Hals und war bereit, ihn zu umarmen, woran ihn aber die begleitenden Fürsten hinderten, indem sie ihn an den Armen festhielten, denn sie meinten, das verstieße gegen Moctezumas Würde.«

Die Spanier staunten über die Weltstadt von hoher Kultur und Zivilisation, die sich mitten in der vermeintlichen Wildnis vor ihnen ausbreitete. »Ich weiß nicht, wie ich von dem Anblick solcher, niemals vorher geschauter, ja nicht einmal geträumter Dinge und Bauten berichten soll!« schrieb Bernal Díaz, der von der zeitlosen Schönheit der aztekischen Reichshauptstadt fasziniert war. Das dichtbesiedelte Tenochtitlan, dessen Lage in der Mitte eines blauen Sees in einer von hohen Bergen umgebenen Hochebene bezaubernd wirkte, erweckte mit seinen zahlreichen Kanälen, Brücken, Deichen und Dämmen den Eindruck einer Märchenstadt, der durch die großen, strahlend weiß getünchten, aus Adobeziegeln errichteten Häuser mit prächtigen Innenhöfen und durch die ausgedehnten Inselgärten mit den herrlichsten Zierblumen und Früchten noch verstärkt wurde. Ein Netz von kilometerlangen Tonröhren versorgte die Metropole mit Trinkwasser vom Land, da die salzigen Fluten des Texcoco-Sees ungenießbar waren. Kanus brachten die Abfälle zum Festland, wo sie zur Düngung der Felder Verwendung fanden. Sogar öffentliche Bedürfnisanstalten gab es in Form von kleinen Booten, die entlang vielbenutzter Fußwege ankerten und mit Schilfmatten vor neugierigen Blicken Schutz gewährten.

Im Zentrum der Stadt, wo der heilige Bezirk angesiedelt war, erhoben sich bis zu sechzig Meter hohe Tempelpyramiden, die als Kultstätten dienten. Hier drängten sich auch die königlichen Paläste, die aus Dutzenden flacher Steingebäude bestanden, und riesige Lagerhallen, in denen Waffen, Kriegstrachten, Nahrungsmittel und Kleidungsstücke aufbewahrt wurden. Daneben gab es ein ungeheuer großes Vogelhaus, in dem scharlachrote Kardinalfinken, Goldfasane, Papageien und Kolibris umherschwirrten, eine Menagerie für wilde Tiere, die mit prachtvollen exotischen Kreaturen aus den entferntesten Bergwäldern und Sümpfen reichlich ausgestattet war, sowie ein Bauwerk mit einer eigenartigen Sammlung von menschlichen Mißgeburten, Zwergen und anderen unglücklichen Geschöpfen, die durch absonderliches Aussehen auffielen.

Die Spanier, die lange Zeit von der Vorstellung befangen waren, Moctezuma müsse ein »Wilder« ohne Lebensart und Kultur, sein Land eine von ungebildeten Eingeborenen bevölkerte Einöde sein, wurden schnell eines Besseren belehrt. Der aztekische Herrscher badete täglich und wechselte mehrmals am Tag seine Kleider. Die Gewänder, die er einmal getragen hatte, zog er kein zweites Mal an. Auf seinem Eßtisch sammelten sich die erlesensten Gerichte. Er trank am liebsten einen braunen, süßen Saft, den aus den Früchten des Kakaobaumes hergestellten »Chocolatl«, und genoß es, nach den Mahlzeiten aus seiner reichverzierten Pfeife den Rauch eines brennenden, betäubenden Krautes (»Tobaco«) einzusaugen. Die Straßen und Plätze seiner Hauptstadt hielt er vorbildlich sauber. Auf den Marktplätzen, wo u. a. Früchte, Webwaren, Kleider, Schlangenhäute, Felle, bunte Vogelfedern, Obsidiangeräte, Waffen, Juwelen, Wunder- und Heilkräuter gehandelt und mit Goldstaub und Kakaobohnen bezahlt wurden, ließ er zwölf Magisterbeamte für Ehrlichkeit sorgen. So viel Zivilisation hatten die Spanier nicht erwartet.

Die Herren dieser Stadt hatten nicht mehr viel gemeinsam mit dem nomadisierenden Bauernvolk, das sich vor fast zwei Jahrhunderten am Texcoco-See niedergelassen hatte. Aus einer einfachen und auf Gleichheit bedachten Gesellschaft war eine straff organisierte Oligarchie geworden, in der einige das Sagen hatten: der Herrscher (»Tlatoani«), der als oberster Fürst im Krieg und als oberster Richter im Frieden an der Spitze der sozialen Pyramide stand; der »Rat der Vier«, dessen Mitglieder den König immer aus der gleichen alten Familie wählten und ihm mit Rat und Tat beistanden, sowie der an Zahl begrenzte Geburtsadel, der reich mit Land versehen und vom Ideal der Hingabe an den Staat erfüllt war. Neben dieser Oberschicht gab es noch: den Verdienstadel, der sich aus den bewährten Kriegern zusammensetzte und Rang und Boden nur auf Lebenszeit besaß; einen großen Stab von Priestern, die zur intellektuellen Elite gehörten und auch am Krieg teilnahmen; die Gruppe von Beamten und Richtern, die mit strenger Unparteilichkeit dafür sorgen mußten, daß Reiche und Arme vor dem Gesetz gleich behandelt wurden; die mit großen Vorrechten ausgestatteten Trupps der Kaufleute, die nicht nur Waren im Tausch handelten, sondern auch als »Intelligence Service« des Herrschers tätig waren, d. h. wie heutige Geheimdienstler für ihre Regierung Spionage für ihren König betrieben, Nachrichten aus fremden Ländern übermittelten und in feindlichen Gebieten größere militärische Operationen vorbereiteten.

Das einfache Volk bestand aus den Gemeinfreien (»Macehualli«), den Leibeigenen und den Sklaven, denen der Luxus der Noblen, wie reicher Putz und üppiges Essen, strengstens untersagt war.

Menschenblut als »Nahrung der Götter«

Eine zweite Zusammenkunft zwischen Cortés und Moctezuma II. verlief weniger glimpflich als das erste Treffen. Als der spanische Conquistador mit dem Azteken die vielen Stufen zum großen Tempel des Kriegsgottes Huitzilopochtli hinaufstieg, dem die Priester an diesem Morgen bereits fünf Indianerherzen geopfert hatten, und im Blutdunst auf der Plattform hoch über der Stadt dem gewaltigen Standbild des schrecklichen Gottes gegenüberstand, schauderte sogar der hartgesottene Cortés vor Grauen und Ekel, wie der Augenzeuge Bernal Díaz später zu berichten wußte: »Huitzilopochtli hatte ein breites Gesicht, mißgestaltete, grausige Augen und war über und über mit Perlen und Edelsteinen bedeckt, die mit einem Kleister befestigt waren, der aus einer besonderen Wurzel gewonnen wird. Riesige goldene, juwelengeschmückte Schlangen wanden sich um den Leib des Ungeheuers, das in der einen Hand einen Bogen, in der anderen Pfeile trug . . . Die Wände und der Boden waren schwarz von Menschenblut; es stank abscheulich in diesem Tempelraum.

Auf dem anderen Postament stand der Gott der Hölle mit einem Bärengesicht und mit leuchtenden Augen, die aus einem Spiegelglas gemacht waren, das sie in Mexiko Tezcat nennen. Auch dieser Huichilobos war über und über mit Juwelen bedeckt. Um seinen Leib wand sich ein Kreis von Figuren, die wie Teufel aussahen.

Die Ausmaße des Tempels waren ungeheuer (hundert mal hundert Meter Grundfläche und dreißig Meter Höhe), ich kann sie aber nicht mehr genau angeben. Als wir in Mexiko waren, dachte ich an ganz andere Dinge als an das Bücherschreiben. Ich weiß aber noch, daß dieses Bauwerk über tausend Jahre alt war und daß die Einwohner Gold, Silber und Edelsteine abliefern mußten, die in die Fundamente eingemauert wurden. Der Baugrund war mit dem Blut zahlreicher Kriegsgefangener gedüngt worden und mit den Samen aller Pflanzen des Landes bestreut, denn die Götter sollten den Azteken und ihrem Land Siege, Reichtum und ergiebige Ernten schenken.«

Beim Anblick der abscheulichen Götterstatuen und der noch dampfenden Herzen auf den Opferaltären konnte Cortés sich nicht mehr beherrschen, und er ließ eine Predigt über christliche Glaubensgrundsätze und Tugenden vom Stapel. Als er den Wunsch äußerte, anstelle der Götzen ein Marienbild aufzurichten, holte er sich bei Moctezuma — wie Bernal Díaz bezeugt — eine schroffe Abfuhr: »Malinche! Hätte ich gewußt, welche Schmährede du hier halten würdest, so hätte ich dir meine Götter gewiß nicht gezeigt! In unseren Augen sind sie gute Götter. Sie schenken uns Leben und Gedeihen, Wasser und gute Ernten, gesundes und fruchtbares Wetter und, wenn wir sie darum bitten, auch Siege. Deshalb beten wir zu ihnen, und deshalb opfern wir ihnen. Ich muß dich bitten, kein unehrerbietiges Wort mehr gegen sie zu sagen.«

Von diesem Augenblick an muß Moctezuma II. klargewesen sein, daß der fremde Eroberer, falls er ihn jemals für den wiederkehrenden Gott Quetzalcoatl gehalten hatte, nicht der unverwundbare Himmelsbote sein konnte. Wäre der Spanier selbst ein Gott gewesen, hätte er den heiligen Tempelbezirk nicht mit Beleidigungen gegen die Götter Tenochtitlans entweiht. Moctezuma wußte jetzt, daß eine Versöhnung mit den weißen Eindringlingen in weite Ferne gerückt war und daß ein Kampf zwischen ihren Göttern und seinen Göttern, zwischen Menschen und Menschen bevorstand.

In der Tat trafen in Cortés und Moctezuma zwei Weltauffassungen aufeinander, die des christlichen Kreuzes und die der aztekischen Götter, die einfach unvereinbar waren. Die Azteken glaubten an die Schöpfung und Zerstörung von vier aufeinanderfolgenden Welten oder Sonnen, die durch den immerwährenden Kampf zwischen den Göttern Quetzalcoatl (Gefiederte Schlange), einem grundsätzlich wohltätigen Wesen, wenn auch manchmal zum Bösen geneigt, und Tezcatlipoca (Rauchender Spiegel), dem dunklen und allmächtigen Herrn des Nachthimmels, verursacht wurden. Die fünfte Sonne, diejenige, die die aztekische Welt erleuchtete, nannten sie Huitzilopochtli. Diesen Sonnengott verehrten sie als höchsten Lenker des Universums, für den ihre Welt nur ein vergängliches Geschenk darstellte, das er ihnen jeden Augenblick wieder entreißen könnte, wenn sie ihn nicht reichlich mit Opfern ernähren würden. Ihrem unersättlichen Gott waren sie verpflichtet, immerzu Nahrung zu liefern. Wollten sie nicht untergehen, mußten sie die Sonne auf ihrem täglichen Lauf erhalten und damit die Welt vor der Vernichtung bewahren.

Als Gabe an Huitzilopochtli, dem man auch als Kriegsgott huldigte, kamen nur Menschenblut und Menschenherzen in Frage. Das Menschenopfer, die rituelle Tötung eines Menschen, war die geeignetste Form dieser heiligen Pflichterfüllung. Auf dem Tichcatl, einem ovalen Opferstein, schnitten die Priester mit dem Obsidianmesser die Brust der Opfer auf, rissen ihnen bei lebendem Leib das zuckende Herz heraus, besprengten den Tempelaltar mit Herzblut und hielten mit emphatischer Gebärde das Herz der Sonne entgegen. Manchmal ließen sie ihren kannibalischen Neigungen freien Lauf und zerstückelten die Leichen, um die Körperteile in einem Topf zu kochen. Oft begnügten sie sich allerdings damit, die »entherzten« Toten auf den Stein der Coyolxauhqui, der Schwester Huitzilopochtlis, hinunterzuwerfen. Jedes Jahr kamen Zehntausende von Kriegsgefangenen als »Söhne der Sonne« auf diese schreckliche Weise um. Der wirtschaftliche Aspekt dieser Herzopfer war nicht zu unterschätzen. Durch die den Göttern dargebrachte Opfernahrung vermochten die Azteken die Bevölkerung der mit ihnen befeindeten Stämme zu dezimieren. Als 1487 der Große Tempel des Huitzilopochtli in Tenochtitlan endlich vollendet und eingeweiht wurde, mußten anscheinend über achtzigtausend in endlosen Schlangen aufgestellte Opfer in Rekordzeit von nur vier Tagen ihr Leben lassen. Damals töteten die Priester in Schichten von Sonnenaufgang bis Sonnenuntergang. Der ekelerregende Leichengeruch hing wie eine Smogglocke über der ganzen Stadt Tenochtitlan. Auf dem Schädelgerüst vor dem Haupttempel sollen bei der Ankunft der Spanier mehr als einhundertdreißigtausend Schädel von Geopferten auf Pfählen aufgereiht gewesen sein.

Da zeitweilig mehr Kriegsgefangene für die Opferriten benötigt wurden, als man im Krieg abschleppen konnte, einigten sich die Azteken mit befreundeten Städten auf regelmäßig wiederkehrende Waffengänge, sogenannte »Blumenkriege«, die als eine Art ritueller Kämpfe zur Beschaffung von Menschenopfern ausgetragen wurden. Die Azteken waren nämlich regelrecht von dem Wahn besessen, ihren Gott immer von neuem mit Menschenblut davon abhalten zu müssen, ihre Welt zu zerstören, obwohl sie wußten, daß sie die schreckliche letzte Stunde nicht verhindern, sondern nur hinausschieben konnten. War die Welt durch die Mühen der Götter entstanden, so konnte sie nur durch Menschenopfer vor dem Untergang bewahrt werden – und höchstens für kurze Zeit. Als die Spanier Mittelamerika betraten, waren die Tage des aztekischen Reiches bereits gezählt.

Der fürchterliche Glaube der Azteken verlangte nach immer neuen Kriegszügen, immer neuen Kriegsgefangenen und immer neuen Menschenopfern. Lief dies Teufelsrad einmal auf Hochtouren, konnte man nicht mehr davon abspringen. Mit atemberaubendem Tempo beschleunigten die Azteken die Entwicklung der Menschenopferungen, die in Schlächtereien unvorstellbaren Ausmaßes ausarteten. Sie waren in einem Teufelskreis gefangen.

»Die Götter mußten beschwichtigt und die Sonne in ihrem Lauf gehalten werden, beide durch riesige Opfer in Form von Menschenleben und auffallenden Schaustellungen. Das zwang zu endlosen Eroberungskriegen. Zum Ausgleich für diese Aufmerksamkeiten gewährten Huitzilopochtli und die anderen Götter noch mehr Siege. Das war der Anlaß für Eroberungszüge in immer entlegenere Gegenden, diese hinwiederum hatten noch üppigeren Aufwand zu Ehren der Götter zur Folge. Eine Schraube ohne Ende: Die Götter brachten Siege, diese wiederum lieferten die Nahrung für die Götter, die, so besänftigt, nicht Frieden gewährten, sondern weitere Kriege verursachten.« (Nigel Davies)

Die Nacht der Trübsal

Als Cortés die Nachricht erhielt, an der Küste hätten Untertanen Moctezumas sechs Spanier getötet, handelte er geschwind. Mit dreißig bis an die Zähne bewaffneten Landsleuten drang er in den Palast des Aztekenherrschers ein und machte den Fürsten zu seinem Gefangenen. Cortés, der jetzt zum wirklichen Gebieter des Reiches aufgestiegen war, raffte in seiner Goldgier alle aztekischen Schätze zusammen, deren er habhaft werden konnte, und ließ die Fülle der Schmucksachen und der wertvollen Kunstwerke einschmelzen und zu Goldbarren gießen.

Weil Cortés übereilt die verhaßten mexikanischen Götter beseitigte und die Azteken mit Gewalt zum christlichen Glauben bekehren wollte, kam es zu einem allgemeinen Aufstand der Bewohner Tenochtitlans. Als der unglückliche Moctezuma, den die Spanier noch immer gefangenhielten, sein Volk beschwor, von einem Waffengang abzusehen, »gab es«, wie Bernal Díaz schreibt, »einen solchen Hagel von Steinen und Speeren, daß Moctezuma von drei Steinen getroffen wurde, einer traf ihn am Kopf, ein anderer am Arm und ein dritter am Bein, denn unsere Männer, die ihn deckten, übersahen es für einen Augenblick . . . sie baten ihn, sich in ärztliche Behandlung zu begeben und etwas zu essen . . . aber er wollte nicht, und als wir es am wenigsten erwarteten, kamen sie, um zu sagen, daß er tot sei.«

In der »noche triste«, der Nacht der Trübsal (10. Juli 1520), gelang es dem spanischen Feldherrn, der von einer vielfachen Überzahl aztekischer Krieger hart bedrängt wurde, sich mit einer kleinen Gruppe Überlebender aus der Stadt abzusetzen. Ein Jahr später rächten sich die Spanier für das erlittene Ungemach mit der systematischen Vernichtung Tenochtitlans, das nach einhundertsieben Tagen Kampf und Belagerung dem Erdboden gleichgemacht wurde. Die gewaltigste Stadt der damaligen Welt, die im 16. Jahrhundert fünfmal größer war als London, versank in Schutt und Asche. Das Venedig der Neuen Welt war ein Opfer der Goldgier der Spanier geworden.

»Überall bemächtigten sich die Spanier der Leute und beraubten sie. Sie suchten nur nach Gold. Die edlen grünen Steine (Jade), Quetzalfedern und Türkise beachteten sie nicht. Gold war überall, in Schmuck und Kleidung der unglücklichen Frauen oder in Rüstungen und Gürteln und Lendentüchern der Männer. Und die Spanier griffen die schlanken und schönen Frauen und brachten sie fort.« (Florentine Codex)

Die herrlichen Bauten der Azteken verschwanden in den Wassern des Texcocosees. Über den Resten der prunkvollen Tempelanlagen entstanden nach und nach die ersten christlichen Kirchen. Über dem ehemaligen Haupttheiligtum Tenochtitlans begann sich die Kathedrale emporzuwölben. Aus dem aztekischen Kultplatz wurde das Forum der neu-spanischen Stadtanlage, der Zócalo genannte wichtigste Punkt der Hauptstadt Mexico City.

Der genaue Standort des legendären Zeremonientempels der Azteken, von den Spaniern »Templo Mayor« genannt, geriet in Vergessenheit. Die Archäologen vermuteten, daß er sich nicht weit von der heutigen Kathedrale Mexico Citys, der ältesten Kirche des amerikanischen Kontinents, befunden haben mußte, und seit einigen Jahren ist ihre Mutmaßung Gewißheit. In der Tat haben mexikanische Archäologen in nordöstlicher Richtung hinter der Kathedrale, einem monumentalen Koloß am riesigen Zócalo-Platz, den die Spanier auf den Ruinen und mit den Steinen zerstörter aztekischer Gebäude errichteten, das heiligste Bauwerk der Azteken entdeckt, ausgegraben und zu einer Museumsstätte gestaltet. Der jetzt freigelegte Haupttempel, das wichtigste Gebäude des Reiches und der Aztekenhauptstadt Tenochtitlan, war von jedem Herrscher erweitert und höher gebaut worden, bis man schließlich sechzig Meter erreicht hatte.

Ein Elektriker brachte es an den Tag: Als am Morgen des 21. Februar 1978 ein Arbeiter der städtischen Elektrogesellschaft an der Kreuzung der Straßen Guatemala und Argentina Boden wegschaufelte, um neue Kabel zu verlegen, traute er seinen Augen nicht. Plötzlich war er auf einen seltsamen roten Stein gestoßen, auf dem ein eingemeißeltes Relief deutlich zu erkennen war. Der Arbeiter Mario Alberto Espéjel Pérez alarmierte seinen Vorgesetzten, der sofort die Archäologen von der merkwürdigen Entdeckung in Kenntnis setzte. Diese staunten nicht schlecht, als sie an der Fundstelle eintrafen und dort den hervorragenden Brocken erblickten, den sie als den Coyolxauhqui-Stein identifizierten. Jetzt wußten sie mit Sicherheit, daß sie auf dem ehemaligen Azteken-Heiligtum standen. Denn auf Grund der detaillierten Beschreibungen der spanischen Eroberer waren sie mit den äußeren Konturen des Bauwerks vertraut.

Das sakrale Feierzentrum Tenochtitlans wurde vom Haupttempel überragt, der mit gleißendem Marmor umkleidet war. Steile Treppen führten von der Basis hinauf zu den beiden kleinen Schreinen, von denen der linke, blau angestrichen, dem Regengott Tlaloc geweiht war und der rechte, in Rot gehal-

ten, dem Kriegsgott Huitzilopochtli gehörte. Auf der Veranda vor den Statuen der zwei Götter, zwei Meter von der Treppe entfernt, befand sich der berüchtigte fünfzig mal fünfundvierzig Zentimeter große Opferstein, auf dem Ströme von Blut flossen. Daneben stand die Statue des auch von den Tolteken und den Mayas verehrten Chacmool, der als Bote zwischen den Menschen und den Göttern stets zurückgelehnt dargestellt wird.

Unten, auf der rechten Seite des Treppenaufgangs, lag der runde Stein der Coyolxauhqui, den der Elektriker Mario Alberto Espéjel Pérez bei seinen Ausschachtungsarbeiten gefunden hatte. Coyolxauhqui hieß bei den Azteken die Schwester des Kriegsgottes Huitzilopochtli. Auf dem massiven Kunstwerk, dessen Durchmesser 3,30 Meter beträgt, hatten Steinmetze die Schwester zerstückelt dargestellt. Wenn wir der aztekischen Legende Glauben schenken dürfen, hatte Coyolxauhqui nämlich die Absicht, ihre Mutter bei der Geburt Huitzilopochtlis zu töten. Diesem gelang es jedoch — so will es jedenfalls die Sage —, die Missetat zu verhindern, weil er als ausgewachsener Mann aus dem Mutterleib sprang. So war es ihm ein leichtes, seine hinterhältige Schwester zu enthaupten.

Seit November 1982 können die eindrucksvollen Ruinen des einstigen Haupttempels des Aztekenreichs auf dem Gelände hinter der Kathedrale und dem Nationalpalast besichtigt werden. Daß es zu den Ausgrabungen des legendären »Templo Mayor« kam, ist vor allem das Verdienst des Archäologen Eduardo Matos Moctezuma, eines kahlköpfigen Mannes mit wallendem Bart und dicker Hornbrille, der durch die Neuentdeckung der machtvollen Relikte der Vergangenheit die Mexikaner geradezu in einen Rausch geschichtlicher Faszination versetzt hat. Ihre Begeisterung ist so groß, daß sie Eduardo Matos Moctezuma, den Namensvetter des letzten Aztekenkaisers Moctezuma II., einfach Moctezuma III. getauft haben. »Wir haben Dinge aufgespürt«, schwärmt Moctezuma III., »von denen die Spanier nur träumen konnten. Meine Kollegen werden sich noch Jahre damit beschäftigen.« Für ihn handelt es sich um die bedeutendste archäologische Freilegung seit dem Fund des aztekischen Kalendersteins im Jahre 1790, der heute als Prunkstück des anthropologischen Museums im Chapultepec-Park bewundert werden kann.

Während der Ausgrabungsarbeiten wurden bislang mehr als sechstausend Objekte zutage gefördert: Statuen, Töpfereien, Juwelen, bemalte Wände und viele Knochen geopferter Menschen. Für besonderes Aufsehen in der Presse sorgten zwei Gegenstände: der grausige Opferstein und die Chacmool-Statue in ihren Originalfarben, die alle beide als außergewöhnliche Kleinode im Rampenlicht einer neuen Ausstellung neben dem Ruinengelände gleißen. Dort werden die Archäologen auch noch im Boden schürfen, nachdem man das bisher umgitterte Areal im Herzen der mexikanischen Hauptstadt als Museumsstätte den Touristenschwärmen zur Besichtigung freigegeben hat. Die Ausgräber suchen nämlich weiterhin nach dem allerwertvollsten Kunstwerk, über das Cortés einst seinem König berichtet hatte: »Ich habe das bedeutendste Stück die Treppe hinuntergeworfen, was Moctezuma und die anderen Eingeborenen traurig stimmte.« Moctezuma III. ist von der Überzeugung durchdrungen, Cortés habe in seinem Brief an den spanischen Herrscher von der Statue des Kriegsgottes Huitzilopochtli gesprochen.

Wie wäre wohl die Geschichte der Azteken verlaufen, wenn die weißhäutigen Konquistadoren nicht gekommen wären? Die Azteken hätten sich vielleicht im Norden der äußeren Bedrohung durch die unbeugsamen Tarasken nicht mehr erwehren können. Im Süden hätten ihre Armeen vielleicht eines Tages denen der Inkas gegenübergestanden, eine phantastische Vorstellung, die im Bereich des Möglichen liegt. Weiß man jedoch von den religiösen Wahnverstrickungen der Azteken, so dürfte jeder Zweifel am künftigen Ausgang der Ereignisse ausgeräumt sein: Die fünfte Sonne, diejenige des Huitzilopochtli, wäre an sich selbst zugrunde gegangen.

DIE ZEITGENOSSEN DER AZTEKEN

Die unbeugsamen Tarasken, die besten Krieger Altmexikos

Als die Azteken unter ihrem Herrscher Axayacatl (1469–1483) den Versuch unternahmen, sich das zu einem großen Teil im heutigen mexikanischen Staat Michoacan gelegene Land der Tarasken einzuverleiben, holten sie sich blutige Köpfe an der nordwestlichen Flanke ihres Reiches, wo sie im ganzen zwanzigtausend Mann einbüßten. Am eigenen Leib erfuhren sie, welch gewaltige Krieger die Tarasken waren. Eilig mußten sie das Feld vor dem mächtigen Gegner räumen, der ihnen hart auf den Fersen blieb. Nur mit einer traurigen kleinen Schar gelang es Axayacatl, sich bis nach Tenochtitlan durchzuschlagen, wo sich die Nachricht seiner furchtbaren Schlappe wie ein Lauffeuer verbreitet und Trauer und Wehklagen hervorgerufen hatte. Unerhörtes war geschehen: Dem Vormarsch der siegessicheren Azteken war im Nordwesten Einhalt geboten worden. Dort war ihnen ein Grenzproblem erwachsen, das sie nicht zu lösen vermochten.

Wären die spanischen Eroberer erst ein halbes Jahrhundert später eingetroffen, dann hätten sie sich wahrscheinlich mit den Tarasken und nicht mit den Azteken herumschlagen müssen. Die unbeugsamen Tarasken wären vermutlich in der Lage gewesen, den Spaniern eher zuzusetzen als die arroganten Azteken. Denn sie wurden nicht nur als gefürchtete Krieger, sondern auch als berühmte Schmiede geschätzt, die den Azteken in der Metallverarbeitung weit voraus waren, was sich allmählich bestimmt auch auf die Waffenfabrikation ausgewirkt hätte. So gebrauchten die taraskischen Männer und Frauen bereits eine Metallzange, um sich ihre Köpfe und alle behaarten Körperteile zu rasieren. Ihre kahlköpfigen Nachbarn, die bis zur spanischen Conquista unbesiegt blieben, bedachten die Azteken wegen ihrer wunderlichen Gewohnheit, sich überall zu enthaaren, mit dem wenig schmeichelhaften Ausdruck »Chuaochpanne«, wortwörtlich »Glatzköpfe«.

Über den Ursprung der Tarasken, die sich nicht nur in ihrem Aussehen, sondern auch durch ihre Kultur und ihre Sprache von allen sie umgebenden vorkolumbianischen Indianervölkern abhoben, ist sehr wenig bekannt. Aus einer legendären Urheimat irgendwo im Nordwesten sollen sie unter der Führung ihres Häuptlings Hiretican gleichzeitig mit den ersten Azteken in Mexiko eingewandert sein, wo sie sich im heutigen mexikanischen Bundesstaat Michoacan niederließen. In der Indianersprache heißt Michoacan nicht umsonst »Land der Fischer«, denn dieser anmutige Staat Mexikos wird von vielen ausgedehnten Süßwasserseen durchzogen, darunter dem schönen Pátzcuaro, an dessen Ufern die Tarasken fast 2 200 Meter über dem Meeresspiegel ihre Hauptstadt Tzintzuntzan (Stadt der Kolibris) errichteten. Wie bei den Azteken bildeten drei bislang verfeindete Taraskengruppen eine Liga, die sich aus den Städten Pátzcuaro, Tzintzuntzan und Ihuatzio zusammensetzte. Alle drei Zentren waren am berühmten Pátzcuaro gelegen, der heute ein beliebtes Ausflugsziel ist, und wurden auf eine den Azteken ähnliche Weise regiert. Den Vorsitz über jede Stadt führte ein Herrscher, dem politische wie auch religiöse Aufgaben zufielen. Er konnte auf die Unterstützung eines ganzen Apparates von Staatsbeamten und Armeekommandanten zurückgreifen.

Den Dreibund gründete — so heißt es in der Geschichte der Tarasken, die ein anonymer Franziskanermönch zwischen 1541 und 1550 aufgezeichnet hat — Tariácuri, der erste wirkliche Großfürst der Tarasken, der die Funktionen des militärischen Führers, des obersten Richters und des höchsten Priesters in seiner Person vereinigte. Tariácuris Großneffe Tzitzis phandáquare unternahm dann Eroberungszüge, die ihn weit nach Norden und Süden führten. Sein Sohn Tangaxóan tzintzicha, der in Tenochtitlan Cortés begegnete, kam als erster Taraskenherrscher mit den spanischen Eindringlingen in Kontakt. Im Jahre 1532 legte einer der grausamsten Konquistadoren, Nuno de Guzmán, die Hand auf ihn und ließ ihn trotz seines Übertritts zum Christentum auf dem Scheiterhaufen verbrennen, weil er sich angeblich geweigert hatte, dem Europäer seinen Schatz preiszugeben. Der spanische Hauptmann Cristóbal de Olid hatte jedoch schon Jahre vorher durch eine dem Taraskenkönig vorgetäuschte Freundschaft den Schatz der Tarasken an sich gebracht und wahrscheinlich eingeschmolzen.

Der Name Tarasken entstand erst in spanischer Zeit und fußt auf einem Mißverständnis. »Tarascue« heißt in der Sprache des Landes »mein Schwager«. Mit diesem Ausdruck redeten die Indianer die Spanier an, weil diese gleich nach ihrer Ankunft taraskische Mädchen zur Frau genommen hatten.

Die religiösen Vorstellungen kreisten alle um die Verehrung des Feuers, dessen Kult im Mittelpunkt sämtlicher Lebensbereiche der taraskischen Gesellschaft stand. Als Hauptgottheit betete man eine Art Feuergott an, Curicáveri, dessen Name soviel wie »Der große Brenner« bedeutet. Den Cúriti-Echa genannten Priestern oblag es, als »Anzünder des Feuers« »Scheiterhaufen zu errichten und zu Ehren Curicáveris Feuer zu entfachen« (Miloslav Stingl). Erst wenn der junge Ehemann vor dem Haus seiner Frau einen großen Holzstoß aufgestapelt und angezündet hatte, war es ihm erlaubt, seine Gattin aufzusuchen. Hatten die Tarasken Kriegsgefangene gemacht, wurden diese dem »heiligen Feuer« geopfert.

Curicáveri war zugleich die Gottheit des Himmels, der jungen himmlischen Sonne, die auf die Menschen herniederglühte, und der Gott der Erde, des feuerspeienden mexikanischen Bodens, der an Vulkanreichtum kaum zu überbieten war. Die vielen »feurigen Berge«, die immer wieder aktiv wurden, erklären zur Genüge die Bedeutung des Feuers bei den Tarasken.

Neben Curicáveri verehrten sie die Göttin des Morgensternes Urendequa vécara, die Mondgöttin Xaratanga, die zugleich Erd- und Vegetationsgöttin war, sowie eine Göttin der Regenwolken, deren genauer Name unbekannt ist. Die Herzen auserwählter Menschenopfer wurden ihr zu Ehren in heiße Quellen eingetaucht. Die Tarasken glaubten, das menschliche Herz würde den aus den Quellen aufsteigenden Dampf verflüssigen und in Regen umwandeln. Sie feierten überhaupt eine Unmenge religiöser Zeremonien, was einen mexikanischen Historiker zu der Äußerung brachte, das Leben dieses Indianervolkes habe nur aus Kämpfen und Beten bestanden.

Die Tempel der Tarasken erhoben sich über gewaltigen Sockeln oder Plattformen, die von mehreren runden Türmen, Yácatas genannt, umgeben waren. Wenn auch die taraskischen Tempelpyramiden im Vergleich zu den Bauten anderer vorkolumbianischer Kulturen eher bescheiden wirkten, waren die Tarasken doch auf dem Gebiet der Metallverarbeitung und Waffenproduktion unübertroffen. Auch die Kunsthandwerke entwickelten sie zu einzigartiger Vollkommenheit. So brachten sie eine bemerkenswerte Keramik hervor und stellten außergewöhnliche Mosaiken aus Vogelfedern her. Der spanische Chronist Sahagún nennt die Tarasken »wahrhafte Tolteken« (Künstler) und lobt die Männer als Feldarbeiter, Zimmerleute, Holzschnitzer, Maler und Steinschneider und die Frauen als geschickt in der Webekunst und Nadelarbeit. Dieses Volk unbekannter Herkunft, das offenbar keine Schrift kannte und keinen Kalender verwendete, war also nicht nur tüchtig im Krieg, sondern auch in seinem Kunstschaffen bewundernswert.

Die Huaxteken, die Anbeter des »Geschundenen Gottes« Xipe Totec

Als am weitesten nach Norden vorgeschobener Außenposten höherer Kultur an der mexikanischen Golfküste lebten die Huaxteken (gesprochen: Huasteken) in der Provinz Veracruz und in Teilen der Provinzen Tamaulipas, Potosi und Hidalgo. Bei den Azteken hieß ihre Heimat Tonacatlalpándas, »Land der Früchte«, oder Xochitlalpán, »Land der Blumen«.

Sie waren nahe Sprachverwandte der Mayas, aus deren Kulturkreis sie sich schon in vorklassischer Zeit, wahrscheinlich zu Beginn unserer Ära, losgelöst hatten. Als die Mayas weiter nach Süden wanderten, blieben sie im Norden zurück, weil andere Stämme sie wahrscheinlich von der Hauptmasse ihres Volkes abgeschnitten hatten. Zu dieser Trennung mußte es schon sehr früh gekommen sein, was dadurch bezeugt wird, daß sie keine Hieroglyphenschrift kannten.

Die Huaxteken erwiesen sich als eine sehr kriegerische Nation, die sogar von den kämpferischen Azteken wegen ihrer unbezähmbaren Wildheit, ihrer Grausamkeit und ihres Mutes gefürchtet wurden. Obwohl es Moctezuma I. und Ahuízotl gelungen war, die Huaxteken zweimal in einen Hinterhalt zu locken und sie durch diesen unfehlbaren mexikanischen Trick zu besiegen, vermochten die Azteken das begabte Kriegervolk niemals völlig zu unterwerfen. Der indianische Chronist Tezozomoc beschreibt in seiner »Crónica Mexicana«, wie sie gegen die aztekischen Truppen Moctezumas I. in den Krieg zogen: »Die Huaxteken kamen ihnen zum Kampf entgegen, mit ihren Ohr- und Lippenpflöcken aus Gold geschmückt, auf dem Kopfe Kronen aus bunten Papageienfedern, und hinten am Gürtel trugen sie große, runde Spiegel. Singend kamen sie angezogen, und an ihren Gürteln hingen Schneckengehäuse, die bei jeder Bewegung wie Schellen ertönten, um den Feinden Furcht und Schrecken einzujagen. Aber die Mexikaner hatten ihnen einen Hinterhalt gestellt und richteten unter ihnen ein großes Blutbad an, so daß die Huaxteken um Gnade baten. Die wurde ihnen auch gewährt, und sie brachten nun an Tribut reichgewebte Decken und farbig gemusterte Überhemden und Schultertücher, zahme Papageien und große Araras mit rotem Gefieder, Schmuckfedervögel und rote und gelbe Farben, mit denen man Keramikgefäße bemalt und die auch zur Körperbemalung dienen, glänzenden Schwefelkies, kleine rote Pfefferschoten, Kürbissamen und durch Rauch konservierte Capsicumschoten.« Im Jahr 1481 brachten es die Huaxteken sogar fertig, einem der letzten aztekischen Herrscher, Tizoc, eine blutige Niederlage zu bereiten.

Nicht minder energisch widersetzten sie sich den Spaniern, die sie lediglich aus ihren Dörfern in die Verstecke der tropischen Urwälder vertreiben, sie aber nicht bezwingen konnten. Im Jahr 1519 machten sie eine ganze Abteilung Soldaten unter dem Kommando von Alonso Alvarez Pineda bis auf den letzten Mann nieder. Als Cortés 1521 die Huaxteken zur Rechenschaft ziehen wollte, hatte er die größten Schwierigkeiten, sich ihrer Hauptstadt zu bemächtigen. In ihren Heiligtümern fand er die Skalpe und Gesichtshäute der Männer Pinedas, die die Huaxteken aufgerieben hatten.

In der Tat waren die Huaxteken hervorragende Kämpfer, deren militärische Begabung sie vor der Vernichtung durch die Azteken und die Spanier bewahrte. Sie liebten es, nackt in den Kampf zu ziehen, sich zu tätowieren, die Zähne spitz zu feilen und die Zahnstümpfe schwarz zu färben, ihren Schädel abzuplatten, die Nasenscheidewände zu durchlöchern, um eine Rohrhülse mit einer Ararafeder hineinzustecken. All diese eigenartigen Gewohnheiten lassen sie als ein echtes, rauhes Naturvolk erscheinen, das kurz vor dem Sprung in die höheren Lebensformen stand. Der Forscher Hans Helfritz sieht in den Huaxteken das »sozusagen ‚wilde' Pendant zur zivilisierten Form eines Volkes, ein Schauspiel, das die Geschichte nur selten, wenn überhaupt, gewährt«.

Auch kleideten sie sich auf ungewöhnliche Art und trugen konische Hüte, die ein besonderes Merkmal des »Geschundenen Gottes« Xipe Totec waren.

Der Gott des Menschenschindens, Xipe Totec, stand im alten Mexiko im Mittelpunkt eines großen Festes, mit dem Menschenopfer spezieller Art verbunden waren. Nach Ablauf des Tötungsrituals wurden die Erschlagenen von Priestern gehäutet, die während der kommenden zwanzig Tage die Häute der toten Gefangenen überzogen und damit zu einem Symbol der Lebensverjüngung wurden. Xipe Totec, dem die Azteken fleißig huldigten und Menschenopfer darbrachten, hatte wahrscheinlich seinen Ursprung bei den Huaxteken und wurde von ihnen besonders hoch geschätzt. Auch der Windgott Quetzalcoatl soll ursprünglich ein huaxtekischer Gott gewesen sein, der nach und nach im ganzen vorkolumbianischen Mexiko verehrt wurde. Des weiteren scheint der Kult der Erdgöttin Tlazolteotl, die es später bei den Azteken zu großem Ansehen brachte, bei den Huaxteken entstanden zu sein.

Als Behausung diente den Huaxteken das »Jacal« genannte Strohhaus. Die Wände bauten sie aus senkrecht in die Erde eingerammten Bambusstäben, das Dach aus fest ineinandergeschobenen Wedeln der Fächerpalme. Der Rauch der Feuerstelle konnte durch die Spalten in den Wänden und die Ritzen im Blätterdach abziehen. Ihre einfache Unterkunft war ideal für das tropische Klima, weil die löchrigen Mauern sogar den kleinsten Windhauch durchließen.

Die alten Heiligtümer der Huaxteken, deren Kultur sich vom 8. bis ins 16. Jahrhundert erstreckt, unterscheiden sich von den übrigen mesoamerikanischen durch ihren überwiegend D- oder kreisförmigen Grundriß. Die huaxtekische Abneigung gegen gerade Linien und Kanten scheint sehr ausgeprägt gewesen zu sein, denn sogar die wenigen viereckigen Tempel und Paläste stehen auf Plattformen mit abgerundeten Ecken.

Ihre Keramik fällt durch die eigenartige schwarze Bemalung auf kalkweißem Grund auf. Ihre Steinskulpturen männlicher und weiblicher Figuren sind außergewöhnlich — schon allein wegen der konischen Kopfbedeckungen, hinter denen ein großer halbkreisförmiger Halo in der Art eines Heiligenscheines die Aufmerksamkeit auf sich zieht. Als bestbekanntes Werk der huaxtekischen Kunst gilt der berühmte »Jüngling« aus Tamuin, dessen nackte reifende Gestalt wahrscheinlich den Gott Quetzalcoatl darstellt. Geritzte Flachreliefs mit in sich abgeschlossenen mythologischen Szenen schmücken den Körper zur Hälfte. Die Huaxteken zeichneten sich nicht nur durch einen eigenwilligen Skulpturenstil aus, der seinen Höhepunkt zwischen 1100 und 1300 n. Chr. erreichte, sondern auch durch eine kunstvolle Muschelornamentik. Ihre bedeutendste Stadt hieß Tamuin.

Daß die Huaxteken an der Grenze des mesoamerikanischen Kulturkreises angesiedelt waren, ist daraus ersichtlich, daß sie nicht nur kulturelle Beziehungen mit den südlichen Nachbarn in Mexiko unterhielten, sondern auch mit den höherstehenden Stämmen Nordamerikas, insbesondere mit den Pueblo-Indianern, deren Keramik sie zweifellos beeinflußt hat.

Die Totonaken, Cortés' erste Verbündete auf mexikanischem Boden

Als die Spanier im Jahr 1519 im Golf von Mexiko an Land gingen, trafen sie eines Tages am brennend heißen, sumpfigen und fieberhauchenden Strand, wo sich heute die Häuser von Vera Cruz erheben, auf fünf Indianer von fremdartigem Aussehen, die sie in ihre fünfunddreißig Kilometer nordwestlich gelegene Heimatstadt Cempoala einluden. Es waren Totonaken, die zwar Untertanen des aztekischen Reiches waren, aber Hernando Cortés zu verstehen gaben, daß sie in Wirklichkeit dem Herrscher der Azteken feindlich gesinnt seien. Ihr Herr, der Fürst von Cempoala, dessen stattliche Figur ihm bei den Spaniern den Beinamen Cacique Gordo (Der fette Kazike) einbrachte, beschwerte sich bei Cortés über die ungerechte Behandlung durch seinen Gebieter, den Aztekenkaiser Moctezuma II., dem er tributpflichtig war. Da wurde der Spanier hellhörig. Hier sah er eine gute Gelegenheit, sich erste Verbündetete auf mexikanischem Boden zu verschaffen.

Daß der »fette Fürst« sich zu sehr vor den Azteken fürchtete, um von sich aus sein Vasallenverhältnis zu brechen, wurde Cortés bewußt, als fünf »Calpixques« oder Steuereinnehmer der aztekischen Zentralregierung in Cempoala erschienen. Über ihr Eintreffen berichtete Bernal Díaz: »Während wir miteinander sprachen, wurden die Würdenträger von der Ankunft von fünf Mexikanern unterrichtet. Sie erblaßten, zitterten vor Angst und stürzten davon, um die Ankömmlinge zu begrüßen. Ein Raum wurde mit Zweigen dekoriert und Speisen vorbereitet, dazu viel Kakao, ihr bevorzugtes Getränk. Die fünf Indianer gingen an uns vorbei, da die Häuser der Würdenträger sich hier befanden. Sie sprachen weder mit Cortés noch mit irgendeinem anderen von uns und traten selbstbewußt und hochmütig auf. Sie trugen reichverzierte Gewänder und Lendentücher. Ihre Haare glänzten und waren so frisiert, daß sie ein Teil des Kopfes zu sein schienen. Jeder trug einen gekrümmten Stab und Rosen, die sie sich unter die Nase hielten. Diener folgten ihnen, denen es oblag, die Stechmücken zu vertreiben. Sie wurden von den Oberen der totonakischen Stadt begleitet, die sie nicht mehr allein ließen, bis ihnen Wohnungen zugewiesen waren und sie gegessen hatten.«

Die erschreckten Totonaken zitterten zunächst wie Espenlaub, als Cortés ihnen auftrug, sich der fünf Azteken zu bemächtigen. Nachdem sie den Befehl des Spaniers ausgeführt hatten, waren sie von ihrer eigenen Kühnheit so angetan, daß sie die Gefangenen ihren Göttern opfern wollten, was Cortés jedoch mit gewohnter Schläue zu verhindern wußte. Durch die Festnahme der Steuereinnehmer waren die Totonaken zu Verbündeten der Spanier geworden, denen sie sich auf Gedeih und Verderb anschließen mußten, wollten sie der fürchterlichen Rache der Azteken entgehen. Vom Regen waren sie in die Traufe gekommen. Auf ihrem Gebiet drängten die Azteken besonders stark an die Küste, weil der fruchtbare und ertragreiche Boden ein

Großteil des aztekischen Bedarfes an Baumwolle deckte. Auch den Spaniern ging es nur darum, die nicht gerade kriegerischen Totonaken auszubeuten und für ihr Zwecke einzuspannen. Da sie als Hilfstruppen nicht zu gebrauchen waren, mußten sie den spanischen Eroberern Lastenträger für den Zug ins Innere des Landes zur Verfügung stellen.

Die Totonaken, die Cortés mit viel Geschick als Bundesgenossen gewonnen hatte, verärgerte er mit seiner fast fanatischen Verbissenheit in Glaubensfragen. Zu einer religiösen Auseinandersetzung zwischen den Spaniern und den Bewohnern Cempoalas kam es, als Cortés die Eingeborenen dazu zwingen wollte, zum Christentum überzutreten. Der beleibte Kazike war aber nicht gewillt, seine eigenen Götter aufzugeben, weil sie ihm und seinem Volk Gesundheit und Auskommen verliehen. Die Totonaken verehrten u. a. den Sonnengott, die Mondgöttin und die Maisgöttin, denen zahlreiche Priester dienten. Cortés zauderte nicht lange. Er befahl seinen Männern, die geheiligten Abbilder der totonakischen Idole zu zerschlagen. »Kaum waren die Worte gesagt, waren schon fünfzig von unseren Soldaten auf dem Weg und zertrümmerten ihre Götzen. Einige waren gleich schrecklichen Drachen, groß wie Kälber, andere halb Mensch, halb Hund und von bösem Aussehen. Als sie ihre Götter so sahen, in Stücken, weinten die Häuptlinge und Priester und schlossen ihre Augen und baten um Verzeihung und jammerten, es sei nicht ihre Schuld, daß wir sie zerbrochen hätten.« (Bernal Díaz)

Auf der Spitze des heidnischen Tempels errichteten die Spanier eine Kirche, in der vier Priester als Meßgehilfen dienen mußten, was bestimmt nicht nach Geschmack der sonst schwarzgekleideten Opferpriester war, die ihr langes, ungeschnittenes Haar mit dem Blut zahlloser Menschenopfer gefärbt hatten. Man schor ihnen zunächst die verfilzten Haare und steckte sie in weiße Mäntel, ehe sie zum Dienst in der Kirche abkommandiert wurden.

Kein Wunder, daß die Spanier sich von der Religion der Totonaken angeekelt fühlten, brachten die Eingeborenen doch dem Regengott Menschenopfer dar, um sich dadurch den Schutz der Saaten vor Ungeziefer, Hagelschlag, Wolkenbrüchen und Dürre zu sichern. In regelmäßigen Abständen wiederholte sich auch die Opferung von Kindern, deren Blut mit dem duftenden Harz bestimmter Bäume und den Samen auserwählter Pflanzen zu einer Paste verarbeitet wurde, die man den erwachsenen Teilnehmern des Ritus zu essen gab. Zudem waren an den Festtagen äußerst strenge Selbstkasteiungen üblich.

Die religiösen Gepflogenheiten der Totonaken flößten den Spaniern Abscheu ein und brachten sie auf den Boden der Wirklichkeit zurück, hatten sie doch geglaubt, durch ein »irdisches Paradies« zu wandern, als sie in Cempoala einzogen. Alle Gebäude lagen in Felder und Gärten eingebettet, zwischen wohlunterhaltenen Anpflanzungen und blühenden Obstplantagen. »Als wir in die Stadt kamen und bemerkten, wieviel größer sie war als irgendeine, die wir vorher gesehen hatten, waren wir ganz erschlagen vor Staunen. Die Vegetation war so üppig, und die Straßen waren voller Männer und Frauen, die herbeieilten, um uns zu sehen, daß wir Gott dafür dankten, solch ein Land entdeckt zu haben . . . Das Ganze war wie ein einziger Lustgarten mit so großen und hohen Bäumen, daß man kaum die Häuser sah.« (Bernal Díaz)

Als Cortés' Soldaten dann in den mauerumzogenen Tempelbezirk einrückten, spielte ihnen ihre erregte Phantasie einen weiteren Streich. Den blendendweißen und spiegelblanken Verputz der Gebäude hielten sie zunächst für einen kostbaren Belag mit Silberplatten, bis sich herausstellte, daß man die Häuser nicht mit glänzendem Silber beschlagen, sondern lediglich mit sauber geglättetem weißem Kalkmörtel beworfen hatte, der in der Sonne silbern strahlte. Auch ohne Silberbeschlag war Cempoala damals eine prächtige Stadt mit zwanzig- bis dreißigtausend Einwohnern. Nördlich davon, nahe der feuchtheißen Golfküste, liegt das größte und bedeutendste Kulturzentrum der Totonaken, die berühmte Tempelstadt El Tajín (Ort der unsichtbaren Wesen), die um 600 n. Chr. erbaut, aber gegen 1200 bereits wieder verlassen wurde.

Ihre Blütezeit erreichte die City vermutlich zur gleichen Zeit wie Teotihuacán, also um 700 n. Chr. Im Jahr 1785 entdeckte der mexikanische Ingenieur Diego Ruiz die große siebenstufige Pyramide, die mit 365 quadratischen Nischen völlig durchlöchert ist und wie ein riesiger Schweizer Käse wirkt. Die indianischen Architekten hatten hier offensichtlich einen steinernen Kalender in Pyramidenform errichtet und alle 365 Tage des Sonnenjahres als große Fenster dargestellt. Damals ragte die Nischenpyramide als einziges Gebäude aus dem Gewirr der Vegetation heraus, unter dessen Dach der größte Teil der gewaltigen Tempelanlagen bis in dieses Jahrhundert hinein verborgen blieb. Erst 1934 begann der mexikanische Archäologe García Payón mit der systematischen Ausgrabung von El Tajín und förderte Hunderte von Gebäuden aus Sandstein zutage, Tempelpyramiden, zweistöckige Paläste, Ballspielplätze, Befestigungsmauern und Häuser.

Vor der mächtigen Pyramide der Nischen erhebt sich ein zwanzig bis dreißig Meter hoher Mast, der ursprünglich aus Holz war und heute aus Aluminium besteht. »Voladores« (fliegende Menschen) genannte Tänzer klettern hinauf, binden ein oben befestigtes Strickende um ihren Fußknöchel und stürzen sich ins Leere. Sie hängen kopfunter an den Seilen, die um den Mast kreisen und sich mit jeder Umdrehung weiter abwickeln. Während ihres Rundfluges, der eine Viertelstunde dauert, jongliert ein einsamer Tänzer auf der wankenden Mastspitze und beschwört die Götter mit einer Flötenmelodie. »Mögen sie uns vor Unwetter schützen, mögen sie uns in diesem Jahr unsere Saaten segnen!« Die akrobatischen Vogelmenschen nähern sich in einem immer größeren Bogen kopfüber der Erde, die sie nach der dreizehnten

Umdrehung erreichen. Flink springen sie auf ihre Füße, und wieder einmal haben sie ihre gefährliche Schau heil überstanden. Ihr riskanter Tanz um den Mast bewahrt die Erinnerung an einen uralten Sonnenkult, die vier Jahrhunderte der Christianisierung nicht zu löschen vermochten. Feierten sie ihr dem Sonnengott gewidmetes religiöses Zeremoniell früher nur einmal im Jahr während des Fronleichnamsfestes, »fliegen« sie in letzter Zeit auch an Wochenenden für schaulustige Touristen. Es sind die heutigen Nachfahren der historischen Totonaken, deren Spuren sich noch nicht im Dunkel der Geschichte verloren haben. Unvergessen bleiben sie schon allein wegen ihrer Kunst des Steinreliefs, die sie zu höchster Vollkommenheit entwickelten. Ihre kleinen Steinfiguren mit großen, abgeflachten Schädeln und lachenden Gesichtern sind charakteristisch für die totonakische Kultur. Ihre Plastiken von »lächelnden Menschen« nehmen eine einzigartige Stellung im mittelamerikanischen Kunstschaffen ein.

Die Mixteken, Meister der Goldschmiedekunst

Kein anderes altamerikanisches Indianervolk hat seine eigene tausendjährige Geschichte so genau und gut datiert aufgezeichnet wie die Mixteken. Von ihnen stammen einige der frühesten, wichtigsten und schönsten präkolumbischen Bilderhandschriften, die die allgemeine Zerstörung der indianischen Dokumente durch übereifrige christliche Missionare überdauerten. Bei den erhalten gebliebenen Kodizes mixtekischer Herkunft handelt es sich um bebilderte Berichte von kriegerischen Auseinandersetzungen, dynastischen Ereignissen und feierlichen Anlässen, die seit dem Jahr 838 n. Chr., als die erste mixtekische Dynastie in Tilantongo gegründet wurde, oder sogar schon seit 692 bis zur spanischen Eroberung erzählt werden.

Im »Codex Zouche-Nuttal«, einem der herrlichsten Geschichtsbücher der Mixteken, wird ihre Herkunft von einem heiligen Baum bei Apoala im sechsten Jahrhundert n. Chr. geschildert. Auch geht dort die Rede vom großen mixtekischen Häuptling »Rauchende Augen«, der in Tollan die adelige Frau »Drei-Stein-Messer« ehelichte. Dieser Anführer soll anscheinend im Herrschaftsgefüge der Tolteken eine wichtige Rolle gespielt haben. Die Mixteken glaubten sogar, er stamme vom Planeten Venus ab.

Im Mittelpunkt all dieser historischen Schriften steht jedoch der mixtekische Fürst und Kriegsheld »Acht-Hirsche Jaguarkralle«, Herr der Stadt Tilantongo (Platz der schwarzen Erde), dem besondere Bedeutung zukommt. Der im Jahre 1002 n. Chr. geborene Mixtekenführer war dem Sonnengott geweiht. Nachdem er mit seiner Streitmacht viele Gebirgsstädte eingenommen hatte, stieg er die heimatlichen Berge hinunter, um seine Eroberungszüge im Zapotekenreich von Oaxaca fortzuführen. Schließlich gelang ihm bei Mitla die Gefangennahme des zapotekischen Oberhauptes. Obwohl er diesen als lebenden Gott verehrte, verzichtete er nicht auf die ihm als Sieger zustehenden Tributzahlungen. Zu diesem Zeitpunkt waren die Mixteken bereits bis zum Pazifik vorgestoßen.

Zum Dank für seine Erfolge opferte »Acht-Hirsche Jaguarkralle« im Jahre 1052 dem Sonnengott seinen Bruder, der ihn in allen Kämpfen tatkräftig unterstützt hatte. Zwei Jahre später tötete er sich selbst, um dem Gott sein eigenes Herz darzubringen.

Die geschichtlichen Berichte erzählen von den Kriegen, die Mexiko während des Machtvakuums zwischen dem Niedergang der Tolteken und dem Aufstieg der Azteken erschütterten. Sie zeigen auch, daß alle Völker, die sich damals befehdeten, eigentlich derselben Götterwelt huldigten und deren Wohlwollen durch menschliche Opfer zu gewinnen suchten.

Die Mixteken erlebten ihren kulturellen Aufschwung, als die mehr als tausendjährige Kultur ihres Nachbarvolkes, der Zapoteken, sich bereits dem Ende zuneigte. Im Gegensatz zu den Zapoteken, die als klassische Kultur anzusehen sind, gehören die Mixteken bereits der nachklassischen Zeit an. Zu Beginn des siebten Jahrhunderts n. Chr. bevölkerten sie die »Mixteca alta«-Region im gebirgigen Hochland von Oaxaca, von den Azteken »Wolkenland« genannt, und einen Küstenstreifen, die »Mixteca baja«. Ihr Stammesgebiet nannten sie poetisch »teures und heiliges Land«.

Obwohl sie keinen Großstaat mit zentraler Staatsmacht gründeten, sondern über eine Reihe von Zwergstaaten verstreut waren, fühlten sich die Mixteken durch ihre gemeinsame Religion eng miteinander verbunden. Als Symbol ihrer überstaatlichen heiligen Einheit verehrten sie einen »Herz des Volkes« genannten Riesensmaragd im Haupttempel der Stadt Achiutlan. Dieser Edelstein verschwand wie so viele andere Kostbarkeiten in den Wirren der spanischen Eroberung.

Im 14. oder 15. Jahrhundert verdrängten sie die Zapoteken aus der Totenstadt Monte Albán, dem prachtvollsten indianischen Zentrum Südmexikos. Für ihre adeligen Toten, die sie mit all ihrem Schmuck beisetzten, verwendeten sie die bereits vorhandenen Gräber der Zapoteken, die diese als künstlich nachgebildete Höhlen angelegt hatten, weil ihren mythischen Vorstellungen zufolge der Mensch in Höhlen auf die Welt kam und auf dem gleichen Weg wieder ins Jenseits eingehen würde.

Als im Januar 1932 der mexikanische Archäologe Alfonso Caso mit seinem Mitarbeiter Juan Valenzuela im als Nummer sieben markierten Grab rund fünfhundert wunderschöne Kunstgegenstände entdeckte, verglich der deutsche Mexiko-Spezialist Walter Krickeberg diesen Fund mit der Freilegung des altägyptischen Grabes Tutanchamuns. Die unvorstellbar schönen Schätze, die das in Monte Albán geöffnete Grab in seinem Innern barg, wie goldene Armreifen und Halsbänder, eine Art Tabaksdose aus Gold, Halsketten aus Perlen, Ohrgehänge aus Obsidian und Nephrit, eine Maske des Gottes Xipe Totec, ein in Bergkristall gehauener menschlicher Schädel und vieles mehr, können heute im Museum von Oaxaca bewundert werden.

Das nahe bei Monte Albán gelegene Mitla, ebenfalls eine ehemalige Zapotekensiedlung, erkoren die Mixteken zu ihrem Hauptzentrum, das sie zu einem Architekturwunder von unvergleichlicher Schönheit ausbauten. Sie errichteten lange Gebäude, die von zentralen, viereckigen Höfen umschlossen wurden. Die Tempel versahen sie mit flachen Dächern, die von sechs Säulen gehalten wurden. Die einzigartigen geometrischen Steinmosaiken an Mitlas Mauern zeugen vom außergewöhnlichen ästhetischen Empfinden der mixtekischen Künstler, den besten des vorkolumbischen Amerika.

Die Mixteken beeindruckten nicht nur durch ihre Architektur, sondern auch durch ihr großartiges handwerkliches Können, durch ihre feinen Metallarbeiten, besonders die Erzeugnisse ihrer vielgerühmten Goldschmiedekunst, und ihre erstklassige Keramik, die sich durch Hochglanz auszeichnet. Der Aztekenfürst Moctezuma II. war so von den vielfarbigen Töpferwaren der Mixteken angetan, daß er sie als Tafelgeschirr benutzte. Ihre prächtigen Gefäße bemalten sie in leuchtenden Orange-, Weiß-, Rot-, Schwarz- und Gelbtönen mit Dekorationsmustern geometrischer oder symbolischer Natur. Auf einer in der Provinz Oaxaca gefundenen Schüssel ist z. B. ein auf dem Rand des Gefäßes sitzender Vogel abgebildet, der daraus zu trinken scheint. Dessen flüchtige Pose ist hervorragend eingefangen.

Als Formen bevorzugten die Mixteken runde Krüge auf schlanken Dreifüßen mit zylindrischen Halsstücken oben, halbkreisförmige Schalen auf Untersätzen wie auch flache Platten. Viele bewundernswerte Kunstwerke, die die Spanier den Azteken geraubt hatten, waren in Wirklichkeit von den Mixteken geschaffen worden.

Die Zapoteken und die heilige Totenstadt Monte Albán

Zu den intelligentesten Vertretern der mexikanischen Urbevölkerung zählen die Zapoteken, denen die Spanier der Conquista bereits charakterliche und geistige Vorzüge bescheinigten. In Oaxaca, dem »indianischsten« aller Staaten Mexikos, leben zur Zeit noch ungefähr einhundertzwanzigtausend Indianer vom Stamm der Zapoteken. Benito Juárez, der den Untergrundkrieg gegen die französische Besatzungsmacht leitete und seinem Land die Unabhängigkeit erkämpfte, war ein reinblütiger Zapoteke aus den Bergen des nördlichen Oaxaca.

Obwohl diese klugen und gebildeten Indianer Kriege und Gewalttätigkeiten verabscheuten, vermochten sie sich gegenüber ihren Gegnern, den Azteken und den Spaniern, zu behaupten. Sie waren als gute und ausdauernde Krieger bekannt, die es meisterhaft verstanden, die gebirgige Natur ihrer Heimat zur Bewahrung ihrer Kultur auszunutzen. Am meisten gefürchtet waren die riesigen zapotekischen Stoßlanzen, die sich wegen ihrer unglaublichen Länge von 7,60 Meter und ihrer großen Feuersteinspitzen als besonders wirksam erwiesen.

Mit Erfolg widerstanden die Zapoteken den aztekischen Versuchen, sie vollständig zu unterjochen, mußten jedoch hinnehmen, daß die Azteken in ihrem Land mit dem Bau von Militärgarnisonen begannen. Auch den Spaniern, die ihnen ihre Herrschaft aufzwingen wollten, machten sie viel zu schaffen. Ihre beiden letzten Könige, Cocijo-eza und Cocijo-pij, erlebten noch das Zeitalter der spanischen Eroberung. Cocijo-eza legte den ständigen Streit mit den Azteken bei, indem er die Tochter des aztekischen Herrschers Ahuitzotl heiratete. Dennoch mißtrauten die Zapoteken dem mächtigen aztekischen Staat, der sie aus dem Norden bedrohte. Deswegen strebten sie kurz vor dem Eintreffen der Spanier eine Versöhnung mit ihren langjährigen Widersachern in Südmexiko, den Mixteken, an.

Blick in den »Saal der Stufenmäander« von Mitla. Die einzigartigen geometrischen Steinmosaiken zeugen vom ästhetischen Empfinden der mixtekischen Künstler.

Nachdem Cortés Tenochtitlan eingenommen und das aztekische Reich zerschlagen hatte, sicherte er sich vom spanischen König das Tal von Oaxaca als persönlichen Familienbesitz und nannte sich Marqués del Valle, Markgraf des Tals (von Oaxaca). Dieses Gebiet interessierte den spanischen Eroberer nicht so sehr wegen seines milden Klimas und seiner Fruchtbarkeit, sondern wegen seiner Nähe zu den Gebirgsketten, aus denen die mexikanischen Fürsten das meiste Kupfer und Gold gewonnen hatten. Doch in dem unwegsamen Gelände leisteten die Zapoteken heftige Gegenwehr, so daß die Spanier die Kontrolle über die indianischen Kupfer- und Goldminen nicht erlangen konnten. Um sich für den erlittenen Rückschlag zu entschädigen, verlegte sich einer der spanischen Hauptleute auf das systematische Plündern von Grabstellen, deren unglaublichen Reichtum wir uns erst vorstellen können, seitdem der mexikanische Archäologe Alfonso Caso im Januar 1932 das heute berühmte Grab Nummer sieben auf dem Monte Albán, dreihundertzwanzig Kilometer südlich von Mexico City im Staat Oaxaca, unversehrt vorfand.

Die Freilegung dieser Grabstätte erwies sich als eine der aufsehenerregendsten archäologischen Unternehmungen in der Neuen Welt. Alfonso Caso stieß nämlich auf – wie er selbst sagte – »wahre Schätze von künstlerischem und wissenschaftlichem Wert, wie man sie nie zuvor in Amerika aufgespürt hatte«.

Über die von ihm geortete sagenhafte Vorratskammer, die neben neun beigesetzten Körpern über fünfhundert kostbare Schmuckstücke und zeremonielle Gerätschaften aus Gold, Silber, Bergkristall, Perlen, Jade und Muscheln enthielt, schrieb der mexikanische Gelehrte: »Bis zum heutigen Tage der Entdeckung von Grab Nummer sieben waren wir nicht in der Lage, uns eine Vorstellung von dem erstaunlichen Reichtum zu machen, der die Bewunderung der Eroberer erregte, und wir können bestätigen, daß ihre Erzählungen, die bisweilen für Übertreibungen gehalten wurden, der Wirklichkeit entsprechen oder ihr vielleicht noch nicht einmal gerecht werden.«

Die Reichtümer von Monte Albán stellten Alfonso Caso zunächst vor ein Rätsel. Sie wiesen nämlich die Menschen, die im Grab Nummer sieben ihre letzte Ruhe gefunden hatten, als mixtekische Adelige aus, »als Eindringlinge in ein bereits vorhandenes zapotekisches Grab«. (Leo Deuel)

In der Tat war es den kriegerischen und unruhigen Mixteken im 14. oder 15. Jahrhundert n. Chr. gelungen, die Zapoteken aus ihrer heiligen Totenstadt Monte Albán zu vertreiben. Die neuen Herren benutzten die alten Grabkammern der Zapoteken als letzte Ruhestätte für ihre vornehmen Toten, bevor sie ihrerseits kurz vor der Ankunft Cortés' von den Azteken überrannt wurden.

Monte Albán (Weißer Berg – eine Entstellung des zapotekischen Danib'aan = Heiliger Berg) ist nicht nur die imposanteste Ruinenstätte im Land der Zapoteken, sondern war auch eine der größten Metropolen von ganz Altamerika. Die Stadt erhob sich auf einem von Menschenhand abgeflachten Bergplateau von siebenhundert Meter Länge und zweihundertfünfzig Meter Breite. Auf mächtigen Terrassen, die man aus dem Bergrücken herausgehauen hatte, entstanden Pyramiden, Tempel, Treppenanlagen, Stelen, zahlreiche Grabgewölbe, ein Ballspielplatz mit schräg ansteigenden Zuschauerrampen sowie ein Observatorium, dessen Laufgänge und Öffnungen eine genaue Beobachtung der Sternen- und Planetenbewegung erlaubten.

Zu den ersten Kultbauten, die zwischen 600 und 100 v. Chr. dort errichtet wurden, zählt der sogenannte »Danzantes«-Tempel, eine mit steinernen Reliefplatten verkleidete Erdpyramide, an deren Wänden nackte Männerfiguren in ganz verzerrten Stellungen abgebildet wurden – mit verkrümmten Beinen, kegelförmigen Köpfen, angeschwollenen Lippen und schweren Augenlidern. Diese seltsamen »Tänzer«, deren Körper mit rätselhaften Hieroglyphen bedeckt sind, gehören in die Zeit vor den Zapoteken und künden vom Einfluß der Olmeken auf die ursprünglichen Erbauer dieser

Eine der Stelen auf dem Monte Albán.

großartigen Tempelstadt. Monte Albán war wahrscheinlich nie ein wirklicher städtischer Mittelpunkt, um den sich viele Menschen niederließen, sondern galt seit jeher als riesiges religiöses Heiligtum, das mit seinen Grabstätten als Totenstadt angelegt war, in der die Könige zur letzten Ruhe gebettet wurden. Jene »goldenen Gräber«, aus denen Archäologen wie Alfonso Caso den größten Goldschatz Mittelamerikas zutage förderten, erregten mehr Aufsehen als alle anderen Bauten dieser heiligen Nekropole. Bislang wurden etwa einhundertfünfzig unterirdische, aus Stein erbaute Grabkammern freigelegt, die den Zapoteken die natürlichen Höhlen ersetzten, »in denen sie und ihre mixtekischen Nachbarn von den ältesten Zeiten bis in die christliche Epoche hinein ihre Fürsten und Vornehmen zu bestatten pflegten, weil die Ahnen aus Erdlöchern hervorgekommen waren und die Toten auf demselben Wege in die Unterwelt zurückkehrten: ein Gedanke, der auch den Azteken geläufig war, die Urheimat und Totenreich in den Norden verlegten«. (Walter Krickeberg)

Ihre »künstlichen Totenhöhlen« in Monte Albán haben die Zapoteken sogar mit prächtigen Wandmalereien verschönert. Im alten Mexiko waren sie die einzigen, die danach strebten, ihre Grabkammern zu einer richtigen Kunstform zu entwickeln. Auf den meisten Graburnen war das Reliefbild des Gottes Tlaloc – auch Fürst Wasserschlange genannt – eingeritzt. Er wurde als Monte Albáns »Gott der Glückseligkeit« verehrt. Unter seinen

Wolken, auf dem weißen Berg, beigesetzt zu werden, war der sehnlichste Wunsch aller Verstorbenen. Der Forscher Hans-Henning Pantel hat diesbezüglich die Überzeugung geäußert, daß in Monte Albán nur diejenigen Persönlichkeiten bestattet wurden, die auf eine ungewöhnliche Weise gestorben waren. Nur wer ertrunken, in glühender Hitze, Schnee oder Unwetter umgekommen war, durfte nach seiner Auffassung an der ewigen Glückseligkeit in Tlalocs Wolkenparadies teilhaben. Alle übrigen, denen ein anderes Ende beschieden war, wurden anscheinend in der vierzig Kilometer südlich gelegenen zweiten Totenstadt, in Mitla, begraben, wo Mictlan, der düstere Gott der Unterwelt, regierte. Hier vermuteten die Zapoteken den Eingang zu dessen Reich, die Pforte zum »jenseitigen« Leben.

In Mitla residierte auch der Hohepriester, der höchste religiöse Funktionär, den die Zapoteken Uija-Tao, den »großen Sehenden«, nannten. Im »Palast der Säulen« lebte er in strenger Abgeschiedenheit. Einmal im Jahr war er von seinem Keuschheitsgelübde entbunden. Dann nahm er an Bacchanalien teil und zeugte während des rauschenden Festes mit einer zu diesem Zweck ausgewählten Häuptlingstochter seinen eigenen Nachfolger. Daß nur sein direkter Nachkomme und sonst niemand für würdig befunden wurde, das Amt des obersten Priesters zu übernehmen, verdeutlicht die Machtfülle des »großen Sehers«, dessen Antlitz kein gewöhnlicher Sterblicher erblicken durfte. Nur dem König war es erlaubt, durch eine Hintertür den Uija-Tao aufzusuchen, und dabei mußte er sich ihm mit der größten Unterwürfigkeit nähern. In der Tat verfügte der Hohepriester über mehr Autorität als der Herrscher der Zapoteken, der sich um die zivilen und militärischen Angelegenheiten des Reichs kümmerte. Das religiöse Oberhaupt allein kannte den Willen der Götter, die sich mit ihm unterhielten und ihm die Zukunft kundtaten. Auch die anderen Priester standen in hohem Ansehen. Im Pantheon der Zapoteken nahmen der Regengott Cocijo, der »menschenfressende Jaguar«, der Maisgott Pitao Cozobi und eine besondere Fledermausgottheit eine Ehrenstellung ein. Im zapotekischen Staatsleben kam der Religion eine noch größere Bedeutung zu als bei den Azteken, denn bei den Zapoteken wurde die Macht nicht allein vom König ausgeübt, sondern mit dem Hohepriester geteilt, der auch noch die Funktion des obersten Richters innehatte.

Daß die Religion weitgehend vom Totenkult bestimmt wurde, daß man nirgendwo anders in Mesoamerika so viel Energie dafür aufbrachte, bezeugen die umfangreichen und vielfältigen Grabstätten der Zapoteken mit ihren kostbaren Grabbeigaben. »Wohl noch nie sind die Wohnungen des Todes so nah mit denen von Lebenden, noch das Leben und die Existenz eines Volkes so eng mit den Gebeinen seiner Toten verbunden gewesen«, schreibt Graf Keßler, »wie hier in Mitla, das das Gräberfeld und zugleich das Heiligtum und die Festung einer Rasse gewesen ist. Es ist, als hätten erst die Toten und die Lebenden zusammen hier die Volksgemeinschaft ausgemacht.«

VERGANGENER PRUNK IM REGENWALD

Die Mayas, die »Griechen« Mesoamerikas

Unfaßbares geschah vor elfhundert Jahren in Mittelamerika. Wie weggezaubert verschwand das hochzivilisierte Volk der Mayas aus seinen prunkvollen Tempelstädten, die es dem Dschungel preisgab. Um das Jahr 900 unserer Zeitrechnung verließen die Mayas schlagartig ihre Monumentalbauten, die sie mitten in einem von Flüssen durchzogenen, mit Seen und Sümpfen übersäten Gebiet tropischer Urwälder mühselig errichtet hatten. Hier, wo der kalkhaltige Boden nur von einer dünnen Humusschicht bedeckt ist, wo die Bäume vierzig bis fünfundvierzig Meter hoch werden, in diesem Land mit ausgiebigem tropischem Regenfall, wo die Niederschlagsmenge drei Meter jährlich erreichen kann und eine sonst auf der Welt beispiellose Feuchtigkeit von im allgemeinen fast hundert Prozent herrscht, im Schoß dieser üppig wuchernden Vegetation hat sich die Maya-Hochkultur unter armdicken Lianen, tausenderlei Pflanzen und lästigen Moskitoschwärmen in ihrer ganzen Herrlichkeit entfaltet. Während der klassischen Periode, von 300 bis 950 n. Chr., hat sie sogar einen kulturellen Höhepunkt sondergleichen in Wand- und Vasenmalereien, in Porträtplastik in Stuck und Stein, in Arithmetik und in astronomischer Mathematik erreicht und ist kurz danach ganz plötzlich und klanglos verstummt. Zu Recht schreibt der Altamerikanist John Eric Sidney Thompson über die Geschichte der Mayas: »Es ist ein steiler Aufstieg, ein langer Marsch über eine Hochebene und dann ein Abstieg, der immer steiler wird, sobald das Ende in Sicht kommt.«

Innerhalb von weniger als achtzig Jahren wurden alle Städte im Regenwald des Petén (Nordguatemala) verlassen. Paläste und Tempel verfielen, der Bau von Gedenkstelen hörte auf, die Schrift und das Kalendersystem, die größten geistigen Leistungen der Mayas, kamen außer Gebrauch, ihr selbstentwickeltes Zahlensystem, das aus Strichen und Punkten bestand, geriet in Vergessenheit, und die alten Rituale verloren ihre Bedeutung. Wer oder was vertrieb diese Indianer aus dem einst dichtest besiedelten Maya-Gebiet? Erlagen sie eingeschleppten Epidemien oder tropischen Krankheiten? Flüchteten sie vor kriegerischen Einfällen der Tolteken und anderer Völker? Zwangen klimatische Veränderungen, Naturkatastrophen oder Mißernten sie zur Auswanderung? Mit den unmöglichsten Theorien versuchten die Wissenschaftler, den plötzlichen Niedergang der Maya-Kultur zu erklären. Was wissen wir eigentlich über die geheimnisvollen Ereignisse, die sich zwischen 800 und 900 n. Chr. im Dschungel des Petén abgespielt haben müssen?

Die Mayas sind zweifellos überstürzt aufgebrochen, was der 1975 verstorbene englische Archäologe John Eric Sydney Thompson selbst an Ort und

Stelle feststellen konnte. »Eine nach der andern ließen die verschiedenen Städte in ihrer Rührigkeit nach; es wurden keine Stelen mehr errichtet, keine neuen Tempel oder ‚Paläste' mehr gebaut. In manchen Fällen wurde die Arbeit so plötzlich abgebrochen, daß Plattformen, die gebaut worden waren, um Gebäude zu tragen, ungekrönt blieben, und in Uaxactun blieben die Mauern des letzten Gebäudes unvollendet.« Die Mayas verließen den gesamten Petén; ihr Exodus war also keine einzelne Episode, sondern erfaßte das ganze Gebiet.

Bei den meisten der im Petén gelegenen Maya-Städte findet sich keine Spur von einer gewaltsamen systematischen Zerstörung durch Menschenhand; sie wurden alle einfach kampflos aufgegeben. Nur die Herrscherstandbilder wurden mutwillig zerschlagen. Bisher sind die Archäologen weder auf große Waffenlager noch auf Knochen von Erschlagenen gestoßen. Genausowenig haben sie bislang Massengräber entdeckt, die von Seuchen oder Hungersnöten zeugen würden.

Eine Reihe von Indizien sprechen für Wanderungen, die damals aus dem Petén nach dem angrenzenden Yucatán im heutigen Mexiko unternommen wurden. So scheint eine kürzlich in Cobá (Yucatán) freigelegte Pyramide eine Abbildung des Tempels Nummer eins in Tikal (Petén) zu sein. Des weiteren stimmen ebenfalls in Tikal an den Stuckwänden einzelner Tempel eingeritzte Zeichnungen bedenklich. Diese Graffiti von »Maya-Lausbuben«, die aus der Zeit um 800 n. Chr. stammen, stellen nämlich in Sänften reisende Priester dar. Ob es sich hier wohl um die Abwanderung der obersten Schicht nach Yucatán handelt?

Zwischen 850 und 1000 n. Chr. fielen zwar feindliche Indianer aus dem Norden ins Siedlungsgebiet der Mayas ein. Diese ließen sich hauptsächlich im nördlichen Yucatán oder im guatemaltekischen Hochland nieder; nur wenige wurden in Petén heimisch. Wie hätten überhaupt vereinzelte Gruppen von Neuankömmlingen eine Region mit etwa drei Millionen Einwohnern leerfegen können?

Bislang gibt es zwei Theorien, die mehr oder weniger überzeugend das plötzliche Erlöschen der Maya-Hochkultur erklären. So könnte Altun Ha, die Stadt des Sonnengottes Kinich Ahau, vor über tausend Jahren im Blutrausch eines Bauernaufstandes versunken sein. Einige tausend klein gewachsene Bauern, von denen die meisten nur einen zwischen den Beinen durchgezogenen, um die Hüfte geschlungenen und mit beiden Enden vorn und hinten herabhängenden Lendenschurz trugen, stürmten, so schnell ihre schmalen, durch lange Märsche im Urwald abgehärteten Füße und muskulösen Beine sie trugen, die Stufen der Tempel, Pyramiden, Paläste und Grabkammern hinauf. Drohend schwangen sie primitive Holzknüppel, Steinbeile und Speere über den mit einfachen Hüten aus Stroh oder Blättern bedeckten Häuptern. Aus den mit schwarzen, glatten Haaren umrahmten runden Ge-

Tempelreste aus dem »Neuen Reich« der Maya in Cobá auf Yucatán.

sichtern mit vorspringenden Backenknochen und herausragenden Adlernasen war jeder sanfte Ausdruck gewichen. Schweiß troff über die dunklen Augen mit den schweren Lidern. Weiß leuchteten die Zähne dank des Kalks, in dem die Bauern die Maiskörner, ihr Grundnahrungsmittel, tränkten.

Nur langsam waren sie im Laufe der Jahre in Wut geraten, doch einmal gereizt, sollten sie sich als unerbittlich erweisen. Traten ihnen in schön bestickten Pelerinen oder Ponchos eingehüllte Würdenträger entgegen, wurden diese von der tobenden Meute hinweggefegt. Die verhaßten Fürsten, Priester und Gouverneure, ihre Astronomen, Künstler, Kaufleute und Beamten wurden kurzerhand erschlagen, gesteinigt, enthauptet oder erstochen. Nur wenige Adlige konnten sich unbemerkt in den Busch absetzen. Alle höhergestellten Mayas hatten einen künstlich verformten Schädel, dessen abgeflachte Stirnpartie die Linienführung der Nase fortsetzte, was vermutlich ihrem Schönheitsideal entsprach.

Gründliche Rache am unbeliebten Regime nahm die von der Aristokratie grausam unterdrückte Bauernschaft. Mauern und Dächer der Tempel wurden niedergerissen; Wandfriese, Stelen und steinerne Kalendertafeln zertrümmert; Grabkammern aufgebrochen und Skelette zerschlagen. Durch ihre lange aufgestaute Wut ließen sich die Bauern sogar zur Schändung der Toten hinreißen.

So sehen heute Archäologen das Ende der Maya-Stadt Altun Ha im sumpfigen Tieflanddschungel der britischen Kolonie Belize, wo die Ruinen über Jahrhunderte verschollen und unberührt blieben, was ein unverfälschtes Bild vom Verfall der Maya-Kultur ermöglicht. Nach den letzten Erkenntnissen der Wissenschaftler läßt sich die Rekonstruktion vom Niedergang der Stadt des Sonnengottes auch auf die im Petén gelegenen Zeremonialzentren übertragen.

David Pendergast, der Leiter der erst Mitte der sechziger Jahre begonnenen Grabungen in Altun Ha, weiß, wovon er spricht: »Unsere Ausgrabungen haben den Beweis geliefert, daß der Zusammenbruch von Altun Ha auf eine gewaltsame Bauernrevolte zurückzuführen ist. Die Fundstätten zeigen, daß mit hoher Wahrscheinlichkeit militärische Invasionen, Hunger und Epidemien beim Untergang der Maya-Gesellschaft keine Rolle gespielt haben.« In den Ruinen von Altun Ha entdeckte man 1970 einen Jadekopf mit einem Sammlerwert von einer Million Dollar. Dieses größte Jadekunstwerk, das je im Maya-Gebiet gefunden wurde, stellt den Sonnengott Kinich Ahau dar. Der fast zehn Pfund schwere und fünfzehn Zentimeter große Kopf befindet sich im Royal Ontario Museum in Ontario.

Der Aufstand der Bauern, die ein eigensinniger und unabhängiger Menschenschlag waren, wurde wahrscheinlich durch die »Bauwut« der Maya-Herrscher ausgelöst, die vor allem zwischen 600 und 850 n. Chr. ein fast krankhaftes Ausmaß erreichte. Wegen der stetig zunehmenden Bautätigkeit an den Zeremonialanlagen mußten immer mehr Menschen ihre lebensnotwendige Feldarbeit liegenlassen und sich an den Baustellen einfinden, um an Tempeln, Grabstätten und anderen Sakralgebäuden Fronarbeit zu leisten. In der Folge ernährten immer weniger Bauern immer mehr Arbeiter, was auf die Dauer nicht gutgehen konnte. Der sich ständig ausbreitende Urwald des Petén, der erst um 900 n. Chr. seine volle Dichte erlangte, trug ebenfalls zur Verminderung der Felderträge bei. Von einem bestimmten Augenblick an waren die Bauern – so scheint es – nicht mehr gewillt, den Totenkult der Oberschicht mit ihren Abgaben, ihrem Schweiß und sogar ihrem Blut zu finanzieren. Wie es dazu kommen konnte, schildert der bekannte Maya-Forscher John Eric Sidney Thompson: »Es ist nicht unlogisch anzunehmen, daß es eine Reihe von Bauernaufständen gegen die theokratische Minorität von Priestern und Adligen gab. Diese Revolten mögen ihren Grund in der stetig wachsenden Nachfrage nach Arbeitskräften für die Bauvorhaben und in der Lebensmittelproduktion für eine wachsende Anzahl von Nichtproduzierenden gehabt haben. Fremdländische religiöse Entwicklungen, wie der von der

Hierarchie übernommene Kult des Planeten Venus, mögen einen Keil zwischen die beiden Gruppen getrieben und den Bauern das Gefühl gegeben haben, die Hierarchie übe nicht länger ihre Hauptfunktion, nämlich die Versöhnung der Götter des Bodens, an die allein sie aufrichtig glaubten, aus. Wir können vernünftigerweise annehmen, daß die Mayas nicht mehr mit dem gleichen Eifer arbeiteten, als es galt, zu Ehren von Göttern zu bauen, an denen sie nicht interessiert waren ... Vielleicht begannen die immer mehr von ihren Theorien der Zeitphilosophie absorbierten Priester ihre Autorität bei den Massen zu verlieren, noch bevor fremde Einflüsse diese Kluft erweiterten. In beiden Fällen mußte sich das Maya-Volk fragen, ob die Hierarchie noch länger mit ganzem Herzen für das Allgemeinwohl wirkte. Sobald dieser Zweifel einmal Wurzeln geschlagen hatte, war die alte Ordnung dem Untergang geweiht.«

Nachdem die unterdrückte Bauernschaft sich ihrer »Priesterkönige« entledigt hatte, brach ein heilloses Chaos über das Maya-Land herein. Ohne die Führungsschicht, die sich allein in Wissenschaft und Religion auskannte, waren die rebellischen Untertanen hilflos. Ohne das politische und technische Know-how der Priester konnte der Maya-Kulturkreis nicht mehr überleben. Es gab jetzt niemanden mehr, der den Bauern hätte angeben können, wann welche Pflanze anzubauen und welches Fest zu begehen sei. Mit ihren Kalenderberechnungen hatten die Priester vor allem die günstigsten Zeiten für die Aussaat ermitteln wollen. Durch ihre Entmachtung waren die Städte so funktionsunfähig geworden wie ein Schiff ohne Kapitän. Tempel und astronomische Observatorien, Kanäle und Straßen zerfielen. Die Staatsordnung löste sich auf. Die Bauern verließen ihre aus Holz oder Rohr und Riedgras erbauten Hütten im Umkreis der Zeremonialstätten und wanderten ab.

Wie es soweit kommen konnte, resümiert der Forschungsreisende Willy Lützenkirchen: »Die Maya-Herrscher, die Astronomie und Mathematik, Kalenderrechnung, Straßen- und Kanalbau, Kunst und Statik wie kein anderes Volk ihrer Zeit beherrschten, wurden von hungernden Maisbauern in den Untergang getrieben. In ihrem bedingungslosen Glauben an die Götter hatten sie die sozialen und ökologischen Spielregeln jeder Gesellschaft mißachtet. Die Rache der Bauern ließ ihre gigantischen Städte und Tempel im Dschungel versinken.«

Eine andere Theorie, die das jähe Ende der Maya-Stadtstaaten nicht minder glaubwürdig erklärt, stammt vom französischen Archäologen Pierre Ivanoff und fußt auf der ausgeprägten Zeitphilosophie der Mayas.

Die Mayas waren vom Gedanken an die Zeit besessen. Kein anderes Volk der Geschichte war so zeitabhängig wie die Indianer aus dem Petén-Dschungel. Die Zeit war der Eckstein ihrer Kultur. Sie haben die Mathematik und die Schrift erfunden, um die Zeit zu messen. Sie haben Stelen und Altäre errichtet, um den Ablauf der Zeit zu kennzeichnen. Aus ihrer leidenschaftlichen Beschäftigung mit zeitlichen Fragen erwuchs die Perfektion ihrer astronomischen Beobachtungen. Warum waren sie so heftig ergriffen von allem, was mit Daten und dem Kalender zu tun hat? Weshalb lag ihnen so viel daran, die Zeit der Sonne, des Mondes, der Venus sowie die für sie äußerst wichtige magische Zeit aufs genaueste zu berechnen?

Um die Gegenwart zu verstehen und die Zukunft vorherzubestimmen, ihre dauernde Unruhe vor ganz nahen oder weiter entfernten Übeln zu überwinden, verschrieben sich die Mayas mit Leib und Seele dem Studium der Zeit. Dank ihres astronomischen Wissens arbeiteten sie ein Kalendersystem aus, das durch seine für die damalige Zeit phänomenale Genauigkeit besticht und eigentlich aus drei verschiedenen Kalendern besteht. Der Maya-Sonnenkalender umfaßte einen Zyklus von 365,2420 Tagen und wich erst in der vierten Stelle nach dem Komma von unserem heutigen Kalender ab, in dem der Meßwert für die Länge des Sonnenjahres 365,2422 Tage beträgt. Daneben orientierten sie sich auch nach einem magischen oder heiligen Kalender (»Tzolkin«), der auf dem »göttlichen« Zeremonialjahr von 260 Tagen fußte, und nach dem Venusjahr, das nach der Umlaufzeit des Planeten Venus auf 584 Tage berechnet wurde, was der heute ermittelten Dauer von 583,92 Tagen sehr nahekommt. Im Gegensatz zu den Griechen zur Zeit Homers wußten sie, daß der Morgen- und der Abendstern derselbe Planet ist, nämlich die Venus, von der sie glaubten, sie sei der Sitz des in den Himmel aufgefahrenen toltekischen Gottes Quetzalcoatl, den sie Kukulkan nannten.

Die drei Kalender waren nicht voneinander unabhängig, sondern griffen ineinander wie die Zahnräder ein und desselben Mechanismus. Wenn wir diesen von Fachleuten häufig gezogenen Vergleich auf die Kombination des Sonnenjahres von 365 Tagen mit dem Ritualkalender von 260 Tagen übertragen, dann ergibt sich folgendes Bild: Nach 75 Umdrehungen des kleinen Zahnrads und nach 52 Umläufen des großen befindet sich die ganze Vorrichtung wieder in ihrer Ausgangsstellung.

Der Zyklus von 52 Sonnenjahren, die vergehen mußten, bis der erste Tag des magischen Kalenders erneut dem ersten Tag des Sonnenkalenders entsprach, versinnbildete das Leben des einzelnen Menschen. Vervielfacht man die wichtige Zahl 52 mit der nicht minder bedeutsamen Zahl 20, die dem »Vigisemalsystem« der Mayas zugrunde liegt und den Menschen mit seinen zehn Fingern und zehn Zehen symbolisiert, erhält man als Resultat den Wert 1 054, der mit der Dauer eines Maya-Zeitalters übereinstimmt. Schenken wir den Maya-Priestern Glauben, besteht das Universum aus fünf verschiedenen Welten, von denen die drei ersten bereits zerstört wurden, die vierte die des Menschen ist und die fünfte, die kommende, sich als gefährlich für dessen Überleben erweisen wird.

Laut der ungeheuren kosmischen Maschinerie der Mayas mußte sich die Schlußkatastrophe, die Zerstörung der vierten Welt, nach 1 040 x 4 = 4 160

Jahren ereignen. Weiß man, daß die Zeitrechnung der Mayas im magischen Jahr 3113 v. Chr. begann, war das unabwendbare Ende der vierten und letzten lebensfähigen Welt für das Jahr 4160−3113 = 1047 n. Chr. vorprogrammiert. Da das späteste Datum, das die Archäologen auf einer Stele aus der Maya-Klassik gefunden haben, dem Jahr 928 n. Chr. entspricht, kann man schlußfolgern, daß die Mayas der klassischen Epoche noch 119 Jahre bis zum sicheren Weltuntergang zu leben hatten.

In dem Maße, wie dieser Zeitraum immer kleiner wurde, entstand ein schreckliches Angstklima. Der Schatten der vorausgesagten allgemeinen Zerstörung lastete schwer auf den Bewohnern des Petén. Das einzige Mittel, um dem von den Kalendern verkündeten Untergang zu entgehen, sahen sie im Verzicht auf ihr Gedankensystem und ihre Weltvorstellung. Indem sie diesen heiligen Boden aufgaben, auf dem sie jahrhundertelang gelebt hatten, indem sie dem alles überwuchernden Dschungel ihre Tempel, ihre Paläste und ihre Maisfelder überließen, schufen sie einen freiwilligen und künstlichen Weltuntergang. Dadurch, daß sie ihr kosmisches Schema vergaßen, entkamen sie wie ein Wunder dem schrecklichen Schicksal, das sie erwartete. So mußten die Mayas, um zu überleben, auf alles verzichten, auf ihre Kenntnisse, ihre Macht, ihre gesellschaftliche Struktur und auf ihre schönen Städte.

Pierre Ivanoffs »Zeit«-Theorie, die das schlagartige Ende der Maya-Kultur zu erklären vermag, hat einiges für sich. Eine Frage bleibt jedoch noch ohne Antwort: Hat die Oberschicht der Priesterherrscher sich wirklich mit ihrem Denksystem geopfert, um die Masse der schlichten Menschen zu retten? Oder hat sie einfach den Weg des Exils gewählt, um sich in einer anderen Region niederzulassen und dort ein unkompliziertes Leben zu führen, das nur noch durch die Zeit des Menschen und nicht mehr durch die der Götter gelenkt wurde?

Die Maya-Kultur ging zweimal unter

Daß die Maya-Kultur nicht nur einmal, sondern zweimal unterging, daß ein entscheidender Teil des Maya-Imperiums seinen kulturell-wissenschaftlichen Höhepunkt schon tausend Jahre früher erreichte als bisher angenommen, stellt eine geradezu sensationelle neue Erkenntnis dar. Amerikanische Archäologen, die in der Nähe der Ruinenstadt Tikal die Überreste weiterer Maya-Städte freilegten, konnten die von ihnen ausgegrabenen Artefakte aus Stein und Ton bis in die Zeit um 500 vor der Zeitwende datieren. Diese 2 500 Jahre alten Funde stammen hauptsächlich aus der etwa sechs Quadratmeilen großen Stadt El Mirador, in der seit 1978 Hunderte von Gebäuden und bis zu sechzig Meter hohe Pyramiden entdeckt wurden.

El Mirador besitzt eines der größten Bauwerke der Antike, eine ungewöhnliche Pyramide, die eine über dreihundert Meter lange Basis aufweist und sich zwanzig Stockwerke hoch aus dem immer dampfenden, feuchten Dschungel erhebt. Am Ende einer die Pyramide hinaufführenden Treppe prangt die gewaltige, fast sieben Meter lange Skulptur eines Jaguars, den die »El Mirador«-Mayas offensichtlich als Gottheit verehrten. Laut dem Chefarchäologen von der Brigham Young University, Raymond Matheny, sind zum Bau dieser Pyramide und der umliegenden Wohnsiedlungen »Tausende von Arbeitern« eingesetzt worden, »und das setzte die Organisation eines Staates voraus«.

Töpfereifragmente und andere Funde lassen darauf schließen, daß El Mirador schon dreihundert Jahre v. Chr. gedieh und über eine für die damalige Zeit außerordentlich fortgeschrittene politische und gesellschaftliche Struktur verfügte. In einigen ihrer Wohnungen hatten diese »Urmayas« bereits raumsparende, in die Wände eingefügte »Einbaubetten« und von den übrigen Räumlichkeiten getrennte Küchen installiert. Böse Erfahrungen bei Trockenperioden hatten sie bewogen, auch ausgedehnte Wasserreservoire anzulegen, die El Mirador wahrscheinlich zu seinem Aufstieg verholfen haben. So weisen die Sümpfe um die Stadt deutliche Spuren von Klimaveränderungen auf. Eine erste klimatische Trockenheit, so meinen die Archäologen, zwang möglicherweise verschiedene Maya-Gruppen oder -völker, sich um die Wasserreservoire von El Mirador zu scharen, was einem Zusammenschluß, einer »Staatsbildung«, gleichkam. Nachfolgende, noch verheerendere Trockenperioden in Verbindung mit einer »Bevölkerungsexplosion« führten dann zum schnellen Niedergang, weil die Wasserreservoire nicht mehr ausreichten. In der Tat begann um 100 n. Chr. eine große Trockenheit, wahrscheinlich die Ursache, warum um diese Zeit El Mirador und die umliegenden Städte verlassen und viele Bauwerke nicht vollendet wurden.

Bis etwa 500 n. Chr. dauerte die Dürre an, die dann von einer Zwischenperiode mit tropisch-feuchtem Klima abgelöst wurde. Eine neue Trockenperiode, die schlechte Ernten und damit Hungersnöte brachte, setzte um 800 n. Chr. ein, behaupten dieselben Archäologen. Und um diese Zeit begannen die meisten Mayas – wie wir gesehen haben –, ihre Heimat im Petén zu verlassen, und zogen überwiegend nach Yucatán.

Parallel zur Verschlechterung der Lebensbedingungen stiegen unablässig die von den Priesterherrschern erhobenen Ansprüche auf Arbeitsleistung für Tempelbauten und auf Lieferung von Nahrungsmitteln. Die Bauern sahen sich einfach nicht mehr in der Lage, immer schwerere Frondienste für die Führungselite zu leisten und für deren Verpflegung aufzukommen. In der Folge rotteten sie sich zusammen und probten den Aufstand ... Durch den Größenwahn ihrer Oberschicht wurden sie in den Untergang oder in die Auswanderung getrieben.

So glauben die Forscher heute, aus alten und neuen Bodenproben und Knochenfunden den zweimaligen Aufstieg und Verfall der Maya-Hochkultur nachvollziehen zu können. Auch ist ihnen aufgefallen, daß gegen Ende der beiden Maya-Perioden die Menschen deutlich kleiner, stark unterernährt und rachitisch waren.

Wenn auch die Ursachen für den zweifachen Zusammenbruch der Maya-Zivilisation noch nicht gänzlich ausgeleuchtet sind und die Forschung sich zum Teil mit spekulativen Überlegungen begnügen muß, hat man doch dank modernster Weltraummeßtechnik ein anderes Geheimnis ihrer Kultur endgültig enträtselt. Im September 1977 flog eine Convair CV-990 der US-Raumfahrtbehörde NASA über den vor Feuchtigkeit dampfenden Regenwald von Nordguatemala und Belize, dem einstigen Hauptsiedlungsgebiet der Mayas. An Bord bedienten Techniker und Wissenschaftler ein neuartiges Blenden-Radar-System, das unter den tropischen Wolken im sumpfigen Dschungelboden ein weitverästeltes, antikes Kanalnetz aufspürte.

Auf einer wissenschaftlichen Tagung in Washington begegneten sich 1977 rein zufällig der Radarspezialist Walter Brown, der in den NASA-Laboratorien des bekannten Instituts für Düsenantriebe JPL (Jet Propulsion Laboratory) am Rande der kalifornischen Rosenstadt Pasadena tätig war, und der Archäologe und Altamerikanist Professor Bruce Dahlin von der katholischen Universität Amerikas. Bruce Dahlin erzählte von den Maya-Monumentalbauten, die er dem feuchtheißen Dschungeldickicht von Guatemala entreißen wollte. Walter Brown seinerseits sprach von seinem neuen Radar, das er für einen NASA-Raumflug zur Venus gebaut hatte, um damit den dichten Wolkenschleier unseres Nachbarplaneten zu durchdringen. Der Archäologe und der Ingenieur hatten bald begriffen, daß sie sich dank einer »Venus-Generalprobe« über dem meist unter Wolken verborgenen Dschungel von Guatemala gegenseitig helfen konnten. Walter Brown vom Jet Propulsion Laboratory hatte die Möglichkeit, das Venus-Radar auf seine Tauglichkeit hin zu testen. Bruce Dahlin erhoffte sich davon neue Erkenntnisse über die Maya-Zivilisation.

Die Befürchtung, das Radar könnte durch die Wolkendecke einerseits und die dichte Pflanzendecke des Urwalds andererseits keine Einzelheiten der Bodenbeschaffenheit aufnehmen, erwies sich als grundlos. Die mit dem neuen Radar bestückte Convair »graste« systematisch achtzigtausend Quadratkilometer Dschungel über Nordguatemala und Belize ab. Die dabei entstandenen Radaraufnahmen der Erdoberfläche sind beeindruckend. Neben den alten Maya-Städten, Dschungelpfaden, Seen und Flüssen zeigen die sensationellen Luftbilder unnatürlich ebenmäßige Gitterstrukturen. Diese netzartig verästelten Linien stellen eindeutig künstlich angelegte Wasserwege dar, die sich in eine Vielzahl von Abflußrinnen und -furchen verzweigen. Als im Februar 1980 Professor Richard Adams von der Universität von Cambridge und Professor Patrick Culbert von der Universität von Arizona nach einem strapaziösen Fußmarsch durch das tropische Dschungelgelände an Ort und Stelle archäologisch überprüften, was das Radar aus neuntausend Meter Höhe ermittelt hatte, bestand kein Zweifel mehr: Bislang unbekannte, gewaltige Kanalsysteme von insgesamt mehr als vierzehntausend Quadratkilometer Ausdehnung durchziehen das heute unbesiedelte Gebiet in Nordguatemala und Belize, in dem sich einst die Hochblüte der klassischen Maya-Kultur um Städte bis zu fünfzigtausend Einwohnern entwickelte.

Schon lange rätselte man darüber, wie es die Mayas wohl fertiggebracht hatten, die stets wachsende Bevölkerung in den weiträumigen Zeremonialstätten und der näheren Umgebung im Herzen eines sumpfigen, tropischen Urwaldlandes mit Nahrung zu versorgen. Intensiver Ackerbau war vonnöten, um die Bedürfnisse von mehreren Hunderttausenden von Menschen, ja sogar von einigen Millionen von Mayas zu befriedigen. Bekanntlich erlaubt die Brandrodung der Pflanzendecke zur Gewinnung von Kulturland nur einen auf großen Flächen betriebenen, dünngesäten Ackerbau. Da für diese Nutzung des Bodens zudem Brachperioden unerläßlich sind, mußten die Mayas das Grundproblem ihrer Nahrungsproduktion auf eine andere Art und Weise angegangen und auch bewältigt haben.

Die systematische Radarstreifenaufklärung von Nordguatemala und Belize läßt den Schluß zu, daß die Maya-Ingenieure im Gebiet der Sümpfe in den Niederungen der heutigen mittelamerikanischen Staaten Bewässerungs-, Drainage- und Transportkanäle riesigen Ausmaßes anlegten und so die ökonomische Basis der Maya-Zivilisation schufen. Die vom Radar entschleierten und von Suchtrupps mit Jeep und Kanu nähererkundeten Kanäle sind meist einen halben Meter tief und zwischen einem und drei Meter breit. Sie wurden offenbar mit Steinhauen und Hacken ausgehoben und dienten zur Entwässerung der Sümpfe sowie zur Trockenlegung kleiner quadratischer Flächen, auf denen der Feldbau von Mais, Kakao, Bohnen, Süßkartoffeln und Pfeffer einen reichlichen Ertrag abwarf.

Unter tropischen Klimaverhältnissen lassen sich nämlich mehrere Ernten im Jahr erzielen. Daher genügten die Flächenerträge solcher drainierten Felder mit hohem Grundwasserstand, um pro Hektar kultivierten Tropenbodens etwa tausend Menschen zu ernähren. Da bestimmt auch die höher gelegenen Landflächen bebaut wurden, können einst schätzungsweise mehrere Millionen Menschen, vielleicht bis zu 4,5 Millionen, das Maya-Tiefland bevölkert haben. Darüber hinaus ermöglichten die Kanäle auch die Zucht von nutzbaren Wasserorganismen, z. B. von Süßwasserschnecken, zur Produktion von tierischem Eiweiß. Zudem wurden sie als Verkehrs- und Versorgungsnetz für den Massentransport der landwirtschaftlichen Erzeugnisse benutzt, da die Mayas weder Rad noch Tragtiere kannten. Auf diesen Wasserwegen konnten Güter etwa 35 Kilometer weit pro Tag befördert werden. Die

Tiefland-Mayas hatten ihre großen Stadtzentren fast alle bewußt am Rande von Sumpfgebieten oder an Flüssen und Teichen errichtet, um Anschluß an das ständig erweiterte Kanalnetz zu erhalten, hatten also damit ihre Zeremonialstätten versorgungsgünstig angelegt.

Die Nachfahren der Mayas

Heute leben zwei Millionen Nachfahren der klassischen Mayas als bodenständiges Bauernvolk im Hochland von Guatemala und auf der Halbinsel Yucatán, den ärmsten Gebieten Mittelamerikas. Von kleiner, schmächtiger Gestalt, markanter Bogennase und hellbrauner Hautfarbe wirken sie unscheinbar in ihren weißen Anzügen und Kleidern. Sie reden eine zungenbrecherische Stakkatosprache und erwecken einen schüchternen, beinahe verschlossenen Eindruck. Sie bestreiten ihren Lebensunterhalt von der Landwirtschaft oder dem Straßenhandel und hausen in primitiven Lehmhütten.

Mit der Hochkultur ihrer Vorfahren haben sie kaum mehr Verbindung als etwa ein ägyptischer Bauer mit der Zivilisation der Pharaonen. Dennoch legen sie sich Rechenschaft über die Zerstörung ihrer Kultur ab. Aufgrund ihrer Erfahrungen mißtrauen sie dem Lebensstil der Weißen. In den Städten fühlen sie sich heutzutage verloren. Zwar haben ihre Ahnen riesige Zentren errichtet, aber die moderne Großstadt mit Fließbandarbeit in der Fabrik, Umweltverschmutzung und Auflösung der Familie überfordert sie einfach. Zunächst gilt es, durch bessere Ernährung und ärztliche Betreuung die Lebensbedingungen der Indios so zu verbessern, ihren Überlebenswillen so zu stärken, daß sie den Zugang zu den Wurzeln ihrer eigenen Kultur und damit ihre Identität suchen. Erst dann können sie mit ihrer Eigenart das zwanzigste Jahrhundert bewältigen, in das sie oft nicht eingetreten sind. Erst dann vermögen sie sich vielleicht als Indios im vollen Sinn des Wortes in ihre Nationen einzuordnen.

Im heutigen Siedlungsgebiet der maya-sprechenden Gruppen befinden sich alle archäologischen, den präkolumbischen Mayas zugeschriebenen Fundstätten. Die monumentalen, prunkvollen Bauten von Palenque, Tikal, Copan und Uxmal gehören zu den faszinierendsten Ruinenstätten der Welt.

Oberhalb der sumpfigen Niederungen des Tieflanddschungels erhebt sich das Maya-Zentrum Palenque an den Ausläufern des bis zu viertausend Meter hohen Chiapasgebirges. Sein ehemaliges Herrschaftsgebiet umfaßte eine Fläche von etwa zehntausend Quadratkilometern. Obwohl die Stadt bereits 1746 inmitten der Urwaldvegetation entdeckt wurde, ließ der aufsehenerregendste Fund in Palenque bis zum Jahr 1949 auf sich warten. Damals wurde der Archäologe Alberto Ruz l'Huillier auf einen Stein mit Hebellöchern in der Pflasterung des »Tempels der Inschriften« aufmerksam. Die mit Geröll angefüllte Treppe darunter führte ihn geradewegs zum Grab eines Priesterkönigs, des sogenannten Fürsten von Palenque. Unter einer Grabplatte, die mit einem wunderschönen Hieroglyphenrelief geschmückt war, ruhten die Knochen des Beigesetzten in einem Steinsarkophag, der reiche Beigaben von Jadegegenständen, darunter eine kunstvoll gearbeitete Mosaikmaske, enthielt.

Seither streiten sich die Wissenschaftler über die Bedeutung des Reliefs und der Hieroglyphen auf der 3,80 mal 2,20 Meter großen und 25 Zentimeter dicken Grabplatte. Laut dem Bildungshobbyisten Erich von Däniken ist auf der fünf Tonnen schweren Platte ein Astronaut abgebildet. Der Forscher Hans-Henning Pantel jedoch vertritt die Ansicht, die Grabplatte des großen Fürsten von Palenque erzähle, wie dieser in einem Föhnsturm unter Kopfschmerzen, Atemnot, Pulsbeschleunigung und Oppressionsgefühlen gelitten und die Besinnung verloren habe, hintenübergefallen und verschieden sei. Der Sonnengott Kinich Ahau, der höchste und zugleich am meisten gefürchtete Gott im Pantheon der Mayas, soll den Fürsten auf einer Reise ins nahe Gebirge mit »Hitzeschlingen« umwunden und so dessen Kreislauf zum Versagen gebracht haben.

Beim Fürsten von Palenque handelt es sich offensichtlich um König Pacal (Schild), der im Jahr 603 geboren wurde, schon zwölfeinhalbjährig den Thron bestieg und 683 hochbetagt starb. Während seiner langen Herrschaft, einer Zeit friedlicher Blüte, wurde aus dem bis dahin verschlafenen Provinznest eine architektonisch und künstlerisch bedeutungsvolle Stadt. Bereits zu seinen Lebzeiten hatte der König den als »Tempel der Inschriften« bekannten Pyramidenbau als prächtiges Grabmal für sich errichten lassen. Die tief unter dem Tempel angelegte Gruft blieb mit dem reichskulptierten Steinsarg, in dem König Pacal bestattet wurde, bis zum Jahr 1949 unversehrt und unentdeckt.

Nicht minder bekannt als das Grab unter der Basis des »Tempels der Inschriften« ist der »Palast der Sonne« mit einem vierstöckigen, quadratischen, fünfzehn Meter hohen Turm, der einmalig in der Maya-Architektur ist. Palenques Blütezeit lag in der Periode von 630 bis 810 n. Chr. Danach scheint man die Stadt verlassen zu haben, wie aus den Bauten und Stelen mit Inschrift ersichtlich ist.

Tikal, mitten im Regenwald in den Dschungelregionen des Petén in Guatemala gelegen, ist die bisher größte erforschte Stadtanlage der klassischen Maya-Periode. Als sehr beeindruckend erweisen sich die zwei gegenüberstehenden restaurierten Tempelpyramiden am Großen Platz, dem Zentrum des 576 Quadratkilometer großen, von der Regierung zum Nationalpark erklärten Gebietes. Wer nicht schwindelfrei ist, sollte davon absehen, die schmalen, steilen Treppen der etwa vierzig Meter hohen »Pyramide des großen Jaguars« zu erklimmen. Nicht minder gefährlich ist der Abstieg, bei dem eine eiserne Kette zumindest einen gewissen »Rück«-Halt bietet. Doch der Rundumblick auf enorm weite, gepflasterte Plazas, Paläste, Ballspielplätze, dreitausend Wohngebäude, Hunderte von Denkmälern, Stelen und Altären, auf noch zum Teil überwucherte Bauten und Pyramiden inmitten des endlosen Dschungels entschädigt reichlich für alle Mühen des Aufstiegs. Hier, hoch oben, thront Tikals »höchster« Nationalparkaufseher und sorgt dafür, daß schreibwütige Touristen keine Gedenkrunen an die Wände des einstigen Heiligtums kritzeln.

Auf dem Höhepunkt seiner Entwicklung dürfte Tikal schätzungsweise fünfzigtausend Einwohner gezählt haben. Auch diese Maya-Stadt, eine der größten präkolumbischen Städte Amerikas, wurde am Ende des zehnten Jahrhunderts n. Chr. dem Dschungel überlassen. Sie wurde 1696 von dem Missionar Andrés Avendano wiederentdeckt. Ihren Namen prägte der Österreicher Teobert Maler (1842–1917), der 1895 in der Ruinenstadt weilte. »Tikal« heißt soviel wie »Ort, wo Geisterstimmen ertönen«.

Copan, auch eine der ausgedehntesten und eindrucksvollsten Maya-Stätten, liegt im äußersten Westen von Honduras in einem Nebental des Rio Motagua 610 Meter über dem Meeresspiegel. Diese politische und religiöse Metropole, die im achten Jahrhundert n. Chr. ihre größte Bedeutung erlangte, ist berühmt wegen ihrer Hieroglyphentreppe mit dem längsten zusammenhängenden Hieroglyphentext des Maya-Gebiets. Das letzte auf eine Kalenderstele eingetragene Datum bezieht sich auf das Jahr 800 n. Chr. Im neunten Jahrhundert n. Chr. hörte die Bautätigkeit auf, und die Stadt verlor ihre einstige Bedeutung.

Uxmal, auf der Halbinsel Yucatán (Mexiko) gelegen, imponiert durch die Konzentration seiner Monumentalbauten auf kleinem Raum. Denn trotz aller Klotzigkeit haftet dieser Tempelstadt der späteren klassischen Periode ein Hauch von Verspieltheit und Harmonie an. Den schönsten Überblick über die Bauwerke, die man oft als »Maya-Barock« charakterisiert hat, erhält der Besucher von der »Pyramide des Zauberers«, die neben dem »Gouverneurpalast« und dem »Nonnenkloster« am meisten beeindruckt. Diese auf Anhieb seltsam anmutenden Bezeichnungen wurden natürlich nicht von den Mayas erdacht, sondern stammen von Europäern, denen die ursprünglichen Namen und der Zweck der Gebäude unbekannt waren.

Daß man die gigantischen Maya-Städte wie Palenque, Tikal, Copan und Uxmal mitten im undurchdringlichen Dschungel aufspürte, ist den Chicleros oder Kaugummisammlern zu verdanken, die im neunzehnten Jahrhundert mit ihren Maultieren durch die tropischen Regenwälder Mittelamerikas zogen, um den Chicle genannten Kautschuk, das für den Kaugummi benötigte Rohmaterial, aus dem Sapodilla-Baum abzuzapfen. Die rauhbeinigen Abenteurer ließen sich oft über Nacht in den verfallenen Maya-Palästen und überwucherten Ruinen nieder, ohne sich allzu viele Gedanken über deren

Erbauer zu machen. Trotzdem gelangte die Kunde von den prunkvollen Tempelstädten bald nach Europa. Zahlreiche Forscher, die dem Zauber des Urwalds und der Faszination ungelöster Rätsel verfallen waren, unternahmen die seinerzeit noch unbequeme Reise nach Mittelamerika und wanderten auf den Pfaden der Chicleros. Damals, vor einhundertdreißig Jahren, kamen die unmöglichsten Theorien über den Ursprung dieses untergegangenen Volkes auf. Verschiedene Völkerkundler glaubten, auf einen der verlorenen Stämme Israels gestoßen zu sein. Andere wiederum, denen die entfernte Ähnlichkeit zwischen der geheimnisvollen Bilderschrift der Mayas und den ägyptischen Hieroglyphen aufgefallen war, äußerten die Überzeugung, die Mayas würden von Ägyptern abstammen, die vielleicht tausend Jahre vorher den Atlantik überquert hatten. Seither ist natürlich viel Chicle aus den Sapodilla-Bäumen geflossen, und die Heerschar der Maya-Spezialisten hat sich Gedankengänge zu eigen gemacht, die wenigstens mit der geschichtlichen Wirklichkeit in Einklang zu bringen sind.

Das Wort Maya wird zum erstenmal im Manuskript von Bartholomäus Kolumbus (1460–1514) erwähnt, dem Bruder des Christoph Kolumbus. Auf seiner vierten und letzten Amerikafahrt im Jahre 1502 begegnete Christoph Kolumbus auf einer dem heutigen Staat Honduras vorgelagerten kleinen Insel wohlgekleideten indianischen Händlern, die in einem riesigen Kanu große Stoffballen mit sich führten. Als er sie nach ihrer Herkunft fragte, gaben sie ihm zu verstehen, sie kämen aus der Provinz »Maiam«.

Eine zweite Zusammenkunft zwischen Europäern und Mayas ereignete sich im Jahr 1511, als eine aus Panama kommende spanische Fregatte im Golf von Mexiko strandete und die Überlebenden an die Küste der Halbinsel Yucatán drifteten. Bis auf zwei, den Geistlichen Jeronimo de Aguilar und den Soldaten Gonzalo Guerrero, wurden alle von den Indianern getötet. Die beiden verbrachten acht Jahre bei den Mayas. Wegen seines Glaubens konnte Aguilar sich nicht mit der neuen Lage abfinden, während Guerrero sich schnell an die Gebräuche des Landes anpaßte. Er fand Gefallen an den Maya-Sitten und schreckte nicht davor zurück, sich die Zähne zu feilen und sich die Ohrläppchen zu durchstechen. Auch gefielen ihm die mit nacktem Oberkörper herumlaufenden Maya-Mädchen, von denen er sich eine zur Frau nahm. Als Hernando Cortés am 18. Februar 1519 mit elf Schiffen vor der Halbinsel Yucatán erschien, war der Geistliche heilfroh, die Indianergesellschaft hinter sich zu lassen, wogegen der Soldat bei den Mayas blieb und sogar gegen seine Landsleute kämpfte.

1517 kam es an derselben Küste zu weiteren Feindseligkeiten. Die Mayas lockten eine kleine, von Francisco Fernández de Córdoba geführte Kundschaftertruppe in ihre Dörfer und metzelten sie mit Speeren, Pfeilen und obsidianbesetzten hölzernen Schwertern nieder. Das Schicksal der Córdoba-Expedition verdeutlichte zur Genüge, daß die Unterwerfung der Mayas mit

Die »Pyramide des Zauberers« in Uxmal, der bedeutenden Maya-Ruinenstadt auf Yucatán, wurde mehrfach umgebaut.

Schwierigkeiten verbunden sein würde. In der Tat hatten die spanischen Eroberer alle Mühe, den sich hartnäckig verteidigenden Mayas beizukommen. Obwohl die speerschwingenden Maya-Krieger in ihren gesteppten Kriegsmänteln schon lange den Höhepunkt ihrer einstigen Kultur und Macht überschritten hatten, erwiesen sie sich als schrecklicher Gegner, die sich in der Kunst des Guerillakrieges auskannten.

Im Jahre 1526 unternahm Francisco de Montejo einen Feldzug, um die Eingeborenen der Halbinsel Yucatán zu unterwerfen. Nach neunjährigem Kampf mußte die Expedition erfolglos abgebrochen werden. Einem zweiten spanischen Kriegszug unter de Montejos Sohn war nur deswegen mehr Erfolg beschieden, weil die Mayas durch innere Zwistigkeiten geschwächt waren und es nicht vermochten, eine gemeinsame Front gegen die spanischen Eindringlinge zu bilden. Nur dadurch, daß sie grauenhaft unter den Indianern wüteten — Häuptlinge wurden lebendigen Leibes verbrannt, und Kriegern wurden Arme und Beine abgehackt —, konnten die Spanier sich

schließlich durchsetzen. Um 1540 hatten sie den größten Teil des Maya-Gebiets unter Kontrolle. Im Innern der Halbinsel Yucatán gab es jedoch immer noch Widerstandsnester. Der Stamm der Itzá, der an den Petén-See im heutigen Guatemala geflüchtet war, konnte sogar seine Unabhängigkeit bis zum Jahr 1697 behaupten. Auf Taysal, einer kleinen Insel im Petén-See, der letzten Maya-Zitadelle, hatten sie bis zu ihrer Unterwerfung ihre alte Lebensweise bewahren können. Noch im neunzehnten Jahrhundert schlugen die Spanier in Yucatán einen größeren Indianeraufstand brutal nieder, dessen Ziel die Errichtung eines unabhängigen Maya-Staates war.
  Die spanischen Eroberungszüge, die nach der Unterjochung eingeführte Zwangsarbeit in Minen und in der Landwirtschaft und die von den Europäern eingeschleppten Krankheiten ließen die Zahl der Mayas erheblich zusammenschrumpfen. Lebten in vorspanischer Zeit über zehn Millionen Menschen in Yucatán, so dürfte es heute (Nichtindianer mit eingerechnet) weniger als eine Million sein. Die Vorfahren dieses stolzen Volkes besaßen ehedem ein Verbreitungsgebiet von etwa vierhunderttausend Quadratkilometern. Es erstreckte sich von der pazifischen Küste des heutigen Guatemala und El Salvador, einer gebirgigen, von tiefen Tälern durchfurchten und fruchtbaren Landschaft mit einem gemäßigten, frühlingshaften Klima, über die mit Seen und Sümpfen übersäte Tiefebene des Petén, einem feuchtheißen Gebiet tropischer Urwälder, bis zu dem flachen, trockenen Kalksteinsockel der Halbinsel Yucatán, einer dürren, fast vegetationslosen, von den heißen Winden aus der Karibik gepeitschten Region mit nur seltenen Niederschlägen.

Aufstieg zu wirklicher Größe durch Selbstbehauptung

  Die Wurzeln der Maya-Kultur reichen nach letzten Forschungen immerhin viertausend Jahre zurück. In einer langen Wanderung kamen die ersten Mayas aus dem Norden nach Mittelamerika. Den Mais, ihre heilige Grundnahrungspflanze, brachten sie mit. Sie besaßen auch schon Werkzeuge, stellten Töpferwaren her und waren mit der Steinbearbeitung vertraut. Sie bildeten keine geschlossene ethnische Einheit, sondern zerfielen in verschiedene Völker und Stämme mit eigenen Sprachen und Dialekten.
  Die Kultur der Mayas bildete sich nach und nach im südlichen Siedlungsgebiet heraus, erreichte ihren Höhepunkt in der mittleren Zone, im stickigheißen Flachland des Petén, und unterlag im Norden, auf der mexikanischen Halbinsel Yucatán, dem Ansturm der Tolteken. Daß die Mayas gerade im unwirtschaftlichsten Teil ihres Territoriums, in den tropischen Regenwäldern und der Dschungelwildnis des Petén, die überraschendsten Spuren ihrer Bedeutsamkeit zurückgelassen haben, scheint die These zu bestätigen,

daß eine selbständige Kulturentwicklung die Bewältigung von Schwierigkeiten voraussetzt. Die Mayas hatten zweifelsohne das Bedürfnis, sich selbst zu überwinden, durch Selbstbehauptung zu wirklicher Größe aufzusteigen. Nur in unablässigem Kampf gegen die Natur können diese Indianer inmitten der Dschungelhölle ihren phänomenalen Aufschwung zwischen 300 und 900 n. Chr. erreicht haben. Schon lange vor ihrer Kulturexplosion müssen in ihnen bereits Anlagen von Erfindergeist und Gestaltungskraft geschlummert haben. So haben die Mayas wahrscheinlich als einziges amerikanisches Volk eine phonetische Schrift mit etwa sechshundertfünfzig Silbeneinheiten entwickelt. Ihre Astronomen waren hervorragende Beobachter, deren Hauptaugenmerk dem Reigen der Götter am Sternenhimmel galt. Ihre Architekten erfanden das Kraggewölbe, das massive Steinlasten aushielt und den Bau mehrstöckiger Gebäude mit eindrucksvollen Dachaufsätzen ermöglichte. Sie schufen ihre prächtigen Tempel nur mit menschlicher Muskelkraft. Erstaunlich ist die große Kluft zwischen theoretischem Wissen und praktischem Geschick. Sie trieben Ackerbau, ohne den Pflug zu kennen. Sie transportierten Lasten, ohne auf den Gedanken zu kommen, dafür Lasttiere einzusetzen oder das Rad zu gebrauchen. Alle ihre Energien gingen in ungewöhnlichen geistigen Leistungen auf, was den Amerikanisten Sylvanus Griswold Morley (1883–1948) bewog, für dieses Volk die Bezeichnung »Griechen der Neuen Welt« zu prägen.

Als die Tolteken in dem auf das Ende der klassischen Periode folgenden Jahrhundert ins Hoheitsgebiet der Mayas einfielen und dort die Herrschaft an sich rissen, beeinflußte ihr zäher und kriegerischer Geist die im allgemeinen sanften und friedfertigen Mayas. Die ursprünglich dominierenden Vegetationsgötter mußten nach und nach Gestirnsgottheiten weichen, die man sich durch rituelle Kasteiungen und Opferung von Kriegsgefangenen günstig zu stimmen suchte. Zahlreiche Unruhen griffen um sich, und die Priesterkönige, die angestammten Träger der intellektuellen Forschung, mußten ihre Befehlsgewalt an die toltekischen Führer der Soldatenheere und die Händlerkaste abtreten. Es kam auch zu einem entschiedenen Absinken gegenüber den künstlerischen Leistungen der klassischen Epoche. Schon allein die rückläufige Zahl der schriftlichen Aufzeichnungen und der Stelen mit Kalenderdaten beweist diesen geistigen Verfall.

Die geschichtliche Entwicklung des 987 gegründeten Neuen Reichs steht im Mittelpunkt der Maya-Chroniken — einer seltsamen Dokumentensammlung —, die als »Bücher des Jaguarpriesters« (Chilam Balam) bezeichnet werden. Da diese Quellen erst aus der Zeit nach der spanischen Eroberung stammen, hat man ihren Überlieferungswert oft angezweifelt. Drei führende Adelssippen schienen sich damals auf Yucatán um die Macht gestritten zu haben: die Itzá aus dem Wallfahrtsort Chichén Itzá, einer Hochburg des Toltekentums, die Cocom aus Mayapán und die Tutul Xiu aus Uxmal.

Als die Itzá, »das Volk mit dem Steinmesser«, in Yucatán einfielen und sich in Chichén Itzá – was soviel wie »am Rande des Brunnens der Itzá« bedeutet – festsetzten, waren sie Fremde, die nur gebrochen Maya sprachen, neue Götter einführten und der alteingesessenen Bevölkerung eine andere Lebensart aufzwangen. Da die unterjochten Mayas es im Laufe der Jahre vermochten, die mexikanischen Eroberer und deren Religion langsam zu mayanisieren, wurden die Invasoren aus Mexiko allmählich zu yucatekischen Mayas in Sprache und Anschauung. Nur ihre kriegerische Mentalität ließ auf ihre mexikanische Abstammung schließen.

Ihre Wahlheimat Chichén Itzá, der sie den Namen gaben, war seit Hunderten von Jahren ein berühmter Wallfahrtsort. Hauptziel der Pilger war ein etwa achtundzwanzig Meter tiefer Brunnen, der Heilige Cenote, in den Opfer, sowohl Menschen als auch Wertgegenstände, geworfen wurden, um sich das Wohlwollen des segensreichen Regengottes Chac zu sichern. Des weiteren waren die Itzá tonangebend in Cozumel, wo der Schrein der Mondgöttin Ixchel auch Pilger aus ganz Yucatán anlockte, und in Izamal, einem ebenfalls sehr bedeutenden Heiligtum, dem Wohnsitz des Kinichkakmo, einer Manifestation des Sonnengottes, und des alten Schöpfergottes Itzamná, der meist mit Schneckengehäuse auf dem Rücken dargestellt wird. In diesen drei Zentren oblag es den Wahrsagepriestern, mit Hilfe von Bohnen- und Maisorakeln und ihrer heiligen Bücher den Einfluß dieser Götter auf Geburt und Gesundheit, Ernte und Wohlstand zu untersuchen.

»So kontrollierten die Itzá die drei größten religiösen Heiligtümer in Yucatán, von denen wir Kenntnis haben, die alle den bedeutendsten Göttern des Maya-Pantheons geweiht waren. Ihre Eroberung muß Absicht, das Ergebnis einer Politik gewesen sein. Indem sie diese drei heiligen Stätten des alten Glaubens und des alten Regimes in Besitz nahmen, konnten die Itzá eine straffe Kontrolle über die alte Maya-Priesterschaft ausüben und gleichzeitig vom Ansehen und den Einkünften aus dem Pilgerverkehr profitieren; indem sie die alten Maya-Götter akzeptierten, konnten sie vielleicht den mayanischen Bauern versöhnen.« (John Eric Sidney Thompson)

Im Jahre 1204 wurde die Vorherrschaft der Itzá auf Yucatán gebrochen. Im höchst dramatischen Augenblick, als man am Heiligen Cenote dem Regengott ein Opfer darbrachte, kam es zu diesem Wendepunkt in der Maya-Geschichte. Ein alter Brauch wollte, daß um die Mittagsstunde eines der noch lebenden Opfer aus dem Brunnen herausgezogen wurde. Der Gerettete mußte dann die Botschaft des Regengottes verkünden. Da jedoch bei einer dieser Opferhandlungen niemand überlebte und folglich auch niemand die Prophezeiung des Gottes überbringen konnte, tauchte ein örtlicher Häuptling, Hunac Ceel, auch Cauich genannt, in den Brunnen, um die göttliche Nachricht zu holen. Augenzeugen sahen, wie sein Körper im Wasser verschwand. Erst einige Zeit später kam Hunac Ceel wieder an die Oberfläche

Die Tempelpyramide »El Castillo« in Chichén Itzá wurde um die Wende vom zwölften zum dreizehnten Jahrhundert errichtet. Rechts vorne ist ein »Chac-mool« zu sehen, eine Steinfigur in liegender Stellung.

Wahrscheinlich hatte er sich mit Hilfe einer List am Leben erhalten. Als er in das riesige Loch mit Kalkstein sprang, muß er ein hohles Schilfrohr mitgenommen und damit unter Wasser geatmet haben. Nachdem er aus dem Brunnen gestiegen war und die Prophezeiung verkündet hatte, verehrten ihn die Bewohner der Stadt wie einen Gott. Im allgemeinen Freudentaumel glückte es ihm, die Macht an sich zu reißen.

Somit wurde Hunac Ceel, der bereits Oberhaupt von Mayapán war, auch Herrscher von Chichén Itzá. Mit Hilfe mexikanischer Söldner gelang es ihm, die Gesamtkontrolle über den Yucatán zu erlangen, die Itzá aus Chichén Itzá zu vertreiben und Mayapán zum politischen Zentrum zu machen. Die Nachkommen des Hunac Ceel, mit dem Familiennamen Cocom, der eine Kletterpflanze mit gelben Blüten bezeichnet, hielten sich ungefähr zweihundertfünfzig Jahre an der Macht, etwa von 1200 bis 1450. Gegen die führenden Cocom erhoben sich gegen 1450 die Tutul Xiu, die Herrscher von Uxmal.

Diese brandschatzten Mayapán und machten alle Angehörigen der Cocom nieder. Mit dem Untergang von Mayapán löste sich das Cocom-Reich in seine Bestandteile auf, in etwa achtzehn kleine, meist untereinander verfeindete Fürstentümer, die durch ihre Uneinigkeit der Eroberung durch die Spanier (1527 bis 1546) keinen geschlossenen Widerstand entgegenzusetzen vermochten.

Als die Tutul Xiu ihre prächtige Metropole Uxmal unter dem spanischen Druck aufgeben mußten, zogen sie sich tiefer ins Innere des Landes zurück, wo sie ihre letzte Zufluchtsstätte fanden, die sie in ihrer Schicksalsergebenheit Maní nannten, was soviel wie »es ist alles vorbei« bedeutet. Es ist bezeichnend, daß sie diese Stadt bei den Höhlen von Loltun gründeten, nahe bei der Unterwelt der Mayas, wo sie sich vielleicht vor den Zugriffen der fremden Eroberer sicherer fühlten.

Die indianischen Vorstellungen von der Unterwelt wurden auf Yucatán von der Natur mitgeprägt. Denn die vierhundertfünfzig Kilometer breite und sechshundert Kilometer lange Halbinsel ist auf ihrer ganzen Fläche untertunnelt und wird von Tausenden von labyrinthischen Stollen, Höhlen und Dolinen durchlöchert. Die Grotten von Loltun bilden den Eingang zu der einzigartigen unterirdischen Anordnung weiter Gänge und Räume, die den Mayas nicht nur zur Zeit der Conquista als geheime Kultstelle dienten, sondern auch schon lange vorher, zwischen 5500 und 1200 v. Chr., aufgesucht wurden. Der Höhleneinstieg, der wie ein offenes Krötenmaul aus dem Kalkstein klafft, mündet in eine lange Flucht von Sälen, Gewölben und Felsdomen. In diesem gewaltigen Tropfsteinpalast, Höhlentempel und Opferplatz, in dessen Mitte eine Götterfratze mit starren Augen und fletschenden Zähnen auf einem hügelförmigen Altar prangt, empfingen die Maya-Priester den Orakelspruch der Götter. Hier ist das Reich der Schatten, der Hades der Indianer, angesiedelt. Tief in der Erde liegt nämlich nach altem Maya-Glauben das Totenreich Mictlan, die letzte Heimstatt der Seelen, zu deren Schutz Geister, Ungeheuer und Götter bereitstehen.

Das alte Volk der Mayas hatte mit seinen Stadtstaaten die ehemalige Olmeken-Herrschaft abgelöst und wurde seinerseits durch die aus dem mexikanischen Hochland zugewanderten Tolteken zutiefst beeinflußt, bis der spanische Vormarsch das Schicksal der einstigen Hochkultur endgültig besiegelte. Im sagenumwobenen Popol Vuh, dem berühmten Geheimbuch der Mayas, das vor etwa vierhundert Jahren von einem gebildeten Maya in lateinischer Schrift niedergeschrieben wurde, klingt am Schluß die bittere Erkenntnis an: »Hiermit schließt dann das Leben in Quiché. Es gibt nichts mehr zu sehen. Die alte Weisheit der Könige ist dahin. So ist nun alles zu Ende in Quiché, Santa Cruz genannt.«

Die »Goldkulturen« im Nordwesten Südamerikas

In der Kulturgeschichte Altamerikas stellen die mittleren Anden den »Süden« dar, während Zentral-Mexiko als Kernland Mesoamerikas den »Norden« verkörpert. Die im Süden bei den Inkas und die im Norden bei den Azteken gefundenen Kostbarkeiten aus Gold heizten die unersättliche Gier der spanischen Eroberer nach dem gelben Metall an und beflügelten ihre Phantasie. Auf wirkliche »Goldkulturen« stießen sie jedoch nur zwischen diesen beiden Gebieten des altindianischen Amerika: im gebirgigen Nordwesten Südamerikas, auf dem Territorium des heutigen Kolumbien.

DIE CHIBCHA UND DIE LEGENDE VON »EL DORADO«

Die indianische Sprachgruppe der Chibcha hatte in den Hochtälern der Umgebung des heutigen Bogotá (Kolumbien) eine höhere Kultur entwickelt, die die spanischen Konquistadoren in ihrem Goldrausch vernichteten. Auf einen der Häuptlinge (Caciques = Kaziken) im dortigen Gebiet, den Fürsten von Guatavita, geht die Legende von »El Dorado«, vom »Vergoldeten«, zurück. Den Schauplatz der Sage, die Laguna de Guatavita, einen kreisrunden Kratersee, der einsam und versteckt in über dreitausend Meter Höhe liegt, gibt es tatsächlich in Wirklichkeit. Dieses Wasserloch mit einem Durchmesser von einem Kilometer entstand einst, als ein gewaltiger Meteor — so will es jedenfalls die indianische Überlieferung — vom Himmel fiel und sich hier in die Erde bohrte.

Auch die Legende selbst besitzt einen historischen Kern. Mit der Amtseinführung des Herrschers von Guatavita war eine grandiose Zeremonie verbunden, die von spanischen Chronisten ein Jahrhundert nach der Conquista ganz detailliert dargestellt wurde: »Mit aller erdenklichen Sorgfalt bauten die Indianer auf dem See ein großes Binsenfloß und schmückten es aufs prächtigste. Sie stellten vier Räucherbecken darauf, in denen man viel Moque, den Weihrauch jener Eingeborenen, sowie Harz und andere wohlriechende Stoffe verbrannte. Der See ist rund, dabei so groß und tief, daß ihn ein hochbordiges Schiff befahren könnte, und ringsum auf den Höhen war eine unüberschaubare Menge von Indianern und Indianerinnen versammelt, in der Pracht ihres Federschmucks, goldener Gehänge und Kronen. Zahllose Feuer loderten, und sobald die auf dem Floß den Weihrauch anzündeten, begann man auch zu Lande damit, so daß der Rauch das Tageslicht verdunkelte. Nun entkleideten sie den Thronfolger ganz, rieben ihn mit klebriger Erde ein und bestreuten ihn mit Goldstaub, bis er vollkommen von Metall bedeckt war. Sie brachten ihn zum Floß, wo er aufrecht stehen blieb, und häuften zu seinen Füßen Gold und Smaragde auf, die er seinem Gott darbringen sollte. Vier seiner obersten Häuptlinge kamen mit ihm auf das Floß, geschmückt mit Federwerk und goldenen Kronen, Armbändern, Anhängern und Ohrringen. Auch sie waren nackt, und jeder von ihnen trug Opfergaben.

Als das Floß vom Ufer ablegte, setzte die Musik ein mit Trompeten, Muschelhörnern und anderen Instrumenten, Gesang dröhnte über Berge und Täler. In der Mitte des Sees gebot man vom Floß aus durch ein Fahnensignal Schweigen. Nun vollzog der vergoldete Indianer sein Opfer, indem er alles Gold zu seinen Füßen im See versenkte, und die ihn begleitenden Häuptlinge taten dasselbe. Dann neigte sich die Fahne, die während der Opferhandlung erhoben geblieben war, und während das Floß dem Ufer zustrebte, begann aufs neue das Geschrei. Flöten und Muschelhörner ertönten, und riesige Tanzgruppen setzten sich in Bewegung.«

Am Ufer stieg der mit Goldstaub gepuderte Fürst ins Wasser und wusch seine zweite Haut im heiligen See ab, was den Berichterstatter Juan Rodríguez Freyle 1636 zur nachdenklichen Schlußbemerkung veranlaßte: »Mit dieser Zeremonie empfingen sie ihren neuen Herrscher, er war nun als Herr und König anerkannt. Von ihr rührt der berühmte Name El Dorado her, der so viel Gut und Menschenleben gekostet hat.«

Daß die spanischen Chronisten vielleicht so manches Detail glattwegs erfunden haben, schmälert den grundsätzlichen Wahrheitsgehalt ihrer Schilderung nicht. Denn die bislang geborgenen Goldschätze bestätigen den wirklichen Sachverhalt ihrer Geschichte vom »El Dorado«. 1970 stieß man z. B. im kleinen Ort Pasca, südwestlich von Bogotá, auf ein achtzehn Zentimeter langes Floß, auf dem Figuren aus purem Gold die rituelle Waschung auf dem heiligen Bergsee bis in die letzte Einzelheit nachvollziehen.

Der Begriff »El Dorado«, wörtlich der »Vergoldete«, wurde nach und nach seiner ursprünglichen Bedeutung beraubt und bezog sich schon bald in der Vorstellung der habgierigen Konquistadoren auf einen mit Schätzen gefüllten Tempel, danach auf eine goldene Stadt mitten im Urwald und schließlich auf ein ganzes Königreich aus Gold. So entstand in Windeseile die Legende vom Traumland hinter dem Horizont, die den Chibcha verhängnisvoll wurde. 1536 war es soweit: Einer von Gonzalo Jimenéz Quesada geleiteten Expedition gelang der Vorstoß bis in den nördlichen Andenraum, in den Bereich der drei Andenketten Kolumbiens, wo sich das Herzland der Chibcha befand, die südlich bis ins mittlere Ecuador und nördlich über die Landenge von Panama bis Nicaragua vorgedrungen waren.

Bevor de Quesada, Vizegouverneur der Karibikprovinz Santa Marta, das blühende Volk der Chibcha erreichen konnte, mußte er sich mit seinen Soldaten einen Weg bahnen »durch Sümpfe und Wurzelgestrüpp, unter den ständigen Sturzregen des tropischen Winters, durch reißende Flüsse und Schluchten, Krokodilen und Rochen ausgeliefert, durch ein völlig entvölkertes Gebiet«. Zwei Drittel der achthundert Männer fielen der extremen Beschwerlichkeit der Strecke zum Opfer.

In seinem »Diensttagebuch« erzählt einer der Konquistadoren, daß »auf besagter Reise und Entdeckung über die Gefahren und Mühsal hinaus alle derart Hunger litten, daß sie Pferde und andere ungewöhnliche und nie gesehene Dinge aßen, als da sind Wurzeln, giftige Kräuter, Eidechsen, Fledermäuse, Ratten und vieles andere derselben Art«.

Nachdem sie die schwindelerregenden Höhen der Berge überwunden hatten, fielen sie in das Königreich der Chibcha ein, wo sie auf erbitterten Widerstand der Indianer stießen, die sich mit ihren Lanzen, Speerschleudern und Holzkeulen mutig verteidigten. Obwohl die Spanier große Mengen an Gold erbeuteten, blieb jedoch der königliche Schatz unauffindbar. Drei Jahre lang plünderte Jimenéz de Quesada das Land der Chibcha, ohne von seinen Landsleuten gestört zu werden, als völlig unversehens das durch unüberwindliche Gebirgsmassive abgeschirmte und durch Sümpfe, Flüsse und Urwälder geschützte Königreich der Chibcha zum Ort der Zufallsbegegnung dreier goldgieriger Abenteurer wurde.

War de Quesada aus dem Norden über den Rio Magdalena heraufgekommen und der viel benutzten Salzstraße in die Berge gefolgt, so traf sein Landsmann Sebastián de Belalcázar aus dem südlich gelegenen Ecuador ein, nachdem er nördlich des fünftausendsiebenhundert Meter hohen Nevado de Huila die mittlere Kordillere überquert hatte. Als Dritter im Bund tauchte schließlich Nikolaus Federmann auf, der Statthalter der Welser in Venezuela, der nach einem zweitausend Kilometer langen Marsch durch unheilvolle Sümpfe und über ungeheure Gebirgsketten völlig erschöpft mit zwanzig Überlebenden bis ins geheime Tal der Chibcha gelangte.

So war es also durch einen seltenen Regieeinfall der Geschichte zur brisanten Zufallsbegegnung dreier ehrgeiziger Führer gekommen, die sich – vom Gold der Chibcha angelockt – 1539 bei der Indianersiedlung Bacatá trafen. Daß drei Truppenverbände, die einfach auf der Suche nach dem sagenhaften Goldland ins Ungewisse marschiert waren, in dem riesigen Gebiet aufeinanderstießen, verblüffte die Zeitgenossen, wie ein spanischer Chronist von damals zu berichten weiß: »Alle, die Kenntnis davon hatten, staunten darüber, wie sich Männer aus den drei Provinzen – Peru (= Nordecuador), Venezuela und Santa Marta – an einem Ort treffen konnten, der so weit vom Meer entfernt lag, so weit vom südlichen (Pazifik) wie vom nördlichen Meer (Karibik).«

Als die drei Eroberer am 29. April 1539 zusammenkamen, einigten sie sich darauf, die von jedem von ihnen geltend gemachten Besitzansprüche vom spanischen Königshof klären zu lassen und fürs erste dem zu erschließenden Goldland eine Hauptstadt zu geben. So hatten drei planlose Expeditionen bis zum Dorado wenigstens ein wichtiges Ergebnis: die Gründung der neuen Stadt Santa Fé del Nuevo Reino de Granada (heiliger Glaube des Königreichs Neugranada), die man erst viel später in Bogotá umtaufte.

Obwohl die Streitereien der drei Konquistadoren den Chibcha eine Gnadenfrist einräumten, war ihr Untergang besiegelt. Dies um so mehr, als zur Zeit der Ankunft der Europäer die zwei mächtigsten Chibcha-Staaten, die der Muisca, sich aufs heftigste befehdeten und um die Vorherrschaft auf dem Hochland von Bogotá rangen. Wären die Spanier einige Jahrzehnte später eingetroffen, hätten sie wahrscheinlich einen Einheitsstaat der Muisca mit einem einzigen Herrscher vorgefunden.

Allmählich hatten die zwei Muisca-Fürsten von Tunja und Bogotá die Macht über das ganze Gebiet an sich gerissen. Der Dynast von Tunja, Zake genannt, war auf die Dauer seinem Widersacher von Bogotá, Zipa geheißen, nicht gewachsen. Als die europäischen Konquistadoren ankamen, war der Zipa von Bogotá, Tisquesesa, auf dem Punkt, einen erneuten Kriegszug gegen den Zake von Tunja zu unternehmen, um seinen alten Gegner endgültig niederzuwerfen.

Die Muisca – wie sich die Chibcha auf der Meseta von Bogotá nannten, was soviel wie »Menschen« bedeutet – waren noch nicht zu einer richtigen Hochkultur aufgestiegen. So besaßen sie keine hochentwickelte Steinarchitektur wie ihre mexikanischen und peruanischen Zeitgenossen. Sie kannten auch keine Schrift, nicht einmal einen Schriftersatz. Ihre mündliche Geschichtsüberlieferung war sehr lückenhaft und reichte höchstens über zwei Generationen zurück. Sie waren auf einer bäuerlichen Entwicklungsstufe stehengeblieben, lebten in dörflichen Siedlungen aus Holz und bauten auf ihren Äckern Kartoffeln, Mais, Maniok, Koka, Tomaten und Tabak an. Der außerordentlich fruchtbare Boden des Hochlandplateaus um Bogotá und Tunja hatte zum Gedeihen der Landwirtschaft bei den Muisca beigetragen.

Neben dem Ackerbau trieben diese Indianer auch Handel. Das aus ihren salzhaltigen Quellen durch Verdunstung gewonnene Salz boten sie auf großen Märkten an, die alle vier Tage in einigen Muisca-Städten abgehalten wurden. Sie entwickelten aber auch den »Außenhandel« und legten eine eigens für den Salzexport bestimmte Straße an, die von den Hochtälern des Nordens beinahe bis zum Meer reichte. Über diese Salzstraße gelangten die ersten Spanier ins Gebiet der Muisca. Außer Salz handelten die Eingeborenen mit Edelsteinen und Geweben, die sie gegen Rohbaumwolle, Goldstaub und Kokablätter, deren Kauen zur Berauschung führte, sowie gegen zum Opfer benötigte Sklavenknaben eintauschten. Als einzige Bewohner des vorkolumbischen Amerika prägten die Muisca Goldgeld, um ihren blühenden Handel mit den Naturvölkern noch weiter zu entfalten.

Gold von unschätzbarem Wert wird im Goldmuseum der kolumbianischen Hauptstadt Bogotá gezeigt. Die kostbarsten Stücke, zu denen auch diese Menschenfigürchen aus Golddraht gehören, werden im »Goldenen Salon« präsentiert.

Die Handwerker stellten Baumwolldecken und schlichte Töpferwaren her, die sich durch sparsame Bemalung und eingestochene Punktmuster auszeichneten. Sie bearbeiteten auch Gold und Edelsteine. Charakteristisch für ihre Goldschmiedekunst sind flache Menschenfigürchen, deren Gliedmaßen durch dünne Drähte angedeutet sind. Der Goldschmuck der Muisca entsprach keineswegs den Erwartungen, die die Sage von El Dorado bei den Spaniern geweckt hatte. »Die Inferiorität der Goldarbeiten der Muisca im Vergleich mit dem hohen Stand des Goldgusses bei den Stämmen Westkolumbiens hat man damit zu erklären versucht, daß die Bewohner der Hochebene verhältnismäßig spät mit Material und Technik vertraut geworden seien, mußte doch Rohgold noch in geschichtlicher Zeit eingeführt werden.« (H. D. Disselhoff)

Die Muisca verfügten vermutlich auch schon über astronomische Kenntnisse. Unweit von Tunja glauben die Archäologen, im Trümmerfeld von

Monquirá ein Observatorium ausgemacht zu haben. Steinerne Säulenreihen, die, wie mit dem Lineal gezogen, ein Viereck bilden, sollen als Beobachtungsstation gedient haben. An diesem geradezu idealen Standort, 2 800 Meter über dem Meeresspiegel, sollen die kolumbianischen Indianer den Lauf der Sterne und die Bewegung der Sonne in Richtung Zenit verfolgt haben, um den Einbruch der Regenzeit berechnen und voraussagen zu können. Daß der Beginn des fruchtspendenden Regens mit Zeugungsriten und Fruchtbarkeitszeremonien begangen wurde, läßt den Schluß zu, daß die gegenüber der alten Forschungsstätte erhalten gebliebenen Steinsäulen riesenhafte männliche Glieder darstellen und das Zentrum eines frühen Phalluskults gewesen sind. Somit bestünde ein natürlicher Zusammenhang zwischen den zwei sich gegenüberliegenden Anlagen, zwischen den gigantischen Sexualsymbolen und dem wissenschaftlichen Observatorium.

Der mächtigste Herrscher der Muisca war der Zipa von Bogotá, der seine Herkunft vom Mond ableitete, während sein Gegner, der Zake von Tunja, sich als Abkömmling der Sonne verehren ließ. Den Priestern oblag es, den Untertanen stets die göttliche Abstammung ihrer Fürsten vor Augen zu halten, damit niemand auf den Gedanken komme, ihre Macht erschüttern zu wollen. Strengstens untersagt war es, dem Herrscher in die Augen zu blicken. Dieser ließ nur die Besucher zu sich, die vorher seine Schatzkammer um ein wertvolles Geschenk bereichert hatten. Der Fürst trug ein mit Goldplättchen geschmücktes Gewand. Seine Schultern zierte ein prächtiger Umhang. Das mit Smaragden besetzte Diadem auf dem Haupt war das Zeichen seiner Königswürde. Er reiste bequem, in einer mit goldenen Leisten verzierten Sänfte aus edlem Holz. Ein mit goldenen Platten verkleideter und mit Schnitzereien und Wandmalereien dekorierter Palast aus Holz diente ihm als Wohnung. Dort hielt er sich eine unbegrenzte Zahl von Frauen, die einfache Muisca manchmal als Steuer an ihn abgeführt hatten. Außer ihren Töchtern, die sie dem Herrscher gelegentlich überlassen mußten, gaben die Steuerzahler gewöhnlich landwirtschaftliche und handwerkliche Erzeugnisse an ihren Fürsten ab.

Kam ein Untertan seinen Steuerpflichten nicht nach, erschien ein Steuerbeamter vor dem Haus des säumigen Zahlers, an dessen Tür er einen abgerichteten Puma anband, der den Ausgang bewachte und jeden Tag auf Kosten des Schuldners mit zwei Tauben gefüttert werden mußte. Außerdem quartierte sich der Steuereinnehmer beim zahlungsunwilligen Bürger ein, der ihm für jeden in seinem Haus verbrachten Tag zusätzlich einen Ballen Leinwand übergeben mußte. Daß auf diese ungewöhnliche Art und Weise die Steuerrückstände mit Erfolg eingetrieben wurden, nimmt einen heute nicht wunder.

Wenn der Herrscher das Zeitliche segnete, stieg in der Regel der Sohn seiner ältesten Schwester zum Nachfolger auf. Im Muisca-Staat Bogotá mußte sich der »Kronprinz« schon lange vor Antritt seines Amtes auf die Herrscherwürde vorbereiten. Er führte ein im Tempel zurückgezogenes Leben, durfte kein Fleisch zu sich nehmen, mußte auf alle Gewürze verzichten, und vor allem durfte er keinen Umgang mit Frauen pflegen. Nur wenn er seine Vorbereitungszeit auf Amt und Würde erfolgreich abgeschlossen hatte, konnte er den Thron besteigen. Mit der Einführung des neuen Herrschers war z. B. im Staate Guatavita, der dem Muisca-Reich von Bogotá hörig war, die Sage vom vergoldeten König, vom El Dorado, verbunden, die — wie wir gesehen haben — drei europäische Abenteurer mit ihrer goldgierigen Soldateska 1539 fast gleichzeitig angelockt hatte.

Die Lagune von Guatavita war jedoch nicht der einzige »goldene« See. Daneben gab es noch andere heilige Seen, in deren Wassern »Krönungszeremonien« stattfanden. Die feierlichen Handlungen waren zweifellos von den religiösen Vorstellungen der Muisca geprägt, die uns nur zum Bruchteil überliefert sind. Die Hauptgottheiten der kolumbianischen Indianer waren Suá, die Sonne, und Chia, der Mond.

Der Sonne wurden Sklavenknaben bei Sonnenaufgang auf einer hohen Bergspitze geopfert. Ihre Leichname ließ man einfach als »Nahrung« für die Sonne zurück. Erregte ein Sklavenjunge die Aufmerksamkeit eines Chibchamädchens, mit dem er sexuellen Kontakt pflegen konnte, wurde er vom Opfergang entbunden und freigelassen.

Die Muisca glaubten an ein Weiterleben der Seele nach dem irdischen Dasein, wobei der Gute mit einer angenehmen Existenz belohnt, der Schlechte hingegen mit vielen Unannehmlichkeiten bestraft würde. Sie verehrten auch Bóchica, den Gott der Krieger und der Könige, der von Osten zu ihnen gekommen sei und ihnen gute Sitten, gegenseitige Achtung und Liebe beigebracht habe. Bóchica, der große Held ihrer Mythologie, soll auch ihr Volk einst vor den stetig ansteigenden Wassern einer großen Sintflut gerettet haben, indem er eine Wand des Guatavita-Sees öffnete, damit die Wassermassen ablaufen konnten. Seither mußte sich jeder neue Großhäuptling zum Kratersee begeben und die Geister in der Tiefe mit einem Goldopfer günstig stimmen. Von dem Augenblick an war Gold zum Symbol für das Entrinnen des Menschen aus den Gewalten der großen Flut geworden.

Zu den Chibcha sprechenden Indianern gehörten neben den Muisca auch die Quimbaya, die besten Goldschmiede des indianischen Amerika, die im oberen kolumbianischen Caucatal die schönsten Goldarbeiten schufen. Ihre Goldschätze fand man in großen Schachtgräbern, in denen dieses Volk seine Toten mit herrlichen Beigaben bestattete. Auf die letzte Reise wurden den Verstorbenen Hohlfiguren, Helme, schwere Brustschilde, Totenmasken, Nasenschmuck, Kultutensilien, Glocken, Flaschen und alltägliche Gebrauchsgegenstände wie Angelhaken oder Pinzetten mitgegeben. All dieses kostbare Material war selbstverständlich aus feinstem Gold.

Die Quimbaya waren nicht nur geschickte Handwerker, sondern auch mutige Krieger, die sich mit Lanzen, Speerschleudern, Keulen aus Hartholz und mit Pfeil und Bogen gegen den spanischen Zugriff zur Wehr setzten. Wenn wir den iberischen Chronisten Glauben schenken dürfen, führten sie vornehmlich Kriege, um sich Kriegsgefangene für ihre rituellen kannibalischen Mahlzeiten zu verschaffen. Sie waren anscheinend von der Überzeugung durchdrungen, durch das Verzehren des Herzens, der Leber und des Gehirns ihrer Opfer würde sich deren Tapferkeit, Ausdauer und Klugheit auf sie übertragen.

Nicht minder berühmt durch ihre Goldarbeiten wurden die auch zu den Chibcha gehörenden Tairona, die einst im Norden Kolumbiens am Fluß der heutigen Sierra Nevada de Santa Marta heimisch waren. Allein ihr Name, der »Goldschmiede« bedeutet, weist schon darauf hin, daß ihre Kultur wirklich eine »goldene« war. Die Tairona waren außerdem noch bedeutende Baumeister und Architekten, hervorragende Erbauer von Städten und Straßen aus Steinplatten, die sie zu einem dichten Verkehrsnetz verbanden. Sie erwiesen sich auch als Meister der Ökologie, die das Gleichgewicht der Natur nicht durch eine übermäßige Rodung oder eine übertriebene Abholzung der Wälder in Gefahr brachten. Mit Kahlschlag und Waldbrand vernichteten die Spanier vor vierhundert Jahren ihre Pflanzungen und Städte. Mit diesen radikalen Methoden brachen sie den hartnäckigen Widerstand der Tairona.

Bislang wurden nur zwei ihrer Ruinenstätten gründlich erforscht: Pueblito und Ciudad perdida in Nordkolumbien. Von Pueblito zeugen heute noch öffentliche Plätze, gepflasterte Wege, Brücken- und Treppenanlagen, Bewässerungskanäle und Wasserreservoire, die man einst mitten im Urwald angelegt hatte. Für den Maisanbau waren sogar Terrassen errichtet worden, die »hängenden Gärten« der Neuen Welt. Von den runden Holzhäusern mit den Stroh- und Palmblättern ist leider nichts übriggeblieben. Ciudad perdida, die »verlorene Stadt«, die man erst vor kurzem weiter oberhalb in der Sierra entdeckte, ist noch viel größer als Pueblito. Die bislang ausgegrabenen Überreste zeigen eindeutig auf eine überlegte Stadtplanung hin. In dieser Ansiedlung der Tairona gab es sogar verschiedene Wohn- und Arbeitsviertel, auch hatte man an Bezirke für Kommunalversammlungen und religiöse Bräuche gedacht und zudem für Müll- und Abfallplätze reichlich gesorgt. Ciudad perdida war an Wohnqualität und zivilisatorischen Neuerungen wahrscheinlich den Zentren der Azteken, Mayas und Inkas überlegen, auch wenn diese Dschungelstadt auf den ersten Blick nicht so imposant erscheint.

Die hochbegabten Völker Kolumbiens haben Spuren hinterlassen, die der archäologischen Forschung noch so manches Rätsel aufgeben, die aber die alte Auffassung erschüttern, zwischen den drei altindianischen Zivilisationen der Neuen Welt hätten nur Randkulturen zweiter Klasse ein niedriges Dasein geführt.

Die Hochkulturen der Anden

In viertausend Jahren peruanischer Geschichte und Kultur sind in der Einsamkeit der unwegsamen Anden und in der glühenden Küstenwüste durch besondere menschliche Anstrengungen Hochkulturen entstanden, deren materielle Hinterlassenschaften eine überraschende Vielfalt und einen besonderen künstlerischen Reichtum bekunden. In chronologischer Reihenfolge werden Entwicklung und Verlauf der einzelnen sich überlagernden und ablösenden Kulturen nachvollzogen, wobei die drei übergeordneten, »panperuanischen« Kulturhorizonte von Chavin, Tiahuanaco und dem Inka-Imperium deutlich herausgearbeitet werden: Es sind Zeiten, in denen aus der Vielzahl der regionalen Entwicklungen übergreifende Kulturphasen sich ablesen lassen.

Die Fülle der archäologischen Funde in Peru, aus Keramik, Stein und Metallen, zeugt von den kulturellen Leistungen altindianischer Völker. Dank der einzigartigen Fundumstände an der peruanischen Küste konnten die Forscher dort Erstaunliches zutage fördern. Das trockene Wüstenklima bewahrte nämlich am Rande der Oasentäler auch Gegenstände aus leicht vergänglichem Material. Holzarbeiten, überaus feine Textilien, ja sogar Federschmucksachen haben sich im Wüstensand über Jahrtausende nahezu unversehrt erhalten. Sie geben heute einen bemerkenswert lebensnahen, unmittelbaren Eindruck dieser längst vergangenen Kulturen.

AMERIKA ERWACHT

Die Valdivia-Kultur, die Wiege amerikanischer Zivilisation

Valdivia — so heißt ein kleines Fischerdorf an der Südwestküste Ecuadors, das in den sechziger Jahren für archäologische Schlagzeilen sorgte. Ausgerechnet hier, auf der Halbinsel Santa Elena, einhundertsechzig Kilometer westlich der Hafenstadt Guayaquil, soll die Wiege der amerikanischen Kultur gestanden haben. Vor über fünftausend Jahren blühte an dieser Stelle eine Zivilisation, die bereits Jahrtausende vor dem Imperium der Inkas ihren Höhepunkt erreicht hatte und heute als die älteste der Neuen Welt gilt.

»In Valdivia herrscht Stille. Das Rauschen des Pazifik und das stetige Rascheln der Fächerpalmen im Wind sind für die Einwohner Alltagsmusik.

Man hat das Gefühl, die Zeit stehe und die schlanken Einbäume auf dem Sand seien so alt wie das Meer. Was könnte diese Idylle, fragt man sich, schon Aufregendes bieten? Und doch . . . !« (Peter Baumann)

In seiner Dürftigkeit läßt dieses Straßendorf aus hundert Fischerhütten die Besucher kaum ahnen, daß wahrscheinlich hier die älteste Keramik der westlichen Halbkugel geschaffen wurde. »Venus von Valdivia« wird eine etwa fingerlange Statuette genannt, deren Charme viertausend Jahre und mehr keinen Abbruch taten. Sie gehört zu den für Valdivia so typischen winzigen Frauenfigürchen aus rotgefärbtem Ton, die mit ihren betonten Geschlechtsmerkmalen, dem üppigen Busen und den phantastisch ausmodellierten langhaarigen, oft hochgetürmten Frisuren sowie dem manchmal rätselhaft-hintergründigen Gesichtsausdruck bestimmt auf einen ausgeprägten Fruchtbarkeitskult hinweisen, der mit dem Feldbau in Verbindung gebracht werden muß.

Was konnten die Valdivianer wohl vor fünftausend Jahren ernten? Die vielen Reibsteine und Handwalzen, die die Ausgräber gefunden haben, lassen vermuten, daß die damaligen Einwohner bereits eine Maispflanze mit entwickelten Kolben und Körnern anbauten. Dafür spricht auch die Gewohnheit der Töpfer, Maiskörner als stilistisches Motiv vor dem Brennen in den weichen Ton zu drücken. Ihre Anordnung auf einer Scherbe kann man sogar als die Form eines Gesichts deuten, was vielleicht auf die Darstellung einer Art Mais-Gottheit schließen läßt. Die Menschen an der Küste Ecuadors kannten also nicht nur die Töpferei mindestens eintausend Jahre vor den Hochkulturen in Peru und in Mexiko, sondern waren auch schon viel früher mit dem Anbau der Nahrungspflanze Mais vertraut, die sich erst später als das »Korn der Indianer« über den ganzen Kontinent ausbreitete.

Vor über fünftausend Jahren bezogen die Valdivianer ihre Grundnahrungsmittel zudem aus dem Meer. In den von der Flut zurückgelassenen Flachwassern fingen sie Fische und Krebse. Angelhaken und Steine für die Netze, die man entdeckt hat, sind Belegstücke dafür, daß die Küstenbewohner auch Jagd auf Tiefseefische machten.

Die Valdivia-Leute siedelten nicht nur in unmittelbarer Nähe der südwestlichen Küstenzone. Ihr Lebensraum erstreckte sich bis ins tiefe Hinterland, wo sie sich in dörflichen Siedlungen von beachtlicher Größe zusammenfanden. Ihre Häuser waren stattliche, feste Bauten und besaßen einen ovalen Grundriß. Als standfestes Mauerwerk diente ihnen eine Balkenkonstruktion, deren massive Hartholzpfosten in den Boden gerammt worden waren. So entstand eine typische Valdivia-Dorfanlage in Real Alto, wo einst mehr als fünfzig, wenn nicht gar einhundert Häuser eine Bevölkerung zwischen eintausendfünfhundert und dreitausend Menschen beherbergten. Alle Straßen und Häuserreihen waren auf eine ausgedehnte Plaza in der Mitte hin ausgerichtet. Dieser zentrale und offene Platz war ein heiliger öffentlicher

Bezirk, an den die Zeremonienhügel grenzten, wo die Stadt einem grausamen religiösen Kult huldigte. Zerstückelte Menschenreste, die die Aufmerksamkeit der Archäologen erregten, schienen darauf hinzudeuten, daß das Volk an dieser Stelle die Gunst einer Göttin der Fruchtbarkeit erflehte, indem es ihr zerhackte Menschen als Opfer darbrachte.

In Real Alto gab es also schon um 3400 v. Chr. eine städtische Zivilisation. Als religiöse »Metropole« dürfte die vier Kilometer nordwestlich des heutigen Dorfes Chanduy gelegene Siedlung um 3100 v. Chr. ihre volle Blüte erreicht haben. Daß in Real Alto die monumentalen Bauten der bekannten Ruinenstädte der Azteken, Mayas und Inkas fehlen, schmälert keineswegs die Bedeutung dieses bisher ältesten Zeremonialzentrums ganz Amerikas.

Chavin-Menschen, die Kinder des Jaguars

Ab etwa 1200 bis ungefähr 300 v. Chr. verbreitete sich in großen Teilen Perus ein Kunststil, der vom nordperuanischen Andengebiet ausging und seinen heutigen Namen der Ruinenstätte Chavin de Huantar verdankt. Der in einem von Berggipfeln umragten, engen Tal gelegene Ort war einst ein bedeutendes Zeremonialzentrum, in dem sich Pilger aus allen Himmelsrichtungen zur Zwiesprache mit den Göttern einfanden. Der Haupttempel, der von den heutigen Peruanern fälschlich als »Schloß« (»El Castillo«) bezeichnet wird, setzt sich aus rechteckigen, bis zu zwölf Meter hohen Bauteilen zusammen, die U-förmig einen zentralen Platz umschließen und immer wieder durch Gänge und winzige Kammern miteinander verbunden sind. Ursprünglich waren die Außenwände der Tempelanlage reichhaltig mit Steinplastiken und Reliefs verziert, die Tier- oder Menschenköpfe darstellten.

Die Archäologen stießen auch auf Bildwerke der drei Hauptgottheiten, deren Namen verlorengegangen sind. Heutige Forscher gebrauchen die Ausdrücke »Großer Gott«, »Kaiman-« oder »Krokodilgottheit« und »Stabgott«. Auf einer in den unterirdischen Gängen des Tempels gefundenen Granitsäule, die der Klinge einer riesigen Lanze ähnelt und deswegen »El Lanzón« genannt wird, ist der »Große Gott« abgebildet, ein Wesen – halb Mensch, halb Jaguar – mit Raubtiermaul und Haaren, die in Schlangenköpfen enden. Die »Kaiman-« oder »Krokodilgottheit« ist auf dem sogenannten »Tello-Obelisken« wiedergegeben. Der »Stabgott« ist auf der nach dem italienischen Reisenden und Peru-Forscher Antonio Raimondi benannten »Raimondi-Stele« zu sehen. Seinen Namen verdankt dieses von übereinandergetürmten Raubtierrachen gekrönte Gottungeheuer zwei Stabbündeln oder Zeptern, die es in beiden Händen hält.

Wir können also von einem wandelbaren Bild der Chavin-Gottheit sprechen, die immer als mythisches Wesen auftritt, in der Form eines Jaguar-

255

menschen mit einem Schlangengürtel oder in der Gestalt eines Kondors, des Riesenvogels der Anden. Auf Objekten aus Stein, Muschelschale, Knochen, Keramik, Metall und auf Textilien ist der Raubtiergott zu finden. Gewöhnlich ist er nicht in vollen Umrissen gezeichnet oder gemalt, sondern nur gewisse Einzelheiten werden zurückbehalten, wie die mächtigen Pranken, die scharfen Reißzähne, die blutunterlaufenen Augen oder sonstige charakteristische Teilaspekte.

Dieser merkwürdige Gott stand im Mittelpunkt einer vermutlich voll ausgebildeten Religion, die zahlreiche Wallfahrer anlockte. Chavin war nämlich keine ständig bevölkerte Stadt, sondern nur ein gutbesuchtes Zeremonialzentrum, das wahrscheinlich einst von Pilgern erbaut wurde, wie der amerikanische Archäologe Wendell C. Bennett annimmt: »Während einer oder mehrerer Wochen des Jahres pilgerten viele Menschen zu religiösen Feiern nach Chavin de Huantar. Wenn sie dann in großer Zahl versammelt waren, wurde Baumaterial zusammengetragen, Steine wurden gerichtet und einige der größten Steinplatten an ihren Platz gebracht. Nach Beendigung der Festlichkeiten, wenn die Wallfahrer an ihre entlegenen Wohnstätten zurückgekehrt waren, vollendeten Bauspezialisten mit einigen ansässigen Handlangern den Bau.«

Die in Chavin hergestellten Tongefäße zeichnen sich durch die Ausgewogenheit zwischen Geradlinigkeit und Kurvenreichtum aus. Als Formen wurden elegante Flaschen mit engem Hals, flache Schalen mit gerader oder leicht eingezogener Wandung und leicht zylindrische Näpfe mit senkrechtem »Steigbügelausguß« bevorzugt. Zur Dekorierung der Tonware griff man auf die Techniken des Modellierens, Ritzens, Eindrückens von Schaukelmustern und der Schraffierung der rot-, braun- oder schwarzpolierten Gefäßwand zurück.

Die Chavin-Kultur kannte bereits eine entwickelte Landwirtschaft. Den Maisanbau pflegte man im zentralen Andengebiet seit etwa dreitausendvierhundert Jahren. Noch viel früher war man dort mit der Kultivierung von Bohnen und Baumwollarten vertraut. Die Chavin-Menschen zähmten auch Hunde und Lamas. Das Lama erwies sich als sehr wichtig im Leben der Anden-Indianer. Es war stark genug, um Lasten zu tragen, sein Fleisch konnte als Nahrung, seine Wolle zur Kleidung und sein Kot als Brennstoff verwertet werden. Die Chavin-Leute züchteten noch Lamas mit fünf Zehen, während die heutigen Tiere mit zwei Zehen auskommen müssen.

Die Werkzeuge waren aus Stein oder Knochen. Die Handwerker verarbeiteten Gold und Silber, aus denen sie Schmuckgegenstände herstellten. Sie hatten eine ausgeprägte Vorliebe für Ohrgehänge, die sie stets mit dem typischen Motiv des katzenartigen Raubtiers und Gottes verzierten.

Da es einige auffallende Parallelen zwischen der Chavin-Kultur und der Zivilisation der Olmeken gibt, haben Forscher versucht, eine Verbindung zwischen den beiden alten Kulturkreisen herzustellen. Als die Chavin-Menschen in Peru ihren kulturellen Höhepunkt erreichten, prägten die Olmeken etwa zur selben Zeit die Kulturlandschaft Mesoamerikas. Ähnlichkeiten in der Keramik, die monumentale Steinarchitektur und vor allem der Jaguarkult sprechen dafür, daß damals zwischen diesen kulturellen Großräumen enge Beziehungen bestanden haben müssen. So ist Michael Coe, der Ausgräber einer Olmeken-City an der Pazifikküste Guatemalas, zum Schluß gekommen, daß einst olmekische Händler von der mexikanischen oder guatemaltekischen Westküste aus bis nach Peru gesegelt sind und dort maßgeblich an der Entstehung der Chavin-Kultur mitgewirkt haben. Andere Archäologen vertreten jedoch die gegenteilige Auffassung: Die Chavin-Leute seien zum Teil nach Norden ausgewandert und am Golf von Mexiko unter der Bezeichnung Olmeken in die Geschichte eingegangen. Julio C. Tello, der peruanische Altamerikanist indianischer Herkunft, glaubt hingegen zu wissen, daß die Chavin-Kultur ihren Ursprung jenseits der Anden in Amazonien habe und daß dort auch der Jaguarkult entstanden sei.

Auch wenn die Wissenschaftler heute noch darüber streiten, wie das geistige Band zwischen den beiden Kulturkreisen zustande gekommen sein mag, bleibt die Feststellung, daß es zweifelsohne eine Interaktion zwischen den »Kindern des Jaguars« gegeben hat, wie Michael Coe in seinem Buch mit demselben Titel die Chavin-Menschen und die Olmeken genannt hat.

Die Tiahuanaco-Menschen und ihre »Ewige Stadt«

So nahe den Sternen, so fern den Menschen liegt Tiahuanaco, das Baalbek der Neuen Welt, die zugleich berühmteste und durch Plünderungen am meisten zerstörte Ruinenstätte Südamerikas. Sie erhebt sich mitten in den Anden auf dem weiten Altiplano, jener kalten Hochebene, die von den schneebedeckten Riesen der Kordilleren umrahmt wird, nicht weit von den Ufern des höchstgelegenen schiffbaren Sees der Welt, des Titicaca-Sees, in dessen blaugrünen Wassern sich die zweihundert Kilometer entfernten Gebirgsgipfel spiegeln. Nur in dieser überwältigenden Landschaft konnte eine so grandiose Stadt wie Tiahuanaco entstehen. Ein seltsamer Zauber geht von ihr aus und nimmt jeden Besucher gefangen.

Diesem besonderen Reiz erlag auch der tschechoslowakische Altamerikanist Miloslav Stingl, als er Tiahuanaco zum erstenmal besuchte: »Die letzten Strahlen der untergehenden Sonne erloschen auf den entfernten, ewig weißen Schneefeldern der Kordilleren, nahe der Stadt dehnten sich von Horizont zu Horizont die schimmernden Wasser des Titicaca, des ‚Sonnensees'. Eine Landschaft ohne Bäume und fast ohne Leben — Einsamkeit und Totenstille. Nur ein kalter Wind blies unaufhörlich. Es war eigentlich der einzige

Laut, der zu vernehmen war. Sonst herrschte eine fast unwirkliche Ruhe. Denn es war eine tote Stadt. Und ihre innere, verborgene Sprache, die Sprache der hundert Tonnen schweren Steinquader, die Sprache der sieben Meter hohen Monolithstatuen, die Sprache des berühmten Sonnentores, alle diese geheimen Stimmen des alten Tiahuanaco mußte der Ankömmling erst verstehen lernen. Alsbald ging die silberne Sichel des Mondes am Himmel auf, und in der dünnen Luft des Altiplano funkelten die Sterne wie nirgends sonst auf der Welt.«

Tiahuanaco ist nicht der wirkliche Name der phantastischen steinernen Metropole am Titicaca-See. Die Bezeichnung geht zurück auf die Inkas, zu deren Zeit die ursprünglichen Bewohner die prächtige Stadt schon längst für immer verlassen hatten. Als der Inka Mayta Capac, so will es die Überlieferung, in der Ruinenstätte weilte, soll ihm ein schweißüberströmter und atemloser Eilbote aus Cuzco eine wichtige Botschaft überbracht haben. Von der Schnelligkeit des Läufers beeindruckt, verglich der Herrscher den Kurier mit dem Guanako, jenem lamaähnlichen Tier, das auf den Hochebenen Perus heimisch ist. In seiner Bewunderung für die Leistung des Mannes forderte er ihn auf, neben sich Platz zu nehmen, was für einen gemeinen Untertanen seines Reiches eine unerhörte Ehrung bedeutete. »Tia Huanaco!« — »Setz dich, du Läufer, pfeilschnell wie ein Guanako!« soll der Inka ihn in der Quechua-Sprache angeredet haben. Und mit diesem Quechua-Ausdruck wird auch heute noch die uralte Stadt bedacht, deren richtiger Name bestimmt ganz anders lautete. Manche Forscher sind heute der Ansicht, daß Tiahuanaco ursprünglich »Inti Huahan Haque« hieß, was »Ort der Söhne der Sonne« bedeutet, oder einfach »Ewige Stadt« genannt wurde. Wie dem auch sei, auf einer Konferenz, die im Jahre 1957 im bolivianischen La Paz abgehalten wurde, waren sich die dort versammelten Gelehrten darüber einig, Tiahuanaco den Namen zu lassen, den der Sage nach der Inka Mayta Capac der Stadt am Titicaca-See gegeben habe.

Seitdem die ersten Europäer die gewaltigen megalithischen Bauten erblickt hatten, stellten sich alle Besucher aus der Alten Welt spontan die Frage, wer wohl Tiahuanaco gegründet habe und wann die indianische Metropole entstanden sei. So waren die Indianer, die zur Zeit der spanischen Conquista am Titicaca-See lebten, der Meinung, eine solch gigantische Stadt könne nicht das Werk von Menschen sein, sondern eine besondere, ausgestorbene Rasse von Riesen müsse sie erschaffen haben. Wenn auch die Europäer nicht an die indianische Mär der Riesen glaubten, waren sie sich doch des hohen Alters der Metropole bewußt. Nach und nach kamen die Forscher zu der Auffassung, daß Tiahuanaco von den Schöpfern eines mächtigen vorinkaischen Reiches erbaut worden sein müsse, denen es gelungen sei, in der schwer zugänglichen Hochgebirgsgegend derart wuchtige Baulichkeiten zu errichten und das benötigte Baumaterial von weither herbeizuschaffen.

Hatte der sprichwörtliche Zahn bereits in vorkolumbischen Zeiten an Tiahuanacos Mauerwerk genagt, beschleunigte sich der Verfall der Stadt in der Kolonialzeit, als die um den Titicaca-See siedelnden Indianer die alte Metropole als Steinbruch neu entdeckten und im Laufe der Jahre Tausende Tonnen sorgfältig behauener Steine entwendeten. In den umliegenden Dörfern kann man noch heute sehen, wie wertvolle Tiahuanaco-Steine in den rohesten Mauern verbaut sind. Aber eine noch schlimmere Verwüstung als die Indianer richteten die Erbauer der »Eisenbahn des Fortschritts« an, als sie mit dem Segen der bolivianischen Regierung Tiahuanacos Mauern und Standbilder mit Dynamit in die Luft sprengten und mehrere hundert Lastwagen voll Quadersteine abtransportierten. Dem Archäologen, der sich gegen die barbarische Zerstörung zur Wehr setzen wollte, entgegnete der leitende Ingenieur: »Das gereicht diesen Steinen nur zur Ehre. Man wird von ihnen sagen, daß sie zwei Kulturen gedient haben — der ihren und der unseren!«
Erst nach dem Zweiten Weltkrieg hat sich der bolivianische Staat auf den Wert der denkwürdigen altindianischen Stadt besonnen und dafür Sorge getragen, daß das von emsigen »Steinbrechern« verheerte Tiahuanaco nach und nach rekonstruiert wird. Seit 1957 besteht Boliviens staatliches »Zentrum für die archäologische Erforschung Tiahuanacos«, dessen Leitung von Anfang an der Archäologe Carlos Ponce Sanginés übernommen hat.
Die eigentümliche melancholische Atmosphäre, die das traurig stimmende, waldlose bolivianische Hochland verströmt, auf dem sich die Wellen des Titicaca-Sees kräuseln, bemächtigt sich des Besuchers schon bei den ersten Schritten durch Tiahuanaco. Eine seltsame Erregung überkommt ihn beim Anblick der riesigen Steinquader, von denen der größte 131 000 Kilogramm wiegt, der bekannten aus einem Stück gemeißelten Statuen, des berühmten »Sonnentors«, der Erdpyramiden und der halb eingestürzten Paläste. Die Ruinen sind eindeutig in mehrere Bezirke gegliedert. Zwei mächtige Pyramiden ragen aus dem flachen Altiplano hervor. Die eine, Akapana genannt, ist eine künstlich aufgeschichtete Terrasse von fünfzehn Meter Höhe, die einst — so glaubt man — von einem Tempel oder einer Opferstätte gekrönt wurde. Die andere, mit dem Namen Puma Punku, Tor des Puma, ist wiederum ein terrassenartig angelegter Bau, dessen gewaltige Steinblöcke zum Teil durch »Kupferklammern« miteinander verbunden sind. Die das Puma Punku umgrenzenden Mauern sollen zum ehemaligen Hafen der Stadt gehören. Früher habe der Wasserspiegel des Titicaca-Sees vierunddreißig Meter höher gelegen, behaupten einige Forscher, die sich auf geologische Beweise berufen. Dadurch habe der »Sonnensee« eine viel größere Ausdehnung besessen und bis an Tiahuanaco herangereicht, das heute mehr als zwanzig Kilometer vom See entfernt ist.
Der am besten wiederaufgebaute Stadtteil wird Kalasasaya genannt und wurde 1540 erstmals vom Spanier Cieza de Léon beschrieben: »Hier steht

ein gewaltiges Gebäude, dessen Patio 15 Meter im Quadrat mißt, mit Mauern, die mehr als 2 Manneslängen hoch sind. An der einen Seite befindet sich eine Halle von 7 x 16 Meter, mit einem Dach, das genauso gebaut ist wie die Dächer der Sonnentempel zu Cuzco. Dieser Saal hat viele große Portale und Fenster. Die Lagune des Sees umspült die Treppe. Die Eingeborenen sagen, daß der Tempel dem Viracocha, dem Schöpfer der Welt, geweiht ist.«

In der Nordwestecke der Kalasasaya erhebt sich das bekannteste und wohl auch schönste steinerne Monument Tiahuanacos, das aus einem einzigen Andesitblock von 3 x 3,75 Meter gehauene Sonnentor, auf dessen Querbalken das Porträt eines geheimnisvollen Gottmenschen abgebildet ist. Aus dem kunstvoll gearbeiteten Relief sticht eine gedrungene menschliche Gestalt hervor, deren übergroßer Kopf an das Maul einer Raubkatze erinnert. Die das Haupt umgebenden vierundzwanzig Strahlen laufen in einem Jaguar- oder Pumakopf aus. In beiden Händen hält der seltsame Gott große Stäbe oder Zepter, die diesmal in Kondorköpfen enden. Die Bäche von Tränen, die aus seinen Augen fließen, symbolisieren den Regen und die Feuchtigkeit, mit denen er die Felder der Indianer fruchtbar hält. Links und rechts wird er von drei Reihen geflügelter Tiahuanaco-Sphinxe, halb Mensch, halb Vogel, umrahmt, die von beiden Seiten auf ihn zueilen und ebenfalls einen in Tierköpfe übergehenden Stab in der Hand tragen.

Die Zentralfigur auf dem Relief am Sonnentor stellt wahrscheinlich den Schöpfer der Welt dar, Con Ticci Viracocha. Wenn wir den altperuanischen Mythen vom Anfang des Universums Glauben schenken dürfen, dann war es der Gott Con Ticci Viracocha, der die Zeit ewiger Finsternis beendete. Er stieg aus den Wassern des Titicaca-Sees empor, gründete Tiahuanaco an dessen Ufern, schuf dann die Sonne und alle anderen Himmelsgestirne, bevor er steinerne Modelle der zukünftigen Menschen herstellte und diesen Leben einhauchte. Die überlieferten Sagen von Viracocha und dem heiligen Tiahuanaco beschäftigen die heutigen Forscher noch immer, die über die Frage nachsinnen, ob die denkwürdigste Stadt ganz Südamerikas nicht das Vermächtnis eines weißen Gottes sein könnte.

Der wagemutige norwegische Seefahrer Thor Heyerdahl stieß bei seiner Suche nach Übereinstimmung zwischen Tiahuanaco und überhaupt dem alten Peru und der Kultur der Bewohner Polynesiens auf merkwürdige Aussagen, die die Inkas den ersten spanischen Chronisten Perus gemacht hatten: »Sie (die Inka-Indianer) erzählten ihnen, daß die ungeheuren Denkmäler, die so verlassen in der Landschaft standen, von einem Geschlecht weißer Götter erbaut worden seien, die hier gewohnt hätten, bevor die Inkas selbst die Macht übernahmen. Diese verschwundenen Baumeister wurden als weise und friedliebende Lehrer geschildert, die ursprünglich einmal, im Anfang der Zeiten, von Norden hergekommen waren und die primitiven Vorväter der Inkas in Baukunst und Ackerbau wie auch in Sitten und Gebräuchen unterwiesen hatten. Sie unterschieden sich von allen anderen Indianern durch weiße Haut und lange Bärte und waren auch höher an Wuchs. Schließlich verließen sie Peru so plötzlich, wie sie gekommen waren. Die Inkas übernahmen selbst die Macht im Lande, und die weißen Lehrmeister verschwanden für alle Zeit in westlicher Richtung von Südamerikas Küste über den Stillen Ozean.«

Heyerdahl legte die alten Quellen auf seine eigene Art aus: »Der ursprüngliche Name des Sonnengottes Viracocha, der anscheinend in der alten Zeit Perus verwendet wurde, war Kon-Tiki oder Illa-Tiki, was Sonnen-Tiki oder Feuer-Tiki bedeutet. Kon-Tiki war der oberste Priester und Sonnengott der weißen Männer aus den Legenden der Inkas, die die ungeheuren Ruinen am Titicaca-See hinterlassen haben. Die Legende berichtet, daß Kon-Tiki von einem Häuptling namens Cari angegriffen wurde, der aus dem Coquimbo-Tal kam. In einer Schlacht auf einer Insel des Titicaca-Sees wurden die geheimnisvollen weißen und bärtigen Männer vollständig massakriert, während Kon-Tiki selbst und seine nächsten Gefolgsleute entkamen und schließlich an die Küste gelangten, von der sie am Ende über das Meer nach Westen entschwanden.«

Um den Beweis zu erbringen, daß Con Ticci Viracocha, der zum vergöttlichten Herrscher von Tiahuanaco aufgestiegen war, vor eintausendfünfhundert Jahren von Peru aus seine Kultur nach Polynesien bringen konnte, ohne daß er über Navigationskenntnisse verfügen mußte, weil er sich nur den Meeresströmungen anzuvertrauen brauchte, überquerte Thor Heyerdahl 1947 mit sechs Gefährten auf einem selbstgebauten Floß von Südamerika aus den Stillen Ozean. Das von ihm benutzte Floß aus dem leichten, aber widerstandsfähigen Balsaholz taufte er Kon-Tiki, nach dem Namen des in Tiahuanaco verehrten Gottes, dessen Bild er sogar im Segel führte. Drei Monate auf offenem Floß, schwersten Stürmen und gefahrvollen Riffen ausgesetzt, steuerlos von Wasser und Winden in die Ferne getrieben – es gehörten schon Leidenschaft und Hingabe dazu, um sich einem Wasserfahrzeug anzuvertrauen, wie es der sagenhafte Häuptling der Vorinka-Zeit vor eintausendfünfhundert Jahren benutzt haben konnte. Nach einhundert Tagen Fahrt gelang es dem Abenteurer aus Norwegen tatsächlich, mit seinem Floß eine der Inselgruppen Polynesiens zu erreichen. Trotz Heyerdahls Leistung sind die Fachleute noch immer nicht davon überzeugt, daß die Bewohner und die Kulturen Polynesiens aus Altperu, genauer aus Tiahuanaco, stammen sollen.

Was die hellhäutigen, bärtigen Bewohner oder Gründer Tiahuanacos angeht, von denen die Legenden berichten, so haben die Forscher nach Analogien zwischen den vielerorts in Mittel- und Südamerika grassierenden Vorstellungen von angeblich von jenseits des Meeres gekommenen weißen Göttern gesucht und sich die Frage gestellt, ob Con Ticci Viracocha von Tiahuanaco ebenfalls ein solcher »weißer Gott« war, vergleichbar mit Quetzalcoatl, dem weißen König der Tolteken, Kukulkan, dem weißen Gott der Mayas, oder Bóchica, dem weißen Gott der Muisca oder Chibcha. Jene, die diese Frage bejahen, wie der französische Altamerikanist Jacques de Mahieu, vertreten die Auffassung, daß Menschen mit weißer Haut und blondem Haar, Skandinavier und Iren, schon lange vor Kolumbus an die Küsten Amerikas gelangten und eine ausschlaggebende Rolle in der Entwicklung der indianischen Hochkulturen spielten. Obwohl die Wissenschaftler längst den Beweis dafür erbracht haben, daß sich Tiahuanaco allmählich als Stadt enwickelt hat — »aus einheimischen Ursprüngen und eigener indianischer Inspiration« (Miloslav Stingl) —, ist die Theorie von den weißen Gründern der uralten Metropole und Viracocha als dem Ersten, dem Höchsten unter den weißen Langbärten einfach nicht kleinzukriegen. Immer wieder erscheinen die Wikinger als die unbeweisbaren weißen Schöpfer von Tiahuanaco, die den Andenvölkern die Zivilisation gebracht haben sollen.

Ob Tiahuanaco von weißen Ankömmlingen aus Europa gegründet wurde oder ob im Gegenteil seine ursprünglichen Bewohner ihrerseits auszogen, um den Samen ihrer Kultur bis nach Polynesien zu verbreiten, tut dem biblischen Alter dieser am höchsten gelegenen Stadt Altamerikas keinen Abbruch. Tiahuanaco wurde wahrscheinlich im dritten Jahrhundert v. Chr. gegründet und in der zweiten Hälfte des elften Jahrhunderts von seinen Bewohnern verlassen. Im Laufe der dreizehnhundert Jahre, während deren Tiahuanaco eine lebendige Stadt war, mauserte sich die ursprüngliche kleine Ansiedlung zu einer großen Metropole, deren höchste Blüte im siebten Jahrhundert n. Chr. begann. Die Stadt Viracochas umfaßte in der Zeit ihrer größten Ausstrahlung ein Einflußgebiet, das vom 14. bis zum 23. südlichen Breitengrad und vom 64. bis zum 71. Grad westlicher Länge reichte. Ob Tiahuanaco das Zentrum eines bedeutenden Reiches mit politischen Machtbefugnissen oder lediglich eine eindrucksvolle Wallfahrtsstätte war, der alljährlich endlose Pilgerscharen zuströmten, um hoch oben inmitten der Eisgiganten den geheimnisvollen Gott am Sonnentor zu verehren, ist bis heute noch nicht geklärt.

In dem hochgelegenen indianischen Mekka, wo die dünne Luft für gewöhnliche Sterbliche nur schwer zu atmen ist, waren die Pilger den Göttern so nah wie nirgendwo anders. Ihre Lungen schmerzten, das Blut pochte hart in den Schläfen, sie waren wie berauscht an diesem heiligen Ort, zu dem sie in wochenlangen Reisen aus allen Himmelsrichtungen emporgestiegen waren. Das religiöse Zeremoniell überwachte eine mächtige Priesterschaft, deren Einfluß über ganz Peru ausstrahlte.

Die Bauern des Altiplano, die wegen der hier vorherrschenden Klimabedingungen nur während vier Monaten im Jahr ihre Felder bestellen konnten, haben — so scheint es — in der restlichen Zeit mit vereinten Kräften die heilige Metropole Tiahuanaco zum Ruhm Viracochas erbaut. Wie sie es fertiggebracht haben, die unglaublich riesigen Steinquader in die Stadt zu schaffen, ist uns heute noch zum Teil ein Rätsel. Sie müssen über enorm leistungsfähige Seile verfügt haben, um die hundert und mehr Tonnen schweren Blöcke mit Hilfe eines aus mehreren tausend Menschen bestehenden Zuggespanns zu transportieren. Auch muß damals die landwirtschaftliche Produktion auf dem Hochplateau ausgereicht haben, um die vielen Bauarbeiter, Steinmetzen und zahlreichen Transporteure zu ernähren. Daß die Felder der Bauern weit mehr hergaben, als die Erzeuger selbst verzehrten, kam später, als die Stadt längst erbaut war, den dort lebenden Priestern, Handwerkern, Kriegern und Händlern zugute.

Man darf sich also nicht durch die unwirtliche Kälte täuschen lassen, die man auf der unendlich weiten Hochebene mit den Schneebergen im Hintergrund vorzufinden glaubt. Sobald die Sonne aufgeht und über die Berge steigt, wird aus der dünnen Bergluft flimmernde Helle und Wärme, die sich günstig auf den Ertrag des Ackerbaus auswirken. Der Altiplano war und ist noch immer ein ausgesprochenes Bauern- und Viehzüchterland.

Die wirtschaftliche Grundlage der Tiahuanaco-Zivilisation war die Kartoffel, die man bereits vor zweitausend Jahren als getrocknete, dehydrierte Feldfrucht mit einer langen Haltbarkeitsdauer zu konservieren verstand. Diese »Kartoffelkultur« kannte auch die Bearbeitung von Metallen, eine Textilfabrikation von bester Qualität sowie eine vielfarbige, mit stilisierten Tierbildern und geometrischen Figuren geschmückte Keramik.

Auf der Suche nach den Ureinwohnern und Schöpfern, den Gründern Tiahuanacos, die in dieser herrlichen Stadt Stein an Stein gefügt haben, stieß der Forscher Miloslav Stingl auf eine im Aussterben begriffene kleine Indianergruppe, die Uru, die auf dem peruanischen Teil des Titicaca-Sees leben, wo sie sich schwimmende Inseln aus Schilfrohr geschaffen haben, auf denen ihre niedrigen Schilfhütten stehen. Mit ihren schmalen, schlanken Booten befahren sie den heiligen Andensee, der ihnen ihre gesamte Nahrung spendet: Fische und Wasservögel. Die Uru, die einst über die gesamten mittleren Anden geherrscht haben sollen, kennen heute nur eine einzige Heimat — die Wasserfläche des Sees, die ihnen als letzte Zuflucht geblieben ist. In ihren Mythen, in denen lediglich ungenaue Erinnerungen an ihren Zug aufs Wasser anklingen, befindet sich eine steinerne Stadt, offenbar Tiahuanaco, im Mittelpunkt. Merkwürdigerweise lehnen es die Uru ab, zu den Menschen gezählt zu werden. Auch empfinden die seltsamen »nichtmenschlichen« Indianer ihre Verbannung aus der Welt des Menschen nicht als eine Strafe, sondern eher als ein Geschenk des Himmels, durch das ihre Ausnahmestellung unterstrichen wird. Denn trotz ihrer äußerlichen Ähnlichkeit mit den Menschen sehen sie sich als angeblich völlig andere Geschöpfe, die nichts oder nur wenig mit den sie umgebenden Indianervölkern gemeinsam haben.

Wie die Uru sich selbst darstellen, hat der französische Ethnologe Jean Vellard aufgezeichnet: »Wir, die anderen, wir, die Seebewohner — die Kot-Sun —, wir sind keine Menschen. Wir waren eher da als die Inkas und noch bevor der Vater des Himmels Tatiú die Menschen erschaffen hat, die Aymara, die Ketschua, die Weißen. Wir waren sogar schon da, bevor die Sonne die Erde zu erleuchten begann ... Schon zu der Zeit, als die Erde noch in Halbdunkel (gehüllt) war, als nur der Mond und die Sterne sie erhellten ... Damals, als der Titicaca viel größer war als heute ... Schon damals haben unsere Väter hier gelebt. Nein, wir sind keine Menschen ... Unser Blut ist schwarz, daher können wir nicht erfrieren. Daher spüren wir die Kälte der Seenächte nicht ... Wir sprechen keine menschliche Sprache, und die Menschen verstehen nicht, was wir sagen. Unser Kopf ist anders als der Kopf der anderen Indianer. Wir sind sehr alt, wir sind die ältesten ... Wir sind die Seebewohner, die Kot-Sun. Wir sind keine Menschen!«

Damals, als es noch keine Menschen auf der Erde gab und die Sonne noch nicht vom Himmel herabschien, sollen die Kot-Sun Tiahuanaco, die herrlichste aller Städte, erbaut haben. Später, als die Kot-Sun nicht mehr allein auf der Erde lebten und den Planeten mit den Menschen teilen mußten, als das Taggestirn bereits am Firmament leuchtete, fielen sie — so wollen es ihre Sagen — in die Ungnade des Schicksals, und alles Leben erlosch in der von ihnen geschaffenen Andenstadt. Ihre äußere Gestalt habe sich zur gleichen Zeit auch verändert, behaupten sie. Früher hätten sie so ausgesehen wie die auf den Steinblöcken in Tiahuanaco abgebildeten Kondor-, Puma- und Fischköpfe. Nach und nach hätten ihre Schädel die Form des Menschen angenommen, obwohl sie in ihrem Inneren ganz anders geblieben seien. Der bereits zitierte Jean Vellard charakterisiert sie als »lebendige Versteinerungen«, denen die tote Stadt Tiahuanaco viel zu bedeuten scheint. Haben sie etwa in ihrer kulturellen Entwicklung den umgekehrten Weg in der Geschichte eingeschlagen? Sind sie im Laufe von zweitausendfünfhundert Jahren von der Erbauung einer glanzvollen Metropole aus riesigen Steinquadern letztlich bis zum Bau von primitiven Schilfhütten abgesunken?

Paracas-Leute, die »Chirurgen« Altamerikas

Auf der völlig vegetationslosen Halbinsel Paracas, die an der peruanischen Südküste nur zwanzig Kilometer von Pisco entfernt liegt, entdeckte der Archäologe Julio C. Tello zwischen 1923 und 1925 zwei äußerst reiche unterirdische Begräbnisstätten, die aus der Zeit von 900 bis 200 v. Chr. stammen. »Paracas-Cavernas« besteht aus einem System tief in die Uferfelsen gehauener flaschenförmiger Schachtgräber, von denen jedes einige Dutzend Mumienbündel enthielt. »Paracas-Necropolis« ist eine richtige unterirdische

Die Heimat der Uru-Indianer sind schwimmende Schilfinseln auf dem Titicaca-See. Die kleinen Inseln, auf denen nur jeweils eine Familie wohnt, sind mitten im flachen Wasser aus Schilf aufgeschüttet. Ihre Wartung erfordert viel Mühe.

Stadt, ein kleines Totenland mit aus Stein und getrockneten Ziegeln erbauten Grabkammern, aus denen man 429 Mumien mit den reichsten Beigaben zutage förderte. Außer goldenen Amuletten, Steinäxten, Töpferwaren und Nahrungsmitteln enthielten die sensationellen Begräbnisstätten unglaublich feine Totentücher, die reich bestickten »Mantas«, in die die Verstorbenen gehüllt waren. Die Gewebe zeichnen sich durch herrliche Ornamente, wie stilisierte Vögel, Tiere und merkwürdige Ungeheuer, und durch leuchtende Farben aus, die im trockenen salpeterhaltigen Boden die Jahrhunderte auf wunderbare Weise überstanden haben. Der in den Gräbern gefundene Goldschmuck verdeutlicht, daß die Goldschmiede von Paracas sich in der Metallverarbeitung bereits gut auskannten und neben reinem Gold auch eine Kupfergoldlegierung verwendeten.

Viele der Mumien von Paracas fallen nicht nur durch deformierte, sondern auch durch trepanierte (aufgebohrte) Schädel auf, die man operativ geöffnet hatte. Daß sich die Medizin in den mittleren Anden bereits in der Vorinkazeit außerordentlich entfaltet haben muß, wird durch die unglaubliche Tatsache belegt, daß die Patienten damals ihre Schädeloperationen überlebten. Die Kanten der Knocheneinschnitte waren nämlich verheilt. So schienen die »Chirurgen« von Paracas über medizinische Kenntnisse verfügt zu haben, die es ihnen ermöglichten, Knochenteile, die auf das Gehirn drückten und Lähmungen hervorriefen, aus geöffneten Schädeln herauszuoperieren. Als chirurgische Instrumente dienten ihnen Pinzetten, Obsidianmesser, Nadeln, Skalpelle und sogar Aderpressen zur Abklemmung von Blutgefäßen.

Was niemand bislang für möglich hielt: Dem indianischen Medizinmann genügt ein Messer für eine Schädeloperation. Heute weiß die Wissenschaft, daß auch Amerikas Ureinwohner Trepanationen durchführten. Bereits damals haben fast alle operierten Personen einen schweren Eingriff am Schädel lebend überstanden, obgleich man von aseptischer Behandlung nur recht unklare Vorstellungen hatte. Das war in der Neuzeit in Europa nicht so: In den Pariser Krankenhäusern beispielsweise starben zwischen 1835 und 1836 laut Statistik noch alle Personen, denen die Ärzte den Schädel geöffnet hatten.

Die Nazca-Kultur und ihre altindianischen Heißluftballons

Im Süden Perus, in den kleinen Oasentälern der Flüsse Nazca, Pisco und Ica, entstand zwischen etwa 300 v. Chr. und 700 n. Chr. die durch zwei seltsame Entdeckungen berühmt gewordene Nazca-Kultur. Als der amerikanische Forscher Dr. Kossok 1942 die Wüste von Nazca überflog, um die weitverzweigten Bewässerungsanlagen der vorinkaischen Indianer zu erkunden, stieß er auf das verwirrendste archäologische Rätsel ganz Südamerikas. Unter ihm erstreckten sich lange schnurgerade Linien, die sich meilenweit hinziehen, steile Berge übersteigen und breite Täler durchqueren. Inmitten dieser vertieften Streifen, von denen einige an Eselpfade, andere an Rollbahnen moderner Flughäfen erinnern, erkannte er außerdem zahlreiche ungeheure geometrische Symbole sowie gigantische Bodenzeichnungen von merkwürdigen Vögeln und Vierfüßlern.

Diese Scharrbilder oder Petroglyphen, die Hunderte von Metern lang und breit sind, können nur aus der Vogelperspektive, also vom Flugzeug aus, wahrgenommen werden. Alle Piloten, denen Nazca von der Luft aus den Atem verschlagen hat, schwärmen von diesem schönsten Kunstwerk der Neuen Welt, dessen Anblick wahrhaftig einzigartig ist. Auf der im grellen Sonnenlicht liegenden, rötlichbraun erscheinenden Hochebene der Nazca-Steinwüste zeichnen sich für den Betrachter zunächst unzählige genaue Geraden und geometrische Formen ab. Diese dehnen sich viele Kilometer über das Land aus, überschneiden und überlagern sich, beginnen und enden. Aus dem scheinbaren Wirrwarr der Linien und Flächen schälen sich plötzlich deutlich die Umrisse von überdimensionalen Vögeln, Spinnen, Fischen, Schlangen, Affen, Füchsen und anderen Tieren heraus. Diesen phantastischen Anblick ermöglichen dünne, bleiche Linien, die in die riesigen kahlen Ebenen des peruanischen Nazca eingegraben sind und auf der gewaltigen, fünfhundert Quadratkilometer großen Felsplatte hervortreten. Hier die ansehnliche Figur eines Reptils, das wohl zweihundert Meter lang sein muß, dort eine stattliche Spinne, die in einem Netz von unzähligen Linien wie sprungbereit verharrt, dann eine mächtige Spirale, die den Schwanz der bekannten Affenfigur bildet. Ungewöhnliche Trapezoide wechseln mit kilometerlangen, nadelähnlichen Dreiecken ab.

Wenn der Hobbyarchäologe Erich von Däniken die Überzeugung geäußert hat, die »Landestreifen« von Nazca hätten antiken Astronauten als Raumflughafen gedient, so entbehrt diese unwissenschaftliche Behauptung jeglicher Grundlage. Maria Reiche, eine deutsche Mathematikerin und Geographin, die sich seit über vierzig Jahren in Peru aufhält und sich schon seit langem mit den geheimnisvollen Bodenzeichnungen von Nazca beschäftigt, hat jede vermeintliche »Rollbahn«, »Landepiste« oder »Abschußrampe« dort draußen abgeschritten und ausgemessen. Sie ist der Auffassung, daß eine Landung aus dem Weltraum dort niemals stattgefunden haben kann, weil der weiche Boden nicht einmal das Gewicht des leichtesten Flugzeugs zu tragen vermag.

Bedenklich stimmt jedoch, daß die in die Wüste eingeritzten Symbole sich nur demjenigen offenbaren, der über ihnen schwebt. Der Verdacht, daß die Künstler, die einst dieses kolossale Labyrinth ausgescharrter Linien schufen, ihre Zeichnungen auch von oben sehen mußten, ist berechtigt. Denn ihre uralte Kunstform kann überhaupt nur beim Fliegen wahrgenommen werden. Aus dieser Erwägung heraus ist der Amerikaner Jim Woodman zum Schluß gekommen, die Nazca-Bewohner könnten in einem Leichter-als-Luft-Ballon geflogen sein.

In der Haupthalle des Internationalen Flughafens von Lima steht eine Statue aus weißem Stein, die den Inka-Jungen Antarqui darstellt, der schon seit langer Zeit als Perus Symbol der Luftfahrt gilt. Antarqui, der über die Fähigkeit des Fliegens verfügte, steht im Mittelpunkt einer Fluglegende aus der Inka-Zeit. Der Sage nach soll der Inka-Knabe die Stellungen der vorrückenden feindlichen Truppen überflogen und dem Oberkommandierenden der Inka-Armee über deren Bewegungen Auskunft gegeben haben. Daß gerade ein kleiner Junge den Inkas als fliegender Kundschafter gedient haben soll, ist – wenn wir der Legende Glauben schenken – eigentlich nicht weiter verwunderlich. Wenn der Knabe die Feinde wirklich als Freiballonführer aus der Luft beobachtete, war es schon wichtig, daß er wenig wog, denn je leichter die Ladung, desto länger der Ballonflug.

267

Neben dieser Inka-Legende fand der Pilot Jim Woodman in alten Ballondarstellungen weitere Indizien für seine fesselnde Theorie. Außerdem stellte er fest, daß die Baumwollstoffe der Inkas dichter waren als die heutigen und heiße Luft halten konnten. Seiner Hypothese kommt auch zugute, daß die am Ende der großen Linien von Nazca befindlichen kreisförmigen versengten Gebiete, von denen einige flache Vertiefungen und andere niedrige sandige, vor langer Zeit stark erhitzte Steinhaufen sind, als Rauchgruben gedeutet werden können, in denen die frischen Ballonhüllen geräuchert wurden, damit sie noch dichter wurden. Laut Woodman trug heiße Luft den Ballon aufwärts, bis nach einer gewissen Zeit und in größerer Höhe die Sonne den dunklen Ballon soweit erwärmte, daß er tagsüber nicht mehr sank. Durch die Windverhältnisse wurde er zum Ozean abgetrieben, über dem er in der Nacht unterging. Für den Inka-Beobachter war der Ballon mit seinem Inhalt zur Sonne zurückgekehrt.

Jim Woodman gelang es, die bedeutendste Heißluftballonfabrik der Vereinigten Staaten von der Qualität der alten Inka-Baumwollstoffe zu überzeugen und dort einen Ballon nach dem von ihm rekonstruierten Inka-Modell nachbauen zu lassen. Wie Thor Heyerdahl bezog er die Gondel von den Indianern am Titicaca-See, die noch heute Flöße aus Totora-Binsen herstellen können. Der Probeflug, für den er den Weltmeister im Heißluftballonfliegen gewinnen konnte, endete erfolgreich, wodurch Woodmans Theorie erhärtet wurde. »Ich glaube«, so der Amerikaner während einer Pressekonferenz, »daß folgendes geschehen ist: Nazca ist kein uralter Landeplatz – es war genau das Gegenteil. Die Linien, Brenngruben und ‚Rollbahnen' waren einmal Startplätze in einer Religion, die die Sonne verehrte. Unser Flug war eine moderne Demonstration einer uralten religiösen Zeremonie. Mit dem, was wir gelernt haben, könnten wir nun gleich einen großen Ballon aus Nazca-Textilien bauen, schwarz färben, und dann würde die Solarverstärkung einen Menschen – oder eine Leiche – hinauf und außer Sicht tragen zu einer scheinbaren ‚Reise zur Sonne'. Nach unserem Flug über diese große rituelle Bühne hege ich jetzt hohe Bewunderung für den ‚primitiven' Menschen. Es wird jetzt Zeit, daß wir diese kühnen und scharfsinnigen Menschen ehren, die an den Grenzen unserer Zivilisation gelebt haben. Ihre gewaltigen Leistungen dadurch zu bestreiten, daß man sie Wesen von anderen Planeten zuschreibt, ist geradezu Lästerung.«

Wie dem auch sei, außer den Scharrbildern ist noch eine weitere merkwürdige Entdeckung mit der Nazca-Kultur verbunden. Hierbei handelt es sich um einen rätselhaften Bau, den J. Alden Mason in seinem klassischen Werk »Das alte Peru, eine indianische Hochkultur« als erster ein »hölzernes Stonehenge« genannt hat. »La Estaquería« ist ein in streng geordneten Reihen aufgestellter Wald von alten Stangen und Pfählen, die die Bewohner Nazcas vor mehr als eintausend Jahren als Sonnenobservatorium aufgepflanzt haben sollen. Die Pfosten selbst bestehen aus uralten Hartholzstämmen des Johannisbrotbaumes, der bei den Eingeborenen »Algarrobo« heißt.

Die Nazca-Leute haben uns nicht nur mit den Riesenschreibtafeln in der Wüste und ihren Säulenanlagen aus Johannisbrotbäumen zwei geheimnisvolle geschichtliche Rätsel hinterlassen, sondern sie haben uns auch bemerkenswerte Erzeugnisse ihrer formvollendeten Töpferkunst überliefert. Ohne Hilfe der Töpferscheibe haben sie dauerhaft und hart gebrannte, nicht glasierte, aber außerordentlich polierte Tongefäße geschaffen, die sich durch einen großen Farbenreichtum auszeichnen. Als Grundfarbe verwendeten sie ein sattes Rot. Auf den gekonnt bemalten Gefäßkörpern taucht immer wieder die Figur eines Katzendämons auf, der in menschlicher Gestalt mit einem Katzenkopf als Beschützer der Lebensmittel auftritt. Dieses katzenartige Tier hat der Altamerikanist Eduard Seler »die gefleckte Katze, die Bringerin der Lebensmittel« genannt. Warum gerade eine Mischform von Katze und Mensch bei den Nazca-Menschen zur Gottheit aufstieg, erklärt Seler wie folgt: »Die Tiere erscheinen den primitiven Menschen nicht als unter ihnen stehende, sondern als wesensgleiche und sogar höherstehende Wirklichkeiten, da sie Kräfte und Fähigkeiten entwickeln, die dem Menschen nicht zu Gebote stehen. So erhöht sich das Tier zum Tierdämon, da nach einer namentlich in Amerika weitverbreiteten Anschauung die Seelen der Gestorbenen in Tieren weiterleben.«

Bei den Nazca wurden die Toten in Hockstellung und in viele Tücher gewickelt beigesetzt. Die runden Grabkammern waren durch Schächte mit der Außenwelt verbunden. Den Leichnamen wurden oft Trophäenköpfe als Beigaben mit ins Jenseits gegeben, weil die Nazca davon überzeugt waren, daß der Sieger sich die Kraft des erschlagenen Feindes aneignen könne, wenn er dessen abgehauenes Haupt in Verwahr nehme.

VORINKAISCHE REICHE

Die Mochica und ihre »keramischen Bilderbücher«

Der amerikanische Forscher Ephraim George Squier, der in der Mitte des 19. Jahrhunderts das nordperuanische Tal des Flusses Moche (von dem der Name Mochica herkommt) und das benachbarte Chicama-Tal archäologisch erforschte, hat den aufschlußreichen Satz geprägt: »Die Sprache der Mochica ist ihre Keramik.« In der Tat haben uns die alten Peruaner mit ihren Tongefäßen »keramische Bilderbücher« hinterlassen, die beredte Zeugnisse vom Leben der Mochica abgeben. Ihre kunstfertigen Töpfer haben mit Hilfe der

Plastik oder mittels linearer, naturalistischer Malerei alle möglichen Szenen aus dem Alltag dargestellt. Sie brannten ihre kugelförmigen Flaschen und Krüge, ihre breit ausladenden Schalen, ihre Vasen mit Reliefverzierung und ihre Figurengefäße von Menschen, Tieren und Gottheiten meist in offenen Gruben, in denen das mit Reisig, Schilfrohr und Lamamist genährte Feuer Temperaturen von fast eintausend Grad erzielte. Mit Pinseln aus Wildschweinborsten bemalten sie ihre Schöpfungen. Auf elfenbeinfarbenem Grund zeichneten sie mit rotem oder rötlichbraunem feinem Strich realistische Bilder, die von der Lebensweise ihres Volkes kündeten. Ihre prächtigsten Kunstwerke sind Porträtvasen, auf denen die menschlichen Züge in die kleinsten Einzelheiten naturgetreu modelliert sind. Auf den bemalten Tonplastiken von Köpfen sind fast ausschließlich Männer zu erkennen, deren runde Gesichter sich durch hervortretende Backenknochen, eine mächtige Adlernase, einen ziemlich großen Mund, breite Lippen und gleichsam schrägstehende Augen auszeichnen.

Tausende solcher Gefäße, die mit kunstvollen Malereien geschmückt waren, stellten die Mochica zwischen dem ersten und dem achten Jahrhundert n. Chr. in den nordperuanischen Tälern her. Volle sechs- oder siebenhundert Jahre beherrschten sie das Küstengebiet Nordperus, wo sie sich in von Flüssen durchzogenen Oasentälern immer weiter ausbreiteten. Durch gut durchdachte Bewässerungsanlagen vermochten sie jeden Zentimeter bepflanzbarer Erde zu nutzen. Der zweimal, manchmal sogar dreimal im Jahr geerntete Mais war die Grundlage ihrer Ernährung. Daneben bauten sie Kartoffeln, Kürbisse, Chilepfeffer, Zimt, Ananas und Limabohnen an. Ihre sorgfältig bewässerten Felder düngten sie mit Guano. Die Mochica-Bauern bearbeiteten den Boden mit hölzernen Grabstöcken und Hacken. In ihrem Anwesen hielten sie sich Truthähne, Enten und Meerschweinchen.

Die Mochica ernährten sich nicht nur vom Ertrag ihrer Felder, sondern betrieben auch Fischfang. Mit ihren aus Schilfrohr geflochtenen Booten wagten sie sich weit aufs Meer hinaus, wo sie Angelschnur und Haken auswarfen oder mit Harpune und Netz fischten. Auch ließen sie gezähmte Kormorane für sich Fische fangen. Auf ihrer Keramik sind nämlich viele Szenen dargestellt, aus denen wir ihre Methoden des Fischfangs und auch der Jagd ablesen können. Auf vielen Zeichnungen stellen vornehme, mit Turbanen geschmückte Jäger peruanischen Hirschen nach, die sie mit Speeren zur Strecke bringen. Auf den Jagdbildern sind auch Jagdhunde und Treiber zu sehen.

Die Mochica-Handwerker haben sich aufs Töpfern und Weben verstanden. Auch beherrschten sie die Metallbearbeitung von Gold, Silber, Kupfer und deren Legierungen. Wer bei den Mochica nicht als Bauer, Fischer, Jäger oder Handwerker zum Reichtum des Königreiches beitrug, konnte als »Berufssoldat« die Macht des Staates festigen und vermehren. Das alte vorinkaische

Volk verfügte über eine schlagkräftige Armee, die mit Keulen, Kriegsäxten, Schilden, Speeren und Speerschleudern ausgerüstet war. Den Oberbefehl über das Heer hatte der allmächtige Alleinherrscher inne, der dem Staat vorstand und auch die Stelle des obersten Hohepriesters einnahm. In den eroberten Tälern setzte er Gebietsstatthalter ein, die in seinem Namen regierten. Die Untertanen des Königs waren von dessen göttlicher Herkunft überzeugt. Sie durften sich ihm nur mit tief bis zu den Knien gesenktem Kopf nähern und mußten dabei ihre Hände demütig falten.

Die vornehmen Mochica lebten in großartigen Palästen. In bequemen Sänften, die von Sklaven getragen wurden, reisten sie zur Inspektion bis in die entlegensten Gebiete des Staates. Ihnen oblag auch die Rechtsprechung. Übeltäter, die die ungeschriebenen Gesetze des Reiches mißachtet hatten, wurden von ihnen aufs strengste bestraft. Von der Schwere und der Art des Vergehens hing es ab, ob dem Verurteilten nur die Nase, die Ober- oder Unterlippe, ein Bein oder auch beide oder sogar das Geschlechtsteil abgehackt wurden. Auch konnten dem Verbrecher die Augen ausgestochen werden. War jemand der Höchststrafe für schuldig befunden worden, wurde ihm die Haut vom Leibe gezogen, ehe man ihn öffentlich steinigte. Zur Abschreckung der anderen Bürger des Staates wurden die verstümmelten Rechtsbrecher durch die Straßen der Mochica-Ortschaften geschleift. Mit diesem grausam abgestuften Strafensystem erzwang der König Ehrfurcht vor Gesetz und Religion.

Die Mochica bestatteten ihre Verstorbenen in rechteckigen Grabkammern aus Stein oder aus Lehmziegeln. Erst vor kurzem haben die beiden amerikanischen Archäologen William Duncan Strong und Clifford Evans im Viru-Tal ein derartiges Grab freigelegt. In einem kleinen, aus Schilfrohr geflochtenen Sarg ruhten die Gebeine eines greisen Würdenträgers, dessen Gesicht von einer kupfernen Totenmaske bedeckt war. An seiner Seite lagen ein etwa zehn Jahre alter Junge, ein stattlicher Mann und zwei in einfache Kleider gehüllte Frauen, die alle vermutlich nach dem Hinscheiden des Krieger- und Priesterfürsten zu dessen Ehre geopfert worden waren, um ihn ins Jenseits zu begleiten und ihm dort zu dienen.

Auf einem der wunderschönen hölzernen Stäbe, die man als Beigabe über den Leichnam des vornehmen Greises gelegt hatte, prangt die Abbildung eines alten Mannes, der durch die großen, schrecklichen Reißzähne auffällt, die aus seinem Mund herausragen. Diesen Alten mit den furchtbaren Jaguarzähnen halten die Forscher für den Hauptgott oder einen der Hauptgötter der Mochica. Rafael Larco Hoyle geht sogar in seinen Vermutungen noch einen Schritt weiter und sieht in ihm die erste Äußerung des Glaubens an einen einzigen höchsten Gott. Diesen Jehova der Mochica nennt er in Anlehnung an die viel jüngere Chimu-Sprache Aiapaec, was soviel bedeutet wie »jener, der schöpft« oder auch »der Schöpfer«.

Der Aiapaec hat menschliche Züge, abgesehen von den schreckenerregenden Reißzähnen, und wird als guter Gott verehrt, der stets den Sieg über seine bösen Widersacher davonträgt. Dieser Gott in Menschengestalt, der sich mit dem halbmondförmigen Axtmesser der Mochica, dem »Tumi«, gegen die Angriffe abscheulicher Dämonen und sonstiger ungeheuerlicher Ausgeburten der menschlichen Phantasie zur Wehr setzen muß, scheint tatsächlich in der Religion dieser Indianer die Personifizierung des Guten darzustellen. Ihm war auch die größte Pyramide des ganzen Mochica-Reiches gewidmet — die riesige Sonnenpyramide im Moche-Tal, die zusammen mit der Mondpyramide und anderen Bauwerken das religiöse Hauptzentrum dieses Volkes bildete.
Das »Sonnenheiligtum«, der wuchtigste Kultbau an der Küste Perus, ist eine mächtige Stufenpyramide mit einem Fundament von 228 mal 136 Metern. Sie setzt sich aus mehr als fünfzig Millionen Lehmziegeln zusammen und erreicht eine Höhe von einundvierzig Metern. Ihr gegenüber erhebt sich die einundzwanzig Meter hohe Mondpyramide, die eine Fläche von achtzig mal sechzig Metern bedeckt. Die Namen der zwei Bauwerke stammen von den heutigen Peruanern, die sie Huaca del Sol (»Heiligtum der Sonne«) und Huaca de la Luna (»Heiligtum des Mondes«) getauft haben.
Nicht nur im Moche-Tal, sondern auch im Nepena-Tal bei Panamarca haben die Archäologen Überreste von Mochica-Pyramiden gefunden. Auf den herrlichen Fresken, die der amerikanische Forscher Richard Schaedel dort entdeckt hat, sind — wie übrigens auch auf zahlreichen Gefäßen — viele militärische Szenen abgebildet, die darauf schließen lassen, daß die Mochica ein kriegerisches Volk gewesen sind, das seine Gefangenen den Göttern opferte, vermutlich dem Mond, wenn der die Erde umkreisende Himmelskörper mit seiner silbernen Scheibe voll am Himmel erstrahlte. In den Augen der Mochica war das Blut der Menschenopfer der Lieblingstrank der Götter. Durch die rituelle Tötung von Feinden, denen man mit dem heiligen halbmondförmigen Messer die Kehle durchschnitt, wollten die Priester die Götter günstig stimmen und ihrem Volk Reichtum und Macht sichern. Im heiligen Bezirk der Mochica-Pyramiden fanden Marathonläufe statt, die den Beistand der Götter erwirken sollten. Dort wurden auch »normale Gottesdienste« gefeiert, bei denen die Priester die Arme flehend gen Himmel reckten und alle Anwesenden Kokablätter kauten.
Alle Mochica-Pyramiden wurden von den Spaniern der Kolonialzeit mit dem indianischen Quechua-Wort »Huaca« bezeichnet, was »heilig«, »heilige Stätte« oder »heiliger Gegenstand« bedeutet. Auch die heutigen Peruaner halten noch immer an dieser Benennung fest. In den Kultbauten der alten Indianer glaubten die europäischen Eroberer das zu finden, was ihnen selbst am heiligsten war, nämlich jenes funkelnde Metall, nach dem sie begehrlich suchten. Um die Goldschätze der Mochica an sich zu bringen, ließen sie sich

originelle Plünderungsmethoden einfallen. So grub ein Spanier namens Montalva mit seinen Kumpanen ein neues Bett für den Moche-Fluß und lenkte dessen Wassermassen direkt gegen die Sonnenpyramide. Durch die Wucht des Aufpralls brach eine Wand des »Sonnenheiligtums« zusammen, und ein Eingang entstand, durch den die Konquistadoren ins Innere des damals schon über eintausend Jahre alten Kultbaus gelangten. Die Umleitung des Moche hatte sich gelohnt, denn in der Pyramide stießen die Spanier auf Gefäße, Schalen und sonstige Gegenstände im Wert von insgesamt 800 000 Dukaten. Im Moche-Tal plünderten sie auf ähnliche Art noch weitere Mochica- und insbesondere Chimu-Heiligtümer.

Aus dem Namen Huaca für die heiligen Stätten der vorkolumbischen Indianer Altperus leitet sich übrigens auch die Bezeichnung für ihre Plünderer ab, die »Huaqueros« genannt werden — laut Miloslav Stingl »ein schimpfliches Wort für einen schimpflichen Beruf«. Die ersten Huaqueros hatten noch die Gewohnheit, die von ihnen erbeuteten Schmucksachen in Goldbarren und -ziegel einzuschmelzen. Doch heute wissen die kaum des Lesens und Schreibens kundigen Grabräuber vom unschätzbaren kulturellen und künstlerischen Wert der Mochica-Goldschmiedearbeiten, für die weit mehr Geld geboten wird als für deren Gewicht in Edelmetall.

Nicht nur die goldenen Kleinodien und die stattlichen Pyramiden, sondern vor allem die geradezu massenhafte Keramikproduktion der Mochica künden von Glanz und Größe ihrer Kultur. Denn auf ihren Töpfereien haben sie alles »verewigt«, was ihr Leben ausfüllte. Ihr »keramisches Bilderbuch« enthält sogar sehr freimütige Szenen, die sittenstrenge Zeitgenossen eher einer dekadenten Zivilisation als einer Hochkultur zuschreiben würden.

In der Tat haben die Mochica mit einer verblüffenden Offenheit die Liebesbeziehungen zwischen den Geschlechtern auf ihrer Keramik dargestellt. Des weiteren haben sie einige Formen sexueller Intimitäten bevorzugt, die in der westlichen Welt verpönt sind. So soll an der Küste Perus der anale Geschlechtsverkehr am meisten verbreitet gewesen sein. Über diese »sodomitische Liebe« der peruanischen Küstenbewohner waren nicht nur die christlichen Patres aus Spanien empört, sondern auch die Inkas hatten bereits nach der Zerstörung des späteren Chimu-Reiches den Versuch unternommen, den analen Koitus von Mann und Frau, aus dem keine Kinder hervorgehen, zu unterbinden. Für die Inkas war der Analkoitus eine »eitle Verschwendung von Samen«, die sie wegen der von ihnen benötigten Anzahl von Soldaten nicht billigen konnten. In den Augen der spanischen Geistlichen war diese Form des Beischlafs eine abscheuliche Sünde, die sie als wahren Greuel empfanden. Blutschande, Tempelprostitution und rituelle Homosexualität sollen bei den Mochica ebenfalls vorgekommen sein. Sogar die Syphilis, die »Lustseuche« aus dem Gruselkabinett der Medizin, die sich nach der Entdeckung Amerikas rasch über ganz Europa ausbreitete und die von ihr Befallenen mit

Eiterbeulen, Schwären und Knochenfraß überzog, nahm angeblich ihren Ursprung an der Küste Perus. Sie soll eine Folge der altindianischen Zoophilie, des sexuellen Verkehrs mit Tieren, gewesen sein.

Zugunsten der Mochica muß jedoch betont werden, daß ihre Keramikmalereien nirgendwo sexuelle Beziehungen zwischen Mensch und Tier oder den homosexuellen Kontakt zwischen zwei Männern zeigen. Auch wenn die erotischen Bilder auf den Gefäßen den Anschein erwecken, die Indianer hätten sich ungehemmt und schamlos allen möglichen Formen des Liebeslebens hingegeben, sah die Wirklichkeit anders aus. Die Mochica hatten für ihr Sexualleben sogar ganz bestimmte Normen, die eingehalten werden mußten, ganz genaue Vorstellungen dessen, was erlaubt und was als widernatürlich verboten war. Überschritt ein Mitglied ihrer Gesellschaft die moralische Grenze, wurde es hart bestraft.

Im Liebesspiel ergriff der Mann die Initiative, die Frau mußte ihm »zu Willen« sein. Daß die Frau sich den Wünschen des Mannes ohne jegliche Begeisterung fügte, offenbart ihr im allgemeinen gleichgültiger oder sogar völlig uninteressierter Gesichtsausdruck auf den Gefäßmalereien. Der steif aufgerichtete Penis des Mannes ist das häufigste Motiv dieser erotischen Keramik, die nur ausnahmsweise die weiblichen Genitalien zeigt. Wird die Vereinigung der Geschlechter, der Liebesakt selbst, dargestellt, erbringt die Keramik eindeutig den Nachweis, daß die sexuellen Praktiken, die den ersten spanischen Chronisten tausend Jahre später bei den Nachfahren dieser Indianer aufgefallen waren, schon zur Blütezeit der Mochica, gegen 500 n. Chr., fest verankert waren. Die weitaus gebräuchlichste Form der geschlechtlichen Liebe war der Analkoitus, danach folgte die Lustbefriedigung durch den Mund; am wenigsten geschätzt war der natürliche, »normale« Geschlechtsverkehr, durch den Kinder gezeugt werden.

Die erotische Keramik der Mochica, dieses tönerne Bilderbuch ihrer Liebessitten, spricht eine offene Sprache, die nichts verschweigt. Ihre Gefäßmalereien sind ein aufrichtiges Selbstbekenntnis über alle Aspekte ihres täglichen Lebens. Neben der Sprache ihrer Töpfererzeugnisse hatten die Mochica auch eine wirkliche Sprache, mit der sie sich verständigten: das Mochica, das im späteren Chimu-Reich erneut aufblühte, die spanische Kolonialzeit überlebte und sogar in der nordperuanischen Ortschaft Eten noch im zwanzigsten Jahrhundert gesprochen wurde.

Heute ist diese Sprache erloschen, so daß die Mochica — so scheint es — allein durch ihre Keramik zu uns sprechen. Damit ist jedoch der Forscher Rafael Larco Hoyle nicht einverstanden. »Nein, es ist nicht wahr, daß uns die Mochica schriftliche Mitteilungen nur in Gestalt ihrer Zeichnungen hinterlassen haben. Diese Indianer haben eine Schrift gekannt. Sie haben ein eigenes, äußerst originelles Schriftsystem verwendet, das keinem anderen der Wissenschaft bisher bekannten ähnelt.«

Da er — wie er sich selbst äußerte — von der Voraussetzung ausging: »Es ist unmöglich, daß ein so fortgeschrittenes Volk keine Schrift gehabt hat«, begann er, auf den Mochica-Gefäßmalereien nach einer Form der Aufzeichnung von Nachrichten und Mitteilungen zu suchen. Im Laufe seiner langjährigen Recherchen bemerkte er, daß auf vielen Gefäßen Limabohnen abgebildet sind, die mit aus Punkten und Strichen bestehenden Zeichen beschriftet sind. Auf verschiedenen Töpfereien sind außerdem Männer dargestellt, die mit einem spitzen Griffel diese Zeichen in die Bohnen einritzen. Darüber hinaus sind auf anderen Gefäßen Priester zu sehen, die anscheinend auf den Stufen ihrer Pyramide Dutzende von »beschriebenen« Bohnen aneinandergereiht haben, um aus der richtigen Anordnung den Inhalt der Nachricht zu entziffern. Auch hat Rafael Larco Hoyle auf Hunderten von Mochica-Krügen Läufer entdeckt, die kleine Lederbeutel mit »beschrifteten« Bohnen in der Hand halten und angeblich als »Bohnenpost« weiterbefördern.

Auf diese »Beweise« gründet der Gelehrte seine originelle Theorie von der Existenz der seltsamen Bohnenschrift der Mochica, die nur den Geistlichen und der Elite ihrer Gesellschaft bekannt gewesen sein soll. Als ihr Reich von Tiahuanaco und dessen Kulturkreis unterworfen wurde, soll es zur Unterdrückung und schließlich zum völligen Verbot dieser angeblich ältesten Schrift der Peruaner gekommen sein.

Die Chimu, die Verehrer des bleichen Mondes

Als sich im Jahr 1931 zwei junge Amerikaner zusammenfanden, der Pilot Robert Shipees und der Spezialist in Luftaufnahmen George Johnson, um vom Flugzeug aus die Denkmäler des vorkolumbischen Peru zu erforschen, wurde ihre Flugexpedition in die Wolken Südamerikas mit ungläubigem Kopfschütteln oder gar mit beißendem Spott abgetan. Die jungen Pioniere einer aus der Luft betriebenen Archäologie ließen sich jedoch nicht beirren. Hartnäckig erkundeten sie acht Monate lang mit ihrem kleinen Flugzeug die Sierra und die Costa. Unmittelbar im peruanischen Küstengebiet wurden sie fündig. Dort, im Santa-Tal, erspähten sie von hoch oben einen achtzig Kilometer langen Wall, der sich von den Bergen bis zum Meer hin wand — eine wirkliche »Chinesische Mauer Perus«. Diese Bezeichnung, die sich schnell in den Zeitungen und in der Fachliteratur einbürgerte, wäre besser durch »Große Chimu-Mauer« ersetzt worden. Denn der von vierzehn Bollwerken gesäumte Grenzwall diente dem Chimu-Reich zum Schutz vor empfindlichen Angriffen und Einfällen aus dem Süden. Robert Shipees, der junge »fliegende Archäologe«, der bei seinem Flugabenteuer das größte, ausgedehnteste Bauwerk der vorkolumbischen peruanischen Architektur gefunden hatte, machte keinen Hehl aus seiner Überraschung: »Wir können es noch immer kaum glauben, daß wir wirklich eine Entdeckung von so außerordentlicher Bedeutung gemacht haben und noch dazu in einem Gebiet, dessen Ruinen schon fünfundsiebzig Jahre lang Gegenstand sorgfältiger Untersuchungen namhafter Archäologen waren.«

Nicht minder bewunderungswürdig als militärische Verteidigungsanlage ist die achtzig Kilometer weiter südlich pyramidenartig errichtete Chimu-Festung Paramonga, deren raffinierter Terrassenbau eine Eroberung nahezu unmöglich machte. Dieses Adlernest, das sich auf einem hohen Berg erhebt und die gesamte Umgebung beherrscht, entstand zur Zeit der größten Machtentfaltung der Chimu.

Bereits im 14. Jahrhundert hatte dieses vorinkaische Volk an der Nordküste Perus einen der zentralisiertesten und mächtigsten Staaten des Andengebiets geschaffen. Das Reich von Chimor zog sich eintausend Kilometer weit von Tumbez im Norden bis Paramonga im Süden hin und setzte sich ausschließlich aus Küstentälern zusammen, die durch gewaltige Bewässerungsanlagen untereinander verbunden waren. Die Metropole des Küstenstaates war die prächtige altperuanische Großstadt Chan-Chan im Moche-Tal. Sie erstreckte sich über eine Fläche von achtzehn Quadratkilometern und umfaßte zwischen fünfzigtausend und einhunderttausend Einwohner. Von zwei mächtigen Wehrmauern umgeben, war sie in zehn Viertel eingeteilt, die wiederum von einem bis zu zwölf Meter hohen Wall umschlossen waren. Jede dieser ummauerten Ministädte besaß einen eigenen Tempel, palastähnliche Häuser, einfachere Wohnräume, planmäßig angelegte Straßen, öffentliche Plätze und Gärten. Zwischen den einzelnen Stadtbezirken dehnten sich Sümpfe, Friedhöfe und bebautes Ackerland aus. Auf den Feldern war der Boden ausgehoben worden, wodurch man an das Grundwasser herankam und eine intensive Landwirtschaft betreiben konnte. In den Ruinen Chan-Chans, die noch heute den Besucher beeindrucken, finden sich überall Wasserkanäle und -becken, die davon zeugen, daß das lebensspendende Naß seinerzeit durch die ganze Stadt geleitet wurde und allen Bewohnern zur Verfügung stand.

Inmitten der einst märchenhaft schönen öffentlichen Gärten erheben sich die Trümmer zweier Paläste, in denen eine ganze Reihe von winzigen Kammern die Aufmerksamkeit der Forscher erregte. Zunächst glaubten sie, es handele sich um Gefängniszellen für Chimu-Sträflinge — bis vor einigen Jahrzehnten der Altamerikanist Hermann Leicht den Verdacht äußerte, die kleinen Kämmerchen seien möglicherweise die Aufenthaltsräume heiliger Schlangen gewesen. Diese interessante Idee untermauerte der Kenner des alten Peru durch seinen Hinweis auf die Bedeutung des Wortes »Chan« in einigen mexikanischen Indianersprachen. Im vorkolumbischen Mexiko hieß »Chan« nämlich »Schlange«, und »Na-Chan« war gleichbedeutend mit »Haus der Schlangen«. Da die Chimu in ihrer Muttersprache den Begriff

Haus mit der Silbe »an« bezeichneten, liegt die Vermutung nahe, Chan-Chan könne wie in Mexiko auch »Haus der Schlangen« bedeuten.

Heilige Schlangen gibt es jedoch lange nicht mehr in dieser toten Stadt, deren Lehmbauten immer mehr zerfallen. Benötigte Chan-Chan einst zu seiner Entfaltung am allernötigsten Wasser, so ist das kostbare Naß heute sein größter Feind. Prasseln Wolkenbrüche auf die aus getrockneten Lehmziegeln errichteten Mauern nieder, werden nicht wiedergutzumachende Schäden angerichtet. Zum Glück öffnet der Himmel seine Schleusen nicht allzuoft über der einstigen Chimu-Metropole, denn sonst hätten die Unbilden der Witterung sie schon längst vollständig zerstört.

Die Bewohner der Nordküste Perus beherrschten die Mochik-Sprache, die sich völlig vom Quechua und Aymara des Hochlands unterschied. Über den Ursprung der Chimu berichten verschiedene Legenden, die von spanischen Chronisten aufgezeichnet wurden. So soll Naymlap, der Vorfahre der Gründer des größten Küstenstaates und letzten vorinkaischen Reiches in Peru, von Norden auf einem Balsafloß übers Meer gekommen sein. Dieser tüchtige und tapfere Mann erschien mit einem großen Gefolge von Würdenträgern, deren Namen und Funktionen die Sagen überliefert haben. In Naymlaps Begleitung befanden sich sein Herold Pita Zofi, sein Zeremonienmeister Fonga Sigde, sein Oberkoch Occhocalo, sein Schneider Llpachillulli und sein Kosmetiker Xam Muchec. Der »König vom Balsafloß« hatte auch eine ganze Schar von Frauen mitgebracht, darunter seine Gattin Ceterni.

Die erlauchte Gesellschaft landete an der Mündung eines Flusses, zog ins Innere des Landes und gründete dort die Ansiedlung Chot. Inmitten zahlreicher Paläste ließ Naymlap einen Tempel errichten, in dem eine steinerne Stele von grüner Farbe verehrt wurde. Dieses Idol besaß die Züge des Fürsten und trug den Namen Llampallec, was »Bildnis und Statue des Naymlap« bedeutet. Offensichtlich war Naymlap nicht nur der Herrscher seines Volkes, sondern wurde auch als dessen Gott angesehen.

In seiner neuen Heimat war ihm das Schicksal hold. Er durfte viele Jahre mit seinem Volk in Frieden und Eintracht leben. Als er spürte, daß die Stunde seines Ablebens gekommen war, befahl er seinen Angehörigen, ihn heimlich in seinem Palast zu bestatten. Sein erstgeborener Sohn Cium verbreitete im ganzen Land die Kunde, Naymlap habe sich dank seiner göttlichen Macht Flügel wachsen lassen und sei zum Himmel emporgeflogen.

Nach der Himmelfahrt des Königs, an die Naymlaps Untertanen glaubten, bestieg Cium den Thron in Chot. Aus der Vereinigung mit seiner Gemahlin Zolzdoni gingen zwölf Söhne hervor, die wie die zwölf Apostel der Bibel nach allen Richtungen auszogen, um sämtliche Flußtäler an der peruanischen Nordküste zu bevölkern. Naymlaps Lieblingssohn Cium schied ebenso heimlich aus dieser Welt wie sein Vater. Seine letzte Stunde hienieden verbrachte er in einer unterirdischen Gruft, wo er still und ohne Zeugen das

Zeitliche segnete. Nachdem er in den Tiefen der Erde verschwunden war, wurde Esqunam zu seinem Nachfolger bestimmt. Nach ihm herrschten Mascuy, Cuntipallec, Allascunti, Nofan Nech, Mulumuslan, Llamecoll, Lanipateum und Acunta.

Der letzte Angehörige dieses Herrschergeschlechts, Fempellec, war kein weiser König. Er hatte sich in den Kopf gesetzt, das grüne steinerne Standbild Llampallec aus dem Tempel von Chot zu entfernen und an einen anderen Ort zu bringen. Als der »Teufel« erkannte, daß dieser Fürst keiner Versuchung würde widerstehen können, erschien er ihm in der Gestalt einer wunderschönen Dirne, die sich ihm an den Hals warf und ihn im Handstreich verführte. Kaum hatte Fempellec sein sündhaftes Liebesabenteuer mit dem Teufelsweib ausgekostet, als bereits eine wahre Sintflut, die dreißig Tage währte, auf sein trockenes Land niederging. Seine verwerfliche Liebeslust brachte seinem Volk Überschwemmung, Mißernte und Hungersnot ein. Seine Untertanen weigerten sich, ihn künftig als ihren Gott anzuerkennen, und warfen ihn, an Händen und Füßen gefesselt, ins tiefe Meer, wo er ein unrühmliches Ende fand.

Mit Fempellecs gewalttätigem Dahinscheiden erlosch die einheimische Herrscherdynastie. Das Land blieb jedoch nicht lange ohne einen Herrn, denn schon bald ging die Macht in die Hände des Fürstengeschlechts der Chimu über, die aus dem Moche-Tal herstammten und sich nach und nach aller angrenzender Küstenstreifen bemächtigten. Die Bezeichnung »Chimu« bezog sich ursprünglich nicht auf ein Volk oder ein Land, sondern war der Eigenname der Könige dieses aufstrebenden Reiches. Erst viel später wurden auch die Bürger ihres Staates Chimu genannt.

Die eigentlichen Chimu kamen auch — so will es jedenfalls die Legende — auf Balsaflößen von Norden über den Ozean gesegelt. Tacaynamo, der Gründer der Dynastie, soll in der ersten Hälfte des 14. Jahrhunderts n. Chr. an der Mündung des Moche gelandet sein und im dortigen Tal einen heiligen Tempel erbaut haben. Als dieser kluge Mann starb, folgte ihm sein Sohn Guacri-Caur auf den Thron. Erst der dritte Chimu, Nancen-Pinco, erweiterte ab 1370 die Macht des Staates durch eine konsequent durchgeführte Eroberungspolitik. Unter dem König Minchancaman reichte das Imperium der Chimu vom äußersten Norden Altperus bis ins Tal des Carabayllo im Süden und umfaßte einen zusammenhängenden Küstengürtel von eintausend Kilometer Länge.

In den sechziger Jahren des 15. Jahrhunderts kam es zum Zusammenstoß zwischen den beiden größten Staaten des vorkolumbischen Peru, zwischen den Chimu und den Inkas. Dem mächtigen Minchancaman erwuchs ein erbitterter Gegner im Inka Pachacuti, der den Heerführer Tupac Capac mit einer riesigen Armee von dreißigtausend Mann gegen das Chimu-Reich aufmarschieren ließ. Als Minchancaman zur Kapitulation aufgefordert wurde, antwortete er den Unterhändlern der Inkas: »Ich bin bereit, für die Verteidigung des Landes meiner Väter, seiner Gesetze und Sitten mit der Waffe in der Hand zu sterben. Ich lehne es ab, mich neuen Göttern zu beugen.« Trotz hartnäckigen Widerstands unterlagen die Chimu den Angreifern. Der Inka-General Tupac Capac erbeutete nicht nur die Goldschätze der Chimu, er plünderte auch ihre Paläste und Tempel und brachte sogar den tapferen Minchancaman und dessen Söhne in seine Gewalt. Die drei letzten Chimu-Herrscher, Chumun-Cuar, Huaman-Chumu und Anco-Cuyuch, mußten wohl oder übel unter der Botmäßigkeit der Inkas leben. Sie waren Könige ohne Thron, »Schatten aus dem Reich der Toten und Schatten eines toten Reiches«. (Miloslav Stingl)

Im Gegensatz zu den Inkas, die oben im Bergland die goldene Sonne als größte Gottheit anbeteten, stand bei den entlang der Küste siedelnden Chimu der bleiche Mond in höchstem Ansehen. Sie waren von der Vormachtstellung der silbernen Luna überzeugt, die sie für mächtiger und stärker als die Sonne hielten. Den Mond vermochten sie bei Tag und bei Nacht am Himmel zu sehen, während die Sonne in der Nacht aus ihrem Blickfeld verschwand. Sie wußten auch, daß der Mond oft die Sonne verdunkelte, wohingegen der umgekehrte Fall, die Verfinsterung des Mondes durch die Sonne, ihnen unbekannt war. Bei einer Sonnenfinsternis begingen sie den Sieg des Mondes über die Sonne mit großen Festlichkeiten. Fiel aber der Schatten der Erde auf den Mond, brachen sie in Klagelieder aus, in denen ihre ganze Verzweiflung zum Ausdruck kam. Bei einer Mondfinsternis pflegten sie außerdem ihre Hunde zu verprügeln, damit diese durch ihr Geheul den Mond zurückriefen. War der Mond an zwei aufeinanderfolgenden Tagen nicht sichtbar, glaubten sie, das Himmelsgestirn habe sich ins Jenseits begeben, um die gestorbenen Diebe ihrer gerechten Strafe zuzuführen.

Als Küstenvolk fühlten sich die Chimu dem Mond zutiefst verbunden, weil er »über das Meer herrscht« und dabei mit seiner ausgleichenden Kraft auf Ebbe und Flut einwirkt. Die Sonne, die am Tage erbarmungslos auf die trokkenen Wüsten ihrer Küstenheimat herniederglühte, sahen sie nicht als »Lebensspenderin« an, sondern als einen bösen Geist, der sie durch seine Hitze unnütz quälte. In ihren zahlreichen, zu Ehren des silbernen Mondes errichteten Tempeln, die sie »Mondhäuser« nannten, opferten die Chimu auch gelegentlich Kinder.

Neben dem Mond verehrten sie eine Reihe anderer Gestirne und Sternbilder, so z. B. die Venus, der sie als Morgenstern und als Abendstern Achtung erwiesen. Nicht minder beindruckt waren sie von der Sterngruppe der Plejaden, dem »Siebengestirn«, dessen Erscheinen am Nachthimmel in ihrem Reich ein neues Jahr »einläutete«.

Das tägliche Leben und die einfachen Gepflogenheiten im Chimu-Reich haben so manche Aspekte mit unserer heutigen Zeit gemeinsam. Die Ermahnungen, die bei Eheschließungen ausgesprochen wurden, könnte man ohne weiteres den Brautpaaren unserer modernen Epoche mit in den Ehealltag geben: »Jetzt seid ihr miteinander verheiratet. Aber beachtet wohl, ihr müßt euch so lieben, daß der Mann so zu arbeiten hat wie die Frau; denn aus diesem Grunde habt ihr zusammen das Feuer geschürt. Und der eine von euch darf nicht müßig gehen, wenn der andere arbeitet. Auch darf, wenn in dem einen das Feuer der Liebe sich entzündet, der andere nicht kalt sein. Ihr sollt vielmehr in der Liebe einander nicht nachstehen, denn ihr wollt ja im Stande gleich sein.« Das Liebesleben war den Chimu über alle Maßen wichtig. Ihre erotischen Gewohnheiten waren den puritanischen Inkas stets ein Dorn im Auge.

In ihrem Strafrecht waren die Küstenbewohner sehr streng. Fahrlässige Ärzte, deren Schlamperei einem Patienten das Leben gekostet hatte, wurden grausam bestraft. Mit einem Seil wurde der Heilkundige auf dem Verstorbenen festgebunden, den man bestattete, während der Körper des Arztes über dem Grab verblieb, damit die Raubvögel ihn bei lebendigem Leib zerfleischen konnten. Diebe wurden lebend so lange aufgehängt, bis sie erstickt waren. Dasselbe Schicksal erwartete auch die Brüder und sogar den Vater des Delinquenten, weil dieser einen so mißratenen Sohn in die Welt gesetzt hatte. In der Tat waren drakonische Strafmaßnahmen vonnöten, weil die fenster- und türlosen Häuser allen Spitzbuben ungeschützt offenstanden. Die Chimu erzwangen also Respekt vor dem Besitzrecht, indem sie nach dem primitiven Grundsatz verfuhren: »Auge um Auge, Zahn um Zahn.«

Auf handwerklichem Gebiet erzeugten die Chimu-Künstler Produkte unterschiedlicher Qualität. Ihre meist schwarz, manchmal rot gefärbte Töpferei wirkte plump. Mit der Zeit artete ihr Keramikschaffen in eine regelrechte Serienproduktion aus. Ihre Verarbeitung von Vogelfedern zu Mänteln und ärmellosen weiten Umhängen gereichte ihnen zu größerer Ehre. In der Metallverarbeitung gelangten sie jedoch zu höchster Vollendung. Ihre Goldschmiede, Juweliere und Metallschläger hatten eine künstlerische Fertigkeit entwickelt, über die die Inkas nur staunen konnten. So nimmt es einen nicht wunder, daß der Inka-Feldherr Tupac Capac nicht nur das von ihm erbeutete Gold der Chimu nach Cuzco bringen ließ, sondern auch zugleich die besten Chimu-Handwerker, damit sie sofort an Ort und Stelle das eingeschmolzene Edelmetall zu Ehren des Sonnengottes Inti in große Kunstwerke verwandeln konnten. Die schönsten aller Wunder der Inka-Metropole, wie das riesige goldene Bildnis des Sonnengottes im Haupttempel und der mit goldenen Pflanzen, Blumen, Büschen und Tieren geschmückte Garten, wurden zweifelsohne von Chimu-Künstlern geschaffen.

Zu guter Letzt hatte also die goldene Sonne der Inkas den bleichen Mond der Chimu überstrahlt, und die Söhne der Sonne hatten die Mondanbeter besiegt.

CUZCO – DER NABEL DER WELT

Der Inka geht in Pizarros Falle

16. November 1532: Der dreieckige Stadtplatz des hoch in den Anden gelegenen Schwefelbads Cajamarca war gegen Abend gänzlich verlassen. Keine Sterbensseele war weit und breit zu erblicken. Plötzlich wurde die Stille durch Hunderte von Straßenfegern unterbrochen, die den Weg vom Schmutz befreiten. Ihnen schlossen sich eine Art »Luftauffrischer« an, die duftende Elixiere versprengten. In prächtige Gewänder gehüllte Beamte folgten ihnen auf dem Fuß. Danach erschienen die »Großohrigen«, deren vergrößerte, langgezogene Ohrläppchen sie als Blutsverwandte des Herrschers auswiesen. Nach ihnen traf die Leibwache des Inka ein, und schließlich wurde der »göttliche Sohn der Sonne«, der Inka Atahualpa, in einer goldenen Sänfte inmitten seiner fünftausend auserwählten Krieger auf den Platz getragen, wo er sich mit den Spaniern Francisco Pizarros verabredet hatte. Atahualpa war verärgert, weil die weißen Ankömmlinge nirgendwo zu sehen waren.

Auf einmal stand der Mönch Vicente Valverde, der Geistliche der Expedition, als einziger Spanier in seiner zerschlissenen Dominikanerkutte dem Inka Auge in Auge gegenüber. In der einen Hand das Kreuz, in der anderen die Bibel, redete er auf den verdutzten Atahualpa ein, dem er von der Erschaffung der Welt, von der Erlösung durch Jesus Christus, vom Papst als dem Stellvertreter Gottes auf Erden und vom mächtigen spanischen König erzählte, in dessen Auftrag er und sein Befehlshaber, Don Francisco Pizarro, gekommen seien. Er beschwor den Inka, sich dem großen König Spaniens unterzuordnen und den heidnischen Göttern zu entsagen. Auf die lange Rede Valverdes, die der Dolmetscher Filipillo übersetzte, reagierte Atahualpa sehr zornig. Er rief aus, er wolle nicht zum Glauben der weißen Menschen bekehrt werden. Für ihn gebe es nur einen einzigen wahren Gott, die Sonne, die am Himmel auf- und untergehe und dort ewig lebe. Auch habe er nicht die Absicht, dem weißen König jenseits des Meeres zu gehorchen. Atahualpas Frage, wer ihm, dem Mönch, überhaupt das Recht gegeben habe, so mit ihm, dem Inka, zu sprechen, beantwortete Valverde wortlos, indem er einfach auf die Bibel zeigte und dem Herrscher das heilige Buch in die Hand drückte. Atahualpa blätterte kopfschüttelnd darin und warf es wütend zu Boden.

Für die Spanier, die sich in den ebenerdigen Gebäuden rund um den Platz versteckt hielten, war dies das Zeichen zum Angriff. Zwei Kanonen feuerten, das Fußvolk versperrte die Ausgänge des Stadtplatzes, die Reiterei preschte heran, und das Gemetzel konnte beginnen. Im Handumdrehen hatten die Spanier Atahualpa gefangengenommen und somit augenblicklich jeden Widerstand gebrochen. Dreitausend Indianer hauchten ihr Leben aus, und nur ein Spanier, Pizarro selbst, erlitt eine Verwundung.

Nachdem der spanische Abenteurer Francisco Pizarro mit zweiundsechzig Reitern, hundertundfünf Fußknechten und zwei kleinen Kanonen in der nordperuanischen Bergstadt Cajamarca den dreizehnten und letzten unabhängigen Inka-Kaiser Atahualpa in eine Falle gelockt und sich seiner im Handstreich bemächtigt hatte, überkam ihn und seine hartgesottenen Söldner ein regelrechter Goldrausch. Die mit Helmen und Brustpanzern, mit Lanzen, Degen und primitiven Hakenbüchsen ausgerüsteten Spanier hatten den Inka mit einem Riesengefolge nahen gesehen, das reich mit Gold und Edelsteinen geschmückt war. Als sie den Inka auf einem goldenen, von Leibsklaven getragenen Thronsessel erblickt hatten, waren ihnen die Augen beinahe übergequollen. Sogar das Abzeichen seiner Würde, die rote Kopfbinde aus Vicunawolle, besaß eine Stirnquaste, deren Fransen am Ende wieder Goldhülsen trugen. Die beutehungrigen Spanier fühlten sich im Reich der Inkas in einen Zaubergarten versetzt, in dem das Gold sie von allen Seiten anlachte.

Da dem eingekerkerten Atahualpa die Goldgier der Spanier bekannt war, ließ er sich auf einen großartigen Handel ein: Für seine Freilassung erbot er sich, den acht Meter langen und fünf Meter breiten Raum, in dem er gefangengehalten wurde, binnen zwei Monaten bis zur Höhe der erhobenen Hand einmal mit Gold- und zweimal mit Silberschätzen zu füllen. Edelmetalle wie Gold und Silber waren in seinem Reich zwischen Ecuador und Nordchile, zwischen Peru, Bolivien und Nordwestargentinien noch nie ein Zahlungsmittel gewesen, sondern dienten ausschließlich zur Herstellung von Kult- und Kunstgegenständen. Die Untertanen des göttlichen Inka kannten kein Geld. Steuern zahlten sie in Form von Arbeitsstunden und Naturalabgaben. Gold galt als Schweiß der Sonne, des höchsten Gottes im Inka-Pantheon, Silber als die Tränen des Mondes. Der Besitz von Gold und Silber war Monopol des jeweiligen Herrschers, der das Gold, das Symbol des Sonnengottes, für die Aufwendungen seiner Staatskirche, also für den Sonnenkult, gebrauchte. Das kostbare Metall wurde zu Schmuck, Bechern, Figuren und Gerät aller Art verarbeitet und lag in Grabkammern und Tempelanlagen gehortet.

Auf Geheiß Atahualpas wurde ein wahrlich königliches Lösegeld von unvorstellbarem Wert nach Cajamarca geschleppt. Die schönsten Schöpfungen der Inka-Kunst türmten sich im Kerker des »Sohnes der Sonne« auf. Wahre Berge von gleißendem Metall wurden herbeigekarrt. Neun Schmelzöfen, so erzählen spanische Chronisten, wurden in Betrieb genommen, um die zweiundzwanzig Tonnen schweren Kunstwerke aus Gold und Silber in Barren zu verwandeln, damit man sie bequemer abtransportieren konnte. Mit Tieremblemen verzierte Becher und Schüsseln, Lamastatuen in Lebensgröße, Standbilder früherer Inkas und ihrer Lieblingsfrauen aus Gold wurden rücksichtslos eingeschmolzen. Nicht einmal Atahualpas Sänfte, die mehr als hundert Pfund wog und aus reinem Gold war, blieb verschont. Daß damit die prachtvollsten Zeugnisse indianischer Goldschmiedekunst für immer vernichtet wurden, scherte die Spanier keinen Deut. Ihr Goldhunger war einfach unersättlich. Auch Atahualpa sollte ihm zum Opfer fallen. Obwohl er überreichlich Gold in den spanischen Schlund geschüttet hatte, wurden die Conquistadores wortbrüchig. Aus Angst, der Inka könne ihnen als freier Mann gefährlich werden, machten sie ihm den Prozeß. Sie beschuldigten ihn des Brudermordes, der Verschwörung gegen den spanischen König, der Vielweiberei und des Götzendienstes. Als Atahualpa sich dazu bereit erklärte, den christlichen Glauben anzunehmen, und in die Taufe einwilligte, wurde das Urteil abgeändert. Anstatt ihn als Ketzer auf dem Scheiterhaufen verbrennen zu lassen, beschlossen seine Geiselnehmer, ihn zu erdrosseln. Am 19. August 1533 ermordeten sie den letzten Inka, den Kaiser des größten südamerikanischen Indianerreiches, der als Gott auf Erden, als Sohn der Sonne, als Ahne der Sonnensöhne, als Sproß des Göttergeschlechtes galt, das einst der Legende nach die Erde bevölkert und die Inka-Dynastie begründet hatte.

Die göttlichen Kinder der Sonne

Am Anfang der Geschichte der Inkas steht die göttliche Sonne. Vor vielen Jahren schaute sie mit Wehmut auf die Menschen hinab, die damals noch wie wilde Tiere auf der Erde lebten. Voller Mitleid für die von Elend geplagten und von Unwissenheit heimgesuchten Geschöpfe erteilte sie ihren beiden Kindern Manco Capac und Mama Occlo den Befehl zur Hilfe: »Und die Sonne trug ihren Kindern Manco Capac und Mama Occlo auf: Steigt zur Erde hernieder und richtet dort eure Herrschaft auf. Doch nicht ein Regiment der Stärke und der Unterdrückung, sondern eine Herrschaft der Freundlichkeit und Toleranz; eine Herrschaft der Erkenntnis und Erleuchtung. Ihr sollt auch die Unwissenden lehren, die Felder zu bestellen und Tiere zu züchten. Und du, meine Tochter, lehre sie, Stoffe zu weben, am heimischen Herd zu wirken – und allerlei Handwerk. Und bringet, mein Sohn und meine Tochter, den Menschen das Licht der wahren Erkenntnis. Und unterweiset sie in der rechten Religion. Und gebt ihnen auch Gesetze, gebt ihnen eine Ordnung. Denn ohne Gesetz und Ordnung gibt es kein Leben auf Erden.«
Als Wegweiser gab die Sonne ihren Kindern einen Zauberstab aus purem Gold mit, der sie zum gelobten Land führen würde. An der Stelle, wo sie ihn leicht und tief in den Boden stoßen könnten, sollten die göttlichen Geschwi-

ster ihr irdisches Reich errichten. Manco Capac und seine Schwester Mama Occlo, zugleich auch seine Frau, stiegen vom Himmel zu den Gestaden des heiligen Titicaca-Sees hinab und wanderten nach Norden, bis sie in das Tal von Cuzco gelangten. Dort pflanzten sie den goldenen Stab mühelos in den Boden, worauf Manco Capac zu seiner Schwester sprach: »Sieh, unser Vater, der Sonnengott, wünscht, daß wir in diesem Tal bleiben, uns hier niederlassen, hier leben und so seinen göttlichen Willen erfüllen.« Am Zusammenfluß zweier peruanischer Wasserläufe, des Huatanay und des Tullumayo, gründeten sie die Stadt Cuzco. Den Menschen, die bereits hier siedelten, brachte das Götterpaar die ersten Umrisse einer Religion und einer Rechtsordnung. Darüber hinaus unterwies Manco Capac die Männer im Pflanzenanbau, während Mama Occlo die Frauen lehrte, Stoffe zu weben und ihre Kinder zu pflegen.

Die beiden Geschwister und zugleich königlichen Eheleute werden in den Legenden vom Ursprung der Inkas als Begründer des späteren Reiches gefeiert. In Wirklichkeit waren sie wahrscheinlich nur sagenhafte Gestalten, denn der Beginn der inkaischen Geschichte im Süden der Anden verliert sich im mythischen Dunkel.

Zunächst war der Titel »Inka« (»Herr«) dem Herrscher vorbehalten, der ihn zum Beweis für seine göttliche Abstammung von der Sonne trug; zuletzt galt diese Bezeichnung für alle Angehörigen des Stammes. Genauso, wie die heilige Sonne, als sie vom Gottschöpfer Viracocha geschaffen wurde, ihre eigene Schwester Luna, den Mond, zur Frau nahm und mit ihr den ersten Inka, Manco Capac, und die erste Königin, Mama Occlo, zeugte, mußten auch die Nachkommen des legendären Paares Kinder eines Vaters und einer Mutter sein. Der jeweilige Herrscher mußte seine eigene Schwester heiraten, weil angeblich nur aus dieser göttlichen inzestuösen Verbindung Sprößlinge von reinem Blut hervorgehen konnten.

Der »Sonnensohn« Manco Capac, dem die Legende die Gründung einer kleinen Stadt im Cuzco-Tal zuschreibt, soll um 1200 v. Chr. regiert und ein biblisches Alter von einhundertvierzig Jahren erreicht haben. Der zweite Inka, sein Sohn Sinchi Roca, der sich durch große Körperkraft und Tüchtigkeit auszeichnete, widmete sich dem Aufbau des jungen, aufstrebenden Staates. Durch seine umsichtige »Politik der kleinen Schritte« schuf er die Grundlagen für das größte indianische Reich aller Zeiten.

Sein Nachfolger, Lloque Yupanqui, der dritte Inka, war zu faul und träge, um Eroberungsfeldzüge zu führen. Dieser traurige, in sich gekehrte Melancholiker kümmerte sich lieber um die Organisation der Hauptstadt seines Staates. Sein Sohn Mayta Capac, der vierte Inka, war hingegen darauf bedacht, seinen Herrschaftsbereich auf das ganze Tal von Cuzco auszudehnen und die unterworfenen Bevölkerungsgruppen zu Bürgern eines gemeinsamen Staates zu verschmelzen. Er setzte sich auch mit aller Kraft für den

Sonnenkult ein. Zudem förderte er die sich aus der Anbetung des »Sonnengottes« Inti ergebende Lehre von der Auserwähltheit der Inkas, die er als eingeborene Söhne der heiligen Sonne allen anderen Völkern überlegen wähnte. Mayta Capac, ein außergewöhnlicher Mann mit fast übermenschlichen Fähigkeiten, gilt als der wirkliche Begründer nicht nur des »Inka-Staates«, sondern auch des »Inka-Volkes«, dessen nationale Einheit er als erster schmiedete.

Mayta Capacs Sohn, Capac Yupanqui, der fünfte Inka, wagte sich bereits zu militärischen Unternehmungen bis in die Nachbartäler, wo er in einer furchtbaren Schlacht die Antahualla-Indianer bezwang und die Besiegten zu Vasallen seines Reiches machte.

Erst unter dem sechsten Herrscher, der seinem Namen den eindrucksvollen Titel »Inka« beifügte und sich Inka Roca nannte, neigte sich die Zeit der Indianerhäuptlinge dem Ende zu und begann die Epoche der Indianerkönige. Inka Roca war so sehr von seiner eigenen Erhabenheit und Außergewöhnlichkeit überzeugt, daß er einen übertriebenen Kult mit seiner Person trieb und die Bürger seines Reiches zwang, sich ihm, gebückt oder auf den Knien, barfuß zu nähern und mit leiser, demütiger Stimme zu ihm zu sprechen. Während seiner sechzig Jahre langen Regierungszeit versuchte er erstmals, die Macht der Inkas in nordöstlicher Richtung auszudehnen und in den Niederungen der tropischen Urwälder Fuß zu fassen. Doch erst der siebente Inka, Yahuar Huacac, schuf mit dem Aufbau eines kleinen, aber gut ausgebildeten Berufsheeres die Voraussetzung für die weiteren Expansionsbestrebungen seines Volkes.

Weil seinem Nachfolger, dem achten Inka, angeblich der Gottschöpfer Viracocha im Traum erschienen war, nannte dieser sich Viracocha Inka. Mit Hilfe zweier sehr talentierter Heerführer, Apo Maytas und Vicaquirao, gelang ihm die Unterwerfung der Aymara sprechenden Stämme, die im Süden des heutigen Peru und auf dem bolivianischen Hochland siedelten. Da er sich von den Strapazen der langen Kriegsjahre erschöpft fühlte, zog er sich mit seinem Lieblingssohn Inka Urcon, den er zu seinem Nachfolger auserkoren hatte, in ein gut befestigtes Adlernest zurück, das er hoch über der zauberhaft schönen Stadt Pisac errichten ließ. In diesem abseits gelegenen königlichen »Paradies« führte er das prunkvolle und prächtige Leben eines Müßiggängers, als die gefährlichen und mächtigen Chanca an die Tore des Reiches pochten.

In einem Bergtal der mittleren Anden hatten die Chanca eine ähnliche Entwicklung wie die Inkas durchlaufen. Nachdem sie alle Nachbarstämme unter ihre Gewalt gebracht hatten, schwärmten die aggressiven Indianer immer weiter aus, bis sie eines Tages den Inkas gegenüberstanden. Bisher hatten die Quechua (die Leute aus dem warmen Tal) die erdrückende Macht der Chanca am meisten zu spüren bekommen. Sie waren aus ihrem Stammesgebiet, dem halbtropischen Tal rings um die Stadt Abancay, vertrieben worden und hatten sich den Inkas angeschlossen, die den Quechua-Dialekt wegen seines reichen Wortschatzes zur offiziellen Reichssprache erhoben.

Als die Chanca zum erstenmal an die Grenzen des Inka-Staates stießen, war es nur eine Frage der Zeit, wann und wo der Entscheidungskampf der beiden kriegerischen Völker um die Vormacht in den mittleren Anden entbrennen würde. Da der alternde Viracocha Inka sich von den Staatsgeschäften zurückgezogen hatte und sein Mitregent, der Taugenichts Inka Urcon, weit mehr Interesse für die Frauen als für die Verteidigung des Reiches aufbrachte, war der Augenblick so günstig wie noch nie für die Chanca, den »Staat der Sonnensöhne« hinwegzufegen. Mit hunderttausend Mann, dem »größten ‚Nicht-Inka'-Heer, das je durch die Hochebenen des indianischen Peru zog« (Miloslav Stingl), machten sie sich 1437 auf den Weg nach Cuzco, wo eine unbeschreibliche Panik ausbrach.

Nur eine kleine Schar von Unentwegten harrte in der Stadt aus, um den rasch vorrückenden Chanca die Stirn zu bieten. Die in Cuzco verbliebenen Inka-Truppen befehligte der kaum zwanzigjährige Cusi Yupanqui, ein verstoßener Sohn des aus der Metropole schmählich geflohenen Viracocha Inka. Als die Chanca zum Sturm ansetzten, gelang dem hochintelligenten Jüngling ein taktisches Meisterstück. Mit einer Handvoll tapferer Getreuer brachte er den Kampfesmut seiner Feinde ins Wanken, indem er sich ihres heiligen Symbols bemächtigte. An der Spitze des gewaltigen Heeres der Chanca wurde nämlich die Mumie des Gründers ihres Staates, Uscohuilca (Wilde Katze), in einer goldenen Sänfte getragen. Nachdem Cusi Yupanqui in einem Handstreich die Mumie des Chanca-Urvaters geraubt und nach Cuzco entführt hatte, zauderten die Chanca, und ihre Angriffe büßten immer mehr an Kraft ein, wurden ihnen doch vom jungen Inka-Feldherrn gewaltige Verluste zugefügt. Aus dem lange hin und her wogenden Kampf ging letztlich Cusi Yupanqui als Sieger hervor.

Aus eigenem Ansporn hatte er seine Heimat vor dem Zugriff des Feindes bewahrt, während sein Vater Viracocha Inka und sein Halbbruder Inka Urcon, die beiden offiziellen Staatsoberhäupter, feige das Weite gesucht hatten. Auf erniedrigende Weise demütigte der siegreiche Prinz nicht nur die besiegten Chanca, denen er bei lebendigem Leibe die Haut abziehen ließ, sondern auch seinen eigenen Vater, der ihn um Vergebung bitten und einen mit Exkrementen gefüllten »Nachttopf« bis zur Neige austrinken mußte. Als die in Cuzco versammelten Edlen des Reiches den Retter in der Not zum neuen Inka wählten, ohne sich einen Deut um Viracocha Inkas Willen zu scheren, war dessen Entwürdigung vollständig. Den bittern Kelch der Herabsetzung mußte er bis auf den Grund leeren, ehe er schließlich begnadigt wurde und in seine Bergfeste zurückkehren durfte.

Pachacuti, der »Veränderer der Welt«

Den Thron Viracochas bestieg Cusi Yupanqui für lange Jahre (1438—1471) unter dem Namen Pachacuti Yupanqui (Veränderer der Welt), dem der neunte Inka alle Ehre machte, denn wie kein Herrscher vor oder nach ihm hat er die Verhältnisse in seinem Land völlig umgekrempelt. Der als Heerführer so begabte Pachacuti eroberte zunächst ganz Peru und widmete dann seine unglaubliche Energie der von ihm angestrebten Veränderung der Welt. Während er sich um die genaue Regelung der Rechte, Pflichten und Aufgaben aller Bevölkerungsklassen und -kasten kümmerte und nicht einmal vor der Umgestaltung der Inka-Religion zurückschreckte, führte fortan sein Sohn Tupac Yupanqui, der künftige zehnte Inka, die Eroberungszüge des Vaters weiter, um ein Reich zu schaffen, über dem die Sonne nicht untergehen würde.

Unterdessen ließ Pachacuti die Hauptstadt Cuzco gänzlich umbauen und zu ihrem Schutz die gewaltige Festung Sacsayhuaman errichten, die größte indianische Zitadelle der beiden Amerika, die noch heute über Cuzco zum Himmel ragt. Auch war er bestrebt, den auf astronomischen Beobachtungen fußenden Inka-Kalender neu zu gestalten, um das Sonnen- und Mondjahr in Einklang zu bringen. Seine Hauptaufmerksamkeit galt jedoch den religiösen Vorstellungen, die er in eine Religion für das Volk und eine Religion für die gehobene Schicht zweiteilen wollte. Der gewöhnliche Sterbliche sollte weiterhin die Sonne — Inti — verehren, die Spenderin allen Lebens, während den oberen Zehntausend eine tiefschürfendere Glaubenslehre vorbehalten war. Zu deren Ausarbeitung berief Pachacuti einen »Theologenkongreß« nach Cuzco ein, auf dem er sich durch seine drei Haupteinwände gegen die Allmacht Intis hervortat: »Erstens: ‚Die Sonne ist kein allmächtiger Gott, denn mit ihren Strahlen wärmt sie nur manche, während die anderen frieren.' Zweitens: ‚Die Sonne kann nicht vollkommen sein, denn sie kann sich niemals ausruhen, sie muß ständig am Himmel ihre Bahn ziehen.' Drittens: ‚Die Sonne kann auch schon deshalb nicht allmächtig sein, weil auch das kleinste Wölkchen ihr goldenes Antlitz zu verdunkeln vermag.'«

Für Pachacuti war die Sonne als Gottheit zu unmittelbar und sichtbar. Weil im Religionssystem der Inkas kein echter Gottschöpfer vorhanden war, trat er auf dem Priesterkonzil dafür ein, den uralten Kult des in Peru früher angebeteten Weltenmachers Con Ticci Viracocha wiederzubeleben. Diesen unsichtbaren, weltenfernen Gott, der über der Sonne — Inti — stehe, könne nur derjenige verstehen und auch anbeten, der über eine höhere Bildung und echte philosophische Kenntnisse verfüge. Trotz Pachacutis Bestrebungen vermochte sich der ausschließlich den Edlen des Staates vorbehaltene Viracocha-Kult auf die Dauer nicht durchzusetzen. Das Reich der Sonnensöhne blieb weiterhin dem magischen Symbol des Sonnengottes treu.

In seinem Zeichen unternahm Pachacutis Nachfolger, sein Sohn Tupac Inka Yupanqui (1471—1493), die größten militärischen Operationen des vorkolumbischen Amerika. Nachdem der zehnte Inka das mächtige Königreich der Chimu an der Nordküste Perus bezwungen, ihre Hauptstadt Chan-Chan völlig vernichtet, das Indianervolk der Quito in den Bergregionen Ecuadors unterworfen und die rebellischen Aymara am Titicaca-See überwunden hatte, wandte sich dieser außergewöhnliche, oft mit Alexander dem Großen verglichene Eroberer nach Süden. Mit seinen kampferprobten Armeen hatte er die höchsten Gletscher der Anden überschritten und sich sogar mit Flößen auf den Stillen Ozean gewagt. Deshalb zauderte er auch nicht, mit seinen Truppen durch die endlose, glühende Atacama-Wüste Nordchiles zu ziehen. Weitere tausend Kilometer marschierte er nach Süden ins chilenische Herzland, bis er den Rio Maule erreichte, wo die besten Krieger ganz Südamerikas, die heldenmütigen Araukaner, ihm in einer drei Tage währenden Schlacht eine schwere Niederlage bereiteten.

Als Tupac Inka Yupanqui 1493 das Zeitliche segnete, konnte sein Sohn, Inka Huayna Capac (Wanderer zwischen den Welten), über ein ins Unermeßliche gewachsenes Großreich gebieten, das sich auf einer Million Quadratkilometer ausdehnte und sich etwa fünftausend Kilometer von Norden nach Süden erstreckte. Während der elfte Inka im Süden nach dem Rechten sah, entbrannte im Norden ein gewaltiger Aufstand der streitbaren Carangui, den Huayna Capac nur mit äußerster Anstrengung niederzuwerfen vermochte. Erst nach zwölf langen Jahren gelang es ihm, die Nordgrenze gänzlich zu befrieden.

Kaum hatte er sich nach Quito, seinem Lieblingsort im Norden, zurückgezogen, von wo aus er sein Reich regierte, mußte er bereits einen neuen Kampf austragen, der weitaus gefährlicher war als sein zwölfjähriges Duell mit den Carangui: Eine unbekannte Seuche war ausgebrochen und raffte die Indianer hinweg. Zurecht war Huayna Capac der Meinung, die weißen Männer, von deren Landung an der Küste Ecuadors er gehört hatte, müßten diese Epidemie ausgelöst haben. Weder strenges Fasten noch Gebete konnten den Vormarsch der schrecklichen Krankheit eindämmen. Auch der Inka wurde ein Opfer der Beulenpest, die die weißen Konquistadoren aus Europa in die Welt der Indianer getragen hatten. Im Jahr 1527 verschied er plötzlich, ohne vorher seine Thronfolge ausdrücklich geregelt zu haben, was einen schrecklichen Bürgerkrieg oder besser Bruderkrieg zur Folge hatte.

In der Tat stritten sich seine zwei Söhne Huascar und Atahualpa um die alleinige Nachfolge. Etwa dreihundertzwanzigtausend Soldaten beteiligten sich an diesem unrühmlichen Familienstreit, der einhunderttausend Menschen in fünfzehn großen Schlachten und unzähligen Gefechten und Scharmützeln das Leben kostete. Atahualpa hatte bei der Ankunft der Spanier gerade seinen Bruder Huascar besiegt und in seine Gewalt gebracht, bevor Pizarro am 16. November 1532 ihn selbst in Cajamarca im Handstreich gefangennahm. Nachdem Atahualpa aus seinem spanischen Kerker den Befehl zur Tötung seines Bruders gegeben hatte, bezichtigten die Spanier ihn des Brudermordes und erdrosselten ihn — wahrlich kein rühmliches Ende für den Gott auf Erden, den mächtigsten Mann in ganz Südamerika.

Dem Sohn der Sonne mußten alle Bürger des Reiches Tribut zahlen. Der »kleine Mann« erfüllte seine Steuerpflicht gegenüber dem Staat, indem er die Produkte seiner Landwirtschaft ablieferte. Er konnte auch jederzeit zum Arbeitsdienst verpflichtet und in einem Bergwerk, einer Erzmine oder beim Bau öffentlicher Gebäude und gemeinnütziger Bauwerke eingesetzt werden. Für den Inka und zum Ruhme der Sonne mußte er dann harte Fron leisten und sich an der Errichtung von Brücken, Wasserleitungen, Tempeln, Getreideschuppen, Palästen, Festungen und Straßen beteiligen. Darüber hinaus konnte er zum Sammeln von Kokablättern herangezogen oder zum Dienst als Bote zwischen den zum Teil weit auseinanderliegenden Städten des schnell wachsenden Herrschaftsgebietes abkommandiert werden. Durch das unglaubliche Organisationstalent des Inka wurde jeder Bewohner des Reiches, ob Kriegsgefangener, Sklave, Bauer oder Angehöriger der oberen Schichten, zur Teilnahme an den öffentlichen Dingen gezwungen, sozusagen als ein unentbehrliches Rädchen in das alles erfassende Räderwerk der staatlichen Aktivitäten eingefügt.

Wer den Tribut nicht in Form von Feldfrüchten, Tieren oder anderen Materialien entrichten konnte, mußte auf ein anderes Zahlungsmittel zurückgreifen. So lebte einst am Titicaca-See ein Stamm, der so arm war, daß er nichts besaß, womit er dem göttlichen Herrscher seine Ehrerbietung erweisen konnte. Da es dort einzig und allein Flöhe in reichlichen Mengen gab, schickten die Ärmsten der Armen ihrem Inka jährlich einen Sack mit Ungeziefer, den dieser dankend annahm. Als Zeichen ihrer Reverenz genügte ihm die merkwürdige Gabe, denn damit erkannten die Indios vom See ihn als ihren Gebieter an. Mehr wollte er nicht.

Mit Flöhen allerdings hätten sich die Spanier Pizarros kaum zufriedengegeben. Als sie wie die Heuschrecken über das Inka-Reich herfielen, wurden sie vom magischen Reizwort Gold angelockt. Sie begnügten sich nicht mit dem ersten »Inka-Schatz«, der auf Befehl Atahualpas zusammengetragen wurde und ihm nicht die erhoffte Freiheit brachte. Den zweiten Schatz rissen sie an sich, als Pizarro sich 1533 des hoch in den Anden gelegenen Cuzco bemächtigte. In der Hauptstadt des herrscherlos gewordenen Riesenreiches warf er sein Augenmerk auf den gewaltigen Sonnentempel. Der Goldfries an den Außenmauern, die goldenen oder silbernen Kultbilder von Sonne und Mond, der Innenhof mit seinen edelsteinbesetzten Nischen, in denen lebensgroße goldene Lama-Standbilder prangten, und seinen fünf Springbrunnen, deren Röhren goldene Mündungen hatten, versetzten die habgierige Soldateska abermals in einen Goldtaumel. Erneut verschwanden alle Kostbarkeiten im Schmelzofen.

Aus dem weitverzweigten Herrschergeschlecht setzte Pizarro einen neuen Inka ein, Manco Capac II., dem er weitere Kubikmeter Gold und Silber abluchsen wollte. Aber seine Rechnung ging nicht auf. Der Inka-Reichtum war aufgezehrt, Manco Capac II. besaß keine Schätze mehr. Als die Spanier im Jahr 1572 den letzten Inka-Herrscher, Tupac Amaru I., hinrichten ließen, war es endgültig um dieses Schatten-Inkatum geschehen. Und trotzdem wollte die Mär von einem Kaziken, der nach seiner Wahl zum König mit Goldstaub überschüttet worden war, nicht verstummen. Verbissen hielten die Spanier an der Legende fest. Ihre Phantasie erhitzte sich am Mythos vom goldbedeckten Mann, den der Dichter Castellano, der als Soldat in Südamerika weilte, so beschrieb: »Der König fuhr unbekleidet in einem Boot auf einen See hinaus. Er war von Kopf bis Fuß mit Harz eingesalbt und über und über mit Goldstaub bepudert, so daß er strahlte wie eine Sonne ... Am Abend badete er dann im See, und das ganze Gold, mit dem er bedeckt war, löste sich von ihm.«

Ging es in der ersten Version der Sage um das Ritual, einen neugewählten Häuptling ganz in Goldstaub zu hüllen, so überlieferten spätere Varianten die Geschichte des goldenen Floßes, von dem aus Gold und Juwelen als Geschenk für den Seedämon während einer jährlich stattfindenden Zeremonie in die Tiefe versenkt wurden. Eine noch grandiosere Auslegung der Mär vom Vergoldeten machte aus dem »Hombre dorado« ein El Dorado, ein wahres Goldland, dem Abenteurer, Forscher und Grabräuber nun schon seit vierhundertundfünfzig Jahren erfolglos nachjagen. Existiert das sagenumwobene El Dorado irgendwo im unzugänglichen Dickicht des tropischen Urwalds oder in der schwindelnden Höhe eines abgelegenen Andentals?

Machu Picchu, die »verlorene Stadt der Inkas«

Als der amerikanische Archäologe Hiram Bingham 1911 die sagenumwobene Inka-Festung Machu Picchu, die »verlorene Stadt der Inkas«, mitten in den peruanischen Anden auf einem Bergsattel entdeckte, glaubten viele, das legendäre El Dorado wäre aufgespürt. Die aus tonnenschweren Granitblöcken gebaute Terrassenstadt, eine der großartigsten archäologischen Stätten, wurde schon im 16. Jahrhundert von den Spaniern gesucht, die dort weitere gigantische Goldbeute witterten. Sie wurden aber nicht fündig, weil in zweitausenddreihundert Meter Höhe über dem Meeresspiegel, auf dem Bergrücken, wo Machu Picchu fünfhundert Meter oberhalb des Urubamba-Flusses angesiedelt ist, einst mehrere tausend Inkas bequem leben konnten, ohne von unten aus dem engen Tal bemerkt zu werden.

Ihrer Lage auf den unerreichbaren Höhen der westlichen Anden Perus, 112 km nördlich der ehemaligen Inka-Hauptstadt Cuzco, hat die Festung Machu Picchu es zu verdanken, daß die Spanier sie nicht fanden. Die Burg blieb unzerstört.

In der zerklüfteten Bergwelt der Anden fand Professor Bingham intakte Häuser und Tempel, ein verwirrendes Durcheinander von Treppen, Gängen und riesigen Mauern, deren Steine so exakt zusammengefügt sind, daß nicht einmal eine Messerklinge dazwischenpaßt. Auf Goldschätze stieß er allerdings nicht. Er wurde auch keiner Zeichen gewahr, die auf Kampf, Zerstörung oder hastige Flucht hingedeutet hätten. Bis heute entzieht sich unserer Kenntnis, was sich einst in dieser mächtigen Feste abspielte, wann und warum ihre Bewohner verschwanden und wo ihre angeblichen Reichtümer geblieben sind. Immer noch durchstreift ein Heer von Abenteurern die unwirkliche Andenlandschaft um Machu Picchu — auf der Suche nach dem sagenhaften Goldschatz der Inkas, der allzu gründlich versteckt wurde oder nur als Hirngespinst die Phantasie goldsüchtiger Spanier anheizte.

Machu Picchu, die rätselhafte Ruinenstadt auf einem abgeplatteten Berggipfel am Rande des Urwaldes, gilt zu Recht als eine der besuchenswertesten

Sehenswürdigkeiten Perus. Wenig bekannt bei Liebhabern der Inka-Kultur sind dagegen die Ruinen von Pisac, die sich auf einem Bergvorsprung in etwa dreitausend Meter Höhe ausbreiten. Dorthin fährt man von Cuzco aus rund dreißig Kilometer mit dem Taxi, wobei die Strecke durch das Heilige Tal der Inkas, das einstige Jagdrevier der göttlichen Herrscher, führt. Mit dem Auto kommt man bis in Sichtweite des alten Pisac, das man nur zu Fuß über einen schmalen Inka-Weg erreichen kann, der, wie an die Felswand geklebt, teilweise aus Stufen besteht. Durch gut erhaltene Stadttore — die einstigen hölzernen Türen sind ein Opfer der Jahrhunderte geworden — tritt man in die ehemalige Bergfeste und Metropole ein, die mit ihrem fünfmal so großen Areal wie das von Machu Picchu als eine der größten Städte aus präkolumbischer Zeit angesehen wird.

Da man nur wenig über Pisac weiß — die Forschungen und Ausgrabungen sind noch nicht abgeschlossen —, darf der Besucher sich eigenen Deutungen hingeben. Leicht wird er die Zweiteilung des Kerns des alten Pisac erkennen: die eigentliche Stadt und den heiligen Bezirk, zu dem eine lange Treppe von den Wohnquartieren hinauf auf das höchste Plateau der Siedlung führt. Oben entdecken Spezialisten zwischen gewaltigen Mauern schnell die Reste eines Intihuatanas, jenes aus einem Felsblock gemeißelten Sporns, an dem einst — so glaubten die Inkas — die Sonne angebunden war. »Inti« bedeutet ja Sonne, und »Huatana« bezeichnet den Ort, der etwas festhält. Dieser mächtige Steinblock markiert hier, wie in Machu Picchu und in anderen Inka-Orten, den Mittelpunkt des Tempelbereichs, den Sonnentempel. Daneben befindet sich ein kleines, sicherlich sakrales Wasserbecken.

Die sich um das Intihuatana drängenden Tempel, Priesterpaläste und Mausoleen, denen die einst aus Holz und getrocknetem Blätterwerk gefertigten Dächer natürlich fehlen und auf deren Böden Gras wächst, stellen den reinsten klassischen Inka-Baustil dar: zyklopische Blöcke mörtellos aufeinandergefügt, trapezförmige Durchgänge mit zuweilen tonnenschweren Abdecksteinen, vollkommen symmetrische Nischen im Monumentalmauerwerk. Über Trampelpfade und inkaische Steintreppen durchstreift man heute das Gelände, wo im Grün zwischen den grauen Ruinen Blumen wachsen, meist mit gelben Blüten, wo es duftet, die Sonne brennt, überall Stille herrscht . . .

Obwohl weder in Machu Picchu noch in Pisac Gold gefunden wurde, gereichten ihre Goldschätze den Inkas zum Verhängnis. Der Goldrausch und die Schmelzwut der europäischen Eindringlinge zerschlugen im Handstreich das größte Indianerreich aller Zeiten, das in vielerlei Hinsicht die Zivilisation der weißen Eroberer aufs Altenteil verweisen konnte.

Cuzco, das goldene »Rom« der Sonnensöhne, dem die Inkas den stolzen Beinamen »Nabel der Welt« verliehen hatten, wurde bei der Ankunft der Spanier von mindestens zweihunderttausend Indios bewohnt, die in zwanzig- bis fünfundzwanzigtausend Häusern lebten. Das ehemalige elende Dörfchen in den Anden, in dem einst vielleicht zweihundert Menschen wohnten, hatte sich in ein paar Jahrhunderten zur größten indianischen Metropole Südamerikas gemausert. In Cuzco liefen nicht nur die Grenzen der vier Glieder des Reiches zusammen, das wegen seiner administrativen Einteilung von den Inkas amtlich Tahuantinsuyu (Land der vier Teile) genannt wurde, sondern von dort gingen auch die vier wichtigsten Heerstraßen aus, die mit ihren fünfzehntausend Kilometer Länge eine Hochleistung der Menschheit darstellen. Nicht einmal heute vermögen die südamerikanischen Staaten dieses Glanzstück der Straßenbaukunst nachzuvollziehen. So wurde das vor mehr als sechzig Jahren in Angriff genommene panamerikanische Straßennetz bis zum jetzigen Tag noch nicht vollendet.

Die Inka-Straßen, die Alexander von Humboldt einst das vortrefflichste von Menschenhand geschaffene Werk nannte, überwanden die mehr als fünftausend Kilometer zwischen dem Rio Ancasmayo im heutigen Kolumbien im Norden und dem chilenischen Rio Maule im Süden. Sie führten durch glühende Wüsten und über himmelstürmende Gebirge; sie umgingen Seen und verbanden die Ufer zahlreicher Wasserläufe mit Hängebrücken, deren Seilbefestigung aus Lianen- und Rohrgeflecht bis in die Neuzeit überdauerte; sie stiegen mit aus dem Fels gehauenen Treppen in schwindelerregende Abgründe hinunter und dann wieder hinauf in die eindrucksvollen Höhen der Anden; auch wurden sie mit Steinplatten gepflastert, wo die Natur es erforderlich machte. Ihre Erbauer gaben sich nicht damit zufrieden, mit den schwierigsten natürlichen Hindernissen fertig zu werden; sie berechneten auch die Tagesmärsche, die man je nach dem Gelände auf diesen Straßen zurücklegen konnte, und bauten dementsprechend Raststätten, in denen die Reisenden sich verpflegen und ausruhen konnten.

Von Jugend an trainierte Läufer, Chasqui genannt, wurden auf dem Straßennetz als Postkuriere eingesetzt. Sie übermittelten mündliche Nachrichten oder reichten Meldungen in Gestalt von Knotenschnüren bis zu vierhundert Kilometer am Tag weiter. Mit Hilfe dieser Quipu-Schnüre wurden meistens Informationen über Bevölkerungszahlen, Arbeitsleistungen, Steuern und wichtige Ereignisse, also vorwiegend grundlegende statistische Angaben, nach Cuzco überbracht und dort ausgewertet. Die Schnüre dienten also den Inkas zur Kommunikation und zur »Datenspeicherung«.

Ein Quipu bestand aus einer Hauptschnur, an der man weitere kleinere Schnüre vertikal angebracht hatte. Alle diese bunten Schnüre waren auf vielfältige Weise verknotet. Durch die Farbe der Schnur, die Anzahl der Knoten und die Art der Verknotung wurde eine bestimmte Mitteilung zum Ausdruck gebracht.

Archäologiestudenten der Huacho-Universität machten kürzlich in der nordperuanischen Provinz Cajatambo einen aufsehenerregenden Fund. Sie entdeckten fünf Quipu-Schnüre mit der ungewöhnlichen Länge von bis zu zweihundertundfünfzig Metern. Wie ein Sprecher der Universität betonte, ist die Mehrzahl der in Museen ausgestellten Quipus nur bis zu drei Meter lang. Unter den Wissenschaftlern, denen es einfach nicht in den Kopf gehen will, daß ein so hoch zivilisiertes Reich wie das der Inka-Herrscher keine Schrift gekannt haben soll, entbrannte erneut die Diskussion, ob die außerordentlich langen Quipu-Schnüre nicht doch mehr sein könnten als nur eine Art von Schriftersatz. Immer wieder haben die Forscher versucht, in die zahlreichen Knoten und die verschiedenen Farben der Schnüre »Schriftzeichen« hineinzuinterpretieren. So fragten sie sich, ob die dicken Knoten nicht z. B. für Konsonanten oder bestimmte Silben, die dünneren für Vokale einstehen könnten; auch gingen sie der Überlegung nach, ob die verschiedenen Farben der Stränge nicht Aufschluß über Satzbau und Grammatik geben könnten. Alle ihre Bemühungen, bei den Inkas eine wirkliche Schrift nachzuweisen, erwiesen sich jedoch als erfolglos. Die Quipu-Schnüre waren in der Tat für die Wissenschaft eine wesentlich härtere Nuß als z. B. die Entschlüsselung der Keilschrift oder der Hieroglyphen. Entmutigt steckten die Forscher auf. Offensichtlich bedeuteten die Quipus doch nur einen Schriftersatz und waren keine »Urkunden« eines versunkenen Volkes. Somit scheinen auch die jüngsten Funde in Peru das Rätsel um Sein oder Nichtsein einer Inka-Schrift nicht lösen zu können. Vielleicht aber verbirgt sich die Antwort auf diese Frage in den Urwäldern der Anden, in den dort noch unentdeckten Inka-Refugien.

DIE ZEITGENOSSEN DER INKAS

Die Colla und ihre Grabtürme

An den Ufern des Titicaca-Sees, in der unmittelbaren Umgebung der Ruinen Tiahuanacos, gab es wahrscheinlich schon in Vor-Inka-Zeiten einen Staat der Colla (Bewohner der Berge) oder Aymara. Dieses ausgedehnte Gebiet im Süden des heutigen Peru und auf dem bolivianischen Hochland (dem Altiplano) hieß bei den vorkolumbischen Indianern Südamerikas Collasuyu oder Collac. Sich selbst nannten die Aymara »Haque« (»Menschen«).

Als der Inka Viracocha in Cuzco regierte, hatten sich hier eine Reihe von Aymara-Staaten gebildet, von denen sich der Colla-Staat mit der Hauptstadt Hatuncolla und der Staat Lupaca mit der Metropole Chucuito um die Vorherrschaft rund um den Titicaca-See stritten. Auf der Suche nach geeigneten Bundesgenossen baten die Herrscher der beiden Aymara-Staaten — Zapana von Colla und Cari von Lupaca — die Inkas um Hilfe. Für das expansive Cuzco war dies eine hochwillkommene Gelegenheit, bis weit in den Süden Perus und darüber hinaus bis in das heutige Bolivien, Chile und Argentinien vorstoßen zu können.

Viracocha Inka ergriff die Partei des Herrschers von Lupaca, dem er militärische Unterstützung gewährte. Als die Heere der Inkas am Titicaca-See eintrafen, hatte Cari bereits das Königreich von Zapana besiegt und Hatuncolla, die Hauptstadt von Colla, besetzt. So war es ihm ohne die Hilfe der Inkas gelungen, die Hegemonie im Aymara-Gebiet zu erringen. Doch Caris Nachfolger an der Spitze des nun vereinten Colla-Staates, Chuchi Capac, der Hatuncolla als Residenzstadt ausgewählt hatte, lernte bald die Macht der Inkas kennen. Pachacuti, Viracochas Thronfolger, war nicht darauf bedacht, seines Vaters freundschaftliche Beziehungen zum Colla-Reich weiterhin zu unterhalten. Er wollte nämlich dieses riesige Land dem Imperium der Inkas angliedern. Seine ultimative Aufforderung, die Colla müßten sich ihm unverzüglich unterwerfen, beeindruckte den mutigen Chuchi Capac nicht im geringsten. Er ließ Pachacuti wissen, im Falle eines Angriffs werde er sich aus dem Schädel des Inka einen Becher machen, um daraus mit seinen Kriegern auf den Sieg zu trinken.

»Der große Klotz der Inkas« — so der Altamerikanist Miloslav Stingl — »war an den groben Keil der Colla geraten. Doch der Klotz der Sonnensöhne war härter. Ein großes Inka-Heer fiel wirklich in das Colla-Reich ein und eroberte nach schweren Schlachten und Gefechten — die blutigste Schlacht fand bei der Stadt Pucara statt — die ‚Metropole' von Capacs Reich, die Stadt Hatuncolla. Chuchi Capac und seine beiden Söhne fielen in die Hände Pachacutis, der den ganzen Feldzug gegen die Colla persönlich befehligt hatte.«

Pachacuti ließ den Anführer der Colla im heiligen Sonnentempel von Cuzco feierlich enthaupten, während dessen Söhne mit dem Leben davonkamen. Bis zum Ende ihrer Tage mußten sie harte Fronarbeit in einem Steinbruch leisten. Andere Würdenträger der Aymara wurden im Zoo von Cuzco den Raubtieren zum Fraß vorgeworfen.

Pachacutis Nachfolger, sein Sohn Tupac Yupanqui, mußte mit seinem Heer in Gewaltmärschen ins Gebiet der Colla eilen, weil diese sich gegen die Inkas erhoben hatten. Die in ihrem Land stationierten Besatzungstruppen hatten sie niedergemacht und die dort angesiedelten Inka-Kolonisten erschlagen. Tupac Yupanqui, der größte Eroberer aller Inka-Kaiser, schlug den Aufstand der Colla mühelos nieder.

Der nächste Inka, Huayna Capac, richtete sein besonderes Augenmerk ebenfalls auf das Gebiet des bolivianischen Altiplano, denn das Land der Colla war reich an Silber und Soldaten. Um weitere Rebellionen zu verhindern, beschleunigte er die Zwangsansiedlung vieler Quechua sprechender Kolonisten, während eine große Anzahl Colla aus Bolivien »ausgesiedelt« wurden.

Die hohen gemauerten Grabkastelle, die »Chullpas«, zeugen noch heute von der Kultur der Colla. Diese Grabtürme aus sorgfältig behauenen Trachyt- oder Basaltquadern oder aus luftgetrockneten Adobeziegeln sind übrigens die zahlreichsten Baudenkmäler des vorinkaischen Peru. Am Umayo-See, in der Nähe von Hatuncolla, der einstigen Metropole des untergegangenen Aymara-Reichs, erhebt sich auf der Halbinsel Sillustani das größte und auch heiligste Gebäude, der »Große Eidechsenturm«, an den auch der peruanische Chronist Cieza de Léon bestimmt dachte, als er sich in seinen Aufzeichnungen über die teils großen, teils kleinen »Chullpas« äußerte: »Im Lande der Colla verdienen meiner Ansicht nach jene Bauten, jene Orte die größte Aufmerksamkeit, in denen sie (die Aymara) ihre Toten bestattet haben.« Und: »Wenn der Tote ein großer Herr war, begleiteten die meisten Einwohner den Leichnam (zum Ort der Grabstätte). Dann wurden zehn oder zwanzig Lamas verbrannt, je nach dem Rang des Toten, und auch die Weiber, Kinder und Diener des Verstorbenen wurden getötet, die man ihm ins Jenseits mitschickte, damit sie ihm dort dienten . . . Einige Personen wurden auch lebend (in die Chullpas) eingemauert.«

Daß man im Jahr 1971 einen reichen Goldschatz aus über fünfhundert wunderschön gearbeiteten Gegenständen, wie gehämmerte Brustplatten in Form von Menschengesichtern, Glöckchen, Opferbecher und Halsbänder, in der unmittelbaren Umgebung des zwölf Meter hohen Eidechsenchullpa entdeckte, belegt die Bedeutung der Grabtürme im Aymara-Reich.

Auf der Halbinsel Sillustani befindet sich auch ein dem Kult der Himmelsgestirne geweihtes Baudenkmal, das aus kreisförmig angeordneten großen Steinquadern von ungleicher Höhe besteht. Dieses von den Archäologen einfach »Sonnenkreis« genannte Bauwerk stand vermutlich in engem Zusammenhang mit dem Totenkult. Bei den Begräbniszeremonien wurden dort Tiere geopfert, deren Blut dazu bestimmt war, den Durst der Dahingeschiedenen zu stillen. Daß die Toten Blut trinken, ist eine altperuanische Vorstellung, die ins Gedankengut der Aymara einging. »Das Blut der geopferten Tiere ... ist längst vertrocknet. Nur die Sonne, später die größte der Gottheiten der vorkolumbischen Peruaner, geht auch heute noch über dem steinernen Kreis auf, der einst wohl vor allem zur Ehre des Taggestirns an diesem wunderschönen Ort im alten Reich der Colla errichtet worden ist. Noch heute spendet sie den Aymara-Indianern Wärme, Licht und Leben, die dort — und in der weiteren Umgebung — noch immer zu Hause sind, die diesem Teil des Altiplano, diesem Land der steinernen Chullpas und des steinernen Tiahuanaco, dieser Andenlandschaft, in der ihre Vorfahren einst ihr Reich der Colla geschaffen haben, für immer treu geblieben sind.« (Miloslav Stingl)

Die Quechua, Erben der Inkas

Das Stammesgebiet der Quechua (Leute aus dem warmen Tal) befand sich nördlich von Cuzco, im halbtropischen Tal rings um die Stadt Abancay. Schon unter der Herrschaft von Capac Yupanqui hatten die Inkas freundliche Kontakte zu ihnen geknüpft. Als ihre Heimat von den kämpferischen Chanca besetzt wurde, zog ein Teil der Quechua fort und schloß sich den befreundeten Inkas an. Nachdem die Sonnensöhne die aggressiven Chanca besiegt hatten, vertrauten sich die Quechua ganz ihrem Schutz an und verschmolzen mit ihnen zu einem Volk.

Die Inkas übernahmen ihren Dialekt, das Quechua, erhoben ihn zur Staatssprache und verbreiteten die flexible Ausdrucksweise mit ihrem überaus reichen Wortschatz mit so viel Erfolg in allen Gegenden ihres ins Unermeßliche angewachsenen Reiches, daß sogar noch heute das Quechua oder Ketschua das bei weitem populärste Indianeridiom ist, das von fast der Hälfte der noch lebenden Ureinwohner benutzt wird. Im Andengebiet, insbesondere in Peru und Ecuador, war das Spanische bislang außerstande, dem Quechua den Rang abzulaufen. Die ehemalige Amtssprache der Inkas beruht auf sehr viel komplizierteren grammatikalischen Prinzipien als die modernen europäischen Sprachen, läßt sich aber ohne weiteres in strenge Regeln einordnen. Die aus dem Quechua ins Englische oder auch ins Deutsche übernommenen Wörter beziehen sich hauptsächlich auf Pflanzen, Tiere und charakteristische Eigenschaften wie Lama, Kondor, Guanako, Puma, Chinchilla, Coca, Chinin, Guano oder Pampa.

Heutzutage werden die peruanischen Indianer und ihre Sprache allgemein als Quechua bezeichnet. Diese Benennung, die sich seit etwa einem Jahrhundert eingebürgert hat, ist unglücklich gewählt, weil die eigentlichen, »echten« Quechua, die als erste das Quechua in seiner ursprünglichen Form sprachen, aus dem Gebiet von Abancay stammten und nur eine von vielen Gruppen waren, die sich rassisch, sprachlich und kulturell mit den Inkas vereinigten.

Der moderne Quechua-Indianer des Hochlands, der Nachkomme der Inkas, gleicht seinen Vorfahren im massigen Körperbau, in den gut entwickelten Schultern und Hüften, dem kurzen Kopf, dem mittelkurzen, bartlosen Gesicht, der ziemlich kleinen Gestalt, der mittelbreiten, oft gebogenen Nase, den vorspringenden Backenknochen, der niedrigen Stirn, dem ziemlich tiefen Haaransatz, dem schwarzen, glatten und üppigen Haar, das nur selten ergraut, den nur mäßig entwickelten Augenbrauenbögen, den nicht sehr tief liegenden Augen und der als »dunkelbraun«, »kupferfarben«, »dunkeloliv« oder »olivgrau« beschriebenen Hautfarbe. Die auffallende Breite und Größe des oberen Rumpfes hängt zweifellos mit dem ungewöhnlichen Ausmaß der Lungen zusammen, die sich im Laufe der Zeit dem Sauerstoffmangel auf dem Hochland angepaßt haben. So verfügt der Eingeborene der Anden über eine viel größere Rumpf- und Lungenkapazität als der Bewohner tiefer gelegener Landstriche.

Nicht nur die Höhenlunge hat ein bedeutend größeres Fassungsvermögen, auch beim Blut gibt es einen wesentlichen Unterschied. In Höhenlagen müssen nämlich die Blutkörperchen imstande sein, Sauerstoff ganz schnell in sich aufzunehmen. Die fast um zwei Liter größere Blutmenge enthält ungefähr acht Millionen rote Blutkörperchen, das sind im Durchschnitt drei Millionen mehr als beim Weißen, der in Niederungen lebt. Auch ist der Herzschlag des im Gebirge heimischen Quechua merklich langsamer.

Zur Zeit gibt es mehrere Millionen quechuasprechender Indios in Peru, Bolivien und Ecuador. Die Bewohner der fruchtbaren Hochtäler waren ursprünglich und sind noch heute vor allem Bauern. Mit ihren Familien leben sie in einfachen Häusern, die sie in der Mitte ihres Ackerlandes erbaut haben. Ihre Wohnungen fassen in der Regel nur einen engen Raum, der über keine Fenster verfügt. Die Fußböden bestehen aus gestampftem Lehm. Als Möbel dienen aus Felssteinen gemauerte Bänke, die mit Lama- und Schaffellen bedeckt sind und sich zum Sitzen und Schlafen eignen.

Die Indios besitzen gewöhnlich nur wenig Ackerland. Trotz großer Arbeitsamkeit vermögen sie lediglich Erträge zu erwirtschaften, die gerade für ihren täglichen Eigenbedarf reichen. Finanzielle Mittel zum Ankauf künstlichen Düngers fehlen ihnen. Auch sind sie auf veraltete landwirtschaftliche Werkzeuge angewiesen, wie Hacke und Grabstock, die nur nicht mehr wie früher eine Schneide aus Hartholz oder Stein, sondern Eisenklingen besitzen. Mit dem primitiven Hakenpflug läßt sich nur ebenes Gelände beackern. Die Bestellung von Feldern auf steilen Hängen ist damit nicht möglich. Da

Zugtiere selten sind, muß der Bauer alle seine Geräte mühsam mit der Hand betätigen. Die Männer graben und pflügen, während die Frauen und Kinder die Schollen wenden und zerklopfen. Neben der Kartoffel, dem Hauptnahrungsmittel, werden andere Nutzpflanzen, wie Gerste, Weizen und Puffbohnen, angebaut.

Die meisten Familien halten auch einige Schafe, Schweine und Hühner, aber Ochsen und Pferde sind unerschwinglich. Die Kamelschafarten Lama und Alpaka eignen sich nicht als Haustiere. Sie werden für Transporte in unwegsame Gegenden eingesetzt, obwohl ihre Tragfähigkeit sich nicht mit der von Eseln messen kann. Für die Ernährung kommt Lamafleisch kaum in Frage. Als Festbraten bevorzugen die Indios die in jedem Haus umherwimmelnden Meerschweinchen.

Schon fünfjährige Kinder besorgen das Weiden von Schafen und Lamas. Die Kleinen müssen auch Holz für die Herdfeuer herbeischleppen. Die Mädchen lernen bereits sehr früh mit der Handspindel umgehen. Die Jungen helfen ihren Vätern bei der Feldarbeit. Obwohl in letzter Zeit besonders in ländlichen Gebieten mehr Schulen eröffnet werden, können die meisten Indios noch immer weder lesen noch schreiben. Der Analphabetismus der quechuasprechenden Bevölkerung ist zum Teil dadurch bedingt, daß die Lehrer im allgemeinen nur in der Fremdsprache Spanisch unterrichten.

Bei den Quechua heiraten die Jugendlichen stets im frühen Alter. Probeehen vor der offiziellen Heirat sind überall die Regel. Ob es zur gesetzlich anerkannten Lebensgemeinschaft von Mann und Frau kommt, darüber entscheidet oft der Beginn einer Schwangerschaft.

In der Bekleidung der Männer gibt es das alte Lendentuch längst nicht mehr. Zur langen Hose aus selbstgewebtem Wollstoff zieht der Indio heute Jacketts europäischer Machart an. Auch ist der Poncho, das viereckige Tuch mit der Öffnung für den Kopf, noch immer in Mode. An alte Zeiten erinnert die früher fein gewebte, heute vielfach gestrickte Zipfelmütze mit den Ohrenklappen. Die Frauen haben bis zu den Knien reichende Röcke an, die aus hausgewebtem Wollstoff sind und von denen bis zu acht oder gar zehn Stück übereinander getragen werden. Steife Filzhüte und farbenprächtige Schultertücher gehören auch zu ihrer Standardkleidung. An Festtagen schmücken sie sich mit Ketten aus Silbermünzen oder aus aneinandergereihten harten, roten Wildbeeren.

Die Araukaner, die »Comanchen« Südamerikas

In ihrem Drang nach Freiheit ähnelten die Araukaner, die Ureinwohner des mittleren Chile (zwischen 30° und 43° südlicher Breite), den Indianern im »Wilden Westen« der Vereinigten Staaten. Weil die auch Mapuche, d. h.

Landleute, genannten Indios die Spanier mit fast unglaublicher Hartnäckigkeit und Tapferkeit bekämpften und ihrem Vordringen beharrlich Einhalt geboten, wurden sie mit dem schmeichelhaften Beinamen, »die Comanchen Südamerikas«, bedacht. Viele Forscher zollten der Unerschrockenheit der Araukaner große Bewunderung. So sah der chilenische Amerikanist Ignacio Domeyko in ihnen »das edelste amerikanische Volk«. Und der spanische Dichter Don Alonso de Ercilla y Zúniga schrieb in seinem umfangreichen Epos »La Araucana« (1569—1589): »Die Araukaner gleichen Achilles an Kühnheit, Geist und Stärke.«

In der Tat hatten die kriegerischen Indianer es sogar fertiggebracht, 1475 den größten Eroberer aller Inkas in einem erbitterten dreitägigen Ringen mit seinen Streitkräften an den Ufern des chilenischen Rio Maule vernichtend zu schlagen. Tupac Yupanqui, der »Alexander der Große« der Neuen Welt, war nur vom Volk der Araukaner in einer offenen Feldschlacht besiegt worden. Seitdem hatte er davon abgesehen, den Rio Maule mit seinem Heer zu überschreiten. In der Folge bildete dieser Fluß die Südgrenze des Riesenreiches der Inkas, das sich über eine Million Quadratkilometer ausdehnte. Vom Quechua-Wort »Auca«, das die Inkas für Rebell und Feind gebrauchten, leitet sich der Name der Araukaner ab, mit dem die nicht unterworfenen Grenzvölker bezeichnet wurden.

Der heftige Widerstand der Araukaner hielt nicht nur den Vormarsch der Inkas auf, sondern brachte auch den Ansturm der spanischen Konquistadoren zum Erlahmen. Die Araukaner verteidigten die Unabhängigkeit und Unversehrtheit ihres Volkes derart standhaft über lange Zeit, daß die Chilenen den weißen Stern des araukanischen Banners auf ihre Nationalfahne übernommen haben.

Als Diego Almagro (der Ältere) im Juni 1535 mit fünfhundertsiebzig Spaniern und fünfzehntausend indianischen Hilfstruppen von Cuzco im heutigen Peru aufbrach, mußte er zunächst die viertausend Meter hohen vereisten Pässe der Anden überqueren, ehe er zu den Küstenniederungen Nordchiles hinuntersteigen konnte. Die Natur verlangte einen fürchterlichen Preis: Elftausend Indianer kamen im ewigen Schnee um, und alle mitgeführten Pferde, die man mühselig das Gebirge hochgezerrt hatte, erlitten dasselbe Schicksal.

Mindestens zweitausend Kilometer hatten die erschöpften Konquistadoren bereits zurückgelegt, als sie von etwa hundert bewaffneten Araukanern hart bedrängt wurden. Da Almagro bis dahin keine Spur von Gold, Edelsteinen oder anderen Schätzen gefunden hatte, suchte er sein Heil in der Flucht und entschloß sich zum Rückzug nach Peru durch die glühendheiße, wasserlose, achthundert Kilometer lange Atacama-Wüste. Nach dem unendlichen Marsch durch die sengende Hitze mußte er erneut der eisigen Kälte der Anden die Stirn bieten, ehe er wieder in Cuzco einziehen konnte.

Wer waren diese Indianer, die die Spanier zur Umkehr zwangen? Die Araukaner lebten hauptsächlich vom Ackerbau, bestellten ihre Felder mit Mais, Bataten und Quinoa-Hirse und züchteten außerdem das Lama. Die Töpferei, die Weberei und auch die Metallverarbeitung waren ihnen bekannt. Sie wohnten in festen Häusern und unterstanden starken Häuptlingen mit mehreren Rangstufen. Vom Aufbau der Gesellschaft der Araukaner ist nur wenig überliefert. Ihr Land war in vier Teile aufgegliedert, denen jeweils ein »Toqui« (Häuptling) vorstand, der auf die Hilfe eines »Apo-ulmen« (Verwalter und Richter) zurückgreifen konnte. In jeder der vier Provinzen siedelten mehrere Stämme, deren Geschicke von je einem Kaziken bestimmt wurden. Mit einem »Rat der Alten« befand er über Krieg und Frieden. Er war auch der Befehlshaber der ihm unterstellten Krieger. Von frühester Kindheit an mußten alle Araukaner an militärischen Übungen teilnehmen. Die Kämpfer stellten ihre Waffen selbst her: Brustschild und Helm aus Leder, Lasso aus Lianen und Weiden, Schleuder, Bogen und Pfeile aus gewebten Binsen.

Über den Ursprung ihres Volkes erzählten sich die Araukaner folgende Geschichte: Als vor sehr langer Zeit ein Indianer aus der Ebene mit seinen Kindern Piniennüsse für den Winter sammelte, ereignete sich eine schreckliche Naturkatastrophe. Die längs des Meeres gelegenen Gebiete wurden von den Wassern überflutet, die sogar den Felsen umspülten, auf dem die Familie vor den Naturgewalten Zuflucht genommen hatte. Der Vater rutschte aus und fiel in die Tiefe. Als dann eine Buche gegen den Felsen krachte, krochen ein Puma und eine Füchsin aus dem Baumstamm hervor. Die beiden Tiere wollten die Kinder verspeisen. Als sie die Kleinen aber so verzweifelt sahen, hatten sie Mitleid mit ihnen. Der Puma trug sie bis zu seiner Höhle, und die Füchsin ernährte sie. Aus dieser Gemeinschaft entstand die araukanische Rasse. Der Puma hat ihr seine natürliche Kraft vermittelt, die Füchsin ihre Schläue.

Trotz Almagros schlechter Erfahrungen unternahm einige Jahre später einer seiner Offiziere, Valdivia, in seiner Gier nach Gold und Macht einen zweiten Versuch, »das Land Chile« und dessen araukanische Bevölkerung unter spanische Herrschaft zu bringen. Eine von der Expedition mitgeführte Schweineherde erwies sich als sehr nützlich. Valdivia wäre mit seinen Leuten im Norden Chiles verhungert, hätte er nicht auf seinen eisernen Vorrat an Schweinen zurückgreifen können. Die dortigen Indianer hatten nämlich alle ihre Lebensmittel vor den Spaniern in Sicherheit gebracht. An den Ufern des heutigen Flusses Mapocho, den er auf seinen eigenen Namen taufte, gründete Valdivia die Hauptstadt des »Generalkapitanats Chile«, »Santiago del Nuevo-Extremo«, ohne von den Araukanern belästigt zu werden. Diese lebten weiter südlich, auf der anderen Seite des Bío-Bío, einem Zufluß zum Pazifik in Zentralchile. Als sie den Grenzfluß überschritten, um die

Spanier anzugreifen, gelang es Valdivia, sie zurückzuschlagen und sogar ihre Toqui (Häuptlinge) gefangenzunehmen.

Weil er glaubte, in den chilenischen Flüssen könne Gold gewaschen werden, rückte er mit einer kleinen Schar Spanier nach Süden vor, um sich bei den dort wohnenden Araukanern die nötigen Arbeitskräfte zu beschaffen. In der Zwischenzeit griff eine Abteilung Indianer in der Morgendämmerung des 11. September 1541 die in Santiago verbliebene Besatzung an. Zu Beginn war ihrem Toqui Michimalonco das Kriegsglück hold. Als die Spanier keinen Ausweg mehr sahen, ließ Inés Suárez, Valdivias Geliebte, den als Geiseln zurückbehaltenen Araukanerhäuptlingen die Köpfe abschlagen und diese mitten unter die Angreifer werfen. Diese Morde bewahrten die Spanier in allerletzter Minute vor der Niederlage, da die Araukaner entsetzt zurückwichen. Die Spanier hatten jedoch zu viele Soldaten eingebüßt, um den Indianern wirkungsvoll entgegenzutreten. Zwei Jahre lang mußten sie sich in ihrer Hauptstadt verschanzen, ehe Verstärkung aus Peru eintraf. Der eigentliche Araukaner-Krieg begann aber erst im Jahr 1549. Damals errangen die Spanier in der Andalién-Ebene einen ersten Sieg. Die Schüsse aus ihren Musketen brachten den Angriff von viertausend Araukanern zum Stehen. Als die Indianer sahen, daß ihr Toqui Ayavila gefallen war, wichen sie zurück. Die folgende Zeit nutzten die Konquistadoren, um das Grenzgebiet zu Araukanien mit einer Kette von Festungen abzusichern. Doch die Waffenruhe war nur von kurzer Dauer.

Ein mit einem blutroten Band geschmückter Pfeil, der durchs ganze Land getragen wurde, rief alle Araukaner zu den Waffen. Ihr neuer Toqui, Lautaro, der bei Valdivia als Pferdeknecht gearbeitet hatte und deswegen mit der spanischen Kampftaktik bestens vertraut war, gab 1553 das Signal zum allgemeinen Aufstand. In der Entscheidungsschlacht am 1. Februar 1554 stellte sich zunächst nur eine seiner zwölf Abteilungen zum Kampf. Als die Konquistadoren die kleine Schar sahen, gingen sie sofort zum Angriff über und spalteten die Gruppe der Araukaner in zwei Teile. Unverzüglich setzte Lautaro eine zweite Horde Krieger ein, die die Bresche schloß. Nach und nach warf er die übrigen Abteilungen ins Gefecht, bis das gesamte spanische Heer mit seinen indianischen Hilfstruppen aufgerieben war. Auch Valdivia fand in dieser Schlacht den Tod. Weil er sich tapfer geschlagen hatte, rissen ihm die Araukaner — ein Beweis ihrer Hochachtung — das Herz aus der Brust, schnitten es in Stücke und verteilten es an ihre Krieger. Sie glaubten, sich mit dem Herzen auch den Mut des Toten einzuverleiben.

Valdivias Nachfolger, Francisco de Villagra, erging es nicht viel besser. Auch er wurde mit seinem gesamten Heer, 1554 in der Schlacht bei Mariguena, besiegt. Somit hatte Lautaro in vier kampfreichen Jahren fast ganz Araukanien von den Spaniern gesäubert. Als er zum letzten Schlag ansetzte, zum Sturm auf Santiago, wurden seine araukanischen Kampfverbände durch eine schreckliche Typhusepidemie stark gelichtet. Lautaro selbst fiel einem Überraschungsangriff der Spanier zum Opfer. Sein abgeschlagenes Haupt wurde in Santiago auf einen Pfahl gespießt und zur Abschreckung ausgestellt. Als araukanischer Hannibal gilt Lautaro den Chilenen heute als legendärer Nationalheld. »Lautaro war kein Gelegenheitsführer, sondern der vom Genie erleuchtete Widerschein der Seele eines Volkes.« (Gonzalo Fernández de Oviedo y Valdés, »Historia general y natural de las Indias«)

Trotz des Rückschlags gaben die Araukaner nicht auf. Geschickt wie sie waren, machten sie sich innerhalb von zwanzig Jahren mit der Reitkunst vertraut. Sie hatten nämlich erkannt, daß die Spanier ihre militärische Stärke vor allem der Reiterei zu verdanken hatten. Als sie sich durch systematischen Pferdediebstahl genügend Tiere besorgt hatten, begannen sie mit dem Aufbau einer eigenen Kavallerie. Ihre neue, kriegerische Reiterkultur, deren Grundlage die Pferdezucht wurde, zeigte schon recht bald beeindruckende Ergebnisse. Aus dem Feldbauernvolk wurde in der Zeit der Auseinandersetzung mit den Spaniern ein Reitervolk von Viehzüchtern.

Der alte Caupolicán, Lautaros Nachfolger, kämpfte verbissen gegen die spanischen Truppen. Selbst Frauen und Kinder beteiligten sich an der bewaffneten Auseinandersetzung. So zeichnete sich die Araukanerin Fresie, eine Frau Caupolicáns, durch außergewöhnlichen Mut aus. Durch Zurufe feuerte sie die indianischen Krieger lautstark zu immer größeren Leistungen an: »Ich, wir alle wollen nicht die Mütter von feigen Söhnen und die Frauen von feigen Männern sein. Kämpft, Mapuche, kämpft!« Erst als die Spanier auf Artillerie zurückgriffen, gelang es ihnen, die Indianer zu besiegen. Bevor sie Caupolicán töteten, wies der gefangene Toqui den spanischen Anführer auf die Sinnlosigkeit seines Ablebens hin: »Glaube nicht, daß, wenn ich hier unter deinen Händen sterbe, unser Staat kopflos werden wird, denn es werden sogleich Tausende andere Caupolicáns erstehen.«

Von 1561 bis 1598 zog sich der Araukaner-Krieg mit wechselnden Erfolgen hin. Die große Wende kam 1598 in der Schlacht beim Indianerdorf Carabala. Der oberste Toqui Pelantar griff das vom Generalkapitän von Chile, Onez de Loyola, befehligte Heer so überraschend an, daß jede Gegenwehr sich als zwecklos erwies. Anscheinend vermochte nur ein einziger spanischer Soldat seine Arkebuse (Hakenbüchse) abzufeuern. Die Vernichtung ihrer Armee zwang die Spanier zur Räumung ganz Araukaniens und zum Rückzug hinter den Río Bío-Bío. Dieses Zurückweichen vor dem Gegner ist als einzigartiger Vorgang in der Geschichte des kolonialen Amerika zu werten. Es sicherte den Araukanern nämlich für die nächsten dreihundert Jahre ihre Unabhängigkeit.

Da der Kampf gegen die unerschrockenen Indianer allzu viele Soldaten und finanzielle Mittel verschlang, verließen die Spanier nicht nur die Heimat der Araukaner, sie boten ihren ehemaligen Feinden sogar einen Nichtangriffspakt an. »Das hatte es in der Geschichte des indianischen Amerika noch niemals gegeben — der Vertreter des spanischen Königs bat die Indianer um eine Zusammenkunft und um Frieden!« (Miloslav Stingl)

Im Jahr 1641 kam es in Quillino zu den ersten Friedensverhandlungen der Araukaner mit den Europäern. Die Spanier, deren Kolonialsoldaten sich weigerten, in Chile zu dienen, erkannten die volle Souveränität Araukaniens an und nahmen diplomatische Beziehungen mit dem neuen indianischen Staat auf. Dieser erwies sich als souveränes indianisches Gemeinwesen, in dem Massencharakter tragende »araukanische Parlamente« das Sagen hatten. Wenn die eindrucksvollen Volksvertretungen tagten, fanden sich nicht nur die Häuptlinge der Araukaner ein, sondern auch Tausende von einfachen Kriegern, die mit ihren silbergeschmückten Frauen hoch zu Roß in ihrer schlichten Waffentracht erschienen und mitbestimmten.

Als 1818 die spanische Kolonialherrschaft in Lateinamerika zusammenbrach, erwuchs den Araukanern in der jungen Republik Chile kein ernsthafter Gegner. Bis in die sechziger Jahre des 19. Jahrhunderts blieben sie von den neuen Machthabern unbelästigt. Ein französischer Abenteurer, Antoine Orélie de Tounens, der das Vertrauen der Araukaner gewonnen und es sogar zu ihrem obersten, weißen Toqui gebracht hatte, modelte im Dezember 1861 Araukanien in ein Königreich um, das er »Neufrankreich« nannte und zu dessen König, Orélie-Antoine I., er sich selbst einsetzte. Er gab Araukanien eine Verfassung, die das Grundgesetz des französischen Kaiserreichs Napoleons III. kopierte, bildete eine Regierung nach europäischem Vorbild und trug sich mit dem Gedanken, die Gesamtvolksversammlung der Araukaner durch eine »Nationalversammlung« abzulösen, in der jeder Abgeordnete fünfzigtausend Wähler vertreten würde. Patagonien, das damals noch nicht zum Machtbereich der Republik Argentinien gehörte und von den Araukanern beherrscht wurde, gliederte er ebenfalls an seinen Herrschaftsbereich an. Die Unabhängigkeit des neuen »Vereinigten Königreichs von Araukanien und Patagonien« wurde vorerst von den beiden Nachbarn Chile und Argentinien respektiert. Als aber der araukanische König sich eines Tages auf chilenisches Territorium wagte, wurde die »königliche Majestät« ohne viel Federlesens nach Frankreich abgeschoben.

In der zweiten Hälfte des 19. Jahrhunderts hielten die chilenische und die argentinische Armee die Zeit für reif, gegen die Araukaner vorzugehen. Sie wollten ein für allemal die militärische Barriere beseitigen, die die kriegerischen Indianer zwischen ihren zwei Staaten errichtet hatten, und zugleich deren wirtschaftliche Schlüsselstellung untergraben. Die Araukaner waren in der Tat tonangebend im Salzhandel nach Buenos Aires und im Viehverkauf zwischen Argentinien und Chile. Ihren Viehbestand erneuerten sie durch regelmäßige Überfälle auf argentinische Haciendas. Als Argentinien und Chile ein Bündnis mit dem Industriestaat Großbritannien eingingen, um moderne Waffen aus Europa zu beziehen, war das Schicksal der Araukaner besiegelt. In Argentinien wurden sie durch General Rocas Vernichtungsfeldzug (1879—1883) fast ausgerottet. In Chile, wo sich seit 1850 militärisch ausgerüstete und ausgebildete Wehrkolonisten nach und nach auf araukanischem Boden ansiedelten, kam es 1880 zu einem großen Indianeraufstand gegen den systematisch betriebenen Landraub und die im Jahr 1878 erfolgte offizielle Angliederung Araukaniens an die chilenische Republik. Schritt für Schritt waren die Weißen vorgedrungen, hatten befestigte Stützpunkte angelegt, eine Indianergruppe nach der anderen unterworfen und Araukanien »chilenisiert«.

Noch um die Mitte dieses Jahrhunderts wurde um jeden Meter Boden hart gerungen. Gegen 1960 wurden auch die Araukaner von den sozialen Unruhen in der chilenischen Landbevölkerung ergriffen. Lauthals forderten sie die Rückgabe ihres Landes und eine indianische Selbstverwaltung. Zu Beginn der Ära Allende hatten sie berechtigte Hoffnungen auf die Verwirklichung einer ihnen günstigen Bodenreform. Als jedoch Präsident Allende 1973 gestürzt wurde, kam es zu einer besonders harten Unterdrückung der Araukaner durch die Armee. Die Provinzen Valdivia und Cautin bilden die heutigen Araukaner-Gebiete. Die dort in ungefähr zweitausend Comunidades (Dorfgemeinschaften) lebenden etwa zweihundertsechzigtausend Araukaner machen fünf Prozent der derzeitigen Bevölkerung Chiles aus. Als Akkerbauern und Viehzüchter fristen sie heute ein klägliches Dasein. Sie bauen vor allem Weizen an, der für den Markt bestimmt ist. Ihr eigenes Hauptnahrungsmittel, die Kartoffel, kommt erst an zweiter Stelle. So gesehen sind sie mehr auf Absatz als auf Selbstversorgung bedacht. Weil ihnen jedoch das meiste Land geraubt wurde, verfügen sie nicht mehr über genügend Boden, um große Geschäfte zu tätigen. Die ihnen verbliebenen Felder könnten höchstens zur Eigenversorgung reichen. Dieser Widerspruch erklärt ihre hohe Verschuldung und die zunehmende Landflucht. 1972 lebten ungefähr einhundertfünfzigtausend Araukaner in den drei größten Städten Chiles. Auch heute noch verdienen sie es, ein edles, aufrechtes und tatkräftiges Volk genannt zu werden.

STEINZEITLICHE INDIANER IM AMAZONAS-REGENWALD

Vor etwas mehr als fünfzig Jahren schrieb Claude Lévi-Strauss in seinem Erlebnisbericht »Tristes Tropiques«, inzwischen ein Klassiker der anthropologischen Literatur, über einen Indianerstamm im brasilianischen Urwald: »Die Paare umarmen sich so innig, als würden sie in einer größeren Einheit versinken. Ich habe das Empfinden, sie alle begegnen einander mit unendlicher Güte, mit einer tiefverwurzelten Arglosigkeit, mit einer unbefangenen, bezaubernden Einstellung zu ihren Trieben.« Kaum eine Generation später bemerkte der Verhaltensforscher Kalervo Stamme: »Sie wirken schroff und unhöflich, oft sogar grob. Man muß sich nicht lange unter ihnen aufhalten, um den schwelenden Haß, das Mißtrauen und die Verzweiflung zu spüren.« Die Rede geht hier von den Nambiquara-Indianern und den Folgen ihrer Berührung mit der Zivilisation, die nach und nach in ihren Lebensbereich eindringt.

Der brasilianische Ethnologe Darcy Ribeiro, ein zorniger Streiter für das Überleben der primitiven Stämme am Amazonas, führt solche Veränderungen auf folgende Reihenfolge von Erfahrungen der Indianer zurück: »Hunde, Ketten, Schrotflinten, Maschinengewehre, Napalm, Arsen, mit Windpocken verseuchte Kleider, gefälschte Urkunden, Vertreibung, Rollbahnen durch den Urwald, Zäune, Brandrodung, Verordnungen der Behörden und die Mißachtung von Tatsachen.« Die Nambiquaras, um die Jahrhundertwende schätzungsweise zehntausend, gingen bis heute auf etwa sechshundert zurück.

Die Amazonas-Indianer kämpfen ums Überleben. »Der weiße Mann stiehlt immer mehr von unserem Land«, klagen sie. Mit Protesten, aber auch zunehmend mit Gewalt verteidigen sie ihren schrumpfenden Besitz und ihre Existenz. Von den einst in Brasilien auf vier Millionen geschätzten Ureinwohnern gibt es heute nur noch knapp zweihunderttausend.

Rund einhundertvierzig Stammesgruppen leben heute noch in Brasilien, überwiegend im Amazonasbecken. Die Spannung zwischen Weißen und Indianern wächst, die Zwischenfälle nehmen zu. Informationen über die Scharmützel dringen selten in die großen Städte. Die umstrittenen Gebiete liegen fernab der Zivilisation, hier herrscht das Recht des Stärkeren. Indianerkenner wissen von den latenten Kleinkriegen im tiefen Busch zwischen Eingeborenen und Eindringlingen wie Kautschuksammlern, Holzfällern oder Edelsteinschürfern zu berichten. In voller Kriegsbemalung, aber ohne einen Faden am Leib sind auch heute noch Krieger der Parakanas auf dem Kriegspfad. Sie greifen mit Pfeil und Bogen an, auch wenn ihre Gegner über Gewehre verfügen. Und sie lehren sie, wie etwa die Arawete-Indianer, noch immer das Fürchten. Die Parakanas gehören zu rund zwanzigtausend Indianern Brasiliens, die die Regierung des Landes gern befrieden möchte. Sie trotzen der Zivilisation und leben wie ihre Vorfahren in den gigantischen Regenwäldern des Amazonas von der Jagd und vom Fischfang. Sie bekämpfen sich manchmal und rauben zuweilen auch die Frauen der jeweiligen Gegenseite.

Weitaus größer ist mit rund einhundertachtzigtausend Menschen die Zahl der Indianer, die als mehr oder weniger zivilisiert gelten. Ein Häuptling des

Xavante-Stammes wurde sogar ins brasilianische Parlament gewählt. Die Indianer-Agentur in Brasilia versucht, mit den nicht befriedeten Ureinwohnern in Kontakt zu treten. Aber ihre Mühen werden häufig von Goldsuchern, Holzfällern und Siedlern behindert, die den Indianern ihre Stammesgebiete abjagen, oder auch vom Widerstreben der Indianer selbst. Die Regierung versucht, auch bislang unbekannte Indianergruppen aufzuspüren, weil sie meint, sie könnten auf sanfte Weise an die Zivilisation herangeführt werden, bevor diese in Gestalt gewalttätiger Weißer in ihre Gebiete einfällt. Gewöhnlich schlägt die Indianer-Agentur in Urwaldlichtungen Lager auf, die als Anziehungspunkte für die scheuen Eingeborenen dienen sollen. Dort werden Zucker, Schmuck, Macheten und andere Dinge hinterlassen, die die Indianer zu einem Treffen mit den Spendern verlocken sollen.

Einer der Agenten, Sydney Possuelo, brauchte 1981 zehn Monate, bevor er auf diese Weise Kontakt zu einer Gruppe des Arara-Stammes bekam. In seinem Bericht schrieb er damals: »Die Arbeiter in den Posten leben in ständiger Angst, weil sie wissen, daß sie von den Indianern Tag und Nacht belauert werden. Wir wissen, daß die Indianer darauf warten, daß wir einen Fehler machen, so daß sie angreifen können. Trotz unserer guten Absichten werden wir als Invasoren und Feinde betrachtet.« Nach einer Meldung der Zeitung »O Globo« wurden in den letzten zehn Jahren über hundert Männer in den Kontaktlagern getötet.

Die letzten »wilden« Amazonas-Indianer leben auf Zeit, denn unerbittlich frißt die Evolution ihre Kinder, saugt die industrielle Zivilisation die Ureinwohner aus ihren Dörfern und Hütten. Ein paar Jahre noch, und sie sind Wracks ihrer Kultur, lebende Versteinerungen der Steinzeit. Ob Choco, Cuna, Wayapi, Txucarramae, Achuara oder Jivaro – ihnen allen blüht dasselbe Schicksal. Stellvertretend sei hier der Werdegang der Auka geschildert, dieser Urwaldsöhne mit der steinzeitlichen Materialkultur, die im Regenwald leben wie Jaguar und Anakonda. Die Worte der Auka-Frau Dayuma sind der beste Ausdruck der ökologischen Verflochtenheit des sterbenden Stammes mit dem Urwald. Es war in Ecuadors Hauptstadt Quito, wo Dayuma feststellte, es gebe nicht genug Bäume, Affen und keine Vögel. »Man kann nicht frei gehen, weil viele Menschen unterwegs sind. Die Straßen bestehen aus sehr harter Erde, sind mal heiß, mal kalt.«

Die Auka, der »wildeste Stamm der Welt«

»Ein junges Gesicht beugt sich der Kamera entgegen – mit weißen Ohrpflöckchen geschmückt und von schwarzen Ponyfransen umrahmt. Die halb geöffneten Lippen, der schräge, verschattete Blick und die herausfordernde Haltung des nackten Mädchens verschmelzen zu einem Bild sinnlicher Koketterie. Mit der berühmten Motivauslese der ‚Dritten Weltausstellung der Photographie' ging diese erste Aufnahme einer ‚wilden' Auka durch die Metropolen.

Der Fotograf bezahlte seinen Schnappschuß mit dem Leben. Er schwamm, von Speeren durchbohrt, mit dem Bauch nach unten im seichten, warmen Wasser des Rio Curaray. Sein Name: Nate Saint. Mit ihm starben am späten Nachmittag des 8. Januar 1956 vier amerikanische Missionare, die auf dem sanften Ufer des Flusses im Schatten windgewiegter Palmen mit ihrem Flugzeug gelandet waren, um den Auka von hier aus ‚Gottes Schnitzzeichen' anzutragen.« (Peter Baumann und Erwin Patzelt)

Sie leben unterm Blätterdach des endlosen Amazonas-Regenwalds, im Hinterland der ecuadorianischen Montanaflüsse Napo und Curaray, wie der Jaguar und die Anakonda. Aber sie sind noch leiser und gefährlicher als ihre beiden Jagdrivalen, wenn es um die Verteidigung ihrer Heimat gegen die Außenwelt geht, der sie voller Haß und Furcht gegenüberstehen.

Von den wilden Lanzenmännern hörten die Europäer erstmals bei der Eroberung der Andenländer durch die Spanier. Inka-Chronisten berichteten nämlich, daß bereits der Inka Tupac Yupanqui (etwa 1418-1482) ohne Erfolg versucht haben soll, die unbändigen Waldindianer jenseits der Ostkordilleren zu unterwerfen. Das Wort »Auka« stammt aus dem Quechua, der offiziellen Sprache im Inka-Reich, und bedeutet »kriegerisch, wild, feindlich«. Mit diesem Ausdruck bezeichnete man ursprünglich all die Barbaren, die der Herrschaft der Inkas und später der Spanier Widerstand leisteten. Sich selbst nennen die Auka »Huarani«, ihre Sprache ist das Huaodani.

Gegen Ende des 19. Jahrhunderts sahen sich die Auka in ihrem Lebensraum bedroht, als überall in der Welt die steigende Nachfrage nach Rohgummi einsetzte und sich ein Heer von Kautschuksammlern, Händlern und Siedlern, von unkontrollierbaren Glücksrittern und Abenteurern über ihren Regenwald ergoß. Hinzu kam der Energiehunger der Zivilisation. Die Schneisen der Ölsucher zerschnitten den Dschungel, der von krachenden Axtschlägen widerhallte und für die Camps der Arbeiter abgebrannt wurde. Außerdem waren die Auka der Zudringlichkeit amerikanischer Missionare ausgesetzt, besonders des »Summer Institute of Linguistics«, das die Dschungelbewohner mit fanatischem Eifer zum Christentum bekehren wollte. Motorsägen, Bulldozer und missionarische Intoleranz werden bald die letzten Inseln der freien Auka erreicht haben. In der Tat sind das Öl, die Kolonisten und die Missionare die größten Feinde der Auka-Kultur.

Solange sie Ausweichmöglichkeiten hatten, zogen sich die Auka stets tiefer in den Regenwald zurück. Als die Fremden sich jedoch immer häufiger in ihr Territorium vorwagten, begannen die steinzeitlichen Menschen, sich energisch zur Wehr zu setzen, und hielten sich als einer der letzten unabhängigen Stämme die Eindringlinge mit ihren Speerspitzen vom Leib.

Die letzten »wilden« Amazonas-Indianer leben auf Zeit — unerbittlich saugt die industrielle Zivilisation die Ureinwohner aus ihren Dörfern und Hütten. Unser Bild zeigt Jahua-Indianer beim Blasrohrschießen.

Heute verlieren sich die wenigen hundert Auka, die noch den letzten freien Gruppen angehören, in einem riesigen Raum von mehr als zehntausend Quadratkilometern im undurchsichtigen Filzwerk der durchschnittlich zwanzig Meter hohen Vegetation. Das von ihnen bewohnte Gebiet östlich des 77. Längengrades wird noch unzugänglicher durch den sumpfigen Untergrund, in dem die üppige und dichte Vegetation über viele Quadratkilometer wurzelt und fault. Hier herrscht jahrein, jahraus ein feindseliges Waschküchenklima mit Temperaturen von dreißig und mehr Grad Celsius und einer langen Periode anhaltender Regenfluten. In ihrer Dschungelbastion waren sie im Laufe der Jahrhunderte so abgeschieden von ihrer indianischen Umwelt, daß sie weder Floß noch Kanu kennenlernten, obwohl sie seit jeher im Wasser zu fischen pflegten. Sie sind ein Landvolk geblieben und keine Flußnation geworden, wie die meisten amazonischen Stämme, die in den Flüssen die bequemsten Verkehrswege sahen.

Die Frage nach der Zeit ihrer Ankunft im Amazonas-Regenwald läßt sich nur mit Mutmaßungen beantworten. Die Vorfahren der Auka sickerten wohl allmählich als asiatische Jägergruppen über die prähistorische Beringbrücke nach Nordamerika ein. Ihre lange Wanderschaft nach Süden wurde bestimmt von Jahren der Seßhaftigkeit unterbrochen. Als dann nachdrängende Völker sie zum Aufbruch zwangen, blieb ihnen nichts anderes übrig, als weiterzuziehen. Vor zwanzigtausend Jahren könnten sie den tropischen Regenwald erreicht haben, wo sie sich den neuen Gegebenheiten einer feindlichen Natur anpaßten. Als z. B. die riesigen Jagdtiere, wie Mammut und Mastodont, ausstarben und damit die alten Nahrungsquellen zum Versiegen kamen, stellten sich die Auka auf neue Jagdwaffen um. Das schwere Blasrohr mit den scharfspitzigen Curare-Bolzen und der Fischspeer weisen auf eine Anpassung des Menschen an die veränderten Bedingungen hin.

Wie die vergiftete Spitze der Curare-Bolzen dafür sorgt, daß die Beute in den Baumwipfeln, wie Affen und Vögel, den Indianern nicht entkommt, so hilft ihnen im Wasser ein anderes Gift zur Verbesserung des Fangglücks. Die zerstoßenen Wurzeln des Barbasco-Strauchs werden in großen Mengen in den Fluß geworfen. Nach einer halben Stunde kommen die Fische bäuchlings nach oben, weil das sich im Strom ausbreitende Gift, das beim Fisch über die Kiemen aufgenommen wird, dessen Atmung lähmt. Weil die Auka weder Boote noch Balsaflöße kennen, bleibt ihnen neben diesem »Giftfischen« als Fangtechnik nur das Fischen im Flachwasser mit einer bis zu vier Meter langen, gezackten Lanze oder einem Spieß aus Rohr.

Der für die Auka heute noch charakteristische Kampfspeer geht wahrscheinlich auf eine Periode zurück, in der sie eine wirksame Jagdwaffe gegen große Tiere benötigten. Diesem Wurfspeer kommt noch in unseren Tagen eine derartige Bedeutung zu, daß man den Dschungelindianern den Namen »Speergesellschaft« gegeben hat. In der Tat fühlen sie sich so abhängig vom Speer, daß sie die Speerbündel neben dem Hütteneingang nie gänzlich aus den Augen lassen. Bei dieser ebenso einfachen wie furchtbaren Nationalwaffe, die mit Vorliebe für Krieg und Kampf eingesetzt wird, ist der Schaft und die mit eingekerbten Widerhaken versehene Spitze aus einem einzigen Stück Chonta-Holz geschnitzt. Die Auka scheinen zeitweilig einem selbstmörderischen psychologischen Zwang zum Töten verfallen zu sein, denn manchmal kommt es wegen geringer Anlässe inmitten des Indianerdorfs zu wahren Kettenreaktionen von Speermorden und zur Auslöschung ganzer Familiengruppen, wobei Frauen und Kinder mit aufgespießt werden.

Der protestantische Missionar David Cooper wies in seinem Auka-Report darauf hin, daß diese Indianer offensichtlich Blutvergießen brauchen, um in guter Stimmung zu bleiben: »Sie waren nur fröhlich, wenn sie einen erfolgreichen Raubzug hinter sich hatten. Als sie die Yumbo-Indianerin Joaquina gefangen und ihre Speere in die anderen gerammt hatten, war ihr Ausdruck von Freude wild und ehrlich. Sie lachten, heulten und brüllten. Auch daheim herrschten Gelächter und Freude, und die Frauen wurden von dem Taumel angesteckt. — Aber im Alltag, besonders wenn eine lange Zeit ohne neue, blutige Raubzüge vorübergegangen war, war die Atmosphäre düster und depressiv. Die Frauen schlichen umher wie Hunde, mit gesenkten Köpfen, in ständiger Furcht vor den Männern, die sauer und bitter waren.«

Die Aggressivität der Auka, ihre aufs Töten aller Stammesfeinde und sogar irgendwie mißliebig gewordener Angehöriger oder benachbarter Gruppen des eigenen Volkes gerichtete Mentalität, die sie blitzschnell zum Speer greifen läßt, wurzelt vielleicht in ihrem Ideal der dauernden Bereitschaft des Mannes zum Erstechen von Mensch und Tier, das sie allzuoft in die Tat umsetzen. Für geschehenes Unglück pflegen sich die Auka an ihrem Brujo, dem Zauberpriester-Medizinmann, zu vergreifen, weil er sie vor dem Unheil nicht bewahren konnte. Sie sind nämlich in einer Vorstellungswelt gefangen, in der der Schamane nur dann erfolgreich ist, wenn er die von einem Auka fortgenommene Krankheit einem anderen auflädt. Stirbt letzterer, so wird dessen Verwandtschaft den Zauberer zur Rechenschaft ziehen. Wird also ein Auka das Opfer seiner Krankheit, so ist im Denkschema dieser Indianer immer ein Brujo dafür verantwortlich, der deswegen mit dem Speer getötet werden muß.

Erst vor viertausend Jahren dürften die Auka im Amazonasbecken auf die Yukkawurzel gestoßen sein, die mit ihren gereinigten und geschnittenen Knollen für die Indianer zum »täglichen Brot« wurde und die sie im Laufe der Jahre anbauen lernten. Aus Yukka stellen sie auch ein alkoholfreies, süßliches Getränk her. Alkohol scheint ihnen unbekannt zu sein. Mit ihrer zweiten großen Nutzpflanze, der Banane, die sie in ihren bescheidenen Äckern ernten, wurden sie erst im 18. Jahrhundert bekannt, als diese aus Indien nach Südamerika kam. Neben ihrem Dschungelgarten, den die Männer im Tropenwald freihauen und die Frauen bepflanzen, greifen sie auch gern auf wildwachsende Chonta-Früchte zurück, die sie zeitweilig vom Jagdglück unabhängig machen und die ihrem Körper die nötigen Kohlenhydrate liefern. Trotz ihrer Pflanzungen haben in der »jägerischen Geisteshaltung« der Auka Jagd, Sammeltätigkeit und Fischfang offenkundig Vorrang vor dem produktiveren Bodenbau.

Die Auka essen zweimal am Tag. Die erste Mahlzeit nehmen sie in aller Frühe zu sich, bevor sie zur Jagd aufbrechen oder ihre Felder beackern. Die zweite ist am Abend vor dem Schlafengehen fällig. Mit flinken Fingern muß man nach den Fleisch- und Fischportionen langen, will man nicht leer ausgehen. Durch den Verzehr der erlegten Affen und Vögel, deren Fleisch samt Haut in Tontöpfen gekocht wird, decken die Auka zu einem großen Teil ihren Proteinbedarf. Die gefangenen Fische werden mit Vorliebe geräuchert und auf einem kleinen Holztablett serviert.

Das Dach ihrer einfachen, rechteckigen Häuser reicht bis zur Erde. Ihre drei mal sechs Meter, vier mal acht Meter oder gar doppelt so großen Hütten sind ohne Licht, mit zwei versteckten Eingängen an den gegenüberliegenden Seiten. Der fensterlose Bau besteht aus schlanken, rundlichen Chonta-Stämmen, die mit reißfesten Lianen zusammengebunden werden. Diese Balkenkonstruktion muß so robust sein, daß sie mindestens mit einem Gewicht von tausend Kilogramm belastet werden kann, das von acht meist aus Palmfaser geflochtenen Hängematten samt menschlichem Inhalt und schweren Vorräten herrührt, die alle an dem Gerüst verankert werden. Die Hängematte, dieses komfortable Dschungelbett, hält die ruhenden Leiber nicht nur in einem gesundheitsfördernden und entspannenden Schwebezustand, sondern entrückt sie auch dem Unrat und Ungeziefer des Hüttenbodens. Als Dach dienen große Palmenzweige, die auch zur Abdichtung der Wände gebraucht werden. In allen Hütten brennt stets ein Feuer, damit die Auka in kühleren Nächten Wärme haben und immer Nahrung rösten oder garen können. Feuer gewinnen sie, indem sie einen Hartholzstab so lange auf einer Unterlage aus weicherem Holz quirlen, bis die ersten Funken sprühen.

Die kleinen und muskulösen Auka, kaum größer als ein Meter fünfzig, sind vollkommen nackt bis auf ein einziges »Kleidungsstück«: eine Hüftschnur, unter der sie den Penis an der Vorhaut festgeklemmt haben, um sich so vor Ungeziefer zu schützen, das sich sonst, vom Uringeruch angezogen, in der Harnröhre einnisten würde. Auch die Frauen und Kinder tragen diese Hüftschnur als »einzige« Kleidung. Die Hautfarbe der Auka ist von einem fahlen, ins Bräunliche spielenden Gelb. Das schwarze Haar mit den Ponyfransen reicht ihnen bis zur Schulter.

Als Hauptschmuck verwenden die Auka Ohrpflöcke, die aus federleichtem Balsaholz geschnitten sind, nur etwa zwei bis drei Gramm wiegen und ungefähr zwei bis fünf Zentimeter Durchmesser haben. Schon dem Kleinkind bohren die Mütter ein Loch in die Ohren und führen ein Holzstück ein, jeden Tag ein größeres, bis das Ohrläppchen von dem runden Holzstück völlig heruntergezogen wird. Die Frauen tragen auch oft einen schönen beigefarbenen Stirnreif. Als Schmuckfarben kennen die Auka nur Rot und Schwarz. Bei einer Hochzeit, die als eines der wichtigsten Auka-Feste mit größtem Aufwand begangen wird, kommen all ihre Schmuckstücke voll zur Geltung. Mädchen werden schon vom zwölften Lebensjahr an als reif für die Verbindung mit einem Mann angesehen, denn größtmögliche Fruchtbarkeit erweist sich als die einzige Waffe gegen den Untergang ihrer Rasse.

LEBENSZIEL GEMEINSCHAFT

Sind die Indianer die »besseren« Menschen?

Das Bild, das sich die meisten Europäer von den Indianern und Indios machen, ist schlicht gesagt ein Klischee, das geprägt ist von den romantisierenden Darstellungen des 19. Jahrhunderts, von James Fenimore Cooper etwa oder von Karl May. So verfestigte sich zum einen die Vorstellung vom edlen Naturmenschen, einst als Zivilisationskritik gedacht, und zum andern das Bild vom grausamen Bewohner der Prärien und Felsengebirge, dem unerbittlichen Feind der westwärts ziehenden Siedler.

Den »edlen Wilden« — mit seiner unschuldigen Natürlichkeit und seiner unverbildeten Ursprünglichkeit — in jener wirklichkeitsfremden, verlogenen Deutung, wie der europäische »Weißhäutige« den Indianer lange Zeit gern sehen wollte, gibt es einfach nicht. Viele Indianerstämme haben einander nur allzu gründlich bekriegt und vertrieben. In die indianische Gesellschaft haben auch körperlicher und geistiger Verfall durch Wohlleben, Terror durch Müßiggang, Sklaverei durch Habgier, Grausamkeit aus Not oder Lust und vieles andere mehr Einzug gehalten. So haben US-Archäologen nahe dem Missouri in South Dakota ein Massengrab aus dem 14. Jahrhundert entdeckt, das einmal mehr die Mär vom edlen Wilden erschüttert. Der grausige Fund belegt zudem, unter welchen Pressionen die Prärie-Indianer auch vor Ankunft der Weißen in Amerika standen. Auf dem Gelände einer befestigten Siedlung legten die Forscher, in einem Geviert von nur etwa sechs mal sechs Meter, bislang 486 Skelette frei. Die meisten Opfer des Massakers waren, nach den Verletzungen zu urteilen, skalpiert und großenteils an Nasen, Händen und Füßen verstümmelt worden. Aufschlußreicher aber ist, daß diese Angehörigen des Arikara-Stammes offenbar unterernährt waren — jahrzehntelang hatte in Nebraska und Kansas Trockenheit geherrscht. So trieb, wie die Wissenschaftler vermuten, wohl eine Hungersnot die dort lebenden Indianer zur Wanderung in die fruchtbaren Flußtäler nach Norden. »Wir sind ziemlich sicher«, erklärte Grabungsleiter Larry Zimmerman, »daß kriegerische Auseinandersetzungen ein alltägliches Problem waren.« Unter den getöteten Indianern sind die Männer weit in der Überzahl — ein Indiz für die Archäologen, daß die Angreifer Frauen als Beute nahmen.

Auch wenn die Welt der Rothäute längst nicht so heil war, wie Karl May uns vorgaukelte, waren die Indianer doch keine unterentwickelten Totschläger, die nur aus Spaß an der Freud' genüßlich skalpierten und am Marterpfahl folterten. In Wirklichkeit waren sie alles andere als naive Primitive. Die Indianer wegen ihrer anders verlaufenen Evolution, die nicht nach dem europäischen Wertmaßstab gemessen werden kann, einfach einer späteiszeitlichen Entwicklungsstufe zuzuordnen und ihnen deshalb geistige Schwäche zu bescheinigen ist blankes Unwissen.

Das Streben der amerikanischen Ureinwohner richtete sich ganz nach dem seelischen und körperlichen Wohlergehen der Gemeinschaft. Das Stammesleben beruhte auf einer Fülle gemeinschaftsphilosophischer Regeln, die nichts charakterlicher Zufälligkeit überließen. Das harmonische Gedeihen ihrer unfrustrierten Stammesgesellschaft basierte aber nicht auf Zwang, sondern auf immerfort neu gezeugter Zustimmung des einzelnen. Die Indianervölker bemühten sich um die hautnahe Bindung an Menschen und verständnistiefe Verbindung mit der sie umgebenden Natur, suchten Verständnis und Einverständnis mit allen sichtbaren und unsichtbaren Impulsen, die Lebendiges zeugten. Daher rührte auch ihr allgemeines Daseinsglückempfinden, das sie jahrhundertelang durchpulste und das durch die Ankunft der Weißen erheblich gestört wurde. In der Folge sahen sie in den Europäern Barbaren des technischen Zeitalters, deren Wertvorstellungen ihnen als Symptome schwerer seelischer Erkrankung erschienen.

Als die Kulturmenschen der Alten Welt noch von Freiheit, Gleichheit, Brüderlichkeit, Gerechtigkeit, Glück und Wohlfahrt träumten, hatten die meisten indianischen Völker schon seit Jahrhunderten größtenteils die Wunschvorstellungen der Europäer in die Wirklichkeit umgesetzt. Ihre Verehrung alles Lebendigen mündete in eine Geisteshaltung ein, wie sie nicht toleranter und harmonischer hätte sein können. Langjährig funktionierende indianische Modelle gaben wesentliche Anregungen zur Französischen Revolution, zur Staatsform der Demokratie, ja sogar zum Traum von Kommunismus und Sozialismus. Auch die heute als fortschrittlich geltenden Versuche zur Vermenschlichung des Straf- und Vollzugsrechts, zur Massenhygiene und Frauenemanzipation gehen eindeutig auf indianische Vorbilder zurück.

Indianer und Weiße, das waren und sind auch heute noch — fünfhundert Jahre nach der Entdeckung Amerikas — leben in zwei verschiedenen Welten, von denen man nicht behaupten kann, die eine sei steinzeitlich und wild, die andere zivilisiert und fortgeschritten. Man kann höchstens von der Voraussetzung ausgehen, daß die Entwicklung in beiden Welten — irgendwann in grauer Vorzeit — in völlig entgegengesetzte Richtungen verlief. Welcher Werdegang menschenwürdiger war, das ist die große Frage.

LITERATURHINWEISE

TEIL I: DIE INDIANER NORDAMERIKAS

Ambrose, Stephen E.: »Der Häuptling und der General. Entscheidung am Little Bighorn«. Hoffmann und Campe Verlag. Hamburg 1977
Bancroft-Hunt, Norman & Forman, Werner: »Totempfahl und Maskentanz. Die Indianer der pazifischen Nordwestküste«. Verlag Herder. Freiburg 1980
Baumann, Peter: »Die Erben von Tecumseh und Sitting Bull. Indianer und Eskimo«. Safari-Verlag. Berlin
Baumann, Peter: »Reise zum Sonnentanz. Indianer zwischen gestern und morgen«. Fischer Taschenbuch Verlag. Frankfurt a. M. 1978
Brown, Dee: »Begrabt mein Herz an der Biegung des Flusses«. Droemer Knaur Verlag. München 1970
Capps, Benjamin: »Die großen Häuptlinge«. Time-Life International. Niederlande. B. V. 1978
Capps, Benjamin: »Die Indianer«. Time-Life International. Niederlande. B. V. 1978
Ceram, C. W.: »Der erste Amerikaner. Das Rätsel des vor-kolumbischen Indianers«. Rowohlt Verlag. Reinbek bei Hamburg 1972
Davies, Nigel: »Bevor Columbus kam. Ursprung, Wege und Entwicklung der alt-amerikanischen Kulturen«. Econ Verlag. Düsseldorf 1976
Fehrenbach, T. R.: »Comanchen«. Fackelträger-Verlag. Hannover 1974
Hagen Christopher S.: »Die Indianer-Kriege. Der Wilde Westen Original«. Deutsche Verlags-Anstalt. Stuttgart 1976
Hassrick, Royal B.: »Indianer«. Falken-Verlag. Wiesbaden 1975
Hassrick, Royal B.: »Das Buch der Sioux«. Eugen Diederichs Verlag. Köln 1982
Hearting, Ernie: »Rote Wolke. Ein Lebensbild des großen Häuptlings der Sioux-Indianer«. Waldstatt Verlag. Einsiedeln 1951
Hearting, Ernie: »Sitting Bull. Der große Führer im Freiheitskampf der Sioux-Indianer«. Waldstatt Verlag. Einsiedeln 1950
Hearting, Ernie: »Schwarzer Falke. Die Geschichte eines Häuptlings der Sauk-Indianer«. Albert Müller Verlag. Rüschlikon-Zürich 1975
Hearting, Ernie: »Pontiac. Sendung und Schicksal eines großen Indianerhäuptlings«. Waldstatt Verlag. Einsiedeln 1961
Hearting, Ernie: »Häuptling Jack. Kintpuash, Anführer der Modoc-Indianer im Kampf um ihre Heimat«. Albert Müller Verlag. Rüschlikon-Zürich 1975
Hearting, Ernie: »Metacomet. Sendung und Schicksal eines großen Indianerhäuptlings«. Albert Müller Verlag. Rüschlikon-Zürich 1975

Jeier, Thomas: »Die letzten Söhne Manitous. Das Schicksal der Indianer Nordamerikas«. Econ Verlag. Düsseldorf 1976
Jeier, Thomas: »Die Eskimos. Geschichte und Schicksal der Jäger im Hohen Norden«. Econ Verlag. Düsseldorf 1977
Lindig, Wolfgang / Münzel, Mark: »Die Indianer. Kulturen und Geschichte der Indianer Nord-, Mittel- und Südamerikas«. Deutscher Taschenbuch Verlag. München 1976
Müller, Werner: »Die Religionen der Waldlandindianer Nordamerikas«. Verlag Dietrich Reimer. Berlin 1956
Niethammer, Carolyn: »Die Indianer-Frau. Legende und Wirklichkeit«. Econ Verlag. Düsseldorf 1982
Oth, René: »Das große Indianer-Lexikon. Alles über Kultur und Geschichte eines großen Volkes«. Arena-Verlag. Würzburg 1979
Reichert, Carl-Ludwig: »Red Power. Indianisches Sein und Bewußtsein heute«. R. Riper Verlag. München 1974
Schlesier, Karl H.: »Die Wölfe des Himmels. Welterfahrung der Cheyenne«. Eugen Diederichs Verlag. Köln 1985
Schulze-Thulin, Axel: »Weg ohne Mokassins. Die Indianer Nordamerikas heute«. Droste Verlag. Düsseldorf 1976
Snow, Dean: »Die ersten Indianer. Archäologische Entdeckungen in Nordamerika«. Gustav Lübbe Verlag. Bergisch-Gladbach 1976
Sobol, Rose: »Woman Chief. Es gab eine Frau, die Häuptling war«. Otto Maier Verlag. Ravensburg 1982
Stammel, H.-J.: »Indianer. Leben – Kampf – Untergang. Legende und Wirklichkeit von A–Z«. Bertelsmann Lexikon-Verlag. Gütersloh 1977
Stammel, H.-J.: »Solange Gras wächst und Wasser fließt. Die Sioux und das Massaker am Little Big Horn«. Deutsche Verlags-Anstalt. Stuttgart 1976
Stammel, H.-J.: »Die Apotheke Manitous. Das medizinische Wissen der Indianer und ihre Heilpflanzen«. Wunderlich Verlag. Reinbek bei Hamburg 1986
Turner, Geoffrey: »Indianer. Zur Kultur und Geschichte der Indianer Nordamerikas«. Verlag Werner Dausien. Hanau 1983
Worcester, Donald E.: »Die Apachen, Adler des Südwestens«. Econ Verlag. Düsseldorf 1982

TEIL II: DIE VÖLKER DER SONNE

Arnold, Paul: »Das Totenbuch der Maya«. O. W. Barth Verlag im Scherz Verlag. Bern 1980
Baumann, Hans: »Das Gold der Götter. Die Entdeckung der peruanischen Frühkulturen«. C. Bertelsmann Verlag. München 1978

Baumann, Peter: »Valdivia. Die Entdeckung der ältesten Kultur Amerikas«. Hoffmann und Campe Verlag. Hamburg 1978
Baumann, Peter / Patzelt, Erwin: »Menschen im Regenwald. Expedition zu den Auka. Wissenschaft und Abenteuer im wilden Osten Ekuadors«. Umschau Verlag. Frankfurt a. M. 1982
Baumann, Peter / Kirchner, Gottfried: »Terra X. Rätsel alter Weltkulturen«. Umschau Verlag. Frankfurt a. M. 1983
Broennimann, Peter: »Auca am Cononaco. Indianer im ecuadorianischen Regenwald«. Birkhäuser Verlag. Basel 1981
Burland, C. A.: »Völker der Sonne. Azteken, Tolteken, Inka und Maya«. Gustav Lübbe Verlag. Bergisch Gladbach 1977
Coe, Michael D.: »Die Maya. Glanz und Untergang eines geheimnisvollen Indianerreiches«. Gustav Lübbe Verlag. Bergisch Gladbach 1968
Davies, Nigel: »Die Azteken. Meister der Staatskunst – Schöpfer hoher Kultur«. Econ Verlag. Düsseldorf 1974
Davies, Nigel: »Bevor Columbus kam. Ursprung, Wege und Entwicklung der alt-amerikanischen Kulturen«. Econ Verlag. Düsseldorf 1976
Davies, Nigel: »Opfertod und Menschenopfer. Glaube, Liebe und Verzweiflung in der Geschichte der Menschheit«. Econ Verlag. Düsseldorf 1981
Davies, Nigel: »Die versunkenen Königreiche Mexikos«. Econ Verlag. Düsseldorf 1983
Deuel, Leo: »Kulturen vor Kolumbus. Das Abenteuer Archäologie in Lateinamerika«. Verlag C. H. Beck. München 1979
Disselhoff, H. D.: »Das Imperium der Inka und die indianischen Frühkulturen«. Safari-Verlag. Berlin 1974
Disselhoff, H. D. / Zerries, Otto: »Die Erben des Inkareiches und die Indios der Wälder«. Safari-Verlag, Berlin 1974
Disselhoff, H. D.: »Leben im alten Peru«. Callwey Verlag. München 1981
Fagan, Brian M.: »Die vergrabene Sonne. Die Entdeckung der Indianer-Kulturen in Nord- und Südamerika«. R. Piper Verlag. München 1979
Hagen, Victor von: »Auf der Suche nach dem Goldenen Mann. Die Geschichte von El Dorado«. Rowohlt Verlag. Reinbek bei Hamburg 1977
Helfritz, Hans: »Amerika. Inka, Maya und Azteken«. Carl Ueberreuter Verlag. Wien 1979
Heyerdahl, Thor: »Zwischen den Kontinenten. Archäologische Abenteuer«. C. Bertelsmann Verlag. München 1975
Heyerdahl, Thor: »Wege übers Meer. Völkerwanderungen in der Frühzeit«. C. Bertelsmann Verlag. München 1978
Huber, Siegfried: »Im Reich der Inka. Die altperuanischen Königreiche«. Walter-Verlag. Olten 1976
Ivanoff, Pierre: »Découvertes chez les Mayas«. Ed. Robert Laffont. Paris 1968

Katz, Friedrich: »Vorkolumbische Kulturen. Die Großen Reiche des alten Amerika«. Magnus Verlag. Essen 1975
Kirchner, Gottfried (Hrsg.): »Scherben, die Geschichte schreiben. Das Abenteuer der modernen Archäologie«. Wolfgang Krüger Verlag. Frankfurt a. M. 1981
Kirchner, Gottfried (Hrsg.): »Terra-X. Rätsel alter Weltkulturen. Neue Folge«. Umschau Verlag. Frankfurt a. M. 1986
Krickeberg, Walter: »Altmexikanische Kulturen«. Safari-Verlag. Berlin 1975
Pörtner, Rudolf / Davies, Nigel (Hrsg.): »Alte Kulturen der Neuen Welt. Neue Erkenntnisse der Archäologie«. Econ Verlag. Düsseldorf 1980
Prem, Hanns J. & Dyckerhoff, Ursula: »Das Alte Mexiko. Geschichte und Kultur der Völker Mesoamerikas«. C. Bertelsmann Verlag. München 1986
Stingl, Miloslav: »Die indianischen Kulturen Mexikos«. Verlag Werner Dausien. Hanau 1979
Stingl, Miloslav: »Indianer vor Kolumbus«. Union Verlag. Stuttgart 1976
Stingl, Miloslav: »Indianer ohne Tomahawks«. Verlag Werner Dausien. Hanau
Stingl, Miloslav: »Die Inkas. Ahnen der ‚Sonnensöhne'«. Econ Verlag. Düsseldorf 1978
Stingl, Miloslav: »Das Reich der Inka. Ruhm und Untergang der Sonnensöhne«. Econ Verlag. Düsseldorf 1982
Thompson, J. Eric S.: »Die Maya. Aufstieg und Niedergang einer Indianerkultur«. Magnus Verlag. Essen 1975
Westphal, Wilfried: »Die Maya. Volk im Schatten seiner Väter«. C. Bertelsmann Verlag. München 1977
Woodman, Jim: »Nazca. Mit dem Inka-Ballon zur Sonne«. C. Bertelsmann Verlag. München 1977

SACHREGISTER

Amerikanisch-englischer Krieg (1812) 25
Appaloosa 136
Autochthonie (indianische) 19
Baby Face 171, 174
Bison 66, 106 f., 136 ff.
Calumet 114 ff.
Catlinit 114
Chikee 55, 129
Chinampas 197

Coup 108 ff.
Ehe 120 f.
Errungenschaften 166 ff.
Ethnozid 10, 164
Ewige Jagdgründe 30, 147 f., 153
Familienleben 117 ff.
Französisch-englischer Indianerkrieg (1754–1763) 28
Friedenspfeife 114
Geistertanz 156 ff.

Genozid 10, 164
Guerilla 54, 56
Häuptlingswürde 101 ff.
Hogan 38 f., 130
Hund 136
Indianer-Vertreibungsgesetz 48, 49, 159
Jaguar 172, 224, 232, 255 ff., 260
Kachina-Kult 35
Kanu 94, 167, 168, 201

Karibu 94, 98
Kayak 98
Kindererziehung 122 ff.
Kinnikinnik 114
Korbflechterei 34
Manitu 96, 144 f., 153
Marterpfahl 112 f.
Matriarchat 27, 102
Medizinmann 102, 126, 146, 150 ff., 266
Mico 45
Namensgebung 122 ff.
Papoose 122
Parka 98
Pemmikan 167, 170
Pfeife (heilige) 106
Pfeil und Bogen 106 ff.
Pferd 133 ff.

Pony 124, 133 ff.
Potlatch 93
Psychotherapie 30, 168
Pueblo 31 ff., 130
Quipu 293 f.
Red Power 161 ff.
Reservat 156, 159 ff., 167, 169
Sachem 102 f.
Schamane 150 f.
Scheidung 120 f.
Schriften 274 f.
Skalpieren 110 ff., 166
Sonnentanz 154 ff., 166
Sprachen 139 ff.
Squaw 117 ff.
Tipi 61, 67, 117, 120, 123, 129, 130 ff., 134, 150

Toboggan 23, 167
Tomahawk 105 ff.
Töpferei 34, 269 f., 273 ff., 280
Totem 91 f.
Travois 132, 134
Trepanation 266
Umweltschutz 145, 170
Unabhängigkeitskrieg 28, 47, 49
Vision 146 f.
Waffen 105 ff.
Wampumperlen 22, 166
Weberei 38, 270
»Weg der Tränen« 48, 50
Wickiup 37
Wigwam 22, 94, 129 f.
Zeichensprache 139, 141

NAMENREGISTER

Acamapichtli 198
Ahuitzotl 199, 220
Algonkins 20 ff., 23, 102, 105 f., 129, 143 f.
American Horse 70
Anasazi 17
Apachen 32, 35 ff., 104, 129, 133 f., 140
Arapahos 76 f., 87, 96, 104, 106, 110, 139, 146, 154
Araukaner 11, 288, 299 ff.
Assiniboines 140
Atahualpa 281 ff., 288 f.
Auka 307 ff.
Axayacatl 199, 209
Azteken 10, 110, 176 ff., 182 ff., 192, 211 ff., 215, 218 ff., 222 f., 245, 252
Big Foot 71, 158
Big Tree 64
Black Elk 145
Black Hawk 20
Black Kettle 73 ff.
Bóchica 251, 262
Capac Yupanqui 285, 297
Carson, Christopher (Kit) 40, 64

Chanca 285 f., 297
Chavin 253, 255 ff.
Cherokees 43, 48 ff., 104, 140, 142
Cheyennes 73 ff., 77, 96, 104, 106, 110, 122, 126, 128, 139, 146 ff., 151, 154 f.
Chibcha (Muisca) 245 ff., 262
Chichimeken 188 ff.
Chickasaws 43, 52 ff., 140
Chimu 273, 275 ff., 288
Chippewas 23, 66, 94, 96 f., 100, 150
Choctaws 43, 52 ff., 140, 160
Cochise 37
Colla 295 ff.
Comanchen 11, 59 ff., 64, 110, 112 f., 126, 133 ff., 139 f., 152, 299 f.
Cortés, Hernando 133, 187, 193 ff., 199 f., 205, 208, 210, 212, 214 f., 221 f., 238
Coyolxauhqui 204, 206 f.
Crazy Horse 70 f., 77, 101, 106, 109, 126, 146, 162
Creeks 43, 45 ff., 140
Crees 94 ff., 100, 151

Crows 77 f., 118, 140, 144, 148
Cusi Yupanqui 286 f.
Custer, George Armstrong 72, 75 ff., 104, 146, 162
Cuzco 281, 284, 286 f., 289, 292 f., 295, 297, 300
de Coronado, Francisco 32, 133
Delawaren 139, 142
de Soto, Hernando 49, 52
Dohasan 64, 104
Dull Knife 73 f.
El Dorado 245 f., 249, 251, 290
Eskimos 97 ff.
Gall 70, 157
Galloway, Rebekka 23
Geronimo 37, 101
Hopis 34
Huascar 288
Huaxteken 211 ff.
Huitzilihuitl 198
Huitzilopochtli 196, 198, 202 ff., 207 f.
Huronen 112, 140
Hush-Hush-Cute 84

319

Inkas 208, 245, 252 f., 258, 260 f., 264, 267 f., 273, 278 ff., 281 ff., 297 f., 300
Inka Huayna Capac 288, 296
Inka Roca 285
Inka Urcon 285 f.
Inti 280, 285, 287, 292
Irokesen 26 ff., 102, 105 f., 112 f., 118, 129, 140, 142 ff., 148
Itzcoatl 198 f.
Joseph 81 ff., 101
Kicking Bear 64, 157
Kiowas 62 ff., 104, 113, 126, 135, 139 f., 142
Kolumbus, Christoph 9 f., 165, 238, 262
Kukulkan 187, 230, 262
La Malinche 195, 199
Little Crow 70, 97
Little Raven 76
Little Turtle 18, 23
Little Wolf 74
Lloque Yupanqui 284
Looking Glass 83
Manco Capac 283 f.
Manco Capac II. 290
Mandans 140, 156
Mangas Coloradas 37
Mayas 187, 195, 207, 211, 225 ff., 252, 262
Mayta Capac 258, 284 f.
Metacomet 20
Mixteken 218 ff., 222
Mochica 269 ff.
Moctezuma I. 199, 211 f.
Moctezuma II. 178, 187, 194, 199 f., 202 f., 205, 208, 214, 219
Modocs 88 ff.
Moshulatubbee 53
Mound Builders 17
Nana 37
Narragansetts 20, 117, 122
Natchez 18, 43 ff.
Navahos 32, 38 ff., 130, 140 f., 160
Nazca 266 ff.
Nez Percés 81 ff., 107, 136
Ollicut 84
Olmeken 171 ff., 222, 256 f.

Osceola 55 f.
Ottawas 20
Ouray 88
Pablo Montoya 32
Pachacuti 278, 287 f., 295 f.
Paracas 264 ff.
Pawnees 74 f., 151
Petalasharo 80
Pizarro, Francisco 281 f., 288 ff.
Plenty Coups 77 f.
Pocahontas 118
Pontiac 20, 97
Powhatan 20
Powhatans 20, 118
Pueblos 31 ff., 105, 130, 189, 213
Quanah Parker 62, 126, 152
Quechua 258, 272, 277, 285, 296, 297 ff.
Quetzalcoatl 172, 181, 184 ff., 194, 203, 213, 230, 262
Quimbaya 251 f.
Quinatzin 190 f.
Rain-in-the-Face 70
Red Cloud 70 f., 126, 157
Roman Nose 73, 126
Ross, John 104
Sacajawea 120
Sarsi 134
Satank 64
Satanta 64
Sauks und Foxes 20
Seminolen 43, 54 ff., 129, 140
Sequoyah 48, 51 f., 142, 160
Shawnees 20, 23, 152
Shoshonen 77, 85 ff., 120, 140, 144
Sinchi Roca 284
Sioux 11, 66 ff., 73, 77 f., 96, 104, 106, 112, 120, 123, 126, 130, 135, 140, 142, 144 ff., 148, 151 f., 154, 157 f., 161 ff.
Sitting Bull 70, 77, 102, 104, 126, 142, 146, 152, 157 f., 162
Sky Chief 80
Sleeping Rabbit 128

Spotted Tail 70
Stand Watie 50
Tairona 252
Takaibodal 126
Tarasken 199, 208, 209 ff.
Tecumseh 20, 23 ff., 97, 152, 159
Tekakwitha 143
Tenochtitlan 192 ff., 198 ff., 203 ff., 209 f., 221
Tenskwatawa 25 f., 152
Teotihuacán 172, 176 ff., 216
Tepaneken 197 f.
Thayendanegea 28
Tiahuanaco 253, 257 ff., 275, 297
Tizoc 199, 212
Tlacaélel 199
Tlaloc 180, 206, 223 f.
Tlaxcala-Indianer 199 f.
Tlingit 91 ff.
Tollan 184 ff., 197
Tolteken 181 ff., 197, 207, 211, 218, 230, 240 f., 244, 262
Tomasito 32
Too-Hul-Hul-Sote 84
Totonaken 214 ff.
Tupac Inka Yupanqui 287 f., 296, 300
Tupac Amaru I. 290
Uru 263 f.
Utes 87 f., 140
Valdivia 253 ff.
Victorio 37
Viracocha 260 ff., 263, 284, 287
Viracocha Inka 285 ff., 295
Wampanoags 20
Washakie 77, 86 f., 101
Weatherford, William 47
White Bird 83
Wikinger 9 f.
Woman Chief 118
Wovoka 157 f.
Wright, Allen 160
Xipe Totec 110, 172, 211 ff.
Xolotl 190
Young King 28
Zapoteken 218 ff.
Zunis 32, 34